新视野教师教育丛书·学科课程与教学系列

科学新课程的教学实践案例探索

冯 杰 著

北京大学出版社
PEKING UNIVERSITY PRESS

内容简介

本书是以教育部《科学（3～6年级）课程标准》和《科学（7～9年级）课程标准》为依据，以科学课程的课堂教学和课外实践两大教学活动为主要形式，参照不同版本的科学课程教材而编写的教学实践案例。案例全部源于目前中、小学的科学课程教学实践，体现了科学课程倡导研究型学习、培养科学素养和紧密联系"STS"的基本理念。本书研究的特色之一是直接提出了科学课程的统一性整合问题，对如何解决科学课程拼盘式大综合教学的尴尬局面，提出了尝试性的教学改革建议和具有可操作性的教学实践案例设计。

本书可以作为"科学教育"硕士、"课程与教学论·物理"硕士和全日制物理教育硕士专业学位研究生必修课的教材，可以作为物理教育本科专业和科学教育本科专业的教学实践选修课程的教科书。尤其对中、小学广大物理教师和科学课程教师的教学设计具有重要的参考价值，也可以供从事科学教育研究的专业人员参考。

图书在版编目（CIP）数据

科学新课程的教学实践案例探索/冯杰著.—北京：北京大学出版社，2012.6
（新视野教师教育丛书·学科课程与教学系列）
ISBN 978-7-301-20709-3

Ⅰ.①科⋯ Ⅱ.①冯⋯ Ⅲ.①科学知识—教案（教育）—教学研究—中小学 Ⅳ.①G633.73

中国版本图书馆 CIP 数据核字（2012）第 108823 号

书　　　　名：	科学新课程的教学实践案例探索
著作责任者：	冯　杰　著
丛 书 策 划：	姚成龙
责 任 编 辑：	陈斌惠
标 准 书 号：	ISBN 978-7-301-20709-3/O · 0871
出　版　者：	北京大学出版社
地　　　　址：	北京市海淀区成府路 205 号　100871
网　　　　址：	http://www.pup.cn
电 子 邮 箱：	zyjy@pup.cn
电　　　　话：	邮购部 62752015　发行部 62750672　编辑部 62752013　出版部 62754962
印　刷　者：	三河市博文印刷厂
发　行　者：	北京大学出版社
经　销　者：	新华书店
	787 毫米×1092 毫米　1/16　22.5 印张　560 千字
	2012 年 6 月第 1 版　2012 年 6 月第 1 次印刷
定　　　　价：	45.00 元

未经许可，不得以任何方式复制或抄袭本书之部分或全部内容。
版权所有，侵权必究
举报电话：(010) 62752024　电子信箱：fd@pup.pku.edu.cn

序 言

新课程在义务教育阶段设置了《科学》课，这本来应该是一个强化科学教育的极好的契机。然而，近十年来，人们对于开设这一门课的意义始终认识不足，特别是在小学阶段，多数学校都将科学作为"非核心课程"处理，严重地影响了课程的实施。如何认识科学课程的价值，关系到教育的基本宗旨和中华民族的未来发展，对每一位从事教育工作的人来说都是非常重要的。冯杰教授托我为他的新作《科学新课程的教学实践案例探索》写一个序言，我首先想借此机会谈谈如何认识科学课程的价值，为科学课程在学校中所处的地位又一次进行呼吁。

科学课程的价值与科学本身的价值有着天然的关联。科学是人对自然的认识活动及其成果的总汇。人类的生产实践和自身具有的求知欲，促成了科学的萌芽。早期人类在谋求生存的长期斗争中，在从事农、牧业和手工生产以及医治疾病的过程中，不断地对自然进行观察，摸索并逐渐积累起有关自然现象的知识，形成了原始的自然科学。当人的温饱得到初步的解决并开始有了闲暇，出于人类天生的好奇心和求知欲，开始比较有系统地观察周围的世界，进行归纳、清理，寻找其中的因果联系和变化规律，逐步建立认识和解释自然现象的理论体系。当然，这时候的科学，或者说古代科学的主要内容大多属于对现象的观察和描述以及经验的总结，更多地依赖于直觉和思辨。中世纪源于欧洲的文艺复兴运动使人的思想得到了巨大的解放，重视实证的精神和实事求是的态度使科学从思辨向经验转变，以实验为基础的、真正意义上的自然科学得以诞生。从此，自然科学的发展走上了康庄大道，一路高歌，势不可挡。随着工业革命和资产阶级自由民主运动的深入和不断发展，到了 19 世纪，可以说经典自然科学已经发展成熟，积累了大量的科学知识，形成了一套严谨的科学方法，从被动地反映生产和生活的需要变成主动地探索世界，从短视的功利的变为追求永久真理的，从哲学和技术的附庸变成推动哲学和生产技术发展的动力。其中最伟大的两座高峰是麦克斯韦的电磁理论和达尔文的生物进化论，各自揭示了物理现象和生命现象的内在统一性，显示了自然科学理论的巨大综合威力，使人类的思想和生活发生了翻天覆地的变化。20 世纪之初，自然科学冲破了自身的思想束缚，突破了经典科学理论的藩篱和机械的因果逻辑的禁锢，创生了以量子理论和相对论为代表的科学理论，不仅引发了一场新的科学革命和技术革命，促进了科学与技术的进一步结合，也引发了一次人类思想方法的大革命：信息论、控制论、系统论应运而生，后现代的哲学思想也由此得到启发而开始萌动。

从上面这一简单的回顾可以看到，科学的产生和发展是以生产的发展为基础，以解决实践提出的问题和满足人的求知欲望为动力，旨在研究生产技术所不能回答的问题。科学在其发展的初期依附于技术和哲学，对人类文明的贡献是与经验技术及思辨哲学交混在一起的。近代科学开始从这种依附中独立出来，反过来成为技术和思想发展的龙头，成为促进人类物质文明制度文明和精神文明的巨大推动力。到了现代，自然科学的发现导致新的生产技术领域，建立完全新型的生产模式。人类的生活方式，包括衣、食、住、行的所有方面也因科学的发现而发生了改变。可以说，今天人类的物质生活已经深深地依赖科学的进步。

科学不仅对人类的物质文明，而且对人类的精神文明也作出了巨大的贡献。科学需要宽容，要允许不同思想的存在和争鸣，这就需要制度上的保证。科学发展的这一诉求使得科学活动过程的运作制度不断更新，不断地科学化和民主化，也影响到社会上其他组织和制度的建设。科学的发展还促成了科学理性的弘扬，引发了关于人类价值和行为规范的再思考，以及对人类社会的伦理关系和人与自然的关系的再思考，从而促成可持续发展理念和科学发展观的产生。科学开辟了美的新视野，丰富并加深了人们对美的感受和领悟。恩格斯曾经说过："科学是一种在历史上起推动作用的、革命的力量"，"是最高意义上的革命力量"。科学对人类的精神文明建设的贡献是无与伦比的。

正是因为科学的发展促进了物质生产的发展，促进了社会民主制度的发展，促进了精神文明的建设；科学知识、技能和方法已经成为人类非物质财富中最重要的部分。传承科学文化是教育的重要任务之一，这也就是设置学校科学课程的最根本原因。通过科学课程，激发学生对自然和科学的热爱和兴趣，使每一名受教育者都能具备适应生活所必需的基本科学知识和技能，了解科学的过程，掌握科学的思维方法，具备科学的态度、精神和价值观，正确认识和理解科学的本质和局限，逐步学会如何认识和解决当今社会所面对的科学问题或与科学有关的问题，在提高科学素养、实现人的发展的同时提高学生的生活质量，进而促进社会的发展与进步。

从教育的角度看，教育的根本目的在于促进人的发展，促进人的素质的提高，进而实现人类的可持续发展。人的发展，或者说人的素质要求既与外部的社会环境有关，也与人本身的发展诉求有关，两者都是随时代的改变而改变的。从外部的社会环境看，我们今天所处的时代是知识经济的时代，科学与技术高度结合，从科学到技术到生产的链接非常紧密，科学技术已经直接成为一种生产力，推动经济的发展和社会的进步。这样的社会时代要求每个从事生产和经济活动的人都需要掌握基本的科学知识和技能，都能理解科学活动的技术创造的过程和意义。另一方面，由于过度开发所引起的资源短缺、生态环境恶化、社会矛盾激化等问题，使人们逐步地认识到人与自然协调相处的重要性，同时也对科学的本质和价值进行反思。自然和社会的可持续发展需要具有可持续发展意识的人才，他们在认识科学技术发展的必要性、掌握科学知识技能的同时，还需要明了科学技术所不能超越的规范。从人自身的生活和发展来看，首先，科学技术的发展使当代人的环境发生了巨大的变化，要适应当代的生活环境，必须掌握起码的科学技术知识和技能。作为更高目标，人应当能够从生活中获得乐趣和幸福。科学的创造精神和实践能力是提高生活素质、享受美好人生的必备要素。其次，科学基本知识和技能是人的全面发展的重要基础之一，科学的思想方法是人类最基本和最重要的思想方法之一，科学的精神态度是人所必备的最基本的非智力素质，科学的世界观和价值观对人所能够达到的境界有直接的影响。一句话，离开了这一切，人的全面发展就是一句空话。

认识科学课程的价值，只是搞好科学教育的起点，真正要把科学教育搞好，落到实处，就需要认真研究科学教学的理念、策略和方法。实际上，自从新课程倡导自主、合作、探究式的学习方式以来，这一新的教学理念已经逐步深入人心，在全国掀起了一股转变教师教学方式与学生学习方式的高潮。但在现实中我们还是可以看到许多"流于形式"的课，过分关注课堂的形式而"忽视学习的目的和学习过程"，甚至是不管什么样的内容，一律"抛弃传统的接受学习方式"，等等。产生这样的偏差的重要原因，就是缺乏实际教学范例的启发，以致未能把好的教学理念贯彻到实践中去。这正是冯杰教授的这一本著作的意义所在。冯杰教授不仅对科学教育的要义，科学课程的起源，科学素养的内涵，科学探究的理念，STSE的思想做了明晰的阐述，还把这些思想理念融入到具体的教学案例之中，为成功地实施科学课堂教学树立了典范，及时地解决了一线教师所面临的困难。相信冯杰教授的这一著作能够为转变科学课堂教学方式和学生学习方式作出贡献。

高凌飚

2011年6月21日于广州华南师范大学

目 录

序 言	1
第一章 科学课程的起源与科学教育	1
第一节 科学与科学教育	1
一、什么叫科学	1
二、科学教育	3
第二节 西方科学课程的发展	5
一、西方科学课程起源	5
二、西方科学课程发展	5
三、西方现代科学课程的特点与科技创新活动	7
四、国外中学科学教育改革的趋势	9
第三节 清末科举状元张謇与我国近、现代科学教育	11
一、我国近代科学教育始祖——张謇	11
二、张謇的实业教育思想	12
三、开创师范学校独立办学先河	14
四、我国现代科学课程的发展	17
五、科学课程发展的几点思考	19
第四节 我国小学、初中科学课程的教学目标	20
一、小学科学教育的总体目标	21
二、初中科学教育的总体目标	22
第五节 科学课程教与学中的研究型学习	24
一、研究型学习的含义	24
二、科学课程研究型教学的基本问题	25
第二章 科学教育与科学素养培养	29
第一节 关于科学素养研究	29
一、科学素养的由来	29
二、对科学素养的研究	31
第二节 科学课程的内容结构体系及举例分析	45

一、小学科学（3～6年级）课程的内容结构　　　　　　　　　　　　　　　45
　　二、初中科学（7～9年级）课程的内容结构　　　　　　　　　　　　　　47
　　三、初中科学（7～9年级）"物质结构"课程的内容分析　　　　　　　　49
第三节　科学课程课堂教学案例与科学素养培养　　　　　　　　　　　　　　51
　　一、提高学生的科学探究能力　　　　　　　　　　　　　　　　　　　　51
　　二、注重不同学科交叉知识的教学　　　　　　　　　　　　　　　　　　52
　　三、培养学生深入思考科学与技术、社会之间关系的能力　　　　　　　　52
第四节　科学课程课外活动案例与科学素养培养　　　　　　　　　　　　　　64

第三章　科学课程的探究式学习与科学教育　　69

第一节　走进科学探究的园地　　　　　　　　　　　　　　　　　　　　　　69
　　一、科学探究构成要素之间的关系分析　　　　　　　　　　　　　　　　69
　　二、科学探究活动的特点　　　　　　　　　　　　　　　　　　　　　　70
　　三、科学探究活动要素及其目标分析　　　　　　　　　　　　　　　　　70
第二节　科学课程探究式课堂教学案例的设计　　　　　　　　　　　　　　　73
　　一、"物质结构"在科学课程中的地位和作用　　　　　　　　　　　　　73
　　二、主题"物质结构"的课堂教学案例设计　　　　　　　　　　　　　　74
第三节　科学课程的校本课程及其活动案例设计　　　　　　　　　　　　　　85
　　一、科学课程的校本课程类型　　　　　　　　　　　　　　　　　　　　85
　　二、科学课程的校本课程活动案例　　　　　　　　　　　　　　　　　　86
　　三、实施科学探究教学模式的问题的反思　　　　　　　　　　　　　　　92

第四章　科学课程的科学方法培养教学策略及评价　　95

第一节　科学教育与科学方法　　　　　　　　　　　　　　　　　　　　　　95
第二节　科学教育中科学方法培养的教学策略　　　　　　　　　　　　　　　98
　　一、不同角度培养学生的科学方法　　　　　　　　　　　　　　　　　　98
　　二、以尝试提出问题为先导的科学方法培养　　　　　　　　　　　　　　99
　　三、对问题进行猜想假设，制订计划实验或调查　　　　　　　　　　　104
　　四、收集并确定科学探究所需的有用信息　　　　　　　　　　　　　　104
　　五、依据收集的资料以及采用的方法得出结论　　　　　　　　　　　　104
　　六、注重与他人交流探究的结论　　　　　　　　　　　　　　　　　　104
第三节　科学课程的教学评价　　　　　　　　　　　　　　　　　　　　　115
　　一、小学科学课开放性评价体系的研究　　　　　　　　　　　　　　　115
　　二、初中科学课程标准评价建议　　　　　　　　　　　　　　　　　　118

第五章　科学课程的教学模式与案例设计　　122

第一节　科学课程的教学模式　　　　　　　　　　　　　　　　　　　　　122
　　一、科学课程的设计思路　　　　　　　　　　　　　　　　　　　　　122

二、科学课程中常用的课堂教学模式设计　　123
　　三、科学课程教学模式设计应当注意的几个问题　　129
　　四、科学课程课外活动模式的类型　　129
　第二节　科学课程的教学模式实施的案例设计　　130
　第三节　科学课程合作学习型教学模式的课外活动案例　　138

第六章　科学课程中"科学、技术与社会"　　143

　第一节　科学课程中的"STS"解读　　143
　　一、"STS"是科学课程的鲜明主题　　143
　　二、科学课程关于"科学、技术与社会"教育的目标、内容和途径　　144
　　三、英国学者李约瑟及其《中国科技史》　　147
　第二节　"STS的关系"研究型学习的教学案例　　153
　第三节　"STS"实践活动课的教学实例　　159

第七章　科学课程的网络环境辅助教学模式探讨　　167

　第一节　科学课程网络环境教学的模式　　167
　　一、多媒体网络教学模式基本特性　　167
　　二、网络教学的基本模式　　168
　　三、科学课程STS的网络环境辅助教学模式　　170
　第二节　科学课程网络环境教学模式的教学案例　　171
　第三节　网络环境教学模式案例的评析　　185
　　一、网络环境教学模式存在的问题分析　　185
　　二、解决问题的初步设想　　186

第八章　科学课程"人类生存的地球"的教学设计　　188

　第一节　主题"人类生存的地球"在初中科学课程中的地位　　188
　　一、主题"人类生存的地球"在初中科学课程中的地位　　188
　　二、总的教学目标　　188
　　三、主题"人类生存的地球"具体内容　　189
　第二节　主题"人类生存的地球"的课堂教学策略　　191
　　一、"人类生存的地球"的教学方法选择　　191
　　二、课堂教学案例的设计　　192
　第三节　主题"人类生存的地球"课外活动案例及评价　　197

第九章　统一性综合的科学课程研究及案例设计　　205

　第一节　从相关性到统一性的科学课程　　205
　　一、科学课程的分科与综合　　205
　　二、统一性是科学课程实施的必然趋势　　207

第二节　科学课程统一性教学案例设计	209
第三节　科学课程统一性课外活动案例设计	232

第十章　科学课程统一性及整合研究的案例设计　241

第一节　我国科学课程分科与整合的实践问题	241
一、科学课程实施的积极效果	241
二、科学课程实践中出现的典型问题	243
第二节　科学课程的统一性整合教学案例设计	244
第三节　科学课程课外探究活动设计	266

第十一章　科学课程统一性及探究研究的案例设计　273

第一节　科学课程需要进一步重视的问题	273
一、科学课程实施过程中的主要问题	273
二、推进科学课程实施对策的探讨	276
第二节　科学课程内容"整合"与"探究"两大特点	277
一、科学课程内容的整合	278
二、再谈科学课程的科学探究活动的意义	279
第三节　物理、地理和化学知识"整合"与"探究"的案例设计	280
第四节　综合科学课程探究活动案例设计	297

第十二章　科学课程实施中教师的角色　303

第一节　如何应对科学课程的诞生	303
一、认真学习新课标	303
二、全面提升自己的科学素养	305
三、改进教学方法	307
第二节　小学科学课程教师的角色	308
一、小学科学课程的基本理念	308
二、新课程理念下小学科学教师角色的定位	309
三、科学课程实践中教师角色的基本技能	311
第三节　初中科学课程教师的角色	312
一、初中科学课程对传统教师角色的挑战	312
二、初中科学课程中的教师角色的转变	315

第十三章　科学课程实施中的问题调查与分析　321

第一节　科学课程实施过程中的典型问题调查	321
一、课外活动教学实践中具体操作的困难	321
二、学生对科学课程学习过程中的接受和吸收能力	322
第二节　海滨中学关于科学课程对学生的调查报告及其分析	325

一、调查的题目及其结果分析　　325
　　二、调查结果反映的问题　　330
　　三、几点启示　　331
  第三节　海滨中学关于科学课程对教师的调查报告及其分析　　331
　　一、问卷调查及其分析　　331
　　二、科学课程教学中存在的主要问题　　335
　　三、教师在科学新课程教学中的几个"必须转变"　　336
　　四、建议　　337
　　五、附录　　338
主要参考文献　　341
后　　记　　345

第一章 科学课程的起源与科学教育

为了适应 21 世纪科技、社会经济、文化迅速发展的挑战,全面实施素质教育,提高全民族的科学素养水平,我国从 21 世纪起,启动了对基础教育课程和教学模式的全面改革项目。国家在新颁布的基础教育各学科的课程标准中,都体现出对不同阶段学生在知识、能力、态度等方面的基本要求,规定了各门课程的性质、目标、内容框架、教学建议、评价标准等。课程改革的范围包括义务教育阶段的理科课程、科学素养的培养途径、知识与技能、过程与方法、科学精神与科学态度的三维目标的达成以及对科学、技术与社会相互关系的理解等方面。

科学课程的设立和科学课程标准的颁布和实施是中国基础教育课程改革最具有力度的举措:首次将科学设计为一门独立的课程。将小学的自然课程整合为 3~6 年级的科学课程,将初中的中学物理、化学、生物、自然地理整合为初中科学课程,它淡化了学科的界限,将自然科学的概念、原理以及技术贯穿其中。科学课程是一个全新的、具有现代意义的综合课程,是以全新教育基本理念为指导,以研究型教学模式为主导,以培养科学素养为总目标,从而培养学生理性的科学观和文化观的一门最基础的教育。

第一节 科学与科学教育

苍茫宇宙,偶一蓝色星球,人类精灵的智慧演绎了丰富多彩的文化,演绎着自然规律、法则和原理的科学技术,诞生了轰轰烈烈的现代文明,21 世纪的信息时代,人类已经把地球村的梦想变成了现实。当我们演讲人类科技文明的进步历程,剖析人类文化的建立、发展轨迹,尤其是近二百年来人类社会的跳跃式进步成就时,无不与人类运用科学、技术的能力和水平息息相关,那么,我们要问,什么叫科学?"不识庐山真面目,只缘身在此山中",关于这个问题,中外学者众说纷纭。

一、什么叫科学

在一定的历史时期,人们往往根据科学的时代特征来把握其本质,因而得出或不同的、或相近的定义。由于科学本身是在变化发展的,人们对它的认识也在不断深化,因此难以给科学作出唯一的、严格不变的定义。我们只能依据科学技术与社会发展的历史,在众多有关科学的解释和定义的基础上对科学的本质作逐步深入的认识,对科学的内容进行简要的分析,对科学的文化社会功能作新的探讨,以加深我们对科学的理解。

(一)科学是人对自然界客观事实和规律的理性认识

科学(Science)一词源于拉丁文 Scintia,本义为"知识"、"学问"。一般认为,人们了解了自然界某一领域现象的本质和规律,就是获得了某一方面的科学知识。达尔文说过:"科学就是整理事实,以便从中得出普遍的规律或结论。"这里所谓的"事实",是指人们对自然现象的本质认识,即经过概括,形成了对同一类自然现象的统一解释。而所谓"规律"则是指自然界种种物质运动之间的内在的和本质的必然联系。规律在一定条件下是可以反复出现的。

对事实和规律的科学认识,是理性的认识。所谓理性的认识,首先是从自然界本身去寻求自然现象的原因,去探索事实和规律,而不是从信仰、神话、宗教等非理性的东西之中去寻求对自然界的种种解释。其次,理性认识是指通过实践获得感性认识,然后经过大脑逻辑思维的加工,提高到理性层次的认识。

通过理性思维方式所认识的自然界的事实和规律,常常表述为原理、公理、定义、定理、定律等。这是科学的本质特征。

(二) 科学的内容体系

科学是科学知识、科学方法和科学精神三个方面组成的一个不可分割的有机整体。

科学是系统化的知识体系,更是一种方法论体系。科学的历史表明,从近代到现代,任何一门成熟的科学不仅形成了系统化的知识体系,而且包含着独特的科学方法和科学精神。这是对科学的内容的较完整的认识。

(三) 科学是一种文化现象

广义的文化是人类社会所创造的物质文明和精神文明的总和。科学的内容是人类文化的重要组成部分。科学作为人类活动,作为一种文化现象,至少可以从科学的内容、科学发展的动因、科学对社会的作用三个方面对它进行整体考察。

1. 科学发展的动因

关于科学进步的动因,存在着理想主义和功利主义两种科学观。功利主义强调科学的工具价值和功利性,容易导致科学的片面发展,忽视基础科学的探索研究,而最终造成阻碍科学的进步;理想主义则轻视技术价值传统,不关注人类的物质利益,因而导致失去社会的推动力。我们应从功利主义和理想主义二者的结合中找到科学发展的动因。在科学对社会的作用方面,我们往往关注科学带来的物质成果,而忽视科学在思想文化上对社会的影响。

2. 科学的社会作用

关于科学对社会的作用,随着现代科学的发展,人们又有了新的认识。首先,认识到科学研究是一种动态过程,是人类通过思维和实验来认识自然界,从而加工和生产知识的实践活动。知识不是科学的全部,只是科学活动的产品。其次,人们认识到科学活动的方式已由像古代阿基米德、近代前期伽利略等人的个体研究活动,经由如近代后期爱迪生组织的"实验工厂"的集体研究活动,发展到现代如美国研究原子弹的"曼哈顿计划"的国家建制研究活动,以至今天国际合作的跨国建制研究活动。因此,科学实践活动已成为一项社会事业,一项各国政府、科研机构、大学和企业都积极参与活动的社会系统工程。

科学既是关于自然界客观事实和规律的知识体系,又是一项重要的社会实践活动,这种组织起来的实践活动日益和现代社会的各个方面不可分割地联系在一起。

3. 科学的文化功能

科学作为一种文化现象,一开始就有深厚的人文基础,科学与人文的关系向来是十分密切的。在西方,文艺复兴是近代科学的开始,这一时期以科学、理性为旗帜的人文精神追求人的自然本性的解放，人的主体性的尊重。德国哲学家文德尔班说："近代自然科学是人文主义的女儿。"科学的历史告诉我们，每一次重大的科学发现都带来人类思想的深刻变化，尤其是现代科学革命更给人们的观念和信念带来巨大的震动，引起哲学思想的演变，进而引起对人与自然、人与人、人与社会之间关系的重新认识。

（四）科学具有局限性

科学是人类知识的积累，是知识的系统。"知识"具有认识的动态语义。事物是发展变化的，对事物的解释是多元的。科学本身就是一个开放系统。因此，不论就事物的发展，还是对事物解释的多样性而言，科学是有局限性的。从哲学上讲，科学是相对真理与绝对真理的辩证统一。在许多国外的科学教学纲要里，都提出把理解科学的局限性作为一个教学目的。在我国的理科教科书中，往往都会强调这一点。

二、科学教育

（一）科学教育的含义

狭义的科学教育是指科学（包括物理、化学、力学、生物、地理等）、数学和技术的知识传授、能力培养和科学思想、科学方法、科学精神的教育。科学的重要性质是它的实践性。科学教育的目标在于体现科学的性质，这是社会发展的必然和结果，也是社会文明进步的必然要求。对此，在美国科学促进协会（AAAS）的《AAAS科学素养基准》和《美国国家科学教育标准》这样的文件中，将科学的性质（适合高中阶段的科学教育）概括如下。

其一，科学是认识的一种途径，但并非认识的唯一途径。

其二，科学建立在一整套起作用的假设上（例如，宇宙中的次序和可预言性）。

其三，好奇心、创造性和机遇在科学上起重要作用。

其四，实际上，科学的一个目的的绝对客观性，如果是曾经有过的话，也是很少达到过的（包括科学的社会/文化蕴藏含义以及观察的/解释的偏见）。

其五，在科学中，如果那些结果和/或理论的解释被科学社会接受的话，那么科学的结果和理论的有说服力的交流是关键性的。

因此，广义上讲，科学教育即通过教育的手段，培养和提高学生科学素养的过程。关于科学素养，目前的看法有一些分歧，较被认同的观点认为：科学素养包括科学知识、科学方法、科学态度和科学精神。所以，完整意义上的科学教育也应包括以上四个方面的教育，即科学知识、科学方法、科学态度和科学精神的教育（详见本书第二章第一节）。

（二）传统意义的科学教育

一直以来，我国的科学教育比较重视传授系统的科学知识，不太重视培养学生的基本能力、科学方法和思维方法，脱离社会和生活，造成的后果是比较严重的。其渊源可以追溯到受德国著名的教育学家、心理学家赫尔巴特（1773—1841）的影响。赫尔巴特把知识放在首位，一切道德、情感、意志都是建立在知识的基础上的。他提出的教学原则是系统性和循序渐进相统一。他把教学阶段分为明了、联想、系统和方法四个主要阶段。明了是给学生明确地讲授新知识，联想是新知识要与旧知识联系起来，系统是作概括和结论，方法是把所学知识用于实际（即作业）。我国清末的科学课本主要是借鉴日本的，而日本却受赫尔巴特的影响甚大。20世纪初，赫尔巴特主义转道日本传入我国，其教学论的影响甚大。我国的一些传统的教育观念与赫尔巴特的教育思想是相通的。我国的"师者，所以传道授业解惑也"与"明了"相通；"温故知新"与"联想"相通；"循序渐进"与"系统"相通；"学以致用"与"方法"相通。民国时期我国学者编写的中学化学课本，十分强调系统的基本知识。建国以后，曾有一个时期我国科学课本以苏联最新的科学课本为蓝本。而当时苏联主导的凯洛夫教学目的论强调"双基"和系统科学知识的掌握，认为教学内容主要是传统系统的知识、技能、技巧，教学原则中有教学的系统性和连贯性。以后，我国中学科学课本虽然发生过"以生产为纲"和"典型生产引路"先后两次波折，但经拨乱反正后，都把联系生产和实际的内容砍去了不少，而回到强调系统的基本知识，其中1978年编的科学课本还大大提高了深度。我国中学理科课本中以系统的科学知识为中心的思想是根深蒂固的。

在国外，科学教育始于19世纪30年代的德国。在这之前，科学被视为异端邪说，不能登学校的大雅之堂，于是一些对自然科学有兴趣的学者便在大学以外结成文化人的小圈子，开初叫学社，后来叫学会。当然那时还没有现在意义上的"科学"和"科学家"。直到19世纪30年代，德国对大学的组织结构进行了重大改革：一是设"收费讲师"，向选听他们课的学生收费。这类学者逐渐形成科学共同体，其中佼佼者被选为教授，二是学生可以自愿选择听课。这样，保证了大学的学术自由。到19世纪中期，一些大学的实验室变成了科学研究中心。于是，科研逐渐变成了一种"职业"，科学和科学家的社会角色也正式诞生。此后，在美国大学设立了按自然科学划分的"系"，以及专门培养科研人才的研究生院，极大地推动了科学的发展。

可以说，科学教育导致了科学的诞生，推动了科学的发展，在今天，科学教育已成为科学发展的基础。

到了19世纪70年代，科学技术产业化的进程开始。从法拉第的电磁感应到发电机和电力技术、再到整个电气产业的出现；从麦克斯韦的电磁理论，到无线电和电子技术，再到整个电子和信息产业的形成；从相对论和量子力学，到原子能技术，再到核能产业的出现；从DNA理论，到重组DNA技术（遗传工程），再到正在出现的生物产业，等等，使得人类的生产活动发生了一个伟大的历史转折。1870年以前，一般是从生产经验出发，在总结生产经验的基础上逐步提炼出技术，再发展到科学，即遵循"生产——技术——科学"的模式。1870年以后，人类的生产活动或者主导人类生产发展的模式倒过来了，往往是从科学开始（包括科学实验和科学理论），然后转化为技术，最后再转化为现实产品。以至形成新的产业，即遵循"科学——技术——生产"的模式。

技术产业化推动了科学教育的普及，中小学开设了科学教育课程，企业开始对职工进行科学和技术培训，社会各种传播媒体成为科学教育的重要渠道。

（三）当代意义的科学教育

科学和科学教育几乎是一对孪生兄弟，科学发展是科学教育的前提，而科学教育又是科学发展的基础。随着科学学和科学社会学的发展，人们认识到科学包括科学知识、科学方法、科学观念和科学精神四个层次。

从20世纪30年代开始，以科学为对象的科学——"科学学"以及"科学社会学"的诞生，标志着科学作为独立的社会角色已经成熟，人们开始着手研究科学自身的发展规律以及科学与社会的关系。科学教育也成为人们研究的对象。

"二战"后的半个多世纪以来,世界科学技术有了突飞猛进的发展,而且国际间的科技竞争也异常激烈。为此,从 20 世纪 60 年代开始,各发达国家纷纷对自己的科学教育进行改革,尤其是在 21 世纪的今天,各国为了增强科技竞争实力,提高公众的科学素养,培养学术尖端人才,科学教育的改革更成了人们研究的重要课题,许多国家相继推出了自己的改革方案。如美国推出了"2061 计划";英国推出了新的初等、中等教育"科学课程大纲";韩国也第六次对中学科学课程进行了修订,当前这些方案正在付诸实施。我国当前正在进行中小学课程的彻底改革,全面推行科学教育,以适应于人的全面发展的需要,适应于全面提高中华民族的科学素质的需要,适应于 21 世纪激烈的国际竞争的需要。

第二节 西方科学课程的发展

欧洲启蒙运动之前,西方的教育主要受宗教控制,这一时期,虽有科学研究,但未有科学教育。启蒙运动以后,人们逐渐冲破宗教的枷锁,意识到了科学的重要。大约在 17 世纪上半叶,洛克(John Locke,1632—1704)发表了《教育漫话》,标志着西方教育从古典教育向实科教育转变。1635 年英国诞生了新型的中等学校"阿卡德米",18 世纪初德国出现了实科学校。

一、西方科学课程起源

最初的科学课程是按学科进行分类的。学科是按一定的教学理论组织起来的科学基础知识体系。学科课程是以学科为中心编制的课程,它注重的是学科的知识系统性,强调的是纵向发展的系统的科学文化知识。所以,这一时期科学课程的出发点是为了培养大量的劳动者,合格的劳动力。

19 世纪 50 年代,英国教育家斯宾塞开始大力倡导科学教育,而"十个有教养的人中间有九个认为这简直是荒谬的"。古典教育的削弱与科学教育的兴盛经历了相当长时间的拉锯战。斯宾塞之后,又经赫胥黎等人的努力,古典教育才逐渐让位于科学教育,直到 19 世纪末期,科学教育才取得最终的胜利。随着现代教育制度的建立和发展,科学教育在中小学课程中占据了稳固的地位,成为现代教育的一个重要组成部分。

二、西方科学课程发展

20 世纪 30 年代,由于以学科为中心的传统科学课程存在的弊端受到诸多的批评,相继出现了与之相对的,以学生活动为主的综合科学课程,又被称为普通科学课程。这一时期的科学教育观认为,科学教育应该从学生的经验和兴趣出发,而不是单一从科学学科的要求和特点出发,用这种教育方法可以帮助学生理解他们生活的世界所存在的科学原理,并使他们懂得一些科学、技术与社会的相互作用和影响,了解改变人类生存和物质条件的方法。

从国际上看,现代基础科学教育改革起始于 20 世纪 50 年代末,根据教育改革的活动特点,大致可以将改革历程划分为四个阶段。

（一）20世纪60年代初期的以学科为中心的改革阶段

发达国家20世纪60年代之前的科学课程的性质，相当于我们国家90年代末之前的"自然"课程性质，即以科学知识的传授为主要目的。

20世纪50年代末到60年代初，由于受苏联第一颗人造卫星的发射成功的影响，美国、英国掀起了改革科学课程的浪潮。这次改革主要集中在能力较强学生的分科科学课程上，强调认识学科结构的基础、概念及主要的原理系比了解大量事实更为重要，强调实验课中的探索研究的功能，使实验成为学生发现活动的手段。

（二）20世纪60年代末到70年代末的反思阶段

20世纪60年代改革的经验和教训揭示出课程、教材与课堂教学之间存在一条鸿沟，而造成这个鸿沟的主要因素有两个，其一是对孩子们的学习特点研究不够，其二是教师科学素质的欠缺。因此，在70年代整个教育哲学的思潮转向"儿童中心主义"的大环境下，在对新课程进行评估、反思的同时，开展了许多科学教育心理学上的探索，提出了影响深远的建构主义学习理论。

（三）20世纪80年代到90年代中期的建构主义占主导地位的多元思潮时期

在总结了20世纪60年代的经验教训、并运用建构主义的理论进一步丰富了"探究"和"过程"的教学意义的基础上，提出了全新的科学教育的目标：发展全体民众的科学素养。然而必须指出的是，在建构主义为科学教育带来福音的同时，也产生了极端的建构主义（又称激进的建构主义）的不良影响。它无限地扩大儿童建构的主观能动性、否认客观世界的可知性，这在根本上是违背科学精神的，而且在实践上，也带来了科学教育质量的下降。激进的建构主义直至今日，不断地遭到学术界的批评。

由于60年代至80年代初产生大量的综合科学课程和STS课程不能实现使每个公民具有良好的科学素养的目标，科学教育界开始把焦点从建立在分科课程基础上的传统的综合科学课转到建立在统一性基础上的科学课程。这种建立在统一性基础上的科学课程就是现代科学课程。

（四）20世纪90年代中期以来改革的成熟时期

经过60年代的初步尝试和失败、70年代的反思、80年代的多元探索和对科学教育质量的重新审视，90年代的改革进入了新的成熟的阶段。其中最显著的标志是发达国家为了控制科学教育质量而有史以来第一次推出全国统一的科学课程标准。

这一时期，世界范围的科技和社会经济有了长足的进步，因而对公民的科学素养提出了更高的要求，但与此同时，社会的可持续发展面临着许多新的问题，一些国家的政府便开始注重提高公民的科学素养。这一时期的科学课程在不同程度受到相关性这一观念的影响，力图扩大科学教育的范围，课程开发者设计课程时，一方面扩大教育活动的对象，提出面向所有学生的科学教育的口号，另一方面扩大课程的内容，突出各学科之间的联系，突出科学、技术、社会的相互联系，以及科学与环境的联系。以《纳菲尔德初等理科》和《苏格兰综合理科》为标志，现代综合科学课程在西方发达国家出现并迅速发展。据联合国教科文组织在1984年的调查，世界上大部分国家和地区都在初中开设了综合科学课程。并开发出各种新的课程：广域课程、活动课程、核心课程、探究课程、概念中心课程、话题中心课程等。

三、西方现代科学课程的特点与科技创新活动

现代科学课程是以培养学生科学创新素养,提高学生创新能力为宗旨的科学入门课程。科学课程是在对科学的本质认识的基础上,为引导学生逐步认识科学、技术与社会之间的关系,从而形成可持续发展的意识而设立的学科。科学课程跨越了学科之间的界限,综合了各学科之间的内容,使各学科领域之间的知识点相互渗透,相互促进,相互整合,从而为能够培养出世界范围的科技创新人才奠定了基础。

(一)从历史时期看西方科学课程的目标演变与科技创新人才培养

由于经济、科技和竞争的需要,西方现代科学课程经历了三次历史发展时期,其不同时期体现的科学课程的目标特征如表 1-2-1 所示。

表 1-2-1 不同历史时期体现的科学课程的目标特征

时 期	历史背景	特 征	目 标
20 世纪 50 年代至 60 年代	二次世界大战使人们认识到科技的重要性	学科知识	加强学科知识内在逻辑性和完整性,朝"精英教育"方向发展
20 世纪 70 年代至 80 年代初期	"精英教育"削弱了公民素质的提高,对可持续发展造成影响	相关知识	强调学科知识的相关性,朝"全民化教育"方向发展
20 世纪 80 年代末期至今	"大众教育"强调了学科的结构性而忽视了与其他自然科学的高度综合,加强与社会联系而忽视综合能力的教育和培养	不完美知识	发展全体民众科学素养,但由过去强调学科知识本位转向强调以人为本,以学生发展为本

1. 精英教育

第一个时期是从 20 世纪 50 年代至 60 年代,当时,二次世界大战刚刚进入尾声,全世界的科学家都致力于科学研究,从而发现了许多科学事实,人们深刻认识到国与国之间的竞争就是科技的竞争,从而涌现出了以"学科知识"为特征的科学课程,突出强调加强学科知识内在逻辑性和完整性,朝"精英教育"方向发展。

2. 全民化教育

第二个时期是从 20 世纪 70 年代至 80 年代初期,当人们重视科学的重要性时,却忽视了自然界正处于危机之中,这对社会的可持续发展造成了很大的影响,由此,科学课程进行了以"相关知识"为特征的改革,突出强调学科知识的相关性,朝"全民化教育"方向发展。

3. 科学素养教育

第三个时期是 20 世纪 80 年代末期至今,人们不仅认识到科学的重要性,而且懂得尊重科学,尊重自然。但是,在"大众教育"之下,人们只是加强了科学与社会、自然之间的联系,而忽视了学科之间的综合,忽略了学科之间的整合。因此,形成了以"不完美的

知识"为特征的改革,突出强调仍然发展全体民众科学素养,但由过去强调学科知识本位转向强调以人为本,以学生发展为本。

(二)西方现代科学课程的具体内容目标与科技创新人才培养

随着科学技术的发展,社会对科技创新人才培养的要求和目标发生了很大的变化,人们对于科学课程的理解有了深刻的认识。在对科学的本质进行系统的理解之后,西方各个国家对科学课程的内容构成及其目标形成有了一些共同的看法,其内容结构和目标特征如表1-2-2所示。

表1-2-2 西方现代科学课程的内容结构和目标

科学课程	科学知识的认识	科学知识具有可变性
		科学知识极大地依赖于观察、实验证据、理性辩论和怀疑,但并非全部
		新知识必须明确地和公开地表达
	科学过程的认识	不存在科学研究的唯一途径
		科学是一种解释自然现象的尝试
		所有不同文化背景的人们都对科学做出了贡献
		科学家需要做准确的记录,深入的考察和反复的实验
		观察负载着理论
	科学情感的认识	科学家具有创造性
		科学史揭示了进化性和革命性
		科学是社会和文化传统的部分
		科学和技术相互作用
		科学观念受社会和历史背景的影响

在对科学知识的认识上,都意识到了科学本身是不完美的,科学来源于实验,这就勾起了人们探究的欲望;在对科学过程的认识上,都体验到了科学探究的过程;在对科学情感的认识上,都在对科学知识的认识和对科学过程的认识的基础上,形成了相信科学的价值观,达到对科学本质的理解。

(三)西方现代科学课程的评价方法

西方现代科学课程的目标内容强调对事物、自然界的整体的和理性的认识,与近代传统课程相比,在目标、内容、方式和评价上有明显的区别。

在目标上,实现了知识向能力的演变;在内容上,由学术型的研究转向了问题式的探讨;在方式上,由传授知识向发现知识转变;在评价上,也从原来的单一目标转向多维。它从教育结构、教育资源和教学目标三个方面进行评价。在教育结构领域,主要考察的是科学课程的内容,通过评价科学课程是否存在于学科中的科学知识中以及学科之间的相互联系来判断科学课程的合理性;在教学资源领域,强调教师的知识经验和教师的辅助教学的主导性,此外,通过师生之间的交流模式,学生的学习态度和学习兴趣以及对学科知识掌握的程度来判断科学课程的可操作性;在教学目标上,从学生个人的学术掌握水平和对社会的贡献来判断科学课程的价值。

表 1-2-3　西方现代科学课程的评价维度

教育结构	科学课程内容	存在于学科中的科学知识
		学科与学科之间的相关性
教学资源	教师	教师的知识经验
		辅助教学（实验、多媒体）
	学生	交流模式
		态度
		兴趣
		学科知识的掌握
教学目标	个人	学术型
	社会	满足社会需求

（四）对青少年科技创新意识和创新能力的影响

随着国家教育改革的不断深入以及"提高创新素养"的口号的提出，青少年科技创新活动不断受到了社会各界的关注与重视。我们要通过科学课程的实施，利用科学活动开发青少年的潜能，通过培养青少年的观察力、思维力、想象力和判断力来加强对学生综合思维技能的训练，激发青少年极大的科学热情与兴趣，使他们从中受到探索求知的教育，激励他们发现和再发现新的科学知识，培养他们的科学探究能力，鼓励他们去实践、探索、创新。

创新意识是挖掘创新潜能的重要心理因素，有创新意识的学生，会利用一切机会，充分调动自己的一切潜能，努力朝着创新的方向前进。科学教育是提高青少年创新意识的重要途径，通过科学教育可以培养青少年的创新意识，从而提高学生的创新素养。

在创新意识存在的基础上，我们还要培养青少年的创新能力，使得青少年不但要掌握广博的学科知识，积累丰富的生活经验，还要在汲取学科知识和生活经验的同时产生新的思路和方法，让学生发挥新课标提出以"学生为本"的要求，强调学生能力的培养。

我们要汲取西方科学课程的特点，把科学课程的目标从知识的获得转变成能力的培养，从科学知识的认识和科学过程的认识进一步提高到科学情感的培养，从多维角度对科学课程进行评价，使科学课程的开设对青少年的创新意识和创新能力起到积极的作用。

四、国外中学科学教育改革的趋势

"20 世纪以来，科学技术进入了有史以来发展最快的时期。在以相对论、量子力学、DNA 双螺旋结构和板块学说的提出为标志的科学革命的推动下，科学理论无论在深度和广度上均得到迅猛的发展。信息技术、现代生物技术、新材料技术、新能源技术、航天技术等迅速地改变着世界的面貌，推动着社会的进步。另一方面，在科学技术与社会发展的同时，也产生了生态环境恶化、资源枯竭等一系列负面问题，严重地阻碍了社会的可持续发展。这些都对教育提出了严峻的挑战。"这就是科学课程改革的背景。

近年来，面对着科学技术的迅猛发展，社会经济、文化巨大的进步，以及伴随生活方式、价值观念转变而来的种种问题，许多国家对其基础科学教育的标准与内容都进行了各种形式的改革。比较研究不同国家的中学科学教育的发展特征，可知国际上科学基础教育改革有以下主要趋势：

（一）培养目标的调整

随着中等教育的普及，世界上许多国家的基础教育从精英教育向大众教育转化，科学教育目标发生了根本的转变，主要定位于培养全体公民的科学素质，而非仅仅培养少数的科学技术精英。这种转变要求改变科学课程的传统模式，使之在课程理念、培养目标、课程内容的基础性、普及性和发展性等方面适应这种变化。

同时，科学知识是不断增加的，技术知识是不断更新的。学生不可能在学校学会所有的知识，教师也不可能预见学生今后可能遇到的一切问题。单纯的知识学习已不能满足社会发展和人的终身发展的需要，学生必须在各种不熟悉的环境中不断学习新的知识，因此，科学教育是一个终身的过程。从国际科学教育的改革趋势来看，科学教育的目标越来越倾向于培养科学探究能力、科学态度和创新意识等，以便使新一代国民具有适应21世纪社会、科技、经济发展的必备素质。

例如，加拿大安大略省科学课程标准的培养目标明确规定：保证每个学生都具有一定的科学素养，每个学生都需理解基本的科学概念；发展科学探究所需要的技能、策略和思维习惯；将科学与技术、社会和环境相联系。20世纪90年代美国在科学教育改革中强调，科学教育的目的重在提高全民的科学素养和科技能力，而不是局限于培养尖端的科技人才。提出科学素养的六个范畴是：概念性知识，科学的理智，科学的伦理，科学与人文，科学与社会，科学与技术。

（二）人才培养模式的变革

传统的培养目标更多关注学生学到了多少知识，因此相关教学方式也便倾向于知识的灌输。传统的教学方法曾在历史上发挥过积极的作用，培养了不少优秀的人才，但是这种教学方式过分侧重于知识的传授，缺乏对学生学习兴趣、探究能力以及情感方面的培养，致使学生对一些理科课程望而生畏，丧失信心和热情，以致影响其终身对科学学习的热情和信心。科学教育培养目标的调整必然导致人才培养模式的变革。目前不少国家在科学教育中皆非常重视科学探究能力以及科学态度、科学精神的培养，也越来越重视科学教育方式的转变。例如，美国国家研究理事会（1996）制定的《国家科学教育标准》中详细阐明了科学教育中探究式教与学的主要组成部分。书中明确指出："各个学段所有年级的学生都应该有机会进行科学探究活动，并且培养其进行探究性思维和探究性活动的能力。"

"科学探究"是学生参与式的学习活动，它既是学习目标，又是重要的教学方式之一。学生在探究活动中，通过经历与科学工作者进行科学探究时的相似过程，学习科学知识与技能，体验科学探究的乐趣，学习科学家的精神，领悟科学的思想和科学思维的方法。科学探究含有一些主要的要素，如：提出问题、猜想与假设、制订计划与设计实验、进行实验与搜集证据、分析与论证、评估、交流与合作等。

（三）课程内容的改革

教育培养目标的调整不仅与培养模式密切相关，而且也与教学内容的改革有关。所以世界各国在进行科学教育改革时，都将科学课程内容的改革放在很重要的位置。从世界各国的科学课程内容改革看，几乎都遵循了以下原则。

1. 突出科学领域中最基本的一些概念和原理

当今时代是新知识和信息爆炸的时代,学生不必也不可能学习所有的科学知识,但他们必须理解科学中的精华内容,如最基本的科学方法、事实、假说、理论和定律等。这些是未来知识结构的基础,学生能从中学会思考与探索科学问题的方法与途径。

2. 介绍最新的科学知识及其有关方法

为了使学生能跟上科学技术发展的步伐,需向其介绍最新的科学知识及其有关方法。比如,当今的微电子技术与信息科学、超导基本原理及其应用、激光原理及其应用、核能的合理利用以及纳米材料等。

3. 增加与社会及人类自身发展密切相关的内容

加强"科学、技术与社会"是相互联系和相互制约的观点的渗透。例如,新型材料的利用、环保、能源以及各种科学发现及其应用对社会和人类带来的正面和负面的影响。

第三节 清末科举状元张謇与我国近、现代科学教育

中国科学教育的思想可以追溯到明末清初。代表人物是颜元,他主张以继承尧、舜、商、周以及孔子所倡导的"三事、六府、三物、六德、六行、六艺"为教育内容,而不是仅仅局限于科举考试的四书五经。这些概括起来说,是经史及天文、地理、水学、火学、工学、农学等,既有社会科学,又包括自然科学知识。颜元教育思想反映了古典教育与实科教育的结合,主要体现了前者向后者的转变。颜元所处的时代是明末清初,他的教育理论与西方早期启蒙运动思想家洛克并驾齐驱。然而中国的改朝换代带来的是专制主义,它扼杀了资本主义的萌芽,扼杀了人文主义思想的普及和自然科学的研究。此后中国的经济、政治和科技均停滞不前。本来东西方站在同一起跑线上,但背道而驰的封建专制造成了中国的落后。

鸦片战争失败后,少数有识之士(龚自珍、林则徐和张之洞等)在痛心中警醒,开始以传统的价值观和方法论试探性地寻求救国兴国之道,最终提出"师夷长技以制夷"、"中学为体、西学为用"等主张,并逐渐发展成能与国粹思潮相抗衡的强大社会思潮,即清末的洋务教育。

一、我国近代科学教育始祖——张謇

在我国,近代科学教育起步较晚。我国近代科学教育的真正开端始于清末洋务运动。1865年,清政府洋务派在上海创办江南制造局并附设机械学堂,开始依照西方近代分科主义课程设计模式设计和实施物理、化学等近代科学课程。1903年由张百熙、张之洞、荣庆等拟定的清政府颁布的《奏定学堂章程》,称"癸卯学制",是第一个法定的并在全国执行的学制。这个学制颁布以后,自然科学以法定的形式系统地列入了中学教学科目之中,分科设置。虽然20世纪20年代,受杜威影响,试图开设综合科学课程,但也只是昙花一现。自此,在我国的科学教育史上,分科科学课程一直处于主流地位。直到20世纪80年代中期,我国部分地区才开始了综合科学课程试验,进入21世纪,综合科学课程初次纳入国家基础教育课程体系。

张謇(1853—1926),字季直,号啬庵,江苏海门人。1853年出生。中国近代著名的

实业家、政治家、教育家，主张"实业救国"。1894年殿试夺魁，成为清末科举状元。张謇是我国近代师范教育的开拓者，是我国早期现代化的实践者。晚清光绪年间科举制度的弊端与腐朽日益显露。许多有识之士反思中国屡战屡败、尤其是甲午惨败的原因，发现：中国战败由于国力孱弱，国力孱弱由于缺乏人才；人才出于学校教育，而科举制度不能适应培养大批人才的需要，必须进行改革！他们认定科举制度有两个根本缺陷：一是它以培养少数当官的人为目标。这些人中的大多数后来当官时甚至不具备普通"国民之知识"，无益于国。因此，与其得"无意识之官"，不如得"有意识之民"。二是它以祖述儒家经典为能事，远离现实生活，"徒供弋取科举之资，全无当于生人之用。"基于这种认识，"废科举，兴学校"逐渐成为先进思想家的共识，并汇聚成时代潮流。在这股时代潮流中，张謇力求改革科举制度。

二、张謇的实业教育思想

（一）塑造实业与教育迭相为用近代典范

张謇是中国近代最早认识实业与教育对于富民强国重要意义及其二者互动关系的思想家。在长期创办实业和教育的过程中，深深地体会到教育与实业有着紧密的关系，他从国家富强需要发展实业、发展实业需要科学技术人才、科技人才的培养离不开教育这一角度出发，提出了"苟欲兴工，必先兴学"的教育人才观。张謇还提出了"教育为实业之父，实业为教育之母"的重要思想，主张以教育改良实业，以实业辅助教育，实业与教育事业的发展相辅相成，"有实业而无教育，则业不昌"，"不广实业，则学又不昌"。1896年至1899年，他以新科状元的身份，历经千辛万苦，并且冒着极大的风险，在通州创办了大生纱厂。状元办厂乃是中国历史上前所未有的创举，张謇堪称一千多年以来科举史上的第一人。他攀登到科举生涯的顶峰，但却毅然与"学而优则仕"的传统道路告别，把人生的坐标从做官转为做事。而且是脚踏实地办实业与教育两件大事、新事。

张謇深知："教育者，耗财之事也。资其耗者，必有所出。"财何所出？按当时"各国之通例"，应当是"官立之校用国家税，公立之校用地方税，私立之校而力不足者，政府以国家税、地方税补助之"。但清政府有限的财政收入正艰于应付战争赔款，地方财政收入又各有原定用途，都不可能用于举办新式教育的投资。如果自己没有稳定的财源，单纯寄希望于社会集资，要么是学校根本办不起来，要么是办起来也不能经久，更谈不上发展。在先办实业还是先办教育这个问题上，张謇选择了实业先行。他在后来追叙这一抉择过程时写道："欲兴教育，赤手空拳，不先兴实业，则上阻旁挠，下复塞之，更无凭借。""办学须经费。鄙人一寒士，安所得钱？此时虽已通仕，然自念居官安有致富之理？……其可以皇皇然谋财利者，惟有实业而已。此又鄙人兴办实业之念所由起也。"正是基于这种认识，张謇在兴办实业方面倾注了大量心血。1898年始创通州纱厂，次年开车纺纱，不久获得稳定盈利。然后张謇才从盈利中支取他个人应得的份额，于1902年创办通州师范。通州纱厂后来逐渐发展成包含有几十个企业的大生企业集团，到1921年大生纱厂历年纯利已累增至1600多万两白银，可以为教育提供大量资金。综观张謇25年兴学实践，他实际用于解决经费来源的渠道共有4条：张謇私人资金，亲友赞助，大生企业集团划给一定比例的股份或直接拨给经费，购置一定量的土地作为学田，利用其田租收入。强大的实业资本成为兴办教育的坚实后盾，避免了同时代许多志士仁人在兴办教育事业上有心无力的尴尬。

张謇在大举兴办实业的同时，大力倡办教育，以实业支持了教育，而教育又推动了实业的发展。以南通纺织专门学校为例，从1912年到1920年，这所学校共计培养纺织技术人员800多人。该校毕业生受聘于上海厚生纱厂，安装纺机不再依赖外国人。考察张謇创办实业教育的过程，我们不难发现，他所创办的各种专业学校常常与其所创办的企业齐头并进。一旦要开办某种企业，他总是想方设法地创办相应的专业学校，以培养企业所需要的专门人才；而一旦创办的企业获得赢利，他同样千方百计地把它用于发展教育。例如：他经营垦牧公司，需要改良种植，预防病虫害，就创立了农业专门学校；经营纱厂需要纺织方面的技术和管理人员，就设立了纺织专门学校。其他诸如医、商等为数众多的专业学校的设立也同样既是实业发展的客观需要，又离不开实业发展作为经济基础。在教学过程中，张謇也同样强调教育与实业的相辅相成联系。在他创办的农业学校里就十分重视理论与实践的结合，他在农校建立了气象站、农作物家畜试验场、森林事务所等一系列实习基地。定期组织农校学生到垦区考察、试验，将取得的成果，通过举办展览会等形式推广到生产中去；在他创办的南通商业学校中设有储蓄银行，每日有若干学生轮值。他还规定商校毕业生要到实业发达区域的工厂、公司参观，以资借鉴；他所办的纺织厂则是纺校学生的实习基地……

张謇在教育实践中提出并形成了一系列有关必须优先发展教育的救国思想，极大地丰富和发展了我国近代教育思想。作为近代中国实业救国和教育救国思想的奠基人和实践者，他的教育思想和实践活动具有鲜明的时代特色和浓厚的社会责任感。他把培养人才和救亡立国的理想联系起来；把教育同社会的需要和发展经济融为一体，做到"建教合一"，使教育与实业配合，同地方建设构成一个有机的整体，使教育的发展为地方建设和经济的发展带来新的活力和动力。他还根据中国的国情实际，提出多种途径集资办学的主张，讲求办教育的经济效益和社会效益。在实业教育中，他要求学生不仅应掌握专业技术知识，而且要具有经济头脑，"须能用科学方法研究社会心理，量度社会经济，以此为发展之标准"。在学习中，他引导学生放眼世界，语重心长地对学生说："一个人生在这个世界上，要讲究学习见识，要创立实业教育，至少要学会英、德、法、日四国语言文字，方才够用。"张謇的这些颇具见地的看法，至今仍值得我们认真学习和借鉴。

他创办了中国近代的第一所师范学校，即南通师范学校（1952年全国院系调整时一部分系科迁入扬州成立扬州师范学院），中国第一家民办博物馆南通博物苑，中国第一家气象台——军山气象台以及高等学校南通大学。他还参与筹建中国近代第一所高等师范学堂，即三江优级师范学堂，并参与南京高等师范学校、国立东南大学（后改名为国立中央大学、南京大学、东南大学）、河海工程专门学校（现河海大学）、复旦大学、吴淞商船专科学校（现大连海事大学）、江苏省立水产学校（现上海海洋大学）等的筹建。与近代南通大学有着同源血脉关系的高校还有：东华大学、江苏农学院（后并入扬州大学）、苏州医学院（后并入苏州大学）等。他还创办了伶工学社、女工传习所、女子师范等学校以及中国第一所特殊教育学校——盲哑学校（现为南通特殊教育中心）。

（二）重视开展基础教育

张謇认为，教育能够开启民智、造就人才，在导致国家富强的诸因素中居于根本的地位："人皆知外洋各国之强由于兵，而不知外洋之强由于学。夫立国由于人才，人才出于立学，此古今中外不易之理。""窃维环球大通，皆以经营国民生计为强国之根本。要其根本之根本在教育。""教育所以开民智"，"非人民有知识，必不足以自强；知识之本，基于教育"。他在各种场合反复强调教育的根本地位："教育者万事之母"；"教育者，一切政治、法律、实业、文学之母"；"教育是诱导人的利器"；"为社会政府储有用之材，即为社会政府通将来之驿"；"教育尤为各种政策之根本"。他在清末曾预料"中国恐须死后复活，未必能死中求活"，而"死后求活，惟恃教育"。

在学校的培养目标上，与科举旨在造就官吏相对立，张謇明确提出国民教育的目标是培养广大有文化的劳动者。因此他特别强调普及基础教育的重要性："国何为而须教育？教育者，期人民知有国而已。能有国之终效，使人人任纳税当兵之责，多数无怨望而已。""教育期人人知行艺，知邦法。知行艺则国多可信可用之人，知邦法则里无或暴或慢之俗。""不民胡国？不智胡民？不学胡智？""当思世界虽大，我是其中一分子。只须努力于学业，将来无论为士、为农、为工、为商，皆为健全之国民。""欲雪其耻而不讲求学问则无资，欲求学问而不求普及国民之教育则无与。""自治之本在兴学，兴学之效在普及。"为使孩童成人后平时能建设、战时能卫国，他还独具慧眼地提出了"军国民人格"教育的命题，并且热心实践予以提倡。

张謇是一位思想开放、富有战略眼光的教育家。他主张办教育"既须适应世界大势之潮流，又须顾及本国之情势"。力主参考仿效东西各邦学制，以发展中国的教育。在借鉴别国经验时坚持利我之用者学之，学其实质而不照搬形式，求其效用而不追求宏美。张謇很崇尚日本教育方针与模式，曾东渡日本，进行过七十多天的考察，参观了35处教育机关，对其学校制度、办学方式、课程设置、教育方法等方面都一一加以研究，认真总结适合中国国情需要的一些经验。通过对国外教育的考察和借鉴，更加深了他对教育作用的认识，感到当今世界的竞争，是学问、才能的竞争、教育的竞争。他说："夫世界今日之竞争，农工商业之竞争也，农工商业之竞争，学问之竞争，实践责任合群阅历能力之竞争。"因而更加重视并积极投身教育事业，并在教育实践中形成自己独特的教育思想体系。

三、开创师范学校独立办学先河

（一）我国师范为教育之母

张謇是中国近代最早系统地论述师范地位、提倡尊师重教，并且躬身力行从事师资培养的教育家。张謇的师范教育观起源于他对师范教育的认识：一方面，师范教育与普及教育密切相关，而普及教育事关国民整体素质的提高，事关国家的盛衰兴亡；另一方面，从教育自身发展规律来看，普及教育是一切教育的基础，师范教育又是普及教育的基础。他的师范教育观可以通过以下几点来阐述："欲教育普及国民而不求师则无导。故立学校须从小学始，尤须先从师范始。""兴学之本，惟有师范"，"教不可无师"和"师范为教育之母"。1902年，他自筹资金创办了全国第一所师范学校——通州师范，成为中国近代教育史上独立师范学校的起点。张謇首开办师范教育之先河，影响波及全国，很快京、津、冀、湘、闽等地都相继建立师范学校。为适应培养各门类和各级人才的需要，张謇不断扩展师范学校的类型和教学，相继办起了多类型的师范学校：有男师和女师；普通师范、专科师范和特种师范；幼师、中师、高师等。在办学实践中，张謇形成了独具特色的师范教育思想。他在其制定的《师范章程改定例言》中明确提出："国家思想、实业知识、武备精神三者，为教育之大纲。"旗帜鲜明地表明其教育目标是使师范生在思想、知识、身体素质三方面获得全方位的发展，从而塑造具有完备人格的国民教师。张謇非常重视学生思想品德的培养。一方面，他要求学生打破唯我主义，心中要装有祖国，号召学生一定要关心国家大事；另一方面，他也十分强调学生的品行修养。他认为教师是为人师表的，不仅要有渊博的学识，而且要有"坚苦自立"、"忠实不欺"、"勤苦俭朴"诸美德，对学生还要有爱心与耐心："苟无慈爱心与忍耐心者，皆不可任，固不纯恃学业之优为已足尽教育之责也。"

（二）推崇德、智、体全面发展的教育方针

1902年创办通州师范时，张謇提出以"国家思想、实业知识、武备精神三者为教育之大纲"。1904年在建扶海家塾时，他提出了"谋体育、德育、智育之本基于蒙养"的思想。1914年在为河海工程测绘养成所制定的章程中，他明确规定："一、注重学生道德思想，以养成高尚之人格；二、注重学生身体之健康，以养成勤勉耐劳之习惯；三、教授河海工程之必需之学理技术，注重实地练习，以养成切实应用之知识。"这已经是德智体三育全面发展的教育方针。1923年他又在致黄炎培论教育的信中对德与艺的关系做了精辟论述，认为无论初小、高小还是中学、大学，都要德艺并重，而小学阶段尤要强调德重艺次，因为不德无行将为社会所不容，即无从就业谋生。

张謇认为课程设置要能体现教育方针、实现培养目标，以利于学生在校德智体全面发展，毕业进入社会后满足就业实际应用的需要。因此，他为各级各类学校拟定的教学课程，摈弃了旧教育制度的保守性和封闭性，总是紧跟时代和世界的潮流，让学子们在全人类创造的优秀文化科技成果里吸取滋养、陶淬学识、养成人格。1903年他为通州师范规定的课目，已经构成了开放型、前瞻性的课程体系。他还认为特种教育的课程设置应顾及特殊的培养目标，例如1919年在交通警察养成所开学演说里强调：诸生"须极端注意英语一科，因所办交通警察，强半为外人来通参观而设。英语在世界上最为普及，若不通英语，设西人有所询问，警察瞠然不知所对，实为南通自治之羞"。他还特别强调学习国文的重要性："慨自科举停废，士竞科学，以文字为无用，致废书而不观。甚至焉乌混写，略不知惭；汉唐错列，被讥勿悟。"认为国文属于国学，在学问体系中应占有主要的位置："主则国学是已。无学何以为国？此则小国犹然，而况于五千余年泱泱之古国乎？"

课程设置方面，他学习日本和其他各国学校的课程设置，主张授课要中西结合，古今结合，既设文化课，又设专业课。当时通州师范学校的课程，计有"教授管理法、修身、历史、地理、数学、国文、博物、理化、测绘、体操"等。对愿意深造的学生，毕业后可加习随意科，以扩大知识面（如在通州师范随意科为：政治经济学、农艺化学、英文三科）。在教学方法上，强调"实用、自得、自动"，提倡学用结合，要求教师结合生产实际进行实践教学，反对学生闭门读书。张謇从师范教育的特点出发，为师范生提供实验基地。"寻常师范中，亦必立一小学校，为师范生实践教授之地。"张謇要求师范生在最后一学期，必须到附属小学实习教育。张謇对学校师资的配备也非常重视。许多新开设的课程，中国教师一时不能胜任，张謇大胆主张聘请外籍教师，同时考虑到中国学生的具体情况，张謇提出请外教"尤以能通中文为重要之事"；对于中国传统学问，则力聘国内著名学者任教，通师曾聘请过国学大师王国维担任国文教师，古代文学专家朱东润和史学家罗振玉都曾任教通师。在聘请名师的同时，张謇还提出对教师要进行严格考核，以确保师资队伍的水平。

为引导教师终身从事教育，1902年张謇提出："必鼓舞习师范者，使有乐从教育之途也。"他建议授予师范毕业生官职并给予优厚待遇，国家应为教师"酌定俸额"，以保障生活。为此他拟订方案，按不同层次规定了教师的工资标准并建议政府对教育机关俯身低就者，待遇"有加为准"，"师范生充教习十五年以上，年至六十不能任教师者，给退隐费，如在职时"，这些建议为后来发展师范教育提供了有益的经验。

（三）革新中国传统教育观念

张謇在长期的教育实践中，对教育内部各级各类学校的内在关系明辨定位，形成了个人的认识体系。他说："师范启其塞，小学导其源，中学正其流，专门别其派，大学会其归。"他把整个教育事业看做是一条源远流长的江河，小学是其"源"，中学是其"流"，各专门学校是由"源"、"流"派生出来的"支流"，到了大学，则如百川汇归，是各种知识的总汇合处。他的办学程序是：先师范，后小学，再专门，然后逐步升级，直到大专和大学本科。

张謇重视基础教育，他强调"教育以普及为本"，认为小学是整个教育的基础，因此主张"立学须从小学始"。1903年，清政府发出实施义务教育的命令，但各地多未认真执行，"真正具有计划普及小学者在中国近代教育史上应首推张謇"。他曾以种树喻育人，形象而深刻地说明了小学教育的重要性："小学生犹苗蘗，小学校犹苗圃也。培护径寸之基，使之盈尺及寸，成有用之才，苗圃之事也，小学亦类似。"他在创设师范教育的同时，广设小学，计划在农村每十六平方里设一初小。据统计截至1922年，张謇在南通一地，就创建了高小60余所，初小350所。

张謇提倡教育应教人有谋生的一技之长，这是张謇对传统教育思想的一个重大的突破。张謇针对我国数千年来形成的以科举制为基础，以做官和养成教育为宗旨的教育传统和体制，提出了新的教育主张。他认为教育应涵盖师范教育、普及教育、实业教育、高等教育和武备教育。他所谓的"实业教育"就是今天的职业教育，所谓"实业学堂"就是职业学校。他对新教育的宗旨，尤其对职业教育的宗旨是十分明确的，就是要使受教育者获得谋生的手段，在社会上有立足之本。在张謇、张之洞等人对旧教育制度的抨击和现代教育思想的鼓动下，1903年中国有史以来第一部实施的学制——"癸卯学制"出台，把当时称为实业教育的职业教育法确定下来。

虽然当时全国职业学校屈指可数，但它象征着教育史上一个新时代的到来，张謇就是这个新时代的推波助澜者。张謇认为"学必期于用，用必适于地"、"教育尤其宜有变动，不过必当顾及本地的需要。例如在南通讲教育，先要想什么是南通需要的，什么是适合南通的"。在此思想指导下，张謇兴办了各类型的专门学校，把教育同地方建设和发展实业融为一体。到1920年为止，南通先后就有二十多所职业学校，形成了以纺织教育为核心的多科性、多层次的职业教育体系。

通过张謇几十年的努力，南通逐步形成了以发展近代农工商业为中心的科学技术基地，并具有初等、中等、高等多层次的学校教育和社会教育体系。"除本省、本县外，其他各省青年远道来者，凡浙江、江西、安徽……等十三省。"这里"学校之多、设备之完全、人民智知之增进，远非他处所能及"，可谓是"发见一隅而影响及于全国"。

四、我国现代科学课程的发展

"五四"文化运动,被誉为"中国的文艺复兴"。在大变革的客观背景下,教育容纳了许多异质的因素,而且实现了脱胎换骨的改造。"五四"文化运动核心口号是"科学、民主、白话文",所以,科学教育思潮是"五四"新文化运动时期非常重要的一种教育思潮,其基本主张是教育的首要任务在于传授科学技术知识,以提高人们最基本的科学素养。

1922年,受杜威教育思想的影响,国民政府颁发的新学制《壬戌学制》规定初中要开设合科的自然科学课程。当时商务印书馆等还出版过《实用自然科学教科书》等合科教材。后来,随着西方教育思潮的更迭和科学教育的发展,合科科学课程逐渐被分科科学课程取代。

新中国成立初期,教育强调学习苏联经验,注重思想教育,重视基础知识的传授和基本技能的训练,强调教材的系统性,1953年到1956年人民出版社编写出版了初中《物理》、《化学》、《自然地理》、《植物学》、《动物学》以及《人体解剖生理学》等教材,这些教材对百废待兴的新中国科学教育起到了一定的积极作用,但是,其最大特点是以学科为中心的。

1956年和1960年分别有两次教育改革,当时,由于改革缺乏现代教育理论的指导,加上政治气候的影响,改革以失败告终。此后,学科中心课程进一步强化。

20世纪80年代初,中小学科学课程改革的呼声日渐高涨,1985年10月,中央教科所在苏州召开中国理科教师问题研讨会,正式提出了"科学、技术与社会教育在中国的实施问题"。

1986年4月,全国人大常委会颁布的《中华人民共和国义务教育法》,对义务教育的实施和课程改革提出了新的理念和要求。在改革中,出现了东北师大附中,上海、浙江的初中综合理科改革试验学科中心课程。

2001年6月教育部颁发的《基础教育课程改革纲要(试行)》规定在3~9年级开设科学课程。同年教育部正式颁发《全日制义务教育科学(7~9年级)课程标准(实验稿)》。2001年秋,已有三套初中《科学》教材和两套小学《科学》教材在国家级课程改革实验区进行实验。

(一)我国早期的综合科学课程改革

受"五四"新文化运动和杜威、孟禄、推士、麦柯尔和克伯屈等美国实用主义的影响,以儿童为中心的经验统整综合课程设计模式对我国20世纪20年代学制改革和科学课程设计产生了深刻影响。1922年颁布了《壬戌学制》,初中采用混合制,自然科学为一门课,在我国近代课程设计的历史上首次将正式意义上的综合课程引入我国学校课程体系,是我国自然科学课程史上的一个里程碑。教学有两种形式:一种是三门理科教材——物理、化学、生物仍分别编写;另一种是三门科目混合成一门理科,合编教材,其内容主要是物理、化学、生物,约各占1/3,也还有矿物、气象、地质等内容。可见,综合科学课程在我国科学教育史上曾经被采用过。

此课程是一门范围比较广泛的综合科学课程。教材各种知识融合得也较好,以实用为主,理论为辅。先从自然界事物入手,渐及于运用方法和基本原理,既可增进学生的生活常识,又可以激发其研究自然科学的兴趣。教材联系实际生活比较密切。

但教材知识比较分散，系统性不强。涉及面宽，内容广泛，对教师的要求过高。这些因素使综合科学课程的实施遇到了困难。自此一直到中华人民共和国成立以前，我国的科学课程设置都在分科和综合间摇摆，但以分科科学课程为主。

1929年，国民政府颁发的《中学暂行课程标准》规定"自然科学采用分科制和合科制"。

1932年，国民政府颁发《中学正式课程标准》，自然科学改为分科制，但教学课表在植物、动物、化学、物理这四科之上仍有"自然科"的字样。

1936年，国民政府颁发的《修正中学课程标准》，完全实行分科，开设生理卫生、植物、动物、物理、化学五门课。

1940年，国民政府重新修正中学课程标准，规定"自然科学采取混合教学"，实际上是取消植物、动物，开设博物，物理、化学还是分设。

1948年，国民政府修订中学课程标准，将物理、化学合为理化。

从上述课程标准的演变可以看出，从1922年至1948年，初中科学课程有时采用合科制，有时采用分科制，但总的来看，以分科为主。

（二）中华人民共和国成立后的分科科学课程改革

1949年中华人民共和国成立之初，确立了我国的社会主义体制，我们对建立与社会主义体制相适应的教育体制缺乏经验，因此师从苏联成了理所当然。而苏联当时的课程体系是典型的分科课程，1953年我国颁布的第一套中学课程标准中，特别重视科学课程。就这样，我国移植了苏联的课程模式，即典型的学科课程。物理、化学、生物分科开设，注重学科自身的系统性和基础知识、基本技能，便于专、精；教材可以撷取学科的精华，便于编成结构严密的体系；由于与大学的分科相适应，便于经过大学专门训练的教师教授。但忽略了问题情境和学科之间的联系，具有严重的理论脱离实际的倾向，并且造成学生课业负担过重。

20世纪70年代末，经过了十年动乱，中学科学课程还是恢复了原来分科设置的模式。四个现代化的宏大目标，呼唤着人才。正是在这种背景下，"文革"课程被全盘否定，学科教材体系又重新被确立，1981年国家制订了中小学教学计划，恢复了物理、化学、生物等学科的地位。

但是，这期间我们也试图通过第二课堂、课外活动等方式开设短课程，来弥补分科课程的不足。特别是1978年十一届三中全会后，我国实施改革开放政策，国际科学课程改革和课程理论的研究成果开始被介绍进来。尤其是国际上发展很快的STS教育，给习惯于学术性的分科课程的国内科学教育以极大的震撼。至20世纪80年代初，在"科学技术是第一生产力"精神的影响下，响起了中小学课程改革的呼声。1985年10月，中央教科所受联合国教科文组织委托，在苏州召开中国理科教师能力问题研讨会，正式提出了"科学、技术与社会"（即STS教育），在中国的实施策略问题。如在正常的课堂教学中，进行物理、化学、生物等课程的学习，而在第二课堂中让学生接受环境化学、天文气象、生物饲养、电器制作等STS等课程。但是这种STS课程的开设大多是为分科课程服务的，并没有发挥其应有的作用。

由此可以看出，我国科学课程自中华人民共和国成立以来一直到20世纪80年代末，在课程目标、内容、结构等方面一直没有大的变化，仍以分科科学课程设置为主。

(三) 我国初期综合科学课程改革

20 世纪 80 年代中期,世界范围内的综合科学课程改革引起了我国教育界的关注,部分地区开始进行综合科学课程改革实验,东北师大附中、浙江省、上海市等地分别对综合科学课程进行改革实验,这一阶段称为初期综合科学课程改革。

1. 20 世纪 80 年代中期的地方自发的综合科学课程改革

东北师大附中率先编写了综合科学教材。当时鉴于社会科技发展的需要和学校教育存在的弊端,校长李硕受西方教育思想和教材的影响,在 1984 年秋决定研究综合性质的科学课程和社会课程。他组织东北师大、吉林省教育学院专家和东北师大附中教师成立综合教材编写小组,附中的教师也不再担任教学工作,而是全力以赴地进行教材编写,共七十多人参与了教材的编写工作。1984 年开始了"初中课程改革和综合教材的研究与试验"。

1987 年在东北师大附中、辽源煤矿中学、哈尔滨某中学以及深圳某学校等 5 所学校进行了一些实验。当时教材的使用情况不是很好。各学校教学都是采取不同的教师教不同的学科内容,并且都是以人教社教材为主,综合科学教材为辅来进行教学。费时 7 年(1984—1991),至 1991 年终止了实验。

上海市教育局教研室于 1986 年成立综合理科研究小组,"专题研究上海地区设置初中综合理科课程的必要性和可行性",拟定九年制义务教育初中理科课程纲要。他们组织力量编写了实验教材《理科》1~6 册,从 1988 年秋开始在上海市第一中学、时代中学、新场中学等共 9 个班进行实验,实验以 3 年为一个周期进行。

2. 20 世纪 80 年代末国家教委指导下的上海市、浙江省综合科学课程改革

1986 年 4 月,全国人大常委会通过了《中华人民共和国义务教育法》。义务教育的实施对课程改革提出了新的要求。1988 年,国家教委确定上海市和浙江省率先进行义务教育课程教材改革。

上海市的义务教育教学计划规定 7~9 年级的科学课程分科制和合科制并行,分科制开设物理、化学、生物,合科制开设《理科》。1991 年至 1994 年 7 月,第一轮实验结束,对教材进行了修订。于 1994 年秋展开第二轮实验,至 1997 年第二轮实验结束,并对教材进行了修订。上海市目前正处于二期课改实验阶段。

浙江省在初中开设综合理科性质的《自然科学》,教学指导纲要和教材于 1991 年秋开始实验,1993 年在全省范围内推开,大规模地推进初中综合理科试验。1997—1999 年,浙江省又修订出版了新的《自然科学》教学指导纲要和新版教材,供全省初中学生使用。

五、科学课程发展的几点思考

(一) 教育改革必须有一个良好的社会环境

纵观中西科学课程发展的历史,在西方国家,如美国、英国在科学课程发展上一直起着推动作用,究其原因有许多,但是最重要的一点是这两个国家的政治、经济长期的相对稳定。而反观我国,20 世纪上半叶,中国相继处于军阀混战、抗日战争和解放战争的兵荒马乱时期。长期的内乱和外患不断冲击着我们的教育发展,在这种不稳定的大环境下,教育的改革很难完整地实施,也很难有好的课程的创新。因此,现阶段我国科学课程的改革必须抓住目前这种来之不易的稳定局面的大好机遇,大力发展科学教育理论研究,努力学习国外先进经验,结合国情,实践创新,全面构建适合我国公民科学教育的科学课程。

（二）科学综合性的课程和分科课程的整合是科学课程发展的必然趋势

综合课程的作用主要是：第一，从认识世界来看，综合能够给予学生一个整体的观念，使学生认识各种现象和因素的联系与制约，从而认识世界的本来面貌。第二，从教学来看，可以避免有些知识的重复和割裂，可以更有效地选择和组织教学内容，避免分科课程要求体系的完整和逻辑的严密，往往过分扩大知识范围的做法，因而也大大减轻了学生的负担。但是，设置哪些综合课程，要从教学目的、不同学习阶段的特点和教学效果来考虑。

当然，分科开设的课程的重要意义和作用也是不能够否定的，如果要以综合性课程完全取代现在分科开设的课程，那会有很多的问题和困难，并且可能产生一些新的缺陷，以至造成一些损失。因为综合性的课程，面比较宽，内容比较多，比较适宜于概要性的知识，而不能使其中每一个学科都保持一个独立而严整的学科体系，同时也与普适性和选择性并举的素质教育理念背道而驰。

（三）科学教育的发展与社会发展的需要密切相关

教育既要满足个人的需要，又要满足社会发展的需要。从科学课程发展史来看，每一次大的科学课程改革都是政府和学术界根据社会发展的需要来进行的。随着我国政治、经济生活的不断发展，科学课程教育改革的呼声从20世纪80年代初就开始不断高涨，培养合格的公民成为一种社会需要。在这场改革中，既要求课程专家高瞻远瞩，综合考虑，还需要每一位教育工作者能够"师夷长技"，结合国情，加快科学教育的"本土化"。

（四）"不谋全球者，不足以为师"，科学教育必须放眼全球，不断革新

我国从20世纪初，废除科举，开始实施科学教育，比西方国家至少晚了半个世纪。我国现代科学教育是与现代教育制度一起从西方引进的，因此科学教育思想和理论最初从西方借鉴过来。经过近一个世纪的努力，科学教育制度与现代科学一起在我国扎下根来，成为我国当代文化的一个重要组成部分。也就是说，现代科学也好，科学教育也好，它们都已经本土化。但是，由于诸多的原因，科学教育理论研究却未能引起我国教育理论界的重视。这是与当前我国"科教兴国"的基本国策不相适应的。西方的科学技术和科学教育仍然领先于我国的地方，我们就应该以谦虚的态度向他们学习。

第四节 我国小学、初中科学课程的教学目标

2001年，教育部依据《中共中央国务院关于深化教育改革全面推进素质教育的决定》、《国务院关于基础教育改革与发展的决定》和国家教育部《基础教育课程改革纲要（试行）》的基本精神，进行了面向21世纪的基础教育课程改革。在本次课程改革中，我国分别制订了以分科课程为主和以综合课程为主的两种学校课程计划。在义务教育阶段，小学以综合课程为主，初中阶段设置分科与综合相结合的课程，并积极倡导各地选择综合课程；高中以分科课程为主。这种课程结构体现了人的全面发展理论和素质教育的价值追求，为提高我国未来公民的综合素养，培养全面发展的人才奠定了坚实的基础。

随着科技的进步，我国社会经济的迅速发展，以21世纪的综合科学课程改革为先导，我国基础教育课程的全面课程，已经正式成为国家基础教育课程体系的重要组成部分，从而彻底打破了中华人民共和国成立以来分科主义课程一统天下的局面。

一、小学科学教育的总体目标

（一）鲜明的主题——STS

随着科学技术更加突飞猛进的发展，社会经济、文化的迅速进步，世界上许多国家都在研究面向新世纪教育的改革与发展问题。近年来，国际上许多国家对其基础科学教育的内容与标准都进行了各种形式的改革。一是加大基础教育的改革力度，甚至彻底改革基础教育的课程设置、课程结构和课程的内容体系。在这些代表着国际上新的教育观念的基础科学教学改革的方案中，有一个鲜明的主题，就是将"科学、技术与社会"（缩写"STS"）的思想内容渗透、融入到基础科学教育的教材和教学之中，与此同时，在科学教育中增加人文思想，把传递科学知识与传递人类文化价值观念、伦理道德规范结合起来，培养学生综合运用知识的能力和适应社会环境变化的质素。二是彻底地改变传统的教育观念。基础教育所面临的任务是要培养能适应科技发展潮流、为社会发展作出贡献的高素质人才；他们应具有一定的创新意识和探索开发精神，具有扎实的知识基础和把知识转变为实践行动的能力，具有终身学习、不断完善自我的意识，具有坚忍不拔敬业爱业的奉献精神。

（二）小学科学教育的总体目标

通过小学科学课程的学习，使学生掌握关键的基础科学知识和技能，培养科学兴趣和思维习惯；了解科学探究的基本过程和方法，并应用于力所能及的科学探究活动；了解科学和日常生活以及社会可持续发展的关系；理解求真务实、开拓创新是科学精神的核心。

以下是《小学科学课程标准》（修订稿）方案一的具体目标。

1. 理解科学知识

（1）学习物质科学、生命科学、地球科学、设计和技术四大领域中浅显的、与日常生活密切相关的知识和技能，并能尝试用于解决身边的实际问题。

（2）通过对物质科学相关知识的学习，了解物质的常见性质、用途和变化；对物体的运动、力和简单机械，以及能量的不同表现形式具有感性认识。

（3）通过对生命科学有关知识的学习，了解生命世界的基本食物和现象；形成对一些生命活动，以及对人体和健康的初步认识。

（4）通过对地球科学有关知识的学习，了解与地球相关的宇宙环境，知道太阳系的基本概况；了解地球的运动及地球的圈层结构；认识人类与环境的关系，懂得地球是人类唯一家园的道理。

（5）通过设计和技术有关知识的学习，初步掌握综合知识和经验进行设计的技能；能够运用一些简单工具制造产品或解决实际问题。

2. 掌握科学方法

（1）学会从生活经验中提出简单的科学问题。（提出科学问题）

（2）学会对一些自然现象进行观察和实验，并且能够对观察和实验的过程、结果进行陈述。（进行观察和实验）

（3）学会对一些自然现象的成因进行假设，运用科学知识对自然现象进行说明和解释。（科学解释）

（4）学会对得到的科学结论进行验证。（科学验证或检验）

3. 弘扬科学精神

从科学精神的内涵：理性、实证、分析、开放、民主、批判、革命等方面选点。

（1）敢于坚持真理，依据客观事实提出和坚持自己的见解。（理性精神）

（2）对自然现象保持好奇心和求知欲，并愿意为探索自然的奥秘付出艰辛的探索和不懈的努力。（实证精神）

（3）善于思考和分析，追求准确和精细；同时能听取不同意见，理解别人的观点和设计思路。（分析精神和开放精神）

（4）敢于大胆质疑，具有开拓创新的勇气。（批判精神）

还有方案二的具体目标和方案三的具体目标，请读者参阅《科学（3～6年级）课程标准》（修订稿）。

二、初中科学教育的总体目标

（一）总目标

教育部于2001年制定的《科学（7～9年级）课程标准（实验稿）》中，关于科学课程的总目标指出："科学课程以提高每个学生的科学素养为总目标。通过本课程的学习，学生将保持对自然现象较强的好奇心和求知欲，养成与自然界和谐相处的生活态度；了解或理解基本的科学知识，学会或掌握一定的基本技能，并能用它们解释常见的自然现象，解决一些实际问题；初步形成对自然界的整体认识和科学的世界观；增进对科学探究的理解，初步养成科学探究的习惯，培养创新意识和实践能力；养成崇尚科学，反对迷信，以科学的知识和态度解决个人问题的意识；了解科学技术是第一生产力，初步形成可持续发展的观念，并能关注科学、技术和社会的相互影响。"

（二）分目标

科学课程的分目标包括四个方面：科学探究（过程、方法与能力），科学知识与技能，科学态度、情感与价值观，科学、技术与社会的关系，现分别详述如下。

1. 科学探究（过程、方法与能力）

在科学课程中，学生将通过科学探究等方式理解科学知识，学习科学技能，体验科学过程与方法，初步理解科学本质，形成科学态度、情感与价值观，培养创新意识和实践能力。因此，本《标准》强调培养学生进行科学探究所需要的能力，增进对科学探究的理解。具体包括以下内容：

（1）发展观察现象和提出问题的能力，增进对提出问题意义的理解；

（2）发展提出猜想和形成假设的能力，了解假设对科学探究的作用；

（3）发展制订计划、进行简单的实验设计和手脑并用的实践能力，认识实验在科学探究中的重要性；

（4）发展收集信息和处理信息的能力，理解收集、处理信息的技术对科学探究的意义；

（5）发展科学解释和评价的能力，了解科学探究需要运用科学原理、模型和理论；

（6）发展表达和交流的能力，认识表达和交流对科学发展的意义，认识探究的成果可能对科学决策产生积极的影响。

2. 科学知识与技能

了解或理解基本科学事实、概念、原理和规律，学会或掌握相应的基本技能。能用所学知识解释生活和生产中的有关现象，解决有关问题。了解科学在现代生活和技术中的应用及其对社会发展的意义。

（1）统一的科学概念和原理。

在自然科学的发展过程中，形成了一些统一的概念和原理，它们反映了自然界的内在的统一性。通过本课程的学习，学生将逐步加深对下列基本的概念与原理的理解：物质，运动与相互作用，能量，信息，系统、结构与功能，演化，平衡，守恒。

（2）生命科学领域。

了解生命系统的构成层次，认识生物体的基本构造、生命活动的基本过程，以及人、健康、环境之间的相互关系。逐步领会生物体结构与功能的统一、生物体与环境的统一和进化的观念，认识生命系统是一个复杂的开放的物质系统。

（3）物质科学领域。

了解物质的一些基本性质，认识常见的物质运动形态，理解物质运动及其相互作用过程中的基本概念和原理。初步建立关于物质运动和物质结构的观念，认识能量转化与守恒的意义，会运用简单的模型解释物质的运动和特性。

（4）地球、宇宙和空间科学领域。

了解地球、太阳系和宇宙的基本情况及其运动变化的规律，了解人类在空间科学技术领域的成就及其重大意义。了解在人类生存的地球环境中阳光、大气、水、地壳、生物和土壤等是相互联系、相互影响、相互制约的整体，建立人与自然和谐相处的观念。

3. 科学态度、情感与价值观

科学态度、情感与价值观是科学精神的重要内容，是科学课程目标的重要方面，科学态度、情感与价值观的培养应该贯穿在科学教育的全过程。通过科学课程的学习，学生将：（1）对自然现象保持较强的好奇心和求知欲，养成与自然界和谐相处的生活态度；（2）尊重科学原理，不断提高对科学的兴趣，关心科学技术的发展，反对迷信；（3）逐步培养创新意识，敢于依据客观事实提出自己的见解，能听取与分析不同的意见，并能够根据科学事实修正自己的观点，初步养成善于与人交流、分享与协作的习惯，形成尊重别人劳动成果的意识；（4）增强社会责任感，形成用科学技术知识为祖国和人民服务的意识。

4. 科学、技术与社会的关系

理解科学、技术与社会的关系是现代公民科学素养的重要内涵，对这一部分内容的学习是培养学生理论联系实际的作风、参与社会决策的意识、形成可持续发展观念的关键。

（1）初步认识科学推动技术进步、技术又促进科学发展的相互关系，初步认识社会需求是科学技术发展的强大动力；

（2）了解科学技术在当代社会经济发展中已成为一种决定性因素，科学技术是第一生产力；

（3）了解技术会对自然、人类生活和社会产生负面影响，初步懂得实施可持续发展战略的意义；

（4）了解科学技术不仅推动物质文明的进步，也促进精神文明的建设与发展，科学技术是一项重要的社会事业，每一个公民都应该关心并有权利参与这项事业。

在具体的教学实践中,对于初中科学课程目标,可分别理解为如下十一个方面。

(1) 对于科学方法的培养;
(2) 对于科学态度的培养;
(3) 对于科学思维习惯的培养;
(4) 对于科学观的培养;
(5) 对于科学与技术之差别的认识;
(6) 对于科学、技术(主要是技术)在社会生活方面的影响的认识;
(7) 对于科学技术具体应用的认识;
(8) 对于人与自然的关系、可持续发展概念,以及科学、技术(主要是技术)对环境影响的认识;
(9) 通过对科学史的学习,加深对科学发展规律的理解;
(10) 对于社会责任感的培养;
(11) 对于在理解科学技术之本质的基础上做出合理决策之能力的培养。

科学课程的设置,改变了基础教育的课程体系、结构、内容,构建了符合素质教育要求的新的基础教育课程体系。它正以崭新的面貌走进了我们的中学课堂,走进了千家万户,影响着下一代的成长和祖国的发展大业。

第五节 科学课程教与学中的研究型学习

科学课程标准的指导思想和改革理念都是一致的,那就是以研究型学习的教学思想为指导,注重知识学习的过程,强调对技能、过程与方法、情感态度与价值观的培养;倡导教学教法是多样化的;淡化课堂教学与实验教学的界限;大力开展实践活动;淡化课堂内与课堂外的界限,让生活科学问题进入课堂,让课堂内的科学知识走进生活;突出学生在教学过程中的主体地位;大力开展科学探究的学习活动;培养学生具有科学的情感体验与自重、自信、科学价值观和适应社会、适应生活的完整人格素质。

一、研究型学习的含义

所谓研究型学习,指的是学生在教师的指导下,根据各自的兴趣、爱好和条件,选择不同的研究课题,独立自主的开展研究,从而培养创新精神、研究能力的一种学习方式。这种学习方式的突出特征是坚持学生在学习过程中的自由选题、自主探究和自由创造,与以往的学习方式相比,研究型学习更有利于培养学生的创新能力。

研究型学习区别于常规传统教学的一个很重要的特点,就是学生拥有自主选择课题、确定行动方案、自主动手操作、选择合作伙伴的权利,这样便于发挥学生的主体作用。在对研究型学习作指导时,既不能过多地指挥学生,也不能放手不管。真正处理好主体与主导的关系,即做到"指导不指令,到位不越位"。科学课程的综合化、科学知识的常识化特点更加适合研究型学习活动的展开,同时也对教师的科学素养提出了更高的要求。

研究型学习是把学生置于一种动态、开放、生动、多元的学习环境中,给学生提供更多的获取知识的方法和途径。

研究型学习的目的,就是要使学习者在掌握知识技能的基础上,智力与非智力因素得到协调发展和共同提高,所以,可以采用多种研究形式,使其了解科学方法、丰富其情感体验、培养其多种能力。比如,确定的参观调查课题,应包含更多的教育因素,强调寓思想品德教育、集体主义教育、爱国主义教育于活动之中,更好地促进学生各方面的发展。

二、科学课程研究型教学的基本问题

(一)制定明确的教学目标

科学课程的教学目标,首先是必须达到课程标准规定的三维教学目标(知识与技能;过程与方法;情感、态度和价值观),在具体的教学设计和校本配套课程的实施上还必须注重以下几个方面:

1. 发展学生的能力,包括发现问题的能力、制订计划的能力和解决问题的能力;
2. 培养学生主动积极、科学严密、不折不挠的科学态度;
3. 培养学生的问题意识和创新精神;
4. 通过研究型学习获得关于社会、自然、生活的综合知识,而不仅仅是学科知识。

科学课程的这些目标是一个有机整体,不仅仅是科学素养、(终生)学习方法、科学(研究)方法的教学,而且还要体现因材施教的原则。

(二)确定教学对象

科学课程的教学对象是小学 3~6 年级和初中的学生,必须把握他们已有的知识结构和心理特征。由于他们的逻辑思维能力还不是很强,所以,要改变教师的灌输式教法,让学生在做中学,在学中做。通过激发学生学习兴趣的材料和活动,设计大量实验、活动和小制作,使学生逐步在科学的过程中体验科学发现的乐趣,逐步经历科学过程,逐步感受科学的作用。培养学生进一步学习的兴趣,启发和激励学生的主动探究热情,从而为学生建立起新的学习模式打下必要的基础。

(三)领会科学探究的基本过程

领会科学探究的基本过程是科学课程最鲜明的教学理念。在教与学的过程中,教师引导学生进行科学探究活动,使其积极主动地去发现物理问题或按照老师所设计的物理情景去发现问题;能够大胆地提出假设与猜想,使问题进一步明确化,使实验有明确的目标,纯化活动的动机,进而产生悬念,启发直觉思维;在教师启发或是小组的讨论后,整理归纳,选择设计实验方案和寻找解决问题的途径,验证自己的猜想;实验探究的过程中,学生不能只是注重实验的现象,还要记录相关数据,进行分析与论证,根据现象找出本质,寻找规律性的东西;将实验结论与自己的猜想做比较,检验是否正确;最后通过开放性的交流与评价,将各自的思想扩展、纯化和提高,这种交流将产生新的问题、新的思想,新思想的撞击正是铸造创造意识的力量源泉。

根据新课程标准的界定,科学探究的过程一般可以按以下的过程和能力要求进行:

1. 提出问题
(1)能发现与物理学有关的问题;
(2)从物理学的角度较明确地表述这些问题;
(3)认识发现问题和提出问题的意义。
2. 猜想与假设
(1)对解决问题的方式和问题答案提出假设;

(2) 对物理实验的结果进行预测；
(3) 认识假设与猜想的重要性。

3. 制订计划与设计实验
(1) 知道实验目的和已有的条件，制订实验方案；
(2) 尝试选择实验方法及所需要的装置和器材；
(3) 考虑实验的变量及其控制的方法；
(4) 认识制订计划的作用。

4. 进行实验与收集证据
(1) 用多种方式收集数据；
(2) 按说明书进行实验操作，会使用基本的实验仪器；
(3) 如实记录实验数据，知道重复收集实验数据的意义；
(4) 具有安全操作的意识；
(5) 认识科学收集实验数据的重要性。

5. 分析与论证
(1) 对实验数据进行分析处理；
(2) 尝试根据实验现象和数据得出结论；
(3) 对实验结果进行解释和描述；
(4) 认识在实验中进行分析论证是很重要的。

6. 评估
(1) 尝试分析假设与实验结果间的差异；
(2) 注意探究活动中未解决的矛盾，发现新的问题；
(3) 吸取经验教训，改进探究方案；
(4) 认识评估的意义。

7. 交流与合作
(1) 能写出实验探究报告；
(2) 在合作中注意既坚持原则又尊重他人；
(3) 有合作精神；
(4) 认识交流与合作的重要性。

(四) 研究型学习的特点

1. 开放性
研究型学习在目标和内容两方面都具有开放性，实践能力和创新精神的目标对学生没有很具体的要求或硬性规定要达到的水平，它的目标是灵活的。学习的内容也没有限制在某些方面，物理学知识本来就渗透在自然、生物、化学和社会生活的方方面面，知识的来源是多方面、多渠道的。

2. 自主性
在整个学习过程中，学生自选课题，自定方案，自己动手实践，总结。只有这样才能实现研究型学习的目的。探究的能力、科学的态度、问题意识和创新精神，都只有通过亲自实践才能逐渐形成，从而使学生主动地建构新的知识。

3. 过程性

研究型学习的价值所在就是对学生成长发展所起的作用，也就是教育价值。在新课程中，教育价值的实现，注重探究的过程即学习的过程而非结果。学生的体验和表现比结果更重要，让学生在过程中学会交流与合作，在探究中得到发展。

4. 实践性

实践并不等于操作，它包括从提出问题到得出结论、作出评价的整个过程，除了操作还有思考、计划、找资料、理论探究、收集数据、分析整理、归纳总结、写报告、写文章，都是实践。学生亲身经历探究过程、体验感受探究过程、在实践中创新。

（五）教学策略

根据研究型学习的以上特点要求，进行研究型学习的过程中，教师必须要进行角色的转换并采取相对适应的教学策略。

1. 开放性的教学策略

研究型学习的开放性要求教师在备课中要更注重问题情景的设计，研究视角的确定。切入点的选择应相当的灵活、可行和恰当，不能因为学生提出的课题"不够深刻"或"不够水平"而去干涉，要为学生的个性特长和才能的发挥留有足够的空间。实施研究型学习时，教师首先要有跳出学科看教学的态度，渗透各学科相关内容，做到与科学技术的进步和社会生活的发展并进。教师在物理教学中要适时地采用适当的教学方法，如"愉快教学法"、"情境教学法"、"激励教学法"、"联想教学法"等，开展多种多样的课外活动：实习、参观、作品欣赏、兴趣小组等。

2. 自主性的教学策略

学生自主并不是说教师是多余的。在学习过程中，学生会提出各种各样的问题，教师也会遇到众多问题，但是教师是组织者也是知道者。教师应向学生提供必要的资源和帮助，致力于拓展学生视野，启发学生思维，善于发现学生思维的闪光点，向学生提供经验，帮助学生进行判断，提醒学生要注意的事项，引导学生对探究的过程进行总结反思和评价。

3. 过程性的教学策略

研究型学习的过程应实事求是，因为学生原有知识有限，缺乏独立动手操作的锻炼，因此研究型学习应循序渐进。在评价学生的学习成果时不能以课题的学术价值和社会效益作为评价的主要依据，而是要看学生的态度和表现，要以一般形成性的评价为主、以学生的自我评价和相互评价为主。

4. 实践性的教学策略

实践性要求教师要改变传统教学模式，转变教育思想和教育观念，抓住研究型学习的主渠道，创造性地使用教材，让学生动起来，让课堂动起来。利用多媒体辅助教学，利用具有动画和声像效果的多媒体教学，不仅能增强学生学习物理的兴趣，而且还可以增强学生的记忆力。比如，利用具有声像效果的动画来模拟物质的微观结构，让学生由此领略微观结构的奥秘，产生探索的欲望，激发他们对物理学科的强烈兴趣。

（六）研究型学习的内容设计

研究型学习内容的设计大致可分为：课堂教学研究型教与学的设计；实践活动设计和安排。实践活动的形式大致可分为：探究性物理实验、科技制作、新科技问题的研究学习、社会调查研究、物理学史研究、拓展性学习等几个类型。

其学习内容一般包括以下三个层面：

第一层面的内容是科学研究的方法。有文献研究法、社会调查法、比较研究法、统计分析法、个案研究法、模拟研究法、行动研究法、概括与抽象、分析与综合、归纳与演绎等。这是物理研究型学习的基本内容，可从教师的教学和学生的研究过程中获得。

第二层面的内容是学生在研究过程中获得的各种体验或经验。有科学思维、科学研究、科学的设计和操作等方法方面的体验或经验等，有发现问题、提出问题、判断问题的价值，获取信息、处理信息，动手设计操作、解决问题等能力方面的体验或经验；也有追求卓越的创新精神，团队合作的意识，求真务实的科学态度，追求真理、造福人类的科学道德，不怕挫折的意志品质等情感方面的体验或经验。这是研究型学习内容的主体，学生只有参与到研究过程中才能获得。

第三层面的内容是在研究过程中所积累的各种知识。这些知识不是在研究型学习前所能预先确定的。有科学研究的理论（系统论、信息论、控制论、思维论、创造学知识），现代科技发展的动态与趋势，科学史与科学家传等知识。

思考与练习

1. 什么是科学？如何理解科学的本质？
2. 什么是科学教育？如何理解科学教育与科技创新的关系？
3. 西方科学课程是如何起源的？西方现代科学课程有什么新特点？
4. 中国科学课程起源的背景是什么？
5. 选择讨论：中国近代的一些政治家、实业家和学者对我国科学教育发展有哪些贡献？
6. 你如何理解清末状元张謇对我国师范教育发展的贡献？
7. 如何理解小学科学课程的目标，举例分析。
8. 如何理解初中科学课程的目标，举例分析。
9. 什么是研究型学习？如何展开科学教育中的研究型学习？
10. 科学课程、科学教育与科技创新有什么关联？

第二章 科学教育与科学素养培养

公民的科学素养是国民素质高低的重要标志。就我们国家来说，中国科普研究所"中国公众科学素养调查"课题组公布的分析数据表明，我国公民达到基本科学素养的比例与美国和欧盟等发达国家相比存在巨大的差距。

公民的科学素养关系到社会的民族乃至国家的存亡。针对当前我国公民科学素养偏低，中学科学教育存在着一些有悖素质教育的要求，甚至违背教育规律的问题，新一轮初中科学课程改革明确提出了如下基本理念：面向全体学生、立足学生发展、突出科学探究、体现课程综合化、反映当代科学成果。但是长期以来，由于诸多复杂的原因，科学教育理论研究未能引起我国教育理论界的重视。可以说新的课程改革是我国新一轮研究科学教育的开端。2001年根据各地自愿申报、各省推荐，教育部已确定27个省、自治区、直辖市的38个区（县、市）为国家课程改革实验区。

小学和初中科学课程标准都明确指出：科学课程是面向全体学生。这意味着要为每一个学生提供公平的学习科学的机会和有效的指导。基于这一基本理念，科学教育不再是"精英教育"，不再是重点学校或城市学校的学生才能享受的教育，而是面向全国每一位学生的"公平的学习机会和有效指导"。

第一节 关于科学素养研究

科学教育的价值定位：国民科学素养的培育。科学课程标准是为培养学生科学素养而制定的，要通过科学课程的学习提高学生的科学素养。

目前国内外专家还没有给科学素养一个大家共同认可的定义，因此大家可以对科学素养的基本内涵有不同的理解和见地。国内有学者认为：科学素养由科学知识、科学能力、科学方法、科学意识和科学品质五大要素构成，这五大要素构成一个相互联系、相互影响的有机整体。

一、科学素养的由来

《汉书·李寻传》有云："马不伏枥，不可以趋道，士不素养，不可以重国。"《汉后书·刘表传》又云："越（蒯越）有所素养者，使人示之以利，必持众来。"素养，即经常修习之涵养。

按照今天人们的理解就是：人在学习科学知识、生活、生产和科学活动中，人在运用科学知识和科学技术来利用自然、改造自然过程中，经常修习的、内在的和平素的涵养即是具备了科学素养，即人的科学素养是一个经常修习、不断提高的动态过程；只有具备了一定科学素养的人，才能对国家对社会有所贡献。由此看来，按照中国的文化观念，认为科学素养不同于素质，素质的范畴更大，影响它的可能有先天遗传因素，生理成长的因素，环境教育因素等，科学素养是在学习和社会实践中获得和培养的，这一点与辩证唯物主义认识论的观点是不谋而合的。当然，直到近代，由于真正意义上的科学知识和科学技术还没有形成社会化的普及，与此同时，由于我国近百年的特殊社会环境，关于科学素养的研究、科学素养的培养几乎是空白。直到改革开放以后，我国的学者才开始对素质、科学素质和科学素养展开研究。而对素质教育和科学素养教育的紧迫性、途径、举措等的研究是近年来针对应试教育弊端的危害越来越大而提出来的。

在国外，二战以前，由于世界范围内的科技水平还不高，科学技术的应用还没有深入到社会生活的方方面面，对人的素质要求还谈不上科学素养。那时，如果一个人能阅读和书写基本的信函，就被认为"会读能写"。反之，如果他连自己的名字都不会写，就被认为是"不会读不能写"。在以后的很长一段时期内，对基本会读能写曾重新下定义为：比如，阅读一个简单的便条，一个贷款契约或一瓶药物的说明。人们观念中的"科学素养"可能就是"会读能写"，比如，英语对素养（literacy）的解释有两层含义：一层是指有学识、有教养，多用于学者；另一层是指能够阅读、书写，有文化，对象是普通大众。

20世纪五六十年代，随着科技水平的飞速发展，技术应用的日益普及，人们对"科学素养"的概念进行了初步的规范性界定。

比如，1958年，美国斯坦福大学荣誉教授赫德（P. D. Hurd）在一篇名为《科学素养：它对美国学校的意义》的文章里，用科学素养这个名词来描述：人对科学的理解和科学在技术上应用的影响；人类认识到科学已经成为我们社会的一个支配力量；人们不得不从科学技术作用的角度来讨论人类价值、政治问题、经济问题以及有关人发展的教育目标。赫德是把科学技术与社会的关系作为重要问题提出的第一个人。

1970年，赫德选择了"科学启蒙"这个术语作为科学素养的概念。他认为，科学教育广义的目的应该是培养一个启蒙的公民，能够使用科学的智力资源去构建一个能够促进人类发展的有利环境。

1971年，美国科学教师协会的课程研究委员会向美国科学教师协会董事会报告了由125个科学教育工作者对科学教育着重点的综合研究。该委员会认为，科学素养涉及对科学过程的知识、技能、态度以及能力。

1980年，美国科学、技术、社会教育的权威人士耶格（R. E. Yager）写了一篇名为《科学、技术、社会及科学教育在综合中的趋向》的文章，提出有科学素养的人应该具有的特征。耶格主要是从科学、技术、社会的观点来看待科学素养，涉及的方面也较广，有的是前人从未提出过的。而且，他认为，科学、技术、社会本身也是科学素养的一个重要成分。

从20世纪80年代后期至今，尽管表述科学素养特征的文章不少，也有的学者企图给科学素养下定义，但还未见到用较简要的和较新的观点以及从广泛的和综合的意义上来给科学素养下较为权威性的定义。但近十多年来，较权威性的组织或个人都试图给科学素养下一个完整的定义。

1985年，美国启动了"2061计划"，这是一个面向21世纪、致力于科学知识普及的中小学课程改革工程。"2061计划"分为三个阶段，在1989年推出了第一阶段的成果：

"普及美国人的科学"（SFAA）。SFAA 的系列介绍"说明所有学生必须获得的作为他们的全部学校经验成果的知识、技能和态度，以便被认为在科学上有素养"。对科学上有素养的人下了如下的定义："认识科学、数学和技术是具有力量和局限性的相互依赖的人类事业；理解科学的关键概念和原理；熟悉自然世界并认识它的多样性和统一性；并为个人和社会目的而使用科学知识和思维的科学方法。"这一定义的突出特点是：强调科学素养与现实社会的关系，强调个人对自然界和社会的理解。

美国"2061 计划"的系列著作之一《科学素养的基准》一书，全面系统地阐述了当代美国文化观念中关于自然科学、技术和社会科学的性质、范畴和内容以及科学素养的含义、内容、培养目标和培养途径。该书还设计了使青少年达到一定科学素养的具体实施步骤。

1996 年，美国发布了《国家科学教育标准（NSES）》，给科学素养下的定义为"为个人决策，参与市民的和文化的事务以及经济生产力需要的知识和科学概念的理解以及过程"。这个定义和 SFAA 所下的定义都十分简要，而且将个人与经济、社会联系起来，SFAA 关于科学素养的定义是一个十分广泛的和综合的范畴。根据 SFAA，被认为在科学上有素养的人，应当掌握的科学知识范围不局限于物理、化学、生物等传统的概念和原理，而且包括数学、技术和社会学科等方面。一个有科学素养的人关于科学、数学和技术的组合知识应当涉及如以下领域：科学世界，探究的科学方法，科学事业的性质，数学和数字过程的特征，科学和技术间的联系，技术自身的原理以及技术与社会间的联系等。这个要求是很高的。

二、对科学素养的研究

（一）对素质的有关认识

目前对素质有以下三种代表性的认识：

1. 强调素质具有先天性

素质的本意是人或事物在某些方面的本来特点和原有基础。近现代"素质"是作为一个基本术语出现在生理学和心理学的，在心理学上将素质界定为"一般指有机体天生具有的某些解剖上和生理上的特性。主要是神经系统、脑的特性，以及感官和运动器官的特性。它是能力发展的前提和基础"。西方有些实用主义心理学关于素质的含义有较为极端的两种观点，一为"白色质地"，二为"本质"。

在我国，直到 20 世纪 80 年代中期，人们对素质与智力、能力与教育等问题才作了一定的研究和探索。这时期最早谈到素质问题的是中科院心理研究所的王极盛先生，他认为："素质是人的机体的某些解剖、生理上的特点，如感觉器官、神经系统的特点，主要是人脑的特点。"他认为："人的素质是指人的身体的解剖和生理方面的特点，主要是感觉器官和神经系统，特别是大脑的特点。"这是人们较为认同的关于素质概念的理解。这一时期对素质概念的理解较为强调素质的本质含义，坚持素质的"先天性"。

随着素质教育的提出，诸多文献资料虽然没有对早期的关于素质的理解进行反驳，但所使用的"素质"概念已开始泛化，提出心理素质、生理素质、智力素质、思想素质、技能素质等等，力图赋予素质以新的含义。不过仍有人坚持素质先天性的本义，比如有学者提出素质是"基础的东西,或者说是普遍都具备的东西"。还有学者提出"素质是中国所特有的术语,无论从其本来含义看,还是从其科学引申含义看,素质概念的基本特性是先天性"。从这个意义上,有的学者称素质为"先天禀赋"或"内禀素质"。

2. 倾向于将素质的基本特性改变为后天性

随着素质教育的提出,人们对素质的理解与其本意(生理学和心理学)已大相径庭。

其中一类观点就是认为应将素质的基本特性改为后天性。不能将素质与"遗传素质"、"生理素质"等概念混淆,认为素质是指"人的科学文化知识水平、身体体质、心理和思想道德品质等的总称",是"包括后天习得的知识、品质、能力、技能的总称,主要是指德、智、体三方面"。由此,对素质的理解已开始背弃先天性本意,具有后天性的特性。例如有的学者提出"培养专家需要注意一些重要素质。例如对高度事业心、进取心和责任感"。指出"……上述德、智、体三方面的这些基本素质,都是成才的基础"。还指出:"智力开发的目的是为了提高全体劳动者的知识文化素质。"

有的学者认为素质也不同于先天性的生理基础,提出"教育学的素质概念不同于心理学的素质概念,它着重表示人在先天生理基础上发展起来的后天社会本质,即人在先天生理的基础上,受后天环境、教育的影响,通过个体自身的认识与社会实践,养成的比较稳定的身心发展的基本品质",而且,还进一步提出"人的素质的养成、提高,离不开个体的生理前提,但它不是天赋的,而是个体在社会影响下,在积极参与的社会活动中养成、提高的,有深刻的社会性"。据此,有学者对素质的范畴进行了细分,比如,政治素质、专业素质、心理素质、身体素质、教育教学素质等。

3. 坚持素质先天性与后天性的统一

一种较为大多数人所认同的观点是在坚持先天性的基础上,补入后天性,使"素质"实现先天性与后天性的"有机结合"。坚持这一观点的学者,多从素质的层次结构的角度来阐述素质的含义。

其中具有代表性的观点主要有以下几种

三层次说。关于三层次的具体指向,又存在不同观点。其中一种指向生理、心理和文化三层次,认为生理素质是基础,心理素质包括智力素质与非智力素质,它在结构中起中介作用,而文化素质包括德智美劳,体现素质的社会功能。

还有一种观点认为素质的三层次应是先天素质、可能素质(或发展素质)与现实素质(或习得素质)。认为先天素质是心理发展的生理条件,但不能决定人的心理内容和发展水平;可能素质(或发展素质)反映未来发展的可能性;现实素质则包括人的思想、知识、身体和心理品质等,是主体的一种稳定的现实品质。从这个角度讨论素质,实际上就是指科学素质,也就是通常所讲的科学素养。

(二)对科学素养含义的不同理解

在国内,关于科学素养的含义,主要有以下几种论述。

1. 科学知识和文化水平层面

科学素养就是借助普通教育的重要组成部分——包括物理学、化学、生物学在内的理科教育所应当培育的公民素质。

科学素养主要指人们在应用科学知识的过程中表现出来的内禀心理特质,其所掌握的科学知识、技能和方法，在此基础上形成的科学能力、科学观以及科学品质等；

科学文化素养指人们在科学文化方面所具有的较为稳定的、内在的基本品质，其中在自然科学方面主要体现在物理、化学、天文、地理、生物学等知识教育之中，表明人们在这些知识及与之相适应的能力、行为、情感等综合发展的质量、水平和个性特点。

以上对科学素养涵义的阐述有三个特点：其一，通过突出科学素养与理科教育的关系来界定科学素养，即从科学素养的形成、发展的主要渠道、途径来界定；其二，强调科学素养是较为稳定的、内在的心理特质；其三，强调科学素养是对自然世界的认识，对自然科学知识的掌握。认为科学素养的核心是"人的科学观"。

2. 个体理性修养和内禀素质层面

但是随着社会经济、科技水平的迅速发展，特别是 20 世纪 90 年代以后信息技术的突飞猛进，基础教育中科学教育的目的不是为了培养科技专家，而是要培养适应社会发展具有包括科学知识、科学方法、科学态度与科学精神在内的科学素养的公民。这是近来科学教育讨论所达成的一个共识。然而，什么样的人才算有科学素养？怎样看待学生的科学素养？这是一个值得讨论的问题。

从辩证唯物主义的发展观来看，科学素养是一个从低到高的连续体，所有学生都处在这个连续体的某点之上，而且随着年龄的增长、科学教育的加强，以及社会经济、科技水平环境的日新月异，学生的科学素养水平不断向高点提升。有的学者以这种动态的科学素养观作为指导，以对学生科学素养的实际观察为基础，从以下五个层面对科学素养作进一步说明。

(1) 科盲就是没有科学素养

科盲的人不能与周围的科学现象建立联系，对常见的科学问题缺乏反应。即缺乏确定某个问题是否是科学问题的词汇、概念、背景及认知能力。造成科盲的原因一般比较特殊，比如年幼儿童的生活经历有限，思维器官的发育尚不健全；或者先天遗传不足，存在认知障碍；再者被完全剥夺受教育的机会。

(2) 词语性科学素养

学生在日常生活中，受自然界变化、电视、书籍、成人等因素的影响，耳濡目染无意中了解到一些科技术语，诸如地球、力、运动、细胞、细菌，乃至病毒、克隆等科技词语，并能把它们使用到简单的句子中，然而却不能正确理解这些词汇所表达的具体含义，更认识不到有关的两个概念之间的联系，只是把它们当做一种科技词语保存在头脑中而已。这便是我们所说的词语水平的科学素养。比如，物理教师讲到力时，发现学生认为力是维持物体运动的原因，他们说："一个运动着的物体本身具有力，这也就是物体发生运动的原因。"尽管教师试图让学生明白："力不是维持物体运动的原因，而是物体间的相互作用"，但学生仍固执己见。那么对于"力"这个概念而言，学生就只有词语性科学素养。也就是说，学生知道力是物理学中的术语，但对它的理解不正确或形成了错误的概念。许多研究者将它们称为"前科学概念"或"相异构想"，学生的前科学概念虽很顽固，却是教学的基础。

(3) 功用性科学素养

学生从科学课堂上、课外科技读物或电视教育节目中学到一些科学术语，并能记住这些术语的定义,从某种意义上说,他们具有一定的科学知识。然而他们所具有的这种知识往往缺乏有机联系,是孤立零乱的,未形成一定的知识体系,自然不能用来灵活解决各种问题。即他们掌握的知识是"死的",而不是"活的"。然而学生能用这种知识来应付考试,达到升学的目的。由于学生不能或很少能理解科学专业及性质,体验不到科学探究的乐趣,最终导致对科学失去兴趣。科学史家库恩早就指出其危害:"易使学生形成绝对化的科学知识观、错误的科学方法论、片面的科学发展观。"

(4) 程序性科学素养

科学教育的过程,既重视获得知识又重视知识的获得过程,把科学当做结果的知识体系和探究过程来教,将科学知识与科学方法的教学有机结合起来,使学生基本掌握科学过程技能,初步理解科学概念与整个科学专业的关系,了解科学专业的基本结构。即形成程序性科学素养。就科学知识而言,这一维度的学生已能理解各门科学专业的中心概念,如物理中物质、能量、运动,生物中的进化等。科学过程技能和对科学过程的理解包括科学探究过程和技术设计过程这两个方面。具有程序性科学素养的学生实际上已具备一定的科学探究能力,并且能够理解科学探究,包括提出研究问题、假设与猜想、设计调查研究方案、使用恰当的工具和技术、根据证据作解释和建立科学模式或模型、对证据与解释的关系作批判性思维与逻辑思维、认可各种解释、交流科学程序与评价其结果等。简言之,学生知道并能仿效科学家去发现问题和解决问题。然而,此层面的科学素养仍是一维的,是站在科学过程的角度去把握科学的性质及科学发展的本来面貌,我们还不能将此层面的科学素养作为科学教育的最终目的。因为科学只是一种社会活动,要受一定社会价值观的支配。

(5) 多维科学素养

具有这一层面的科学素养意味着学生对科学的理解已经超出科学专业与科学研究程序概念之外,能从哲学、历史、经济及社会这三种视角去思考科学与技术。可以说,学生是把科学与技术作为社会文化的一部分来理解和欣赏的。他们开始学会在各门科学专业之间、科学与技术之间、科技与社会重大问题之间建立有机联系。学生这种科学素养的形成,是在思考并领悟科学与个人、科学与社会、科学与文化的相互作用关系中以及科学历史发展过程中获得的。只有具有这种科学素养的人,才能持有正确的科学态度与科学价值观,才不会把自己变成只会追逐功利的科学的奴隶,才能更好地利用科学为人类造福。所以,当今美、英等发达国家无不把培养学生具有多维科学素养作为科学教育的最终目的。

(三) 科学素养的内容

1. "科学素养"的内容框图

科学素养的全部内容、结构及程序如图 2-1-1 所示。

科学素养的内容

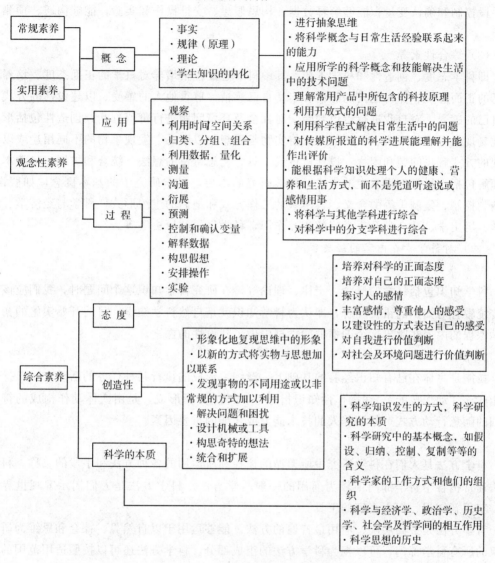

图 2-1-1 "科学素养"的内容框图

注：该图由华南师范大学高凌飚教授提供。

2. 对科学素养内容框图的简要讨论

（1）常规（实用）素养

基本的科学知识包括科学的事实、规律、原理、理论，学生知识的内化等。

（2）观念性素养

观念性素养主要指对科学过程的理解程度和对科学知识的应用能力。前者包括进行抽象思维，将科学概念与日常生活经验联系起来的能力，应用所学的科学概念和技能解决生活中的技术问题，理解常用产品中所包含的科技原理，利用开放式的问题和利用科学程式解决实际的问题，对传媒所报道的科学进展能理解并能作出评价，能根据科学知识处理个人的健康、营养和生活方式，而不是凭道听途说或感情用事；能将科学与其他学科进行综

35

合。后者包括观察、利用时间和空间关系、归类、分组、组合;会利用测量、数据和量化等手段控制和确认变量;能够解释数据、构思假想、安排操作和实验;能够沟通、预测和展望。

(3) 综合性素养

即科学态度、创造性和科学本质。其中科学态度包括培养对科学的正面态度、培养对自己的正面态度、探讨他人的感情、丰富自己感情,尊重他人的感受、以建设性的方式表达自己的感受、对自我进行价值判断、对社会及环境问题进行价值判断;创造性包括形象化地复现思维中的形象、以新的方式将实物与思想加以联系、发现事物的不同用途或以非常规的方式解决问题和困扰、设计机械或工具、构思奇特的想法、统合和扩展;科学本质的理解包括:科学知识发生的方式,科学研究的本质,科学研究中的基本概念,如假设、归纳、控制、复制等等的含义,科学家的工作方式和他们的组织形式,科学与经济学、政治学、历史学、社会学及哲学间的相互作用,科学思想的历史等等。

(四) 对科学素养内容的经典理解

1. 科学知识

科学知识包括科学的概念、定律、理论等。在研究科学知识这个问题时,我们应该注意传统教育对知识的错误理解,即认为科学知识就是自然科学知识。目前开始实施的初中科学课程的内容在跳出这个旧框框的尝试中做了建设性的探索。

2. 技能

技能是主体在已有知识经验的基础上,经练习形成的执行某种任务的活动方式;操作技能亦称"动作技能"。在操作性知识指导下,经练习而形成,是由人体动作构成的符合法则的随意行动方式,是培养人的技术能力或才能的重要因素。

3. 科学方法

科学方法是人们在科学研究中所遵循的途径和所运用的各种方法和手段的总称。科学方法通常指各个科学部门中较为通用的一般科学方法。科学方法是人们揭示客观世界奥秘、获得新知识、探索真理的工具。

哲学方法是最高层次、应用最普遍的方法。能够运用于以自然界、社会和思维为研究对象的所有科学部门,可以视为科学方法的组成部分。科学方法还可以按照适用范围的大小,区分为一般科学方法和特殊科学方法两个层次。

一般科学方法通常分为经验性科学方法、理论性科学方法和横向学科方法三类。经验性科学方法是获取经验材料或科学事实的一般方法,如观察方法、实验方法、调查方法、测量方法等。理论性科学方法是对经验、事实进行思维加工的建立理论的一般方法,包括分析、综合、归纳、演绎、类比等逻辑方法以及假设方法、思想实验、理想化方法等。

横向学科方法指的是由数学、一般系统论、信息论等横向学科抽取出来的一般方法,如各种数学方法和系统方法、黑箱方法、反馈方法、信息方法等。

特殊科学方法是个别科学领域或学科所运用的各种特殊方法,如物理中的光谱分析法,化学中的电解法,生物中的同位素示踪法,医学中的免疫法,心理学中的精神分析法,人口学中的人口普查法等。现代科学方法是建立在实践经验和经实践检验过的科学理论基础之上的。

4. 思维方法

思维方法是人们认识世界和改造世界的精神活动形式、方式和程序的总称。人的一切活动，无论是认识活动还是实践活动，都离不开思维和思维方法。思维方法的类型是与思维类型相对应的。按照思维活动所运用的信息形式，思维方法区分为抽象思维方法和意象思维方法。按照思维结构的程式化程度，思维方法区分为逻辑思维方法和直觉思维方法。按照思维过程的方向性，思维方法区分为逆向思维方法、侧向思维方法、发散思维方法、收敛思维方法等。

5. 科学过程或过程技能

西方特别是美国把对科学过程的理解作为科学素养的一个重要成分。有的学者把科学过程（或科学过程技能）称之为科学家学习和研究时所做的事情。科学过程技能是产生科学内容的载体以及科学概念借以形成的方法。

根据美国1979年出版的、由芬克等5人撰写的《学习科学过程技能》一书，科学过程技能分为基本科学技能和综合科学过程技能两大类：前者包括观察、分类、交流，米制测量，预测和推理；后者包括鉴定变数、作数据表、作图表、叙述变量间的关系、获得和处理数据，以及分析研究、作出假说、在运算上规定变量、设计研究和进行实验。

6. 价值观

在复杂的问题中，具有科学素养的人要能进行价值判断，并在冲突的观念中寻找妥协的途径，要具有与人、与自然进行协商的能力，尊重他人的意见，体现出人的主观能动性，激发人的主体精神，促进个体的和谐发展。

7. 创新精神

对创新精神内容的看法目前很不一致。有学者介绍，国外研究表明，培养创新能力的办法有三百多种，其中常用的有一百多种。

比如，创新精神指创新能力中的非智力因素，如求知欲、创新意识、勇敢精神、顽强精神、科学态度等；对于创新意识，有学者认为，可包括推崇创新、追求创新、以创新为荣，产生创新动机，树立创新目标，发挥创新潜力，释放创新激情；创新思维即发明或发现一种新方式以处理某种事情或事物的思维过程；创新能力绝不仅仅是一种智力特征，更是一种人格特征，是一种精神状态，是一种综合素质。有学者认为，创新能力包括创造智慧能力，包括超常力、进取力、想象力、综合力、选择力、批判力、敏捷性以及创造性操作能力。是否重视创新能力的培养，是传统教育与现代教育的根本区别之一。

显然，扎实的知识是创新能力形成的基础。合理的能力结构是创新活动必不可少的条件。合理的能力结构包括发现问题的能力，明确问题的能力，组织和分析问题的能力，解决问题的能力。

总而言之，创新是科学的生命，没有创新，就没有科学；没有创新，科学将停滞不前。具体的真理都是相对真理，是可以突破的。创新精神是科学精神的重要组成部分。创新应当在继承的基础上进行，是突破科学的局限性的关键。

8. 科学、技术、社会及其相互关系

科学提供知识，技术提供应用这些知识的方法，社会则要求我们的价值观念指导我们应如何地去对待科学与技术。1989年在德国基尔召开的世界科学和技术教育倾向的专题讨论会上，提出STS的意义在于：在技术和社会环境的可靠的范围内进行科学内容的教育。

STS的相互关系是STS教育的一个核心问题。在上述的专题讨论会上，有学者提出科学、技术与社会三者的关系是：学生趋向于把他们对自然世界环境（科学内容）的个人理解跟人工构造的环境（技术）与他们的日常经验的社会环境三者结合起来，这便是STS教育的实质。

9. 科学精神

国内近几年的文献中，关于科学精神的讨论可谓众说纷纭，以下几点看法是基本一致的。

（1）求真、求实、客观精神

主张客观真理，即认识到真理是可重复的，可检验的；主张实事求是，亦即认识到要从"实事"而不是从"虚事"出发，找出事物发展的规律；科学的本质并不是证实真理，而是不断发现以前真理的错误，不断更新真理。主张理论与实践一致。

（2）人文精神

人文精神的第一要素应该是民主、平等、自由合作精神，因为科学是社会的有组织的群体活动，因此，团队精神、民主作风、合作意识、百家争鸣等都是科学精神的组成部分。科学与人文是相辅相成的，不该有分裂和隔阂。没有人文的科学是蹩脚的，没有科学的人文是盲目的：科学工作者应该关注人类的命运和社会的进步，力所能及地将与科学有关的事务从农村、街道、城镇、国家参与到全世界大大小小的社区中去。但是，将科学作为绝对权威来推崇，会形成科学崇拜，必然会导致人文的失陷。人文失陷的后果会导致科学发展与人类精神相对立，轻则造成生态环境恶化，重则用于制造杀人武器。

人文精神的时代性体现在不断求知创新的精神。因为世界的发展、变化是无穷无尽的，因此认识的任务是无穷无尽的。主张解放思想，破除一切迷信。提倡凡事要问一个"为什么"，问一个理由何在。善于在没有问题的地方产生问题，在没有现成答案的地方寻找答案。不盲从潮流，不迷信权威，不把偶然性当成必然性，不把局部看做整体。不轻易相信未在严密方法下经过反复证明的严格科学推理的所谓新发现。

与此同时，人文精神还包括超功利精神、探索精神、独立精神、群众参与精神、高瞻远瞩、超越前人的精神、宽宏大度、谦恭豁达的精神，顽强执著、锲而不舍的精神。

10. 科学态度

科学态度是通过对科学知识的正确理解和对科学发展的整体把握而形成的科学信念和科学习惯。科学既是真实可见的，又是不断发展的；科学之所以可信，是因为科学来自经验，是真实可见的，并经过实验的检验，具有可重复性。

11. 科学伦理和情感

科学伦理和情感包括：用辩证唯物主义与历史唯物主义思想对待科学和科学事业；认识科技道德；认识科学应以造福人类为目标；对科学的积极心境、热情和社会责任感、义务感；学习科学家优良品质。

在科学活动中深入钻研，刻苦探索，追求真理，力争创新。产生对科学和科学事业的美感；培养科学兴趣、好奇心、求知欲和自信心；爱护自然、生态环境、资源，并与破坏生态环境和资源的不良行为作斗争；正确认识科学的价值标准；具有支持科学新生事物的精神；以及面对习惯势力不屈不挠，激流勇进的精神。

学习科学家的献身科学的敬业精神、实事求是、严谨治学的行为准则和谦虚谨慎的精神。善于与他人交往，团结协作，友谊帮助和竞赛；拥有献身科学事业的崇高品格。

学习科学家的坚强意志和毅力。不怕艰难险恶、反对伪科学、反对迷信邪说、反对利用科学做杀人武器（如毒气弹、细菌、落叶剂等）、反对利用科学做假冒伪劣产品、反对在科学上剽窃。

12. 科学素养和技术素养

谈科学素养，就不能不谈技术素养，虽然科学素养与技术素养不同，但科学素养往往涉及技术素养，特别是当今科学技术化及技术科学化的科学发展模式中，它们有时互相包含。

霍尔布鲁克（J. K. Holbrook）在"2000年科学和技术普及研究项目"中提及美国科学教师协会（NSTA）在1990—1991年已给科学上、技术上有素养的人下了下面定义：

（1）使用科学和技术概念及伦理价值进行有见识的反映和解决日常问题，在日常生活中作出负责任的决策；

（2）在衡量可供选择的可能结果后，进行负责的个人和公民的行为；

（3）使用理性的证据来保卫决策和行动；

（4）为探究科学和技术的奥秘而从事于科学技术活动；

（5）对自然和人造世界表现出好奇心和正确评价；

（6）在观察研究宇宙时应用怀疑、细心的方法，进行逻辑推理和创造性研究；

（7）重视科学研究和技术问题的解决；

（8）寻找、收集、分析和评价科学和技术信息资源，使用这些资源来解决问题，作出决策并采取行动；

（9）区别科学和技术证据以及个人意见。区别可靠的和不可靠的信息；

（10）对科学和技术知识的新证据和暂时性保持开放性；

（11）认识科学、技术的力量和局限性；

（12）分析科学、技术和社会之间的相互作用；

（13）把科学和技术联系到其他人类事业（如历史、数学、艺术和人文科学）；

（14）当科学和技术联系到个人和全球有争议的问题时，应考虑政治、经济、道德和伦理等方面。

科学素养与技术素养涉及的问题和事物在很大程度上是相似的。但是，技术素养涉及的问题和事物更广泛，二者主要的不同之处，是后者不但从科学角度，而且从技术角度来思考、研究和处理问题。从两个角度来思考、研究和处理问题比较全面，对科学、技术与人类事业的关系更为密切。对不同经济发展的地区或国家来说，技术素养强调的重点是不同的，如在经济情况与发达国家相比较为落后的一些亚洲国家，在提出的技术素养中基本上都归结于强调改进人民生活的技术要素。

（五）我国科学素养教育现状及应对措施

1. 现状

我国的基础教育发展相对滞后于现代社会、经济、文化和人口的发展，所培养的人才依赖于知识的积累，知识面狭窄，缺乏创新的能力。其次，教育资源不足，农村和城市差异巨大，忽视教育的公平原则，尤其是性别的不公平对待（如表2-1-1所示）。另外，教师总体科学素养水平不高,缺乏创新精神、探究和科研的能力(如表2-1-2和表2-1-3所示)。所以,这种应试教育模式谈不上对学生进行科学素养的培养。

表2-1-1　女性公民科学素养水平达标率(%)

	女性公民	男性公民	全省总体(湖北省)
对科学基本术语和概念的理解	20.1	38.4	30.2
对科学研究方法和过程的理解	13.1	20.0	16.9
对科学技术对社会的影响的理解	9.6	16.8	13.6
总的达标率	1.3	4.1	2.8
人数 N	541	659	1200

(以上数据引自《女性公民的科学素养——对湖北省541位女性公民的科学素养状况的调查分析》,唐美玲、凤笑天:《中华女子学院学报》第14卷第2期)

表2-1-2　被调查教师对与人们生活密切相关的科技知识的理解(%)

题　序	题　目	正　确	错　误
C	用于医学临床诊断的B超应用的技术是(超声探头)	47.7	52.3
E	芹菜被食用的部分是植物的(叶柄)	16.3	83.7
G	远视镜、花镜都是凸透镜	14.2	85.8
I	人工降雨使用的凝结晶核(碘化银)	22.0	78.0

表2-1-3　被调查教师质疑精神、探究精神的状况(%)

1	你是否对教材中某些知识点持怀疑态度	A	从不	1.6
		B	偶尔	81.6
		C	经常	5.3
2	如果你对教材中某些知识点产生过质疑,你是如何解决的	A	与同行商量	55.2
		B	自己查阅资料	35.1
		C	不需研究,按教材	3.5
		D	写信或上网与专家咨询、讨论	6.1

(以上数据均引自《小学教师科学素养有待提高——北京市小学教师科学素养现状调查报告》,宋天乐:《课程·教材·教法》2002年第12期)

2. 当前我国开展科学素养教育应对措施举例

怎样才能培养具有时代性的科学素养的学生呢?这是一个关系到中华民族能否实现伟大复兴和在世界范围内有无竞争实力的问题。当前,教育部在进行初中课程改革的同时,已经对高中的所有课程进行全面、彻底的改革。广大教育工作者需要转变教育思想,彻底打破传统的教育模式,教育行政应该采取切实可行的有力措施,保证科学素养教育目标的实现,全社会必须形成讲科学、爱科学、学科学、用科学的文明范围,倡导科学素养是人必须具备的基本素质的理念。而就学校教育的领域来讲,目前必须做到以下三个方面:

(1) 改革传统的以系统科学知识为中心的科学课程体系

长期以来，我国一直采用的是分科课程，而这种课程体系最大的弊端是分科太细，知识陈旧，学科之间缺少横向联系，而且脱离实际。为了克服上述弊端，适应当今科学高度综合化的趋势及世界课程改革的趋势。在我国新一轮基础教育课程改革中，首次将《科学》设为一门独立的课程，它淡化了学科的界限，打破原有的学科界限，课程内容更加广泛，除物理、化学、生物外，还必须增加那些与人类生活密切相关的现实问题，如地球科学、环境科学、人口问题、资源合理利用等等，它应给予学生在未来成人生活中所需要的最新知识，让学生理解科学发展在历史与当今对社会与经济的发展所做出的贡献。另外，新型科学课程必须突出科学领域中最基本的概念与原理，如能量、进化论等，并着重让学生理解其中的科学思想及基本的科学方法、科学事实和科学理论，从而使学生掌握探索自然的方法，对于培养新世纪青少年的科学素养将发挥重要作用。目前，我国部分地区的初中已经开设了科学课程。

(2) 变革传统的以传授系统科学知识为中心的教学模式

课程改革是为了解决学什么的问题，而教学改革则是为了解决怎么学的问题。必须从以下三个方面做起，彻底改革"教师讲，学生听"的教学模式。

建立现代的师生关系，确立学生的中心地位，增强教学民主。依据现代教学论思想，学生是学习的主人和积极实践者，他们的独立性、自主性、创造性及内在精神应得到教师的承认与尊重。教师应成为教学活动的设计者和组织者，教师的职能已不是单纯地向学生灌输现成的书本知识，而是为学生学习创造适当的学习环境，提供必要的材料，引导和帮助学生探寻科学规律，教会学生思考，培养学生产生新思想及探索的能力。

把"科学探索"引进教学领域。必须教会学生科学探索方法，而且理论的学习必须建立在一定直接经验的基础上，要积极引导学生去亲自观察、亲身体验，以不断地培养学生的科学兴趣和科学探索能力。在观察和亲身体验的基础上，学生自然会在头脑中产生许多问题，但这个时候教师不要急于告诉学生正确答案，而是想办法帮助学生一起去寻求答案，使学生产生新的思想。

打破传统课堂教学的单一模式。要引导学生就其感兴趣的现实问题展开广泛的课堂辩论，不必拘于教材，以培养学生的科学应用能力及关心人类与社会的品质。

(3) 开展丰富的课外科技活动，实行开放教育，培养学生的实践能力

课外活动是课堂教学的重要补充，是对学生进行科学教育必不可少的途径，它更有利于培养学生的科学兴趣、科学探索能力和科学应用能力，而且形式更加灵活多样。开展课外科技活动，一是让学生走向自然，对大量的自然现象进行观察，向大自然学习；二是让学生自己设计实验，进行探索活动，勇于创新；三是进行科学调查，解决现实生活中的实际问题，提高科学应用能力；四是开展课外阅读活动；五是博物馆、科技馆、图书馆等向学生开放，并且要改变过去只许看不许动手的做法。

3. 关于小学科学素养教育

(1) 小学科学素养教育内涵

小学科学素质教育是发展小学生科学素养的教育、教学活动，具有较强的基础性和实践性，是公民科学素养形成过程中的奠基工程。根据小学生的心理特点及认知水平，通过科学素养教育应使小学生具备以下科学素养：①具有对与科学有关的事物的兴趣，并有从

事科学研究的志向；②具有正确的对待科学的态度；③了解浅显的科学事实和科学规律；④具有运用已有的科学知识和能力解决社会、生活中的问题并实施新的发现和创造的能力；⑤初步掌握观察、实验、调查、查阅资料等基本的科学研究方法；⑥初步具备科学探究过程的能力。

（2）小学科学素养教育目标体系

科学素养教育是一项系统工程，科学素养的形成和发展，具有渐进性。小学科学素养教育是这一系统工程的初级阶段，因此，小学科学素养教育目标应是一个人科学素养得以完备的形成性目标。我国小学科学教育的学科课程是"自然"，依据自然教学大纲精神和科学素养的内涵所构建的小学科学素养教育体系可以包括科学品质、科学能力、科学知识，其中良好的科学品质是发展科学素养的动力和保证，这是小学科学素养教育的核心。其目标体系为：科学素养教育—培养科学品质—科学志趣—科学兴趣—学习科学知识的兴趣—科学探究活动的兴趣—对科技活动的兴趣—科学志向—志立于科学研究—科学态度—实事求是、认真细致、与人合作—追求新知、勇于探索、不怕困难—发展科学能力—科学探究方法—观察、实验、测量、调查、查阅资料—科学技能—栽培、饲养、制作—科学思维—逻辑思维：比较、分类、归纳、概括、解释—创造性思维：假说、想象—应用科学—解释科学信息—解决社会生活问题—实施发明、创造—掌握科学知识—经验知识—自然事物—自然现象—理论知识—科学概念—科学规律。

（3）实施小学科学素养教育的基本途径

科学素养教育的特点决定，培养学生的科学素养，应由社会、家庭、学校共同完成。其中学校教育是有目的、有计划、系统的教育教学活动，对于学生科学素养教育目标的达成有着举足轻重的作用。课堂教学是学校教育的主要形式，是实现目标的载体，而我国小学科学教育是以"自然"学科教学为主渠道的，因此，优化自然课堂教学应是实施小学科学素养教育的基本途径。

自然教学过程应是教师指导下的学生自行探求知识的过程，教学所注重的是学生获取知识的方法和途径，而不是科学知识的本身。

教师应利用各种方法激发学生探究的兴趣，引导学生自己提出问题、研究问题、获取知识并运用知识和能力解决问题，变"学会"、"学答"、"要我学"为"会学""学问""我要学"。由此而构建的小学自然教学过程的基本模式。

例如：声音产生一课（按照科学探究的过程的说课案例）

教师通过观察、实验等方法展现某种事实——使用不同材料发出高低、尖锐、悦耳等不同声音；

[提出问题]

引导学生从事实中提出想要研究的问题——声音为什么有高有低？声音是怎样产生的？声音是怎样传到耳朵里的？噪声对人体有什么危害？

确定本节课研究的问题——声音是怎样产生的？

[猜想与假设]

甲：声音可能是塑料尺敲打桌面时，两者撞击发生的；

乙：可能是塑料尺振动时与空气摩擦，空气发出了声音；

丙：声音可能是由于塑料尺本身振动发生的；比如打鼓时，鼓面振动了，我们就听到了鼓声。

[制订计划与设计实验]

根据问题设计研究的方法和思路，学生运用教师准备的有结构的材料，进行观察、实验或通过考查、查阅资料等方法获取一定数量的事实——皮筋振动发声、尺子振动发声、鼓面振动发声……。

[进行实验与收集证据]

通过观察、实验对假设进行验证——使鼓面、皮筋等停止振动，声音消失。

[分析论证]

在此基础上，引导学生运用比较、抽象、概括、综合等思维方法进行思考，重组已有的经验，构建新的知识结构，得出结论；或者在思考的基础上做出假设——声音可能是物体振动产生的，从而得出结论——声音是由振动产生的。

对于学生已有较多感性认识的问题也可不经过观察，直接进行实验，经思考、讨论后，得出结论。最后，引导学生运用所学的知识和所具备的能力解释自然现象，解决生活中的实际问题并能够用以进行判断和创新。

(六) 美国的 2061 计划与科学素养

我国的中小学的科学课程深受美国的"2061 计划"的影响。美国的"2061 计划"始于 1985 年，该计划创建了一套文字和电子出版物，旨在帮助进行科学、数学和技术教育改革。《面向全体美国人的科学》勾画出成年人应该具有的文化素养——即所有的学生在高中毕业时，应该知道和可以掌握的知识内容。

1.《科学素养的基准》的结构

《科学素养的基准》则详细地论述了从幼儿园至二年级、三年级至五年级、六年级至八年级（相当于中国的初中二年级）和九年级至十二年级（相当于中国的高中三年级），逐步加深学生理解的步骤。

《科学教育改革的蓝本》则基于这种课程的启用，从更为广泛的角度思考了教育体系。在《科学素养的设计》中推荐课程方案。而后，所有这些出版物和一个数据库都将纳入到一个计算机管理的《课程设计和资源系统》中。

2.《科学素养的基准》结构示例

《科学素养的基准》的结构流程如图 2-1-2 所示。

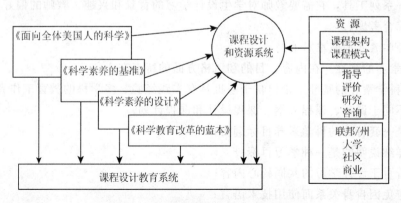

图 2-1-2 《科学素养的基准》的结构流程

3. 《科学素养的基准》的目标

"2061计划"的基准陈述了所有的学生在二年级、五年级、八年级（相当于中国的初中二年级）和十二年级结束时，在科学、数学和技术方面应该知道和掌握的知识和技能。这些年级界限为评定学生在《面向全体美国人的科学》所提出的科学素养方面的进步，提供了合理的检测建议。因此，在下述"2061计划"课程改革重点的背景下阅读《科学素养的基准》就成为非常重要的事情。

> 第五章 生存环境
> 1. 生命的多样性
> 2. 遗传
> 3. 细胞
> 4. 生命的互相依存
> 5. 物质流与能量流
> 6. 生命的进化

图 2-1-3 《科学素养的基准》目录

"2061计划"旨在提高人们在科学、数学和技术方面的素养，以帮助人们生趣盎然地、负责任地和富有成效地生活。在一种科学、数学和技术气息日益弥漫的文化氛围里，科学素养使公民具有必需的理解能力和思维习惯，使他们能够紧跟世界发展形势，大致知道自然和社会的转行情况，批判性地和独立地思考，对事件的不同解释加以辨认和权衡并提出协调方案，敏锐地处理那些有关证据、数字、模型、逻辑推理和不确定性的问题。

课程改革应使学生长大成人后，具备我们希望他们所具备的持久的知识和技能。这种课程设置既应该包括一个共同的核心学习课程（"2061计划"着重于此），还应该包括根据各个学生的特殊需要和兴趣所设置的课程。

提倡大幅度地削减当前教学内容的绝对数量。因为内容过多的课程，鼓励学生死记术语和算法，虽形成短期记忆，却影响理解力的形成。

提出要讲明学习目标，提示学习的特点，并考虑学习的复杂性。尽管可以分别描述"了解"和"运用"的目标，但是，在许多不同的课程背景下都应将它们结合起来学习。这样，学生们才能在校外生活中将关于"了解"和"运用"的知识结合在一起使用。

提出的学习目标应集中在科学素养上，而不是对各个分立学科的理解。在理解学习科学、数学和技术的共同核心内容的同时，应该包括科学、数学和技术之间的联系，以及这些学科与艺术、人性和职业课程之间的联系。

提出的共同目标并不强求统一的课程、统一的教学方法和统一的教材。"2061计划"正在开发一系列工具，它需要教师对学生设计学习的背景和兴趣、教师的偏好以及本地的环境加以综合考虑。

4. 《科学素养的基准》的特点

《科学素养的基准》在内容、目的和风格方面的特点在于：

(1) 《科学素养的基准》是出自于一批具有实践经验、多学科的教育工作者之手；
(2) 不同于课程、课程大纲、课程设计和课程计划；
(3) 是一套特殊的科学素养目标纲要；
(4) 详细说明的是一种学习目标；
(5) 着重于设计学习的共同核心内容；
(6) 避免因自身关系而使用技术语言；
(7) 仅仅为如何达到所建议的目标做了部分揭示；
(8) 根基于研究成果；

(9)《科学素养的基准》是一件开发中的产品；
(10) 只是"2061计划"所设计的各种教学工具家族中的一员；
(11) 是《面向全体美国人的科学》的同伴，而不是它的替代品。

（七）结语

总之，科学素养涉及多种因素，科学素养的培育并非学校科学教育的单一任务，而是一项包含家庭、学校和社会的长期而艰巨的系统工程。对一个人来说，应从儿童时代开始对其进行科学素养的教育，对全民族来说，应广泛造就开展科学素养教育的社会环境，就学校教育而言，在各个学科教育过程中，在基础教育的各个阶段，科学素养的教育应该成为新世纪我国基础教育的一根主线。

从根本上说，教育的主要任务在于培养适应社会需要的人才，以迎接21世纪的挑战，只有把知识的掌握和科学素养的培养有机地结合起来，才能站在时代的前列，真正实现中华民族的伟大复兴，要真正做到这一点，我们还有很长的路要走。

第二节 科学课程的内容结构体系及举例分析

我国科学课程内容的结构分为两个部分，即小学（3~6年级）科学课程和初中科学课程（7~9年级）；前者相当于传统的自然课程，前者相当于传统的物理、化学、生物和地理等课程。所以，科学课程是以综合学科为形式、以学科整合为本质特征的旨在提高青少年科学素养为出发点的基础教育课程。

一、小学科学（3~6年级）课程的内容结构

《科学（3~6年级）课程标准》共分五个部分：第一部分为前言，叙述科学课程改革的背景、课程的性质和基本理念。第二部分为课程目标，叙述科学课程的总目标和三个分目标：科学探究、情感态度与价值观和科学知识，以及各部分目标的相互关系。第三部分为科学课程的内容标准，描述科学探究、情感态度与价值观、生命世界、物质世界、地球与宇宙五个方面的内容标准及活动建议。第四部分为实施建议，由教学建议、评价建议、课程资源的开发与利用、教材编写建议、教师队伍建设建议、关于科学教学设备和教室的配置六个部分组成。第五部分为附录，含具体目标中行为动词的定义、教学活动的类型与设计、案例三个部分，其框架结构如图2-2-1所示。

（一）3~6年级科学课程标准结构

《科学（3~6年级）课程标准》将3~6年级的科学课程作为整个基础教育科学课程的一个相对完整的阶段，具体内容标准所表述的是6年级结束时绝大多数学生应达到的程度，不再划分年级或年段，这样可以给教材编写者和教师更大的创造空间。

（二）3~6年级科学课程标准的内容及分析

小学科学（3~6年级）课程的内容包括物质科学、生命科学、地球科学和技术四大领域的相关基础知识。前三个领域是自然科学中最重要的领域，是适合于儿童学习的最基本核心概念，为儿童的终身学习和生活打下良好的基础。技术领域，对学生进行科学和技术两方面的教育，是当前科学教育的发展方向，提高学生综合应用和实践创新的能力。希望学生通过亲历科学探究的过程，对所列内容进行学习，能逐步领悟

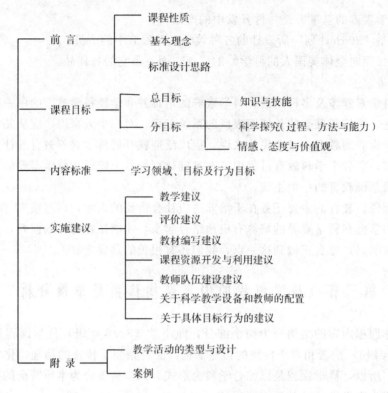

图 2-2-1 《科学（3～6年级）课程标准》的框架结构

到一些普适的科学规律和主题，同时在总体上对科学和技术是人类进行的创新活动有所体验。

小学科学（3～6年级）课程的内容结构如图 2-2-2 所示。

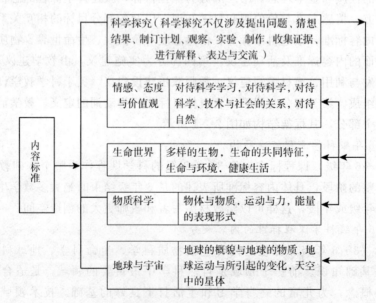

图 2-2-2 小学科学（3～6年级）课程的内容结构

小学科学课程通过对物质科学有关知识的学习，了解物质的一些基本性质和基本运动形式，认识物体的运动、力、能量和能量的不同形式及其相互转换。

小学科学课程通过对生命科学有关知识的学习，了解生命现象、生命活动的特征、过程和发展的一般规律，认识到人具有一个高级功能的脑。

小学科学课程通过对地球科学有关知识的学习，了解地球、太阳系的基本情况及运动的规律，认识到人类只有一个地球，改善生态环境，与大自然和谐相处。

小学科学课程通过对技术方面的学习，初步学会能综合知识和经验，进行简单的设计和制作，并能亲历以设计为特色的技术同以探究为特点的科学相并存的过程，发展学生综合解决实际问题的能力。

小学科学领域的内容分为三个层次：第一个层次是构成领域内容的核心概念，用黑体字表示；第二个层次是核心概念内容的分解，用具体概念表示；第三个层次是体现具体概念内容的现象和实例，用举例表示。这是本内容标准的分层分解呈现方式。

小学科学课程的教师和教材编者要自上而下地对核心概念逐级分解和领会，同时，教师在教学过程中要自下而上的，从贴近生活，贴近兴趣，贴近儿童的浅而寓意深的举例着手，自然地进入各具体概念细目，并由此逐渐理解、掌握核心概念（具体内容请读者参阅《小学科学课程标准》）。

二、初中科学（7～9年级）课程的内容结构

初中科学课程（7～9年级，以下同）在总体上把内容划分为五大领域：科学探究（过程、方法与能力），生命科学，物质科学，地球、宇宙和空间科学，科学、技术与社会的关系。第一、第五领域明显地是以综合为特色和要求的，其内容均将渗透到其他三个领域中去，第二、第三、第四领域主要是以生物，物理，化学和地理其中一个专业为主题或两个专业以上相关内容组合为主题。

（一）初中科学课程标准内容及结构分析

从结构上来看，初中科学课程标准共分为五个部分：第一部分为前言，叙述了科学课程改革的背景、课程的性质与价值以及课程的基本理念。第二部分为课程目标，叙述科学课程的总目标及其分目标：科学探究（过程、方法与能力），科学知识与技能，科学态度、情感与价值观，科学、技术与社会的关系。第三部分为科学课程的内容标准，描述科学课程的具体内容目标及活动建议。第四部分为实施建议，由教学建议、评价建议、课程资源的开发与利用以及教材编写建议等四部分组成。第五部分为附录，含案例及有关知识技能的目标动词。其框架结构如图 2-2-3 所示。

（二）3～6年级科学课程标准的内容及分析

初中科学课程的内容结构如图 2-2-4 所示。

从初中科学课程内容分为五部分内容，第一部分讲授的是统一的科学概念与原理及形成基本的方法与能力——科学探究。这是初中科学课程的主体部分。第二、第三、第四部分分别从生命科学、物质科学、地球宇宙和空间科学来培养科学探究的方法与能力，是学生掌握科学探究的主要"演练场"。第五部分是科学技术与社会的关系，是升华到科学态度情感与价值观，使学生形成良好的素养，这也是科学探究的延伸。所以提高学生的科学素养的中心是让他们形成和提高科学探究的方法与能力。

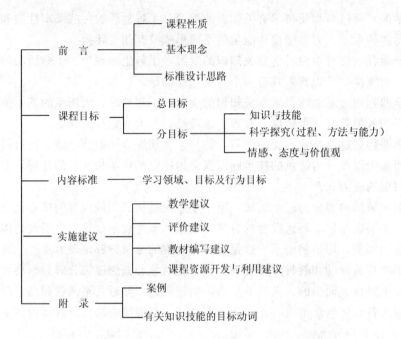

图 2-2-3 《科学（7～9 年级）课程标准》的结构

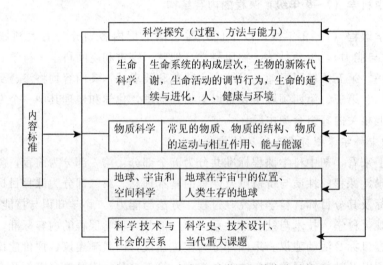

图 2-2-4 初中（7～9 年级）科学课程的内容结构

1. 科学探究（过程、方法与能力）

通过科学探究，理解科学知识，学习科学技能，体验科学过程与方法，初步理解科学本质，形成科学态度、情感与价值观，培养创新意识和实践能力。

2. 生命科学

生命科学领域划分为五个主题：生命系统的构成层次，生物的新陈代谢，生命活动的调节，生命的延续与进化，人、健康与环境。

3. 物质科学

物质科学领域划分为常见的物质、物质的结构、物质的运动与相互作用、能与能源四个主题。

4. 地球、宇宙和空间科学

地球、宇宙和空间科学领域由地球在宇宙中的位置、人类生存的地球两大主题组成。

5. 科学、技术与社会的关系

课程标准根据科学史、技术设计和当代重大课题三个主题，把科学探究和科学、技术与社会的关系作为一项教学内容，把过程、方法与能力以及科学素养的培养与科学知识的传授处于同等的地位。可以看出，科学课程标准以全面提高每一个学生的科学素养为目的，以培养科学素养的四个维度（科学知识和技能，科学探究方法与过程，科学、技术与社会，科学态度、情感与价值观）为目标。

科学课程标准中对每个领域的内容作了细分，应该注意的是我国义务教育对学生的科学教育是分阶段递进的，即在3~6年级科学课程的内容与7~9年级是相同的，但是它们所要求的具体目标是不同的。

三、初中科学（7~9年级）"物质结构"课程的内容分析

（一）初中科学课程内容的五大领域

科学课程在总体上把内容划分为五大领域：科学探究（过程、方法与能力），生命科学，物质科学，地球、宇宙和空间科学，科学、技术与社会的关系。第一、第五领域明显地是以综合为特色和要求的，其内容均将渗透到其他三个领域中去，第二、第三、第四领域主要是以生物、物理、化学和地理其中一个专业为主题或两个专业以上相关内容组合为主题。科学（7~9年级）课程的内容结构如图2-2-5所示，其子标题内容，请参阅图2-2-4。

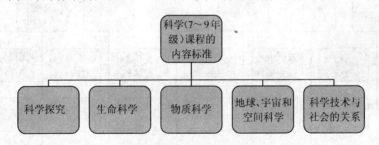

图 2-2-5　科学(7~9年级) 课程的内容结构

初中科学课程主要是以生物、物理、化学和地理学科的其中一个专业为主题或两个专业以上相关知识内容组合为主题内容的，初中科学课程是一门理科综合课程。它以培养青少年的科学素养为目标，使学生理解什么是科学，对世界产生完整的认知观念，具有观察和了解科学的能力，养成科学的思维习惯。科学课程综合了物理、化学、生物、地理等学科知识，并不是简单的组合，而是从各个学科的角度研究相关问题，从而使不同学科间的知识融合，达到知识的迁移，通过科学的综合性教育，拓宽学生的科学视野，提高学生综合相关知识，有效解决问题的能力。这是对不同领域的知识的一种融合并不是组合。科学课程向学生传授的并不是重在物理、化学、生物、地理等学科的专业知识，而是要学生掌握统一的科学概念和原理并形成描述、探讨、学习、研究、解决和应用科学知识和问题的方法与能力。

(二)"物质科学"初中科学课程的地位和作用

1. "物质科学"的内容结构

物质科学放在 7~9 年级科学的第三领域,是继生命科学后培养学生科学素养的又一"演练场",其内容如图 2-2-6 所示。

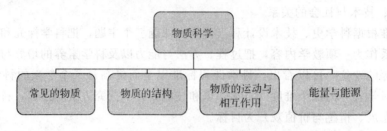

图 2-2-6　7~9 年级科学"物质结构"内容

2. "物质科学"的具体内容

在内容上划分为:常见的物质、物质的结构、物质的运动与相互作用、能量与能源四个主题,涉及物理、化学、地理以及生物。通过这些内容的学习,学生将接触更多的物理和化学现象,了解物质的一些性质,理解物质运动形态及相互作用等最基本的原理,认识能量转化与守恒的意义,初步建立物质结构模型的观念,并用它们解释物质的有关特性。物质科学中"常见的物质"的基本知识结构与主要知识点如图 2-2-7 所示。

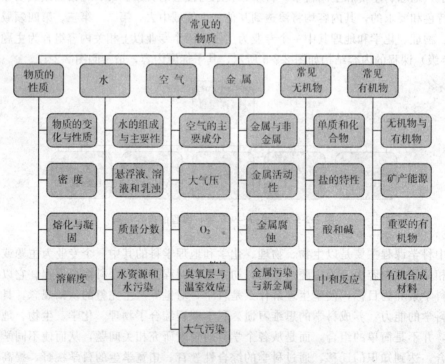

图 2-2-7　7~9 年级科学"物质结构"的知识点分布

从图 2-2-7 中我们看到,常见的物质包括六方面内容:物质的性质、水、空气、金属、常见无机物、常见有机物。各个内容下面的知识点都是近乎于常识的基本知识点,主要是关于物理和化学的内容,很多知识点都是我们生活中经常接触到的,而且是能够或易于进行实验探究的。例如测定密度、测算大气压、制造氧气等等。这些内容在书籍、网络等地方可以找到大量资料,有很大的空间安排各种课外活动让学生自己动手找资料设计方案在家里或户外进行探究性学习。正因为物质科学相比于其他主题科学课程如生命科学,地球、宇宙和空间科学和科学、技术与社会的关系更具有可探究性的学习空间,可以说是初中科学课程中进行科学探究教学的最主要的实践阵地。

此外在物质科学内容中,除了物理、化学外还包含有地理、生物等方面的内容,可以引导学生进行不同学科领域知识与技能之间的融通与连接,如空气和水,这些主题本身就具有综合性,不仅涉及物质科学领域,还涉及生命科学领域,如地球、宇宙和空间科学领域,应注意其综合联系和相互渗透,以培养学生综合运用知识的意识和能力。

3. "物质科学"的科学教育目标

通过物质科学的教学,学生至少可以学习并初步形成三种能力。

(1) 科学探究能力

科学学习要以探究为核心。探究既是科学学习的目标,又是科学学习的方式。亲身经历以探究为主的学习活动是学生学习科学的主要途径。因此教师要注重指导学生学会自行获取知识,这包含有注意发挥学生的主体作用和尽可能启发学生自行探求和应用知识,为学生主动探究铺平道路。

(2) 不同学科领域知识技能之间的融通与连接能力,认识到不同性质的问题需要进行不同的科学探究。

在物质科学中,物理、化学、生物和地理以综合的形式出现。科学课程定位于科学的入门课程,这些知识都是各门学科的基础知识。教师要引导学生把握好各专业知识的联系,在科学学习过程中重视所有科学学科间、科学与其他学科间的相关性和综合性。

(3) 联系科学、技术与社会的能力

科学课程是开放的。这种开放性为课程在学习内容、活动组织、作业与练习、评价等方面应该给教师、学生提供选择的机会和创新的空间,使得课程可以在最大限度上满足不同地区、不同经验背景的学生学习科学的需要,这种开放性还表现为,要引导学生利用广泛存在于学校、家庭、社会、大自然、网络和各种媒体中的多种资源进行科学学习,让学生置于广阔的背景之中学习科学,帮助他们不断扩展对周围世界科学现象的体验,并丰富他们的学习经历。

第三节 科学课程课堂教学案例与科学素养培养

本节以初中"物质科学"的部分内容为知识载体,以科学课程目标为指导,从以下三个方面进行教学案例设计,以达到培养和提高学生科学素养的目的。

一、提高学生的科学探究能力

科学素养的基本要素之一是科学方法,体现科学方法最基本的形式就是科学探究。科学探究的七个要素表征了七个方面的能力,即:提出科学问题;猜想和假设;制订计划,设计实验;观察与实验,获取事实与证据;分析与论证;评估;交流与合作。

值得注意的是科学探究能力的培养具有层次性，这七个要素在教学中不是平行的。对小学生而言，重点是培养观察能力、描述能力、根据观察结果进行解释说明的能力；对初中生而言，除了系统的观察外，重点是培养定量描述，确定和控制变量，处理数据，理论分析和数学建模，认识到不同性质的问题需要进行不同的科学探究的能力。

因此，在进行科学探究的教学中，我们要明确这节课重点是培养学生科学探究的哪些方面，并诱导学生向这方面发展，让学生有可探究的对象。

二、注重不同学科交叉知识的教学

在物质科学的教学中如何提高学生在不同学科领域知识技能之间的融通与连接的能力，认识到不同性质的问题需要进行不同的科学探究。可以涉及各专业课的知识，分别集中成一小模块，进行分类教学。最后进行各专业知识的综合教学（如各专业知识间的联系以及综合应用等）。

下面以物质科学中常见的物质，关于水的组成和性质的一则教案，以介绍物理学与化学学科交叉知识的教学。

三、培养学生深入思考科学与技术、社会之间关系的能力

面对科学技术的发展，社会的进步，近年来，国际上许多国家对其基础科学教育的内容与标准都进行了各种形式的改革。在这些代表着国际上新的教育观念的基础科学教学改革方案中，有一个鲜明的主题，就是将"科学、技术与社会"（缩写"STS"）的思想内容渗透、融入到基础科学教育的教材和教学中，在科学教育中增加人文思想，把传递科学知识与传递人类文化价值观念、伦理道德规范结合起来，培养学生综合运用知识的意识和能力，以适应社会的发展。

培养学生思考科学、技术与社会的关系，物理、化学、生物和地理等科学知识不是"死"的文本，而是实实在在的，存在于我们的日常生活中，善于挖掘科学，技术与社会的关系不仅能深刻理解科学知识，而且有利于促进科学在生活中的应用。

由于本章篇幅所限，本主题的案例请读者参阅本书第六章科学课程中"科学、技术与社会"。

教学案例设计1：地球的外衣

（一）教学内容

八年级上册　第二章地球"外衣"——大气第一节大气层。

（二）教材分析

"大气层"这节课属于《科学课程标准》安排的五个学习领域中的"地球、宇宙和空间科学"领域。"大气层"这部分内容的学习目的使学生了解大气层温度的垂直变化、大气分层的规律及对流层的特点，培养学生的读图能力、合作学习的能力和探究能力，大气层的知识是学习天气和气温的知识切入点。

通过设计一个讨论活动，让学生领悟到大气层的重要性，再通过读图，分析大气温度

的垂直变化。在掌握大气温度垂直分布的基础上，尝试对大气的分层，了解大气的分层规律，再通过思考题，加深对高层大气气温高、太阳辐射强的理解。最后着重介绍对流层的特点，并通过设计的一个探究活动，让学生理解对流形成的机理。又通过思考感受生活中对冷空气下沉原理的应用。

（三）学情分析

学生对大气的了解是既熟悉又陌生。大气就在我们身边学生知道它是存在的，但它无色无味，生活中往往不会主动留意，这里需要教师引导学生通过观察身边的现象来体验它的存在，也为本章第五节"风"的教学作一个铺垫。

由于学生已经学习了地球和月球的一部分相关知识，对没有大气会怎样的猜想应该问题不大；但大气温度随高度变化的坐标图，学生是陌生的。

数学中坐标的内容要到本学期期中才讲，所以，学生第一次接触这种图形，这里需要帮助学生边学边研究；对流部分的内容学生没有前概念，容易和水平流动——风相混淆，所以当学生观察完对流实验后，提一下对流是一种气体或液体的上下运动，可以使学生对这两个概念理解得更深刻。

（四）教学目标

1. 知识与技能

（1）了解大气的重要性。
（2）掌握大气的垂直分布规律。
（3）理解对流层的特点。

2. 过程与方法目标

（1）尝试阅读、思考、猜想、讨论、交流的学习方法；
（2）通过读图，能初步学会图文转换的能力；
（3）学习并初步学会"尝试分层、体验分类"的科学方法。

3. 情感、态度与价值观的目标

（1）养成主动参与的学习态度，培养"思维发散"的良好品质；
（2）能在协作、对话、交流和互动的过程中学会合作；
（3）养成学科学、爱科学、用科学的积极情感。

（五）重点、难点

1. 重点

（1）大气的垂直温度规律及分层。
（2）对流实验中观察对流现象，探究对流的成因。

2. 难点

根据大气的垂直温度规律图掌握大气温度规律并进行分层，探究对流的形成原因。

（六）教学设计

1. 引入

媒体播放动画：宇宙→地球→大气层

教师：在广阔无边的宇宙中，有我们人类生活的家园——地球，在它表面，"穿"着一件厚厚的外衣——大气层。这节课我们就来了解一下大气层的概况。可是大气看不见、摸不着，你们知道哪些现象和事实可以证明大气的存在吗？

学生：呼吸空气，看到云、霞、彩虹等。

教师：没错，其实大气就在我们身边。

媒体展示：大量丰富的大气风光来证明大气的存在（云、闪电雷鸣、台风、极光等）

教师：大气主要集中在地面以上1000千米左右的高度内，相对地球半径（6378千米）来说是很薄的。

展示橙子剖面，橙子皮模拟大气层，橙子肉模拟地球，大气层约占地球半径的1/6。虽然大气很薄，但是它对地球的意义重大。

教师：同学们思考一下，大气层这个外套对地球有什么作用？

学生1：地球的外衣，保护着地球。

学生2：减少陨石对地球的撞击。

学生3：大气层对地球有保温作用，防止地球表面温度太高。

学生4：大气层中的臭氧层能吸收紫外线，使地球上的生物免受紫外线的伤害。

学生5：大气层提供人类呼吸所需的氧气。

学生6：大气中的二氧化碳使绿色植物进行光合作用，从而给人类带来食物。

学生7：大气中的水蒸气能成云致雨。

（学生已学过有关月球的知识和生物知识，得出结论会比较顺利，但表达可能不是很准确，教学时肯定学生的正确表述，随时纠正表述不准确的地方，培养学生的语言表达能力）

教师：同学们已经说了非常多，有的同学说到大气层能减少陨石对地球的撞击，为什么这么说？

学生：……

教师：现在请同学们看老师做一个小实验——有相同的两个直筒，其中一直筒空、另一直筒放有松散的棉絮（模拟大气层）金属球由相同高度下落，观察对复写纸的撞击情况，媒体投影，如图2-3-1所示。

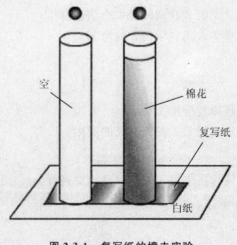

图2-3-1　复写纸的撞击实验

【进行实验】

学生进行讨论并且观看实验现象。

教师：你们看到这两张复写纸上的痕迹有什么不同？

学生：没有放棉絮的直筒下面的复写纸上的痕迹要重得多。

教师：这说明了这些棉絮能缓冲球的运动，而使复写纸受到比较小的冲击。所以大气层具有哪些作用？

学生：保护地球，减少陨石对地球的撞击。

教师：看来大气层对地球的作用非常多，现在发挥你们的想象力，想想地球如果没有大气层将会变成什么样？

学生1：人类及其他所有生物都会死亡，地球上不会有生命现象，一片荒凉。

学生2：撞击地球的陨星将很多，地球上布满陨石坑。

学生3：看不见流星现象。

学生4：生物无法呼吸。

学生5：听不到声音。

学生6：没有了天气变化。

学生7：地面上的生物会受到紫外线的伤害。

……

教师：大家说的都很有道理，有了大气地球上才有了这样的情景。现在你知道流星为什么会留下长长的尾巴吗？

学生：这是与大气摩擦形成的。

教师：流星袭击地球时首先进入的是大气层，绝大部分流星会在大气摩擦中被烧尽，所以地面上几乎不受流星的袭击。

教师：大气给地球生物提供了哪些必不可少的物质？

学生：氧气、水分、食物等。

教师：可以说如果没有大气就没有生命，没有如此美丽的风景（出示：富士山图片）。

【分析与论证】

(1) 大气温度的垂直变化

教师：老师在欣赏图片时发现一个问题：山脚下开满了鲜花，而山顶上却都是积雪，为什么山脚和山顶的气温相差如此之大？

学生：高度越高，气温越低。

教师：平时爬山时有这个感受吗？

学生：有。

教师：是否高度越高，大气的温度就一直越低呢？

学生：不一定吧？（答案不一）

教师：有些学生回答不是，这是你们的猜想呢？还是你已经有什么理论或实事依据了？

学生：猜想。

教师：那光有猜想还不行，我们来看看气象学家帮我们测到的在不同高度时的大气温度变化图，看看大家的猜想是否正确。

媒体展示，大气温度垂直分布，如图2-3-2所示。

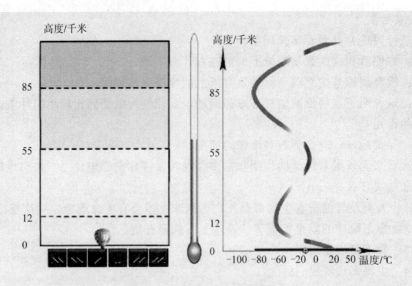

图 2-3-2 大气温度的垂直分布

教师：这种坐标图你们以前学过吗？

学生：没有。

教师：我们一起边学习边研究。先看沿水平方向的这些数据代表什么？从左到右温度……同样沿竖直方向代表什么？从下到上高度……

现在教室里的温度大概是多少？观察图 2-3-2 中在地面附近的温度，此温度与教室温度一致，是不是？那你知道 12 千米高处温度大概是多少吗？

学生：－60℃左右。

教师：如果你们处于此温度下，你们感觉如何？

学生：非常冷。

教师：看来上面的温度是比地面温度要低多了。那根据图 2-3-2，大气的温度一直随高度增加而降低吗？

学生：不是。

教师：那整个大气的温度随高度增加呈现怎样的规律呢？

学生：先降低后增加，再降低最后又增加。

教师：根据大气温度随高度变化的规律，对大气进行分层的话你打算分几层？每一层温度随高度是怎么变化的？

（2）大气的分层

活动：想一想、填一填。

根据大气温度的垂直分布特点，对大气进行分层，把讨论结果填入表 2-3-1。

表 2-3-1　大气温度的垂直分布

层　序	高　度	温度分布特点

【讨论与交流】

小组讨论，同学合作学习，教师巡视，分层受阻时，教师参与分层，结束后小组代表发表意见。

学生 1：我们组认为可分为四层：

第一层：0—12 千米，该层气温随高度升高而降低；

第二层：12—55 千米，气温随高度升高而升高；

第三层：55—85 千米，气温随高度升高而降低；

第四层：85 千米到大气层顶，气温随高度升高而升高。

教师：大家觉得他们这样分层可以吗？

学生：可以。

教师：还有同学有不同的分层方法吗？

学生 2：我们组认为可分为五层：

0—17 千米是一层，

17—50 千米是一层，

50—80 千米是一层，

80—500 千米是一层，

500 千米以上是一层。

教师：你是根据什么分的？

学生：书上是这么分的。

教师：这位同学通过自学课本把大气分成五层，这也是一种分法。还有其他的分法吗？老师想把它分两层，可以吗？

学生：可以。第一层：0—55 千米，气温随高度升高先降低后升高；

第二层：55 千米到大气层顶，气温随高度升高而先降低后升高。

【分析与论证】

教师：其实分类的方法很多，只要你的理由是充分的，大家都能信服，你的分类就是正确的。其实科学上对大气的分层也有多种不同的分法，其中最常用的分法是在我们前面分四层的基础上，结合大气密度和物质组成不同进行适当的调整把它分成五层，我们一起来看一下。

媒体展示：大气分层图并和学生一起寻找各层的范围和温度变化情况。

教师介绍分层情况，学生对照温度垂直变化图随时回答问题。

对流层：0—17 千米左右，这层上方有画着积雪和云，为什么山脚下没有雪而山顶上有雪呢？

学生：这层温度随着高度增加而减小。

平流层：17—55千米，这一层大气中没有云，视野开阔，很适合于飞机飞行。因为臭氧都集中在这一层，所以又被称为臭氧层。中间层：55—85千米。温度随高度增加而降低。

暖层：85—500千米，说说这层的温度变化特点？

学生：温度随高度增加而迅速增加。

教师：由于篇幅所限，高层大气的温度没有直观地表示出来，这层大气的温度可达1000～2000℃，这也是它叫热层的原因。外层：500千米以上，温度继续随高度增加而增加。

教师：大家仔细观察外层大气颜色，黑色说明了什么？

学生：说明了几乎没有大气。

教师：地球表面的大气主要集中在1000千米的范围内，而且随着高度的上升大气逐渐变得越来越稀薄（看图中各层颜色的变化），到距地表5000千米处，已接近真空，外层是地球大气与宇宙空间的过渡层。

【观察与交流】

教师出示图片：登山图。

教师：世界第一高峰珠穆朗玛峰最高海拔为8.84千米，它的最高处位于大气层的哪一层？为什么我们去登山时要注意保暖？

学生：对流层，因为对流层中大气温度随高度增加而降低，在登山时，人登得越高，大气温度越低。

2. 对流特点

【提出问题】

教师：与我们的生活最密切相关的是哪一层呢？

学生：对流层，因为我们的生活活动几乎都在这一层。

教师：对，对流层和我们的生活是最为密切相关的，我们日常所见的复杂的天气现象也是发生在对流层，那么对流层有什么显著的特点呢？

学生：有对流运动。

教师：为什么这么说呢？

学生：因为是对流层，书上也这么说的。

教师：对流层最显著的特点是对流运动，气体或液体的上下运动就是对流运动。这和各种天气的形成密切相关，那么空气的对流运动是怎样形成的呢？

学生回答不出来。

【猜想与假设】

教师：我们先来看看对流层的温度和高度是怎么变化的？

学生：温度随高度增加而降低。

教师：这说明对流层底部是热空气，上部是冷空气，如果发生了对流，就是说冷空气跑下来，而热空气跑上去了，对吗？

学生：是。

实验1：用酒精灯加热烧杯中的水，观察水的流动情况。

【进行实验】

教师：如图2-3-3所示，请同学们仔细观察烧杯中的水，发现有什么现象？（为了能更好地观察对流运动，在水中加入一颗事先用锡纸包好的片状高锰酸钾，观察效果会更明显）

现象：底部的水受热向上流动，上方的冷水留下来补充，形成水的对流。

教师：大家能不能根据第一章学习的知识来解释这种现象呢？

学生：加热后的水体积膨胀，密度变小向上运动，上面的冷水密度较大向下运动，形成对流。

教师：空气又是怎样能形成对流的呢？

学生：受热的空气体积膨胀，密度变小而上升，遇到冷的烧杯，温度下降空气收缩，密度变大而下沉，从而形成对流运动。

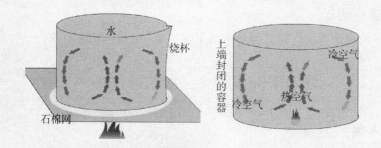

图2-3-3 水的对流

教师：可是我们看不见空气，你能设计一个实验来说明吗？

学生：可以点燃蚊香，然后观察烟的运动情况。

实验2：观察烟的运动。

如图2-3-4所示，点燃蚊香，横插在橡皮泥上，把一只冷烧杯倒扣在桌面上，蚊香置于中间，观察烟的运动情况，试着把它画下来。

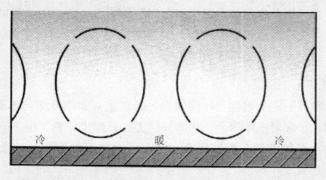

图2-3-4 空气的对流

现象：受热的烟上升，两旁的烟流过来补充，形成空气的对流。

【分析与论证】

教师：说说水和空气的对流运动，在上下不同高度，温度有什么共同的特点？

学生：都是下面温度高，上面温度低。
教师：对流层温度符合这一特点吗？
学生：符合。
师生一起：对流层的大气温度随高度增加而降低，近地面处的大气温度较高，密度小向上运动，升到高空时温度下降，密度变大而下沉，形成对流。对流现象是对流层最显著的特点。
教师：平流层中能形成对流吗？为什么？
学生：不能，平流层的温度随高度升高而升高。
结论：显著的对流运动和充足的水汽，使对流层的天气现象复杂多变，云、雨、雪、雷电等主要的天气现象都发生在这一层。对流层的各种天气变化影响着生物的生存和行为，所以对流层是大气层中与人们生活和生产关系最为密切的一层。

（七）布置课外活动

探究保护地球的技术方法，详见课外活动案例1——制作沙石过滤器。

教学案例设计2：水的净化

（一）教学内容

八年级上册第一章《生活中的水》第九节水的利用和保护，第二课时——水的净化。

（二）教材分析

《水的净化》是科学第三册第一章第九节水的利用和保护的一部分，分为水污染的成因及危害；水的净化的方法两大块，同时还安排了一个探究：如何制作沙石过滤器，而水的净化方法主要介绍了沉淀法、过滤法、蒸馏法。

该部分内容是衔接在水资源的分布及现状、物质在水中的分散状况、水的浮力等知识点之后，是第一章的最后一节，有一定的综合性。不仅要培养学生的实验技能，更要培养学生保护水资源的意识以及应用知识解决实际问题的能力。节约用水和保护水源是当前面临的重大课题。通过关注当地水资源问题，关注节约用水，使学生主动关注水资源问题、增强社会责任感。同时也落实了本课教学内容。

（三）学情分析

八年级学生已掌握一定的地理与社会知识，通过这一章前八节与水有关知识的学习，对学习水的利用和保护水对于水污染、水净化的方法，学生积累了很多的感性认识，学生已经具备了一定的对具体事例分析的能力。整合已有知识，关注水资源危机，增强节水意识。

（四）教学目标

1. 知识与技能

（1）了解水污染的主要原因。
（2）掌握简单的分离混合物的方法：沉淀法，过滤法，蒸馏法。

2. 过程与方法

通过课堂实验让学生掌握简单的净化水的方法：沉淀，过滤，蒸馏。

3. 情感态度与价值观

(1) 崇尚节约，保护和科学利用资源的观念。

(2) 注意生活细节，养成节水习惯。

（五）重点、难点

重点：知道处理污水的几种常用的方法，学习混合物的分离技能。

难点：建立对水的重要性的认识，树立保护水资源人人有责的思想。

（六）实验器材

仪器：烧杯、药匙、漏斗、滤纸、玻璃棒、带铁圈的铁架台、平底烧瓶、石棉网、酒精灯、试管、碎瓷片、带橡皮塞的双直角导管、滴管。

药品：泥浆水、自来水、蒸馏水、明矾。

（七）教学过程

【提出问题】

播放视频，从清澈的江水、河水到被混浊的工业废水、农业废水和生活污水。

教师：同学们看到，现在越来越多的河流和湖泊被污染了，有人比喻说，在地球这个大水缸里，可用的淡水只有一汤匙，而这一汤匙水又遭到严重污染，是什么原因导致了河流的污染？

学生1：工业废渣、工业废水等

学生2：化肥、农药等

学生3：生活污水等

教师：同学们都说得很好，这些都是造成河流污染的原因。

（提供洗衣机、坐便器等的图像，提醒学生我们每天都有可能对水造成污染，强化学生对生活废水造成水污染的认识）

教师：这些受污染的水还能饮用吗？

学生：不能。

教师：这些受污染的水不但不能直接饮用，还会给我们带来什么危害呢？

【讨论与交流】

教师：水污染不仅会使可利用的水资源更少，还会影响人类的健康、工农业的生产。同时会造成水中的浮游植物大量繁殖，影响水生动物的生存。

所以，我们不仅要保护水资源不受污染，还要处理已污染的水资源。

（展示讲台上的两杯泥浆水）

教师：这是两杯水给你们什么样的感觉？

学生：混浊，脏……

教师：同学们有什么办法可以净化这杯水呢？

【假设与猜想】

教师：同学们先仔细观察这杯泥浆水，里面有什么？这是一杯溶液吗？

学生：里面有大小不一的泥土颗粒，是悬浊液。

教师：那么大家能有什么方法使这些混浊的水变清澈？

学生：将它静置一段时间，泥土颗粒会沉在下面。可以用家里的棉布或纱布来过滤水。

（学生会有不同答案）

【进行实验，获取事实与证据】

实验：沉淀法。

教师：同学们的想法都很好，那这些方法究竟行不行得通呢？我们一起来看看。

（拿出第三杯泥浆水，上课之前就已经静置了一段时间）

教师：有同学说到静置的方法，那么大家注意观察一下这杯静置了一段时间的泥浆水发生了什么变化？

学生：烧杯底有些固体颗粒。上层水清澈，下层水较污浊。

教师：大家观察得很仔细，这杯水和之前的泥浆水比起来是清澈了很多，但是中下层的水还是比较混浊，仔细看还能看到些细小的颗粒，有没有更好、更快的办法呢？

老师给大家变个魔术（在一杯泥浆水中加入一点明矾）请同学们仔细观察这杯泥浆水的变化。

（2分钟后将三杯泥浆水摆在讲台上，让学生进行对比）

教师：同学们比较一下这三杯泥浆水，有什么不同？

学生：加了东西的那杯变得最清澈，杯底的固体颗粒也最大。

教师：在投影中展示明矾，这就是加进杯子里的神秘物质，其实就是利用明矾溶于水后生成的胶状物，对杂质进行吸附，使杂质沉降，达到净水的目的，这种净水方法称作吸附法。除了明矾，活性炭的吸附能力较强，不仅可以吸附液体中不溶性物质，还可以吸附掉一些可溶性杂质，除去臭味，也是一种比较常用的净水剂。现在这杯水是变得更澄清了，但还有什么不足呢？

学生：里面还有泥土颗粒在下面，要把水和泥土颗粒分开。

实验：过滤法。

教师：那么如何分离水中的泥土颗粒物？

刚才有同学说可以用纱布来过滤，现在我们来试一下这位同学说的方法可不可行。但我们不是用纱布，而是用滤纸，滤纸上的空隙比纱布要小得多，能滤掉更多的固体颗粒。

播放过滤操作过程的动画，让学生说说实验过程中要注意的事项。

（要注意：三靠两低一贴不要忘，"三靠"指漏斗颈的末端要靠在承接滤液的烧杯壁上，要使玻璃棒靠在滤纸上，盛过滤液的烧杯嘴要靠在玻璃棒上；"两低"指滤纸边缘应略低于漏斗的边缘，所倒入的滤液的液面应略低于滤纸的边缘；"一贴"指滤纸紧贴在漏斗壁上）

教师：现在大家看老师对这杯静置后的泥浆水进行过滤，注意看看老师的操作有没有什么问题。

教师进行过滤操作，在几个关键步骤上设置错误，让学生发现问题。

操作要领为一贴、二低、三靠。过滤后展示澄清的滤液和滤纸。

教师：现在这杯水已经非常清澈了，和一杯纯净水比较，现在能饮用了吗？

学生：不能。

教师：为什么？

学生：还有些杂质能够溶于水。

教师：没错，过滤法除去了水中的不溶性的杂质，但没有除去水中的可溶性杂质。用什么办法可以进一步净化这杯水？

实验：蒸馏法。

学生：因为不同液体的沸点不同，所以可以加热这杯水至沸腾，再收集它的水蒸气。

教师：同学们的思路非常好，这种方法其实就是蒸馏法，现在根据你们的想法老师准备了这个装置。

将装置摆在讲台上，让学生说说各个仪器的功能，如图 2-3-5 所示。

蒸馏装置注意事项：①加热烧瓶时要垫上石棉网；②温度计的水银球应位于烧瓶的支管口处；③加碎瓷片的目的是防止暴沸；④冷凝水由下口进，上口出。

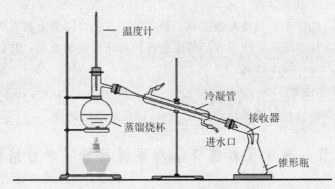

把水加热，至水沸腾变成水蒸气，再经冷凝管冷却成水滴，这种方法叫蒸馏法，收集到的水叫蒸馏水。蒸馏法还可以分离沸点不同的液体。

图 2-3-5　蒸馏装置

教师：那么做这个实验，有哪些地方需要特别注意的呢？

学生：注意温度，要从冷凝管的下端进水……

教师：同学们观察得很仔细，现在，我就开始对这杯滤液进行蒸馏，大家仔细观察。

教师进行实验；实验完毕后，展示得到的蒸馏水。

教师：像这样通过蒸馏法得到的就是蒸馏水，也就是纯净水，里面不再含有杂质，像这种只由一种物质组成的物质称为纯净物。

教师：我们平时喝的蒸馏水就是通过蒸馏法得到的。现在我们来回顾一下从泥浆水到这杯蒸馏水，我们都采取了什么净化方法？

学生：沉淀，过滤，蒸馏。

教师：那么这三种办法各有什么特点，适用什么范围呢？

请同学们完成表 2-3-2。

表 2-3-2　三种净化水的方法比较

办　法	原　理	适用范围	基本操作	所起作用
沉淀法	根据物质的溶解性不同	用于分离液体中混有的不溶性固体杂质	加入明矾等凝聚剂，搅拌后静置	使液体中的悬浮微粒聚集成较大的颗粒沉淀下来
过滤法	根据物质的溶解性不同	用于除去液体中混有的不溶性固体杂质	溶解，过滤	可除去液体中下沉以及悬浮的颗粒
蒸馏法	根据液体物质的沸点不同	用于分离或提纯液态混合物	加热，蒸馏、冷凝	可除去水中已溶解的物质

教师：沉淀，过滤，蒸馏这三种方法都可以净化水，但是其特点和适用范围各不相同。（往装有蒸馏水的烧杯中滴入一点点墨水）可是，只要往这纯净水里加入一点点污染物，这杯水还能饮用吗？

学生：不能。

教师：水资源（纯净水）是极易被破坏、浪费的，水的自净能力是有限的。我们正面临着世界范围内的水资源危机，所以我们都要有保护自然环境的意识，并且做到节约用水就要从节约一杯水乃至一滴水做起。

（八）布置课外活动

探究物质燃烧的特性，见课外活动案例2——探究蜡烛的燃烧。

第四节　科学课程课外活动案例与科学素养培养

课外教学活动是除课堂以外的一切课外学生学习活动，它的形式多种多样，好的课外教学活动，恰当的课外教学活动有助于物质科学的教与学，可以使学生领悟科学探究的思想，感受科学，技术与社会的关系进而产生自己的科学态度、情感与价值观，通过社会实践促进知识深化并形成技能，因此，有效的课外科学活动是培养青少年科学素养的重要途径。

以下四个课外活动案例表明：小学3～6年级和初中学生是能够进行简单的科学小实验的，能够掌握基本的实验技能。同时，从带有科学探究的实践活动和从搜集信息中获得经验，实践"学科学，做科学，用科学"的学习过程，一切有利于此的教学手段都可以使用，这些正是开设科学课程的出发点和归宿点。

活动案例设计1：制作沙石过滤器

（一）课标相关内容

1. 课标内容：区别纯净物和混合物，学会混合物的分离技能（过滤、蒸发和纸层析）。

2. 活动建议：用简单的物理和化学方法对纯水、净水、矿泉水和自来水进行比较；自制蒸馏水；调查和评价饮用水净化的方法；粗盐的提纯；用纸层析方法对叶绿素、墨水进行分离。

（二）活动目的

1. 掌握简单的分离混合物的方法，沉淀法和过滤法，并能用于实践。

2. 用提供的材料制作一个沙石过滤器,将本节课所学的知识应用于实际,学生通过自己设计实验方案,进行实验,观察和得到结论,进一步掌握简单的分离混合物的方法。

(三) 科学探究过程

【提出问题】

如何用下列材料制作一个沙石过滤器?

容量1.5升的塑料瓶1只,吸管1根,滤纸,木炭粉,细纱,沙砾,碎石,棉花,杯子,泥浆水。

【猜想和假设】

了解木炭粉吸附能力较强,不仅可以吸附液体中不溶性物质,还可以吸附掉一些可溶性杂质;过滤法可以分离固体和液体,所给材料中的缝隙不同,碎石间的缝隙比较大,细纱间的缝隙比较小,滤纸的缝隙最小,可以先分离较大的颗粒,再分离较小的颗粒。

【制订计划与设计实验】

根据猜想,将自己设计的过滤过程画下来,并标出各材料的名称,设计实验方案。

【进行实验】

观察与实验,获取事实与证据。

根据自己的设计图,进行实验,利用自己设计的过滤器过滤泥浆水,看是否得到了澄清的滤液。

【分析与论证】

分析、处理观察和实验的结果,与其他同学的结果进行比较,并与猜想和假设进行比较,作出解释。

【评估与交流】

书写书面报告,并由老师组织交流。

活动案例设计2:探究蜡烛的燃烧

(一) 课标相关内容

1. 课标内容:知道物质的变化有两大类,一类仅仅是形态的变化,另一类会产生新的物质。

2. 活动建议:讨论生活中常见的一些变化应属于哪种变化(如糖溶于水、铁生锈等)。

(二) 活动目的

1. 观察蜡烛燃烧前后的物质变化情况。

2. 探究物质燃烧的特性。看看其中有哪些是物理变化,哪些是化学变化。区分物理变化与化学变化的不同点。

(三) 提供材料

1. 什么是燃烧及燃烧产物

(1) 空气的成分

空气是混合物,它的成分是很复杂的。空气的恒定成分是氮气(78%,约4/5)、氧气（21%，约 1/5）以及稀有气体，在远古时代这些成分几乎不变。

空气曾被人们认为是简单的物质，在1669年梅猷曾根据蜡烛燃烧的实验，推断空气的组成是复杂的。

(2) 燃烧的"燃素学说"

德国的化学家史达尔约在1700年提出了一个普遍的化学理论，就是"燃素学说"。他认为有一种看不见的所谓的燃素，存在于可燃物质内。例如，蜡烛燃烧时燃素逸去，蜡烛缩小下塌而化为灰烬，他认为，燃烧失去燃素现象，即：蜡烛－燃素＝灰烬。然而，燃素学说终究不能解释自然界变化中的一些现象，它存在着严重的矛盾。第一是没有人见过"燃素"的存在；第二金属燃烧后质量增加，那么"燃素"就必然有负的质量，这是不可思议的。

(3) 燃烧的"氧化学说"

1774年法国的化学家拉瓦锡提出燃烧的氧化学说，才否定燃素学说。拉瓦锡在进行铅、汞等金属的燃烧实验过程中，发现有一部分金属变为有色的粉末，空气在钟罩内体积减小了原体积的1/5，剩余的空气不能支持燃烧，动物在其中会窒息。他把剩下的4/5气体叫做氮气（原文意思是不支持生命），在他证明了普利斯特里和舍勒从氧化汞分解出来的气体是氧气以后，空气的组成才确定为氮和氧。

2. 蜡烛的成分

蜡烛通常是由石蜡制造的。石蜡是从石油的含蜡馏分经冷榨或溶剂脱蜡而制得的。石蜡是几种高级烷烃的混合物，主要是正二十二烷（$C_{22}H_{46}$）和正二十八烷（$C_{28}H_{58}$），含碳元素约85%，含氢元素约14%。蜡烛里还常加入硬脂酸（$C_{17}H_{35}COOH$）以提高软度。

蜡烛燃烧时，正二十二烷或硬脂酸和氧气燃烧的产物都是二氧化碳和水。其反应的化学方程式如下：

$$2C_{22}H_{46}+67O_2 \xrightarrow{\Delta} 44CO_2+46H_2O$$

$$C_{17}H_{35}COOH+26O_2 \xrightarrow{\Delta} 18CO_2+18H_2O$$

(四) 活动过程

【设计实验】

(1) 工具：蜡烛，火源（打火机，火柴等），玻璃杯，一小桶水（灭火用）；

(2) 工作环境：周围无杂物

【评估与交流】

(1) 什么是物理变化？

(2) 什么是化学变化？

(3) 两种变化的区别。

【进行实验，收集证据】

(1) 点燃蜡烛观察蜡烛燃烧的变化；

(2) 燃烧在蜡烛的什么部位，蜡烛的多少，现象是什么样子的

燃烧前的蜡烛：＿＿＿＿＿＿＿＿＿＿＿＿＿＿＿＿＿＿＿＿＿＿＿＿＿＿＿＿＿＿＿＿；

燃烧中的蜡烛：＿＿＿＿＿＿＿＿＿＿＿＿＿＿＿＿＿＿＿＿＿＿＿＿＿＿＿＿＿＿＿＿；

燃烧后的蜡烛：＿＿＿＿＿＿＿＿＿＿＿＿＿＿＿＿＿＿＿＿＿＿＿＿＿＿＿＿＿＿＿＿。

点燃蜡烛盖上玻璃杯和去掉玻璃杯点燃蜡烛观察并记录其燃烧时间，阅读材料，并解释。

【分析与论证】
你能从蜡烛燃烧中分出哪些是物理变化、哪些是化学变化吗？

【交流与合作】
学生结合教师的课外活动建议进行独立科学探究，教师所设置的指导材料，应该明确探究目的，有的放矢，其探究的操作是可行的，在操作过程中能把问题反映出来。探究蜡烛的燃烧其重点在于培养学生独立观察能力及简单的量化能力。

活动案例设计3：绘制大气分层图

（一）课标相关内容

1. **课标内容**：了解人类活动对大气层产生的不良影响，意识到保护大气层的重要性。
2. **活动建议**：讨论保护大气层的措施，并与人类已有的措施进行对照。

（二）活动地点

教室、图书馆或家里。

（三）活动过程

1. 制订活动计划

（1）同学们自愿组成课外活动小组，组员分工合作；
（2）通过上网或去图书馆查阅资料，了解并记录大气层各层的特点和特有现象，附图片等。
（3）每个小组将组内成员收集的资料整合，绘制成大气层分层图。

2. 成果汇报

推选代表进行汇报。

3. 成果展示

汇报后，各小组补充自己成果的不足，修改自己组的大气分层图后，贴在教室后面的宣传栏上展示。

活动案例4：探究废干电池的综合利用

（一）课标相关内容

1. **课标内容**：说出废弃金属对环境的影响，形成自觉回收金属的意识。
2. **活动建议**：调查金属锈蚀带来的损失；调查生活中常用的金属防腐蚀的措施。

（二）活动地点

学校或家庭周边环境。

(三) 活动目的

1. 培养学生自己收集资料、处理资料的能力;

2. 提高、强化学生的社会实践能力,通过接触社会生活,初步了解社会,提高社会适应力;

3. 增强环境保护意识,树立可持续发展的观念。

(四) 活动过程

1. 活动安排

(1) 成立活动小组。以小组为单位,组内成员收集的资料整合;

(2) 从多方面(网络、报纸杂志等)收集干电池资料,概括干电池的原理、构造;

(3) 设计一个关于人们在日常生活中的废干电池的处理情况的调查问卷,并使用你的问卷去实际调查一下,并总结结果;

(4) 应用你所学的知识设计一个干电池的回收利用的解决方法。

2. 成果汇报

(1) 调查报告:目前社会生产、商业和民众对废干电池的处理情况;

(2) 汇报干电池的回收、利用的解决方案。

思考与练习

1. 如何理解科学素养的内容要素?
2. 如何对科学素养的概念进行量化和测量?
3. 小学科学课程的内容结构体系特点,举例分析。
4. 初中科学课程的内容结构体系特点,举例分析。
5. 论述科学课程课堂教学特点与科学素养培养的关系。
6. 论述科学课程课外活动教学特点与科学素养培养的关系。
7. 如何设计科学课程课堂教学案例?
8. 如何设计科学课程课外活动教学案例?

第三章　科学课程的探究式学习与科学教育

让学生经历科学探究的基本过程是培养其科学素养的基本途径，本章首先根据科学课程标准的要求讨论科学课程中的科学探究活动的特点、目标和要求，初步探讨科学课程的本质，然后，以"物质的结构"为例，阐述这一主题在科学课程中的地位和作用。并以科学探究的基本要素为指导，采取研究型学习的教学模式，设计"物质的结构"这一主题中有关知识点的课堂教学案例和课外活动案例，并对探究式教学模式的实施中具体存在的问题进行了初步的反思。

第一节　走进科学探究的园地

《科学（7～9年级）课程标准（实验稿）》（以下简称《标准》）是我国历史上第一个由国家教育部颁布的综合科学课程标准，因而具有划时代的意义。目前许多科学课程的教材已经在多个国家级和省级实验区试用并得到认可。根据新课程改革的目标和理念以及课程标准来设计和编制的初中《科学》教材，达到了更好地配合和开展新课程改革。

一、科学探究构成要素之间的关系分析

探究（Inquiry）就其本义，是探讨和研究。探讨就是探求学问，探求真理和探求本源；研究就是研讨问题，追根求源，多方寻求答案和解决疑问。何谓"科学探究"？就是在教师的指导和启发诱导下，以学生独立自主学习和合作讨论为前提，以现行的科学教材为基本探究内容，以学生周围世界和生活实际为参照对象，为学生提供充分自由表达、质疑、探究、讨论问题的机会，让学生通过个人、小组、集体等多种解难释疑尝试活动，将自己所学知识应用于解决实际问题的一种科学的教与学组织形式，科学探究活动以学生的智力发展为本，培养学生的自学能力，力图通过自主探究引导学生学会学习和掌握科学方法。

科学课程的目标要求与科学探究构成要素之间的关系如图3-1-1所示。

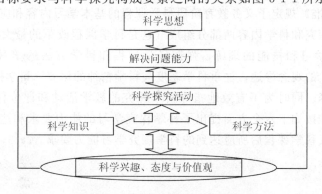

图 3-1-1　科学探究要素之间的关系

由图 3-1-1 可以看出：科学知识是科学方法的基础，前者回答了认识什么的问题，后者回答了如何认识的问题；二者统一的关键是"科学探究活动"；科学兴趣、态度和价值观是科学方法结构中的动力系统，科学思想是形成正确科学方法的思想基础，起着导向作用；科学兴趣、态度和价值观，解决问题能力以及科学思想的培养，都要通过科学探究活动来展开，因此，科学探究活动的有效展开对于实现培养科学方法的目标至关重要，同时，科学并非仅仅包括科学知识，还包括科学知识的过程与方法。

因此，科学探究活动的开展应当保持科学知识与技能，过程与方法，情感态度与价值观之间的平衡与协调发展。通过创设情境，使学生亲身经历科学知识与科学过程和方法的相互作用，在真正掌握科学知识、科学过程与方法的同时，真正理解科学的本质与价值。

二、科学探究活动的特点

随着科学技术的迅猛发展，科学教育的内涵不断丰富，外延不断扩展。物理学家劳厄说过："重要的不是获得知识，而是发展思维能力。教育给予人们的无非是当一切已学过的东西都遗忘掉的时候所剩下来的东西。"

科学教育的课程就是培养具有科学素养的人，而科学探究则是科学家用于研究自然并基于此研究获得的证据，提出种种解释的多种不同途径；科学探究也包括学生用以获得知识、领悟科学的思想观念、领悟科学家研究自然界所用的方法而进行的种种活动。

科学探究的特点

1. 激励学生自主确定自然、社会和学习生活中的问题，通过探究自然过程获得科学知识

2. 注重学生探究能力的培养，强化科学思维的训练

3. 帮助学生形成认识自然的基础——科学概念

4. 培养学生探究未知世界的积极态度

三、科学探究活动要素及其目标分析

（一）初中学生科学探究要素及其目标要求

《科学课程标准》规定了义务教育阶段科学课程的基本学习内容和应达到的基本要求。内容标准由科学探究和科学内容两部分组成（这是科学课程改革的最大亮点）。内容标准注重科学知识的学习和技能的训练，强调科学过程和科学方法的学习，有关 STS（科学·技术·社会）的观念渗透，注重科学态度与科学精神的培养。科学探究注重科学方法和科学素养的培养。同时为了有效地指导科学探究的教学活动和评价科学探究的教学效果，科学课程标准按如下六个方面提出了科学探究学习的能力要求和达成目标。表 3-1-1 是对初中学生完成科学课程后所应达到的科学探究学习能力要求。

表 3-1-1 初中学生科学探究要素及其目标要求

探究过程要素	学习要求	达成目标
提出科学问题	在观察、调查、阅读等情境中发现问题，尝试提出通过科学探究可以解决的问题。	能对自然现象产生好奇心，提出可能通过科学探究解决的问题；领会提出问题的途径和方法；理解提出问题对科学探究的意义。
进行猜想和假设	收集相关信息，将已有的科学知识和问题相联系，尝试提出可检验的猜想和假设。	能针对所提出的问题依据已有的科学知识、经验，通过思考作出猜想和假设；了解猜想和假设在科学探究中的作用。
制订计划，设计实验	选择取得证据的途径和方法，决定收集证据的范围和要求，以及所需的相关材料、仪器、设备和技术等，并制订相应的计划。	能针对探究目的和条件，选择合适的方法（实验、调查、访问、资料查询等）；考虑影响实验结果的主要因素，能确定需要测量的量，并采用适当的方法控制变量；理解制订计划和设计实验对科学探究的意义。
观察与实验，获取事实与证据	使用相关设备和材料进行调查、检索、观察、测量和实验；安全地操作；记录观察和测量的结果。	能使用基本仪器进行安全操作；能从多种信息源中选择有关信息；能进行一系列观察、比较和测量；会记录和处理观察、测量的结果；理解实验对科学探究的作用。
检验与评价	分析、处理观察、测量和实验结果，与猜想和假设进行比较，作出解释；收集更多的证据支持解释，检查解释及过程、方法上是否存在问题，必要时提出改进措施。	将证据与科学知识建立联系，得出基本符合证据的解释；能注意与预想结果不一致的现象，并作出简单的解释；能提出改进工作方法的具体建议；了解科学探究需要运用科学原理、模型和理论。
表达与交流	书写探究报告，并以适当的形式进行交流。	能用语言、文字、图表、模型等方式表述探究的过程和结果；能倾听和尊重他人提出的不同观点和评议并交换意见；认识表达和交流对科学探究的意义；认识探究的成果可能对科学决策产生积极的影响。

（二）科学探究要素及其目标要求

科学探究活动各个要素的结构关系是一种动态关系：环环联系，彼此促进，并以科学探究为核心，以达成知识与技能，过程与方法以及情感态度与价值观的三维教学目标，如图 3-1-2 示。

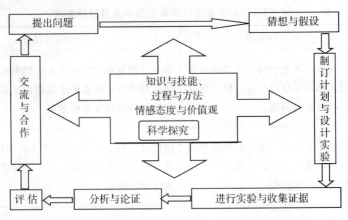

图 3-1-2 科学探究要素与科学教学目标之间的关系

(三) 科学探究要素的教学策略分析

教学实践表明,探究型教学模式的功能目标在于学生养成自主探索、研究的主动学习的习惯,使学生学会如何学习,培养实事求是的科学态度,激发创造性思维,培养创造能力,使学生学会怎样发现问题、分析问题、加工信息,并对提出的假设推理论证,形成全新的课堂学习环境。

1. 创设情景,提出问题

我们认为课题的展示要从学科本身出发,并结合学生的实际与社会生活,以一定的情景作为铺垫,使学习者努力寻找解决问题的线索。信息的载体可以是文字,文献资料和实验,也可以是网络资源和师生交流过程的表征。在开放的环境中培养学生自主、自觉地收集事实和加工处理信息能力尤为重要。要引导学生从实验、实践的观察和体验中或社会调查中获得信息和资料,并能从多角度的信息分析比较中,寻找解决问题的目标和切入点,要能吸引学生,能充分激发学生学习积极性,要注意问题一定要难易适度,并能使学生明了所提出问题的指向性。

2. 分析问题,提出假设

提出问题后,学生就会针对问题展开讨论,这时候,学生会产生很多疑问,此时,教师就要给学生提供或者学生自己收集大量的资料、素材,创造师生互动的局面。

接着,在学生对课题进行充分讨论的基础上,教师应尽量在诱发性的问题情景中引导学生通过分析、比较、综合、类推等不断产生假设并围绕假设进行推理,引导学生将原有的各种片断知识、素材,从各个不同的角度加以考虑,进行大胆的探究,并对探究的问题设想出一种或几种可能的结果和结论。从中发现必然的联系,逐步形成比较合理的探究方案。

3. 动手实验,验证假设

重实证,使学习者主动参与实验、实践和体验过程。为了深刻理解探究到的结论或知识,教师要引导学生到现实世界的真实环境中去感受,去体验,通过获取直接经验来学习,而不是仅仅聆听教师或他人的讲解和介绍。教师在检验假设和推理阶段,应引导学习者积极参与检验假设的设计,进行实验观察,控制条件,记录现象,或做社会性调查或做资料实证收集得出结论,从而培养学生科学抽象能力,它包括表征性抽象又包括原理性抽象的活动过程。表征是信息在头脑中的呈现方式,根据信息加工的观点,当有机体对外界信息进行加工(输入、编码、转换、存储和提取等)时,这些信息是以表征的形式在头脑中出现的。表征包括语言表征、图表表征、实验表征等。在科学抽象过程中需要运用比较、分类、归纳、分析和综合等科学逻辑方法,才能真正完成意义建构。

验证是学生确定自己的假设是否成立的关键,是获得理论知识的基本保证。而验证最好的方法是动手实验,要以实验中观察到的科学事实为依据来判断假设的科学性,当实验事实与假设不符时,学生可再进行讨论或向教师提出疑问。教师则要引导学生找出失败的根源所在,指导学生重新进行假设、验证。

4. 讨论结果,获取知识

在假设、验证的基础上学生必然能得到结论,使感性体验知识化,成为学生认知结构的内在成分。因此,教师可对学生经过验证的假设进行再加工,用科学的语言来表达结论。适时进行恰当的评论,让学生真正体会到从感性认识上升到理性认识的欢愉。

5. 知识应用,拓展思维

通过整合与迁移,意义建构与创新,合作与分享来体验成功来体验快乐的。学习者获取知识、完善自己的认知结构,整合迁移环节是不可缺少的。教师要启发学生整合知识,反思探究过程与方法;变换问题角度与方式,将结论迁移运用于不同的场景,增强思维的发散与集中,以达到知识完全的意义建构。

第二节 科学课程探究式课堂教学案例的设计

在探究活动过程中,协作、交流和表达贯穿活动的各个环节中,学生通过探究过程的讨论与交流,以及书写探究报告、制作模型、辩论和展示等形式,可以形成一个有利于人际沟通与协作的良好氛围,发展乐于合作、分享信息和成果的团队精神。在获得知识的基础上,教师引导学生把抽象化了的概念、原理同社会生活实际相联系,应用到新情景之中,用概念原理去解释新的现象,这种过程既是对原有知识结构的完善,又是对概念、原理的复现,有助于理解、记忆,增强应用概念、原理来解决问题的能力。这样逐步地由浅入深、由课本中知识的探究到对现实生活中科学规律的探究、由模拟前人的探究方法到自主独立探究,让学生更快地掌握课题研究的思路和方法,提高学生探究能力,进行研究型学习实践。

一、"物质结构"在科学课程中的地位和作用

"物质结构"是"物质科学"模块中的知识点之一(请读者参见第二章),包括构成物质的微粒、元素分类三部分内容。通过这些内容的学习,学生将了解构成物质的原子、分子模型,知道常见元素,知道自然界的物质由一百多种元素组成,了解物质按其结构划分的主要分类和常见物质的化学式。学习元素和人体健康的关系、同位素的应用等知识,更好地理解科学与生活、科学与社会的关系。

在科学课程中,从 3 年级开始至此,首次将学生带进微观世界,较为系统地探究微观世界的奥秘,将对物质的认识更深入一个层次。学生在前一主题常见的物质的学习中了解了常见物质的基本性质,形成了对自然界物质的总体认识。只有对物质的微观结构有所了

解，才能理解物质的多样性和统一性，才能理解物质变化的客观性和复杂性，才能形成化学的基本观念，发展学生探究物质及其变化的兴趣。

从宏观到微观、从定性到定量，体现了探究发展的趋势。对物质组成的微观研究和定量研究使化学摆脱了经验形态，逐步形成科学的理论。通过观察和探究身边的一些物质，认识到它们所发生的不少奇妙变化，对物质的结构产生了好奇心和进一步探究的欲望，为认识物质的微观结构准备了一定的条件。有些学生可能会提出这样的问题：物质之间为什么会产生这些变化？物质具有不同性质的原因是什么？这正是我们所期望的，这些提问既可增强学生学习的动力，也可成为本主题教学的切入点。

本主题将帮助学生用微观的观念去学习这一主题，通过观察、想象、类比、模型化方法，使学生初步理解这些现象的本质；从五彩缤纷的宏观世界步入充满神奇色彩的微观世界，激发学生学习研究的兴趣；利用有关原子结构的科学史实，使学生了解科学家严谨求实的科学态度；通过对问题的探究和实践活动，提高学生的想象能力、创造能力，帮助学生初步认识辩证唯物主义的观点。

物质结构知识是学习后面各主题内容所不可缺少的工具。

由于内容抽象，处理不当容易形成教与学的难点。为此，在教学时要精心设计。同时在引导学生从宏观走向微观世界的过程中，应结合学生熟悉的现象和已有的经验，创设生动直观的情景，从身边的现象和简单的实验入手认识物质的微粒性，理解有关物质构成的微观概念；引导学生运用物质构成的初步知识解释一些简单的化学现象充分发挥学生的想象能力，注意让学生运用物质结构的初步知识去解释一些简单的化学现象。

二、主题"物质结构"的课堂教学案例设计

教学案例设计1：探究分子特性（一）

（一）教学分析

本节教材特点是"微观性"强，"看不见，摸不着"。学生难以理解，这必然给教与学带来一定的困难，比如，因为分子既看不见，也摸不着，只能通过某些实验现象的观察和日常生活现象的分析来诱发学生的想象，建立分子概念。处理不当可能造成学生学习情况的分化。教学中要认真做好演示实验，充分利用录音、图片、录像、幻灯片、投影仪等教具，加强直观教学，使学生初步了解世界上千变化的化学现象是有规律可循的，确立物质是由大量的、不停运动着的微粒构成的具体形象，从而进一步理解、巩固前两章学习的物理变化和化学变化、纯净物和混合物、化合反应和分解反应等基础知识，同时，也为今后的学习奠定理论基础。

（二）教学目的

1. 知识与技能

（1）理解分子的含义：知道分子是构成物质的一种微粒。

（2）掌握分子的基本性质。

2. 过程与方法

区别物理变化和化学变化，应用分子的观点，解释有关日常生活现象。

3. 情感态度与价值观

（1）对学生进行世界的物质性、物质运动的永恒性的辩证唯物主义观点教育；

（2）对学生进行物质的可分与不可分性的观点教育，培养学生的想象能力。

（三）重点、难点

分子概念的形成和分子的基本性质是本节教学的重点；

对分子含义的理解是本节教学的难点。

（四）教学方法

启发诱导法、实验探究法

（五）教学用具

投影仪　多媒体　课件　布条　香水　淀粉溶液　碘等

（六）教学过程

1. 引入创设情景

教师的教学行为

介绍生活中的现象创设教学情境：

（1）当我们靠近花时，就会闻到花的香味；

（2）当我们启开白酒瓶盖，会立即嗅到酒的香气；

（3）蔗糖块放在水中会逐渐消失，而水中却有了甜味；

（4）湿衣服经晾晒就会干燥；

你能解释这些现象吗？

引出课题：分子的特性（一）

学生的学习行为

思考、回答

领会物质是由微粒构成的。

这是因为花香、酒精、水以及蔗糖这些物质都是由许多我们肉眼看不到的微粒构成的。例如，我们能闻到酒的醇香，是因为构成酒精的微粒扩散到空气中。

注：通过这些现象的介绍，不但可以激发学生学习的兴趣和求知欲，而且能进一步引导学生想象到这些物质都是由相应的粒子构成的，并得出这些粒子是在不断运动的。

2. 走进新课教学

教师的教学行为，演示实验1：用酒精在黑板上写字

（1）碘的升华和凝华（教师演示）

（2）品红的扩散（指导学生分组实验）

（3）氨分子的扩散（指导学生分组实验）

设问：分子是否真实存在？

展示：隧道显微镜下看到的放大的几百万倍的分子。

放录音：这就是用扫描隧道显微镜拍摄的放大 20 万倍的苯分子的照片。照片上的一个白圈表示一个苯分子。如果用分子与乒乓球相比，就好像乒乓球与地球相比。

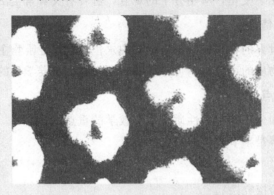

图 3-2-1 隧道显微镜下苯分子的照片

学生的学习行为

通过观察实验现象进行分析。

(1) 许多肉眼看不见的微粒聚集在一起，就构成了我们看得见的宏观物质，如：蔗糖、水。构成蔗糖、水的微粒就是分子。

(2) 自然界中有许多物质是由分子构成的，不同的物质是由不同的分子构成的。

教师的教学行为，演示实验 2：液体的扩散

(1) 在容器中注入水（约 1/2，染红），再沿容器壁缓慢注入体积与水的体积相近的酒精，用笔在液面处做个记号。

(2) 用手指封住管口，将容器反复颠倒几次，使水和酒精混合均匀，待液面稳定后，观察液面的变化情况。

演示实验 3：气体的扩散

(1) 在讲台前喷香水。

(2) 播放 Flash 动画：气体扩散的微观解释。

(3) 创设问题情景探究分子运动快慢的因素。

学生的学习行为

【分析与论证】

结论 1：分子很小；体积很小，质量也很小。

【观察与思考】

认真观察思考讨论分析原因。

结论 2：分子之间有空隙。

【进行实验】

黄豆和大米的混合实验

(1) 在量筒中先倒入黄豆，再倒入大米。记下黄豆和大米的总体积：＿＿厘米^3。

(2) 将量筒反复摇晃几次，使它们充分混合，记下总体积：＿＿厘米^3。

【分析与论证】

结论 3：分子处于不停地运动之中。

探究活动：设计实验：探究分子运动的快慢跟温度有关。

注意：控制变量方法的应用。
结论4：温度越高，分子运动越快。
教师的教学行为
教师提问
（1）如何设计实验：探究分子运动的快慢跟温度有关。
（2）什么是控制变量方法？如何应用？
作业的布置
通过上网、图书馆找资料等途径查找分子的更多性质和发展应用程度。
学生的学习行为
学生代表小结——以学生为主体　结论；
出自"学生之口"的结论（正确），印象深刻，不易忘记。

3. 教学评价

对于分子之间存在着空隙这一点学生会很难想到，于是就用水和酒精的演示实验来引起学生的学习兴趣，让他们自己发现问题，再通过探究活动，让学生亲身体验，用事实引导学生思考，用事实作为有力证明，从宏观的表现去推测理解其微观的本质。

分子运动的知识由于比较贴近学生生活，主要采取让学生积极参与举例的方式，不断诱发学生的想象，用身边的扩散现象来解释分子运动的观点，并通过生活现象来推测分子运动快慢的影响因素，实验的设计让学生再次体会该如何在实验过程中控制变量。

教学案例设计2：原子核式结构的发现

（一）教学目标

1. 知识与技能

（1）了解α粒子散射实验；
（2）理解卢瑟福的原子核式结构。

2. 过程与方法

结合教学内容，从原子核式结构模型的建立过程，对学生进行科学思维方法的教育，培养学生的创新意识。

3. 情感态度与价值观

通过介绍原子结构模型建立的艰难过程，让学生体会科学家在探索未知世界时所遇到的重重困难，从而培养学生的科学探索精神。

（二）教学重点

α粒子散射实验原理及原子核式结构的建立。

（三）教学方法

探究式教学，师生共同讨论

（四）教学用具

鸡蛋1只　盛水烧杯1只　投影仪　多媒体计算机　实物展示台

（五）教学过程

1. 引入

教师的教学行为

【提出问题】

出示1只鸡蛋并设问：假如你以前从来没有吃过鸡蛋，甚至没有见过鸡蛋，你想知道蛋壳里面是什么，有什么办法吗？

【观察与思考】

如果你不想打开它但又想知道这里面是什么，有什么办法呢？

演示实验：将鸡蛋放入清水中。

实验现象：这只鸡蛋漂浮在水面上。

学生的学习行为

【讨论与交流】

演示实验：把鸡蛋打碎！

议论，提出实验方案：透视、摇晃、称量等等。

【假设与猜想】

经过讨论，提出各种各样的猜想与假设。

归纳结论：得出鸡蛋里面是空的。

科学家进行科学探索时常用的思维方法：观察物理现象——建立理想模型——理论实验验证。

新课导入教学设计的思路：用1只鸡蛋作为课题的引入，一是寓意原子的核式结构；二是激活学生的思维。学生们对第一个问题会不在意，对第二个问题会觉得有点棘手。但为了能展现他们的聪明才智，个个开动脑筋争先恐后地发言。当他们看到鸡蛋漂浮在水面上时，他们感到惊讶，又开始了新一轮的猜测，此时教学气氛十分活跃。创设具有感染力的物理情境，能激活课堂教学气氛，有效地调动学生的学习热情；第三是让学生体会科学探索的方法。

2. 新课教学过程

教师的教学行为

（1）电子的发现

简单介绍汤姆逊发现电子的过程并提问

①不同物质都能发射电子，这说明了什么？

②电子的发现有何意义？

课堂演示：用汤姆逊原子模型解释原子光谱。（电子振动发光）

（2）汤姆逊原子模型

根据原子是电中性的、电子是带负电的事实，让学生讨论、猜测原子的结构。投影展示学生提出的原子结构方案，以及汤姆逊原子模型并介绍汤姆逊原子模型课堂演示：汤姆逊原子模型（如图1所示，说明：大球体表示带正电荷的物质，小球体表示电子

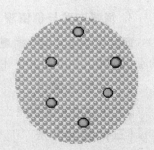

图3-2-2　汤姆逊原子模型

78

学生的学习行为

【讨论与交流】

① 原子是球体；

② 正电荷均匀分布在整个球内；

③ 电子却像枣糕里的枣子那样镶嵌在原子里面。

【假设与猜想】

进一步讨论、猜测原子的结构，投影展示学生提出的原子结构方案。

想象是人们在头脑中对已有表象进行加工、改造、创造新形象的过程。教师在这教学环节中创设了一个有利于学生思维发展的情境和氛围，激励学生在想象中思维、在思维中创新，同时使学生体验成功的喜悦。

教师的教学行为

（3）α粒子散射实验

介绍英国物理学家卢瑟福，用α粒子来探测原子结构。

介绍α粒子散射实验装置；课件演示α粒子散射实验现象。（如图3-2-3所示，说明：课件按实际的现象模拟成动态的过程）

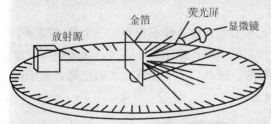
图 3-2-3　α粒子散射实验

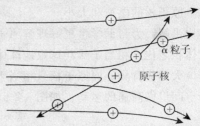
图 3-2-4　α粒子穿过金箔后散射的情况

学生的学习行为

【观察与思考】

观察α粒子散射实验的课件演示。

（1）绝大部分α粒子穿过金箔后仍沿原来的方向前进；

（2）少数α粒子却发生了较大的偏转；

（3）极少数α粒子偏转角超过90度，有的甚至被弹回，偏转角几乎达到180度，α粒子穿过金箔后偏离原来方向的角度是很大的。

教师的教学行为

（4）卢瑟福的原子核式结构学说

课件演示：原子的核式结构。（如图3-2-5所示，说明：中心黑色的大粒子表示原子核，黑色的小粒子表示高速运动着的电子，曲线是其运动轨道）

α粒子散射实验现象解释（略）。

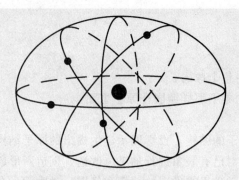

图 3-2-5　原子的核式结构

学生的学习行为

【假设与猜想】

根据已有现象作进一步的猜测,学会分析研究,大胆设想。

结合卢瑟福的原子核式结构学说探讨原子结构模型。想象思考原子结构模型。

教师的教学行为

(5) 原子核的电荷和大小

类比讲解:为帮助学生更好理解原子核的大小形象比喻:原子很小,一个原子跟一个乒乓球体积之比,相当于乒乓球跟地球体积之比。原子核比原子又小得多,如果把原子比作一个庞大的体育场,而原子核只相当于一只蚂蚁。因此,原子里有很大的空间,电子就在这个空间里做高速的运动。如图 3-2-6 所示。

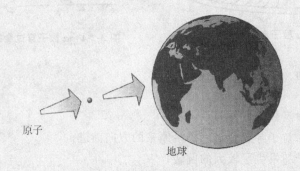

图 3-2-6　原子核与原子大小的类比

学生的学习行为

阅读课本找出原子核的电荷和大小并总结出其特点。

【分析与论证】

① 原子核带正电,由 α 粒子散射实验可以测得所带的正电荷的量。

② 原子核大小:原子核半径是原子半径的万分之一,其体积是原子体积的亿万分之一,集中了几乎全部的质量,密度约为 $10^{16}\,\text{kg/m}^3$。

教师的教学行为

(6) 介绍卢瑟福生平事迹

布置作业:根据课前的布置,要求收集有关卢瑟福的资料。意图:以物理学家们的成长历程、卓越贡献为素材，让学生们多了解物理学家的高尚的人格、拼搏进取的探究精神和取得的科学成就，从中获得成功启示和力量，增强学生的情感迁移，促使学生自觉地把科学伟人作为自己的学习楷模，发奋学好科学学科。

学生的学习行为

学生根据教师的指导，课外自己去收集卢瑟福的业绩，在课上互为补充热烈发言；学生代表上讲台介绍卢瑟福生平事迹（本文略），并展示画面。

（六）教学评价

这一堂课的教学创新主要体现在以下几个方面。

一是教学目标的创新。不仅仅是让学生正确了解原子的核式结构，更重要的是在"发现"上下工夫，让学生体会科学家的发现过程，借助锥蛋问题的虚拟探索，让学生经历猜测——假设——实验验证的科学思维方法的熏陶，以培养学生的创新思维能力。

二是教学过程的创新。整个教学过程努力创设情景（如鸡蛋问题、想象汤姆逊模型、猜测原子核式结构、介绍卢瑟福生平事迹），充分让学生成为学习的主人，以培养学生的创新精神。

三是教学手段的创新。优化组合多种教学媒体，演示实验、多媒体课件演示，模拟微观现象，使之变小为大、变快为慢、变复杂为简单，以帮助学生进行想象，进而理解原子的核式结构。

教学案例设计3：碳的几种单质形态

（一）教学内容分析

本节内容通过介绍碳的几种单质，主要是金刚石、石墨和木炭，不仅可以提高学生对有关物质的较完整的认识。比如，比较熟悉的钻石、铅笔、防毒面具等，而且对于进一步学习二氧化碳、一氧化碳、碳酸钙和甲烷等打下基础。

对于为什么木炭中的细管道能够吸有色物质的问题让学生带着悬念去思索。

（二）教学设计

根据课程标准的要求，以创新教育和学生发展为宗旨，紧密联系生活实际，从学生熟悉的日常事物和生活实际入手，创设轻松愉悦的学习氛围。

教师在认真备课的基础上，依据教学实际创设"开放"的问题情境，向学生提供所需的实验探究素材，引导学生自己设计实验、亲自动手操作实验，采用了"提出问题→实验探究→得出结论"的教学模式，指导学生掌握探求知识的方法，感受发现、发明直至创造的感觉，使学生能真切地体验到科学探究的乐趣，领略到学习成功的喜悦。

（三）教学目标

1. 知识与技能

（1）了解金刚石、石墨、木炭等的物理性质；
（2）了解金刚石、石墨、木炭的主要用途。

2. 过程与方法

通过有关实验学习单质碳的性质，培养学生的观察能力、思维能力和学习方法。

3. 情感态度与价值观

通过对金刚石、石墨和无定型碳的学习，对学生进行共性、个性关系的认识教育。

（四）重点、难点

金刚石、石墨、木炭的重要物性和用途是本节的重点；对金刚石和石墨物性差异很大的原因的理解是本节的难点。

（五）教学方法

观察法、讨论法、探究法。

（六）教学用具

玻璃刀、玻璃、石墨电极、铅笔芯、电路板、小刀、铁架台、烧杯、直玻璃管，带导管单孔塞、木炭、活性炭、二氧化氮气体、红墨水（或红糖水）。

（七）教学过程

1. 由生活实际导入金刚石

教师的教学行为

【观察与思考】

投影一些金刚石的图片。

设问：哪里盛产金刚石？

山东就盛产金刚石。全国最大的金刚石中有四颗是在山东省境内发现的。

投影：常林钻石。

（1）指导学生观察金刚石的色态，并记录。

（2）出示一把玻璃刀：这不是一把普通的玻璃刀，用它能将玻璃割开。请一位同学亲自试一试——为什么能用这把刀划开玻璃呢？（稍停，实物投影）请同学们仔细观察玻璃刀顶端的小颗粒。

设问：金刚石还能有哪些用途？

学生的学习行为

【讨论与交流】

学生代表动手操作；

学生仔细观察；

通过刚才的实验，说明金刚石具有坚硬的物理性质；可以做装饰品、切割玻璃、钻探机的探头……

教学设计思路：通过对全国最大的四颗金刚石进行简单介绍，使学生感悟到祖国的地大物博，对学生进行热爱祖国的教育，让学生自己通过实验得出金刚石的突出物理性质——坚硬，使学生感悟到金刚石的"硬"、钻石的"美"与贵重，完成由性质到用途的推理过程从物理性质联想起金刚石的用途，培养学生综合归纳的能力，使学生对金刚石的物理性质和用途有一个系统的认识，并从中体会到学习的成就感。

2. 从学生熟悉的事物着手探究石墨的物理性质

教师的教学行为

设疑布谜：石墨也是碳的单质，日常生活中哪些物质里含有石墨呢？石墨有哪些性质和用途呢？（出示干电池里的石墨电极和铅笔芯，指明它们的主要成分都是石墨）

设问：石墨有什么物理性质？

开展探究实验

（1）提供实验素材：石墨电极、铅笔芯、电路板、小刀等。

（2）布置活动任务：结合所给实验材料，自行设计实验，探究石墨的以下物理性质。

① 石墨的颜色、形态；

② 石墨的硬度；

③ 石墨是否导电。

多媒体：出示石墨和金刚石的碳原子结构模型

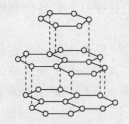
图 3-2-7　石墨结构模型

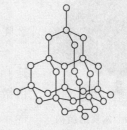
图 3-2-8　金刚石结构模型

学生的学习行为

学生的探究实验安排

思考实验探究（通过设问，突出本课重点，进一步引发学生进行探究）；

实验完成后学生展示自己的实验记录，汇报石墨导电性实验情况；

学生小组内讨论，然后将结论填写在表格中；

指导学生用列表对比的方法，对金刚石、石墨的物理性质和用途分别加以归纳，以便于学生从对比中了解二者的区别；

认真观察、大胆讨论，从而得出金刚石和石墨的物理性质有如此大的差异的原因，初步建立起物质的结构决定物质的化学的性质基本观点。

教学设计思路

使学生亲身体验石墨的物理性质，通过指导学生亲自设计实验，增加学生的动手机会，让学生的思维真正活跃起来，使学生从实验中而不是从课本上认识石墨的导电性、润滑性、耐高温性及质软的特点，增加学生的感性认识，培养学生的探究能力。同时，不管学生做的实验有没有成功，都要与学生一起分析原因，只要探索出研究失败的原因就是成功的研究！

通过设问引导学生从石墨的物理性质联想到石墨的用途，使学生领悟到研究物质的性质的目的是为了进一步推测物质的用途。

使学生从中明白一个哲理：团结起来力量大，对学生进行团结同学的情商教育。

设计意图：通过问题提出、方案提供、学生实验等探究活动，使学生体验到探究活动的乐趣，加深了学生对"物质的结构决定物质的性质"的含义的理解。

3. 通过木炭探究无定型碳的物理性质

教师的教学行为

故布疑阵：木炭中主要成分是碳，木炭除了可作燃料，具有可燃性外，还有哪些未知的特性呢？讲述一则"红糖"变"白糖"的故事：很早以前，有一家红糖厂，一天突发一场火灾，大火过后，木质结构的厂房一片狼藉，一缸缸的红糖变成了白糖……

设问：为什么红糖变成了白糖呢？红糖中的色素到哪里去了呢？（激发学生强烈的好奇心）

投影：木炭的结构示意图。

图 3-2-9　木炭的结构

提出疑惑

（1）为什么它们的颜色会变浅呢？由这个现象体现了木炭的什么物理性质呢？

（2）为什么木炭具有吸附性呢？人们还能利用木炭做什么呢？

设问：据木炭和活性炭的吸附性推测一下它们有哪些用途？无定型碳包括木炭、活性炭、焦炭、炭黑等，它们都是由微小的石墨晶体和少量杂质组成的。展示木炭、焦炭、炭黑、活性炭的样品。

小结：通过本课的学习，有哪些收获？

布置作业：上网查询或到图书馆查阅碳单质 C_{60} 的特点和应用资料撰写科技小论文。

学生的学习行为

疑惑惊奇。

【进行实验】

实验一：向一个盛满红棕色二氧化氮气体的锥形瓶中投入几块木炭，塞紧后振荡。

实验二：向一个盛有红色液体的锥形瓶中投入几块木炭，轻轻振荡。

得到实验结论：颜色变浅。

【分析与论证】

在老师的引导下仔细观察木炭的结构，讨论、分析，找出发生现象的原因，得出木炭的突出物理性质——吸附性。

【讨论与交流】

大胆交流、合作讨论，各学习小组派代表发言。

共同分析推理后得出结论：木炭疏松多孔的结构决定了木炭具有吸附性。活性炭的吸附能力强于木炭，是由活性炭的结构决定的，使学生进一步强化物质的结构决定物质性质的观点。

【交流与评估】

仔细观察它们的色态，结合阅读课本了解它们的物理性质和用途，列出它们的特点。讨论后，一名学生口述本课的学习心得体会。

以讲故事的形式提出问题，然后通过实验探究活动激发学生积极动脑思维、感悟知识，进一步理解"物质结构决定物质的性质"。通过学生自述完成本课小结，突破以往老师包办的小结模式,突出了学生的主体地位,加深了学生对本课内容的理解。

(八)教学评价

这节课注重从学生熟悉的日常事物着手来创设学习情景,教师积极引导学生去发现问题,充分发挥以学生为主体,以教师为主导的教学思路,通过"提出问题(发现问题)→实验探究→得出结论"等一系列活动来认识物质的性质,分析现象后得出结论,然后由物质的性质推导出物质的用途,激发学生积极主动地去探究、去学习,培养了学生科学的学习态度,使其真切地体验到探究学习的乐趣,从而收到了良好的教学效果。

第三节 科学课程的校本课程及其活动案例设计

"校本课程"是一个外来语,最先出现于英、美等国,已有二十多年的历史了。20世纪70年代在英、美等发达国家,校本课程开始受到广泛重视。我国开发校本课程,其意义不仅在于改变自上而下的长周期课程开发模式,使课程迅速适应社会经济、文化和科技发展的需要,更重要的是建立一种以学校教育的直接实施者(教师)和受教育者(学生)为本位、为主体的课程开发决策机制,使课程具有多层次,满足社会发展和学生个性需求的能力。

一、科学课程的校本课程类型

由于科学课程内容结构(比如,将科学探究的能力培养作为教学内容)和教学目标的要求,使得科学课程在规定的教学活动内难以达成教学目标,所以,许多开设科学课程的学校,都陆续地开发了一些必要的校本课程。

(一)校本课程的类型

校本课程主要分为两类。一是使国家课程和地方课程校本化、个性化,即学校和教师通过选择、改编、整合、补充、拓展等方式,对国家课程和地方课程进行再加工、再创造,使之更符合学生、学校的特点和需要;二是学校设计开发新的课程,即学校在对本校学生的需求进行科学的评估,并充分考虑当地社区和学校课程资源的基础上,以学校和教师为主体,开发旨在发展学生个性特长的、多样的、可供学生选择的课程。

我国科学课程的校本课程主要是地方校本课程和学校开发新的校本课程。

(二)校本课程的具体开发形式

1. 课程选择

主要是指在备择的几种课程中选出一种最符合自己需要的课程作为校本课程。在校本课程开发刚起步时或课程开发能力比较缺乏的情况下,学校和教师经常采用这种适宜的方式。如当学校确定要开一门书法课,在既没有经验又没有合适的教师的情况下,看看别的学校有没有可借鉴的或类似的课程,如有,就可以移植或选用,以后再逐步建设。当然,课程选择至少需要满足两个条件,即教师要有选择的权力,同时还要有可供选择的课程。

校本课程主要是根据学校的条件进行内容选择和开发的。

2. 课程改编

主要是指学校和教师对已有的课程（或自己的、或别人的）进行修改，以形成一门适合自己实际需要的课程。它也包括某些学校引进国外的课程进行翻译和本土化改造。课程改编一般涉及目标、内容选择与组织、实施方式、评价方式与课程资源这五个方面中的某一方面或几个方面的修订。

我国科学课程校本开发、改变的依据是教育部颁发的科学课程的标准。

3. 课程整合

主要是指按照某个重要的主题将两门及以上学科知识体系的知识或技能组织成一门新的课程。这样的课程可以弥补以分科为主开发的国家课程的不足，同时也可以使校本课程引进最新的主题元素，如可以以灾后心理辅导、汶水新城规划、奥运志愿者、太湖水污染治理等这样的主题开发跨学科或超学科的校本课程。

我国科学课程校本课程整合开发除了需要加上上述元素之外，更重要的是打破传统的学科界限，开发具有整体的统一的科学知识的新校本课程。

4. 课程补充

主要是指对原有课程的不足而进行有针对性的补充，以形成一门新的校本课程。课程补充可以是对国家课程的补充，如科学新知识、新技术和新材料等，也可以是对校本课程的补充；可以是矫正性的，比如，燃料电池的性能和效率（是随着技术进步不断发展和提高的），也可以是补救性的。

5. 课程拓展

主要是指对原有课程的优势而进行拓展，以形成一门新的校本课程。课程拓展可以是对国家课程的拓展，如数学思想、技术应用等，也可以是对校本课程的拓展，如纳米材料、航天技术等；可以是内容的广度拓宽，也可以是内容的深度加深。

6. 课程新编

主要是指按照学生课程需求的评估以及可得到资源的分析，在学校发展规划中确定开发一门全新的校本课程。所谓新编，只是一个相对概念，只是相对个性化而言，越个性化的课程，就越能体现新编，比如，青少年科技创新指导手册。

二、科学课程的校本课程活动案例

活动案例设计1：探究微粒的运动

（一）活动目标

1. 知识与技能

（1）探究微粒的运动性；
（2）学会设计物质微粒运动的探究性实验；

2. 过程与方法

（1）体验科学探究学习过程；
（2）训练观察能力、思维能力、实验设计能力、增强探究意识；

3. 情感态度与价值观

树立物质是运动的辩证唯物主义观点。

(二) 活动过程

1. 原理

浓氨水具有强挥发性,易逸出肉眼看不见的氨分子,当遇到酚酞溶液时,部分微粒溶于其中,易使酚酞溶液变红。而浓盐酸也具有强挥发性,易逸出 HCl 分子,部分 HCl 分子溶于氨水溶液中,发生中和反应,使得红色酚酞溶液变无色。而且氨气分子和氯化氢分子直接发生反应,生成 NH_4Cl 分子。NH_4Cl 是一种晶体,因而可观察到有白烟生成。

2. 准备材料

药品:浓氨水、浓盐酸、酚酞、蒸馏水。

仪器:泡沫塑料、树枝、滤纸、废弃透明塑料杯、药片压膜、微型洗瓶、多用滴管、6 孔井穴板、9 孔井穴板、胶管等。

3. 活动过程

【观察与思考】

问题情境。

教师在课堂上演示一个有趣的实验。如图 3-3-1 所示的装置,教师取"水"(无色酚酞溶液)浇花。

图 3-3-1 无色酚酞溶液浇花

(1) 在"树根"(药片压膜空穴内)"施肥"(滴一滴浓氨水);

(2) 用透明塑料杯罩在上面,稍过片刻,发现"花开了"——白色变粉红色;

(3) 教师又在"树根"施另外一种"肥料"(滴一滴浓盐酸)。

稍过片刻,发现粉红色的花又变白色,并有大量的白烟自杯口冒出。

【猜想与假设】

(1) 蒸馏水使白花变红,与滴入酚酞溶液和浓氨水无关;

(2) 酚酞溶液使白花变红,与浓氨水无关;

(3) 浓氨水使白花变红,与酚酞溶液无关;

(4) 浓氨水使洒有酚酞溶液的白花变红;

(5) 红花稍过片刻变白色,与浓盐酸无关;

(6) 浓盐酸导致红花变白。

【进行实验，收集证据】
(1) 如图装置，在白花上喷少许蒸馏水，稍等片刻，观察现象；
(2) 在部分白花上喷洒少许酚酞溶液，稍等片刻，观察现象；
(3) 在药片压膜空穴内滴一滴浓氨水，观察实验现象；
(4) 在（2）中没喷洒酚酞溶液的白花，喷洒少许酚酞，观察现象；
(5) 取一滴稀氨水，滴入酚酞溶液中，在9孔井穴板中观察现象；
(6) 在药片压膜片孔穴内滴加一滴浓盐酸，观察现象。

图 3-3-2 观察白花颜色的变化

【观察与思考】
(1) 实验1观察到白花颜色无明显变化，说明蒸馏水并不能使白花变红；
(2) 实验2说明酚酞溶液也不能使白花变红；
(3) 实验3中，观察到先前滴有酚酞溶液的白花变粉红色，而酚酞溶液的白花无明显变化，说明浓氨水与酚酞溶液是导致白花变色的原因；
(4) 实验4观察到白花变粉红色，实验5观察到，酚酞溶液变红，进一步论证了结论3；
(5) 实验6滴加浓盐酸后，红花立即变白色，而在实验3中，红花久置后颜色才逐渐变浅，说明浓盐酸使红花变白，烧杯中冒白烟，说明有固体小颗粒（NH_4Cl）生成；

【分析与论证】
(1) 氨水可使酚酞溶液变红；
(2) 浓氨水有肉眼看不见的微粒逸出，并溶在酚酞溶液中，使酚酞溶液变红；
(3) 物质微粒是在不断地运动着的。

【交流与合作】
本活动所用到的花枝模型，可以是教师叫学生事先准备，同学们也可以自己准备。
本活动也可设计下列实验进行：
(1) 往2#、3#分别加1毫升蒸馏水，在2#滴加1滴酚酞；
(2) 往1#滴加0.5毫升，浓氨水，并用胶管如图连接好，观察溶液现象（2#中溶液渐变红，而3#无明显变化）；
(3) 往3#中滴加1滴酚酞，溶液变粉红色，且与2#颜色相似；
(4) 往4#中滴加2滴浓盐酸，并将3#与4#连接起来，静置片刻后，振荡，观察现象（红色褪去）。

【评估】

通过这个活动能使学生将"看不见,摸不着"的大量的、不停运动着的微粒构成具体形象,更能诱发学生的想象,建立分子概念。

活动案例设计2:无土栽培

(一)活动目标

1. 知识与技能

(1) 了解化学元素对植物生长的重要性及常见化肥的种类和作用;
(2) 学习配制无土栽培营养液;
(3) 用营养液培养植物,了解植物生长的营养需求。

2. 过程与方法

(1) 通过到无公害无土栽培基地参观,了解无土栽培技术;
(2) 学习配制无土栽培营养液的方法。

3. 情感、态度与价值观

(1) 建立生态农业观念;
(2) 树立环境保护意识。

(二)活动内容

活动一:学生通过图书馆,上网等途径独立查找资料;
活动二:组织学生到无公害无土栽培基地参观学习;
活动三:配制无土栽培营养液。

(三)活动准备

1. 原理

(1) 无土栽培的含义

无土栽培是指不用土壤,而用其他物质(如水、沙砾等)代替土壤,根据植物生长所需要的无机盐的种类和数量,按照一定的比例配成营养液培养植物,是一种种植植物的新方法。

(2) 无土栽培的意义

它既是实验室里进行作物栽培的方法,也是实验室进行作物培养实验的一种研究手段。它一般在较封闭的室内环境进行,因此受病虫害感染的机会很小,很少施用农药,所以,可种植出无污染、无公害作物这种方法可以更合理地满足不同植物以及同一种植物在不同生长期对各类无机盐的需要,从而使植物长得更好。无土栽培为花卉、蔬菜以至粮食作物生产的工厂化、自动化开辟了广阔的前景。

2. 准备材料

(1) 化学试剂:四水硝酸钾[$Ca(NO_3)_2 \cdot 4H_2O$]、硝酸钾[KNO_3]、磷酸二氢铵[$NH_4H_2PO_4$]、七水硫酸镁[$MgSO_4 \cdot 7H_2O$]、硼酸[H_3BO_3]、四水氯化锰[$MnCl_2 \cdot$

$4H_2O$]、七水硫酸锌 [$ZnSO_4 \cdot 7H_2O$]、五水硫酸铜 [$CuSO_4 \cdot 5H_2O$]。

(2) 天平、烧杯、玻璃棒。

(四) 活动过程

1. 尝试母液的配制

(1) 用天平称取四水硝酸钾 9.45 克，硝酸钾 6.07 克，用适量清水使其在烧杯中溶解，得 A 母液；

(2) 称取磷酸二氢氨 1.15 克，七水硫酸镁 4.93 克，用适量清水使其在烧杯中溶解，得 B 母液；

(3) 称取硼酸 0.29 克，四水氯化锰 0.18 克，七水硫酸锌 2.2 毫克，五水硫酸铜 0.8 毫克，用适量清水使其在烧杯中溶解，得 C 母液，平均分成 10 次使用。

2. 营养液的配制

(1) 营养液的配制方法

在容积为 10 升的容器中先加入 4 升水，再将 A 母液缓慢加入容器中，并搅拌。然后给容器加水，将 B 母液顺水流稀释入容器中，此时也要搅拌，至体积约为 8 升时完成。最后，取 1/10 C 母液，如法稀释入容器中，配制成 10 升营养液。

(2) 用营养液培养植物幼苗（如菜豆、玉米、番茄的幼苗）

① 把适量营养液倒进三角烧瓶里，把植物幼苗放进瓶中，根系要全部浸没在营养液里。瓶口塞一些棉絮，瓶周最好用外白里黑的纸包住，以防阳光直射入瓶内而长出水藻。

② 每天可从瓶中取出植株几分钟，让根系得到较好的呼吸。若营养液蒸发，可补充一些。

③ 营养液的 pH 值保持在 6~7.5 左右，可每隔八九天用石蕊试纸检查一下（用稀硝酸和氢氧化钠溶液加以调整）。每隔 2 周左右，换一次新的营养液。

④ 同时进行另一组无土栽培实验，但瓶内不装营养液，而装蒸馏水，作为对照。实验表明：植物在完全营养液里生长得很好，能开花结果；长在蒸馏水里的植物，不久就会枯萎，直至死亡。

⑤ 把营养液的配方作一些变换，配制成缺氮、缺钾或缺磷的营养液，分别培养同一种植物，与在完全营养液里生长的植物比较，看看结果会怎样。

(五) 活动过程

1. 分析实验结果

植物在生长过程中需要氮、磷、钾等多种微量元素。

2. 成果展示

活动案例设计 3：化学肥料

(一) 活动目标

1. 知识与技能

(1) 了解常用化肥（铵盐、磷肥、草木灰）的主要成分、性质、作用及施用时的注意

事项;

(2) 初步了解微量元素肥料、复合肥料和农家肥料特点;

(3) 选学"一些常见的化肥";

(4) 常识介绍中国的化肥工业的发展。

2. 过程与方法

(1) 通过对化肥知识的调查研究,培养学生收集、处理信息的能力;

(2) 通过实践活动的讨论与交流,培养学生交往、交流和合作的能力。

3. 情感态度与价值观

(1) 学生通过参与解决问题的过程,培养学生的进取心、自信心;

(2) 加深对"科学技术是第一生产力"的理解。

(二) 活动内容

(1) 历年来化学肥料的使用情况;

(2) 施用化学肥料的方法及注意事项;

(3) 举例说明化学肥料使用不当会造成不良后果。

(三) 活动过程

1. 制订活动计划

(1) 向父母、乡亲询问有关化学肥料使用的情况;

(2) 实地考察(收集有关施用化学肥料的例子);

(3) 翻阅报纸、杂志或通过互联网有关化学肥料方面的报道查找。

【设计实验】

(1) 设计实验1:结合生物课的学习,设计实验,研究化肥对植物生长的影响。

如图3-3-3所示,用5个废弃的玻璃瓶(或从中间剪断的雪碧汽水饮料瓶),分别盛氮肥溶液、磷肥与水的混合物、钾肥溶液、复合肥溶液(注意各种化肥溶液的浓度不能太大)及蒸馏水,并各培养一颗大小相同的健壮的幼苗。

【讨论与交流】

① 过一段时间,观察这五棵幼苗的长势和颜色是否相同?

② 通过你的实验说明各种化肥对植物生长有何影响。

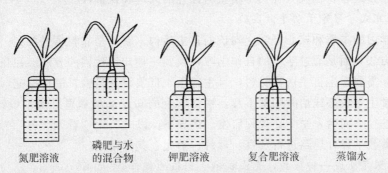

图 3-3-3 废弃的玻璃瓶育苗

据调查，在我国有很多城市附近的天然水体受到了生活污水的严重污染。其主要表现是水体中藻类大量繁殖，水色发绿发蓝，继而发黑、变臭，水生动物大量死亡，这是水体富营养化造成的结果。很多学者认为含磷洗衣粉是造成水体富营养化的一个重要因素。

(2) 设计实验2：请你利用下面的材料和用具设计一个实验，验证学者们的上述观点。

① 实验材料和用具：取自自然界的清水；玻璃水槽；含磷洗衣粉；发绿的池水；蝌蚪20只；不含磷的洗衣粉。

② 实验步骤和实验结果。（略）

【评估】

(1) 对"化学肥料"教学目标的定位，除了陈述性知识目标外，更重要的是情感目标和能力目标。在活动中，不仅仅满足于学生简单了解常见的氮肥，钾肥和磷肥，更重要的是通过学生对化学肥料的调查和课堂讨论等教学活动，让学生获得"科学技术是第一生产力"的隐性教学目标。

(2) 本活动按开放性科学探究要求实施，注重对学生信息收集、处理问题能力和交往能力培养。

本活动的主要环节是问题调查以进一步讨论，选择问题——讨论模式有效地体现了科学探究的目标。活动中提出问题——通过学生的调查将收集的材料加工处理——并结合调查中获得的数据和事例充分讨论化学肥料大大提高了生产力，但如果不合理施用化肥对耕田会造成破坏。

(3) 整个活动过程的实施将会使预期的各项目标得到体现和落实。

三、实施科学探究教学模式的问题的反思

以完整探究形式的课堂教学模式的实施给科学课程的教学注入了新的活力，但任何一个新生事物在它成长过程中会出现一些不和谐的音符，科学探究教学模式的实施也不例外，其主要体现在以下方面。

(一) 探究问题设计不到位

在探究教学过程中，经常发现这样的情况：一些方案设计缺乏严密性，探究环节掌握不当，探究过程粗制滥造；一些探究课，表面上热热闹闹，却达不到探究的目的；一些探究课，由于提问不当，使整堂探究课的探究无法切入正题。一些不成功的探究课还经常影响着教学的正常进行，也大大挫伤了学生对探究的兴趣和积极性。

(二) 探究式学习等于动手做实验

探究式学习的本质和核心是学生知识的自主建构。它不是靠教师去找到一种传播知识的最佳教学方法，而是通过学生的合作学习，找到一种知识建构的方法。在新教材中有很多探究实验，需要学生自主选择材料，自主猜想，自主设计实验，进行探究，但教师往往出于一种对学生不放心或怕时间来不及，根据学生的知识基础和思维水平设计出最简捷、高效的探究途径，而后，学生在教师启发、诱导下，以"听"、"看"、"思"为主要活动方式，进行顺着教学设计思路进行观察、理解、消化、获得结论。

(三) 把探究变成一种模式，变成机械、刻板的操作

在初中科学探究中，主要采用"合作探究"，它是以培养学生的创新精神和实践能力为宗旨，以充分体现学生的自主性、参与性为前提，以学生小组合作为主要形式的一种探

究教学活动。通过学生间相互作用的倾向,在既有利于自己又有利于他人学习的前提下进行学习。这是充分体现以学生为主体的教学模式。

然而,调查发现,我们看到的却是另外一种情形:四人一小组,教师一宣布开始讨论,前排同学刷的回头,马上传来唧唧喳喳的讨论声和讲话声,教师穿梭在中间一方面指导,一方面维持纪律,往往顾此失彼。几分钟后,教师一声"停",学生马上安静下来,就像被声控的机器。小组交流探讨的结果时,虽然站起来回答的是"我们小组怎样怎样",而实际上是他个人的意见。

很显然,这样的小组讨论只是一种形式,合作学习与独立思考没有能够有效的融合,表现出只有独立思考而没有合作学习,学生的思维深度不够,学生缺乏实质性参与,合作学习的价值没有体现出来。导致的结果是传统的东西没有了,新的内容又没掌握,出现了新课程实施后两极分化比传统教学更为严重的结果。这种把自主、合作、探究形式化、绝对化,把探究变成一种模式,变成机械、刻板的操作,实际上是把新课程的理念简单化,是机械套用。究竟需要不需要合作?值不值得探究?教师缺少深刻的思考。

(四)课外探究流于形式

科学课程的探究式学习形式,除了有大量的在课堂内进行的探究活动外,还有许多探究实验需要学生课后回家完成,如:社会调查、参观访问、资料研究性课题,或以设计和动手制作为主的实践活动及科技制作等。在有限的课堂实践中,这些探究活动的效果大打折扣,甚至很难落实。究其原因,主要有以下几个方面。

(1)探究实验需要器材,学生家中没有现成的器材,而准备又很麻烦。如测沸水的温度,很多学生以家中没有温度计为由而不做。

(2)学生各科书面作业太多,做探究实验比较费时间而不做。

(3)传统教学已经在家长和学生心目中形成一个根深蒂固的观念:只有分数最重要。导致重书面作业轻探究。

(4)对探究缺乏兴趣。

现在的学生都是独生子女,一方面缺乏与外界的沟通,另一方面在家过着衣来伸手,饭来张口的日子,对生活中的知识不闻不问,他们在学校看同学做,回家自己不愿动手。这些现状的存在,都使教学受到了影响,课程实施以来,教师普遍感到科学新课程的对学生进行能力培养和科学素养培养的举措反而加剧和提早了学生的两极分化。

(五)探究型教学的展望

实施科学教育,在我国目前的情况来看,实施探究式科学教育仍然存在着诸多困难。

第一,我国人口众多,地区的教育资源非常不平衡,为了解决入学问题,扩大了每个班级的学生数目。在实际操作中,大班教学的效果是最差的。一名教师要同时面对那么多学生,其精力势必分散,无法同时应付太多学生的提问,也无法关注每一个学生的科学探究活动。这样必然造成科学教育的质量低,无法达到科学方法的培养。

第二,我国的科学教育相对起步较晚,教师对科学的认识以及科研的能力都不高,尤其是教学上的认识及理念还比较陈旧,对高新科技以及人文方面的知识了解甚少。这对于实施科学教育是相当不利的。缺乏创新精神和科学的怀疑精神,科研方面的探究能力不强,不能很好地引导学生进行探究学习,难以培养学生的学习兴趣,更难以培养学生的创造力,这已经是我国基础教育中教师的共同缺点。

第三，考试制度和教育制度的改革相对于教育理念的发展滞后，缺乏民主的教育体制。在目前看来，很多地方依然把考试分数、升学率看作衡量教育成功的标准，这阻碍了科学教育的实施。

第四，不能尊重学生的求知欲，无法做到公正公平地对待每一位学生，对于个体间的差异及学生个性健康发展不够重视和尊重。

第五，地区发展的不平衡导致教育资源分配的不平衡，影响我国整体科学教育质量的不均衡。

"问渠哪得清如许，为有源头活水来"，初次的实践，探究式教学还不成熟，有待于进一步改进。教学实践证明，探究式教学深受学生的欢迎，是未来基础学科教育的发展方向。经过一段时间的探究式教学发现，课堂的学习气氛活跃起来了，学生对科学课程充满了兴趣，对科学知识和科学探究充满了渴望，通过探究式教学，培养了学生对生活中的现象提出问题能力、动手实践能力、分析论证能力及创新思维能力；培养了学生科学探究、互相合作和实事求是的精神，这正是现代教育的目的。

今天的青少年已不是几年前的青少年了，更不是十几年、几十年前的青少年了。他们思维活跃，兴趣广泛，获取信息渠道多，对新事物的追求与敏感，远远在我们成年人之上。这就要求我们必须改进以往沿用的课堂教学模式，实施研究型学习。从教学模式上突出"探究"，让学生主动参与以"探究"为目的的实践活动。要让学生去想，去说，去做，去表达，去自我评价，去体会科学思想的真谛。面对机遇和挑战，要敢于大胆实践、敢于否定既有，敢想敢做才能走向成功。

思考与练习

1. 什么是科学课程的校本课程？如何开发？
2. 科学探究的基本要素有哪些？其含义分别如何？
3. 简述小学科学课程科学探究的目标要求。
4. 简述初中科学课程科学探究的目标要求。
5. 案例设计：科学课程课堂探究活动的特点。
6. 案例设计：科学课程课外探究活动的特点。

第四章　科学课程的科学方法培养教学策略及评价

科学方法是科学素养的组成要素之一，也是科学课程的教学目标之一。本章以初中科学课程标准为依据，阐述科学方法的含义及其在科学教育中的重要性，并以"能与能源"的相关知识为载体，通过具体的研究型教与学的案例设计，从理论与实践两个方面探讨了在科学教育中如何进行科学方法培养的途径和方法。

第一节　科学教育与科学方法

中国的教育方式深受赫尔巴特和凯洛夫的影响，一直以来都是十分重视对现成科学知识的积累和掌握，甚至片面强调知识的正面性，而忽略知识的相融性，对学生的能力培养不够，导致我国基础教育的发展一直滞后于社会、经济、文化。因此，进行基础教育改革，实施科学教育，培养科学的发展观非常有必要。

我国科普研究所"中国公众科学素养调查"课题组从1992年开始先后五次对我国大陆18~69岁之间的成年人进行公众科学素养调查。我国公众达到基本科学素养水平的比例从1992年的0.2%上升到2003年的1.98%。虽然数据显示结果表明中国人的公众科学素养水平有所提高，但是提高的速度很慢。

而影响我国公众科学素养水平的最主要因素就是教育。因此，科学课程的开设、科学教育的实施，是我国科学教育进一步发展的必然结果，是提高我国公民科学素养基本途径。

在我国的传统教育中，一开始就忽略了对学生能力的培养，将绝大部分时间花在训练学生记忆知识和应对考试上，缺乏方法、思维的训练。在中小学阶段，学生的知识层次不高，但是接受能力强，可塑性强，学习的热情高，也乐于在老师的指导下探索新知。在这个阶段，应多注重对学生的科学方法、思维的培养，保护他们的求知欲，建构知识体系。

科学教育与我国过去的教育有所不同，更加强调学生自己动手动脑，探究问题的答案。

（一）科学方法是科学素养的基本要素

科学素养在不同国家、不同文化背景下的理解差别很大。随着时代的发展，已经不再局限于生物、地理、物理、化学等自然学科的规律认识和概念掌握，科学素养的重心渐渐转移到科学世界观、科学精神、科学方法以及科学、技术、社会的联系上，体现了科学发展本身是一种动态的过程，同时也体现了科学与人文的发展交融。

在现代科学教育中，对科学知识、科学过程与方法以及对科学本质的理解、科学态度情感与价值观、科学技术与社会的关系等是现代科学素养的基本要素。

科学知识不仅仅是自然科学知识、常识，还包括社会科学等的基本常识。而且，科学知识并不仅仅局限于某一领域，还包括有关于整个社会、自然界，整个历史进程等方面的总体的认识，具有完整的知识观。这是科学素养中最低层次的要素，也是其他各要素的基础。

科学过程与方法的掌握，以及对科学本质的理解则可以反映一个人的思维品质；而科学方法在各种科学要素中起着关键作用，承上启下，与其他各要素相辅相成，是科学创造力的能力体现。这是科学素养的第二层次。

科学态度，情感与价值观体现了科学的严谨性，客观性，以及道德的约束性。科学技术与社会的关系则体现科学精神与人文精神的相融。这是科学素养的第三层次。

（二）科学方法的内涵及重要性

基本的科学方法可以提高学生发现问题的能力，探究的能力和解决问题的能力以及从中获取新知识、总结知识经验的能力。这是科学素养的一个方面，也是科学教育的重点之一。在科学发展中，科学方法起着不可替代的作用。

根据国际学生评价项目（*The Program International Student Assessment*，简称 PISA）对科学方法的界定和解释，将其分为五个方面。第一，能够科学地确定可研究的问题。这包括能够确认可在调查或科学探究中证实或回答的问题或观点，或能够更加明确某一具体问题在特定情景下进行科学探究。第二，能够收集并确定科学探究所需的依据。这需要对收集资料采用的方法及对所收集的资料进行筛选，辨明哪些是有效数据等。第三，能够根据收集的资料以及采用的方法得出结论。这有利于在做调研或探究之后对一定的信息得出结论，及论证在这过程中所作出的假设。第四，能够将得出的结论以适当的方式清晰明确地与他人交流。第五，论证对科学概念的理解。

以上五个方面，除了第五方面有关于科学知识之外，其他四个方面都是针对与能力方面有关的方法要求。而这些方法、思维的训练，不是仅仅靠科学知识就能达到的，由原有的知识基础上经过怀疑、探索、思考、总结归纳才能使知识更新，这就是学习的能力，也是联合国教科文组织提出的"四个学会"中"学会学习"的真正含义。

（三）科学方法培养的目标

科学教育与科学素养一样，也是一个动态发展、包含多元化的概念。科学教育并不是单纯指数理化等自然学科的知识传授，而"是一种以传授基本科学知识为手段（载体），体验科学思维方法和科学探究方法，培养科学精神与科学态度，建立完整的科学知识观与价值观，进行科研基础能力训练和科学技术应用的教育"。[②]

科学教育的理念更符合人的求知过程的心理变化。一直以来，由于人们对科学教育的认识不够，误以为系统的基本科学知识、基本技能和科学思维方法的教育就等同于科学教育。导致在实际操作中，科学思维方法的教育严重缺失。科学教育包含四个方面：科学知识、科学方法的培养，思维训练，科学技能运用以及情感态度与价值观方面的培养。科学知识本身只是一种载体，不是教育的最终目的。方法和思维及其应用才是教育的终极目标，知识是作为达到目标的工具和手段，帮助学生掌握方法、训练思维、培养科学态度和科学精神。

科学课程的设置，在一定程度上能够达到科学教育的目标，建立完整的知识结构，且有利于教育制度的民主化，有利于教育资源的优化，提升我国的公众科学素养水平。

1. 在科学教育中培养科学方法

如前所述,科学教育的重心已经不在于知识,而是将知识看做从认知通往方法、能力和思维的桥梁。科学不仅仅是探究真理,更重要的是探究真理的方法。没有方法,即使真理摆在面前也无法索得。而方法的培养,与知识的灌输是完全不同的教学理念,可通过对知识的学习和探究来进行方法的培养,让学生对科学本身产生兴趣,掌握学习的方法。

2. 科学方法与科学教育的关系

掌握科学方法是科学教育的内容之一,也是科学教育要达到的目标之一。在实际教学中,科学方法更多地体现为学会如何学习,学会进行自主探究科学问题,学会对实际生活中的现象提出疑问,懂得采用何种方式寻找问题的答案,学会利用信息,综合分析得出结论。用现在普遍提倡的科学探究的教育方式进行教学,对学生科学方法的培养和思维的训练是很有利的。

科学方法与科学教育之间的关系可以用图4-1-1来表示。

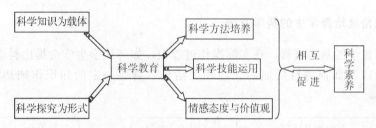

图4-1-1 科学方法与科学教育的关系

在科学探究中,科学方法的五个方面分别与探究过程中的几个要素相关联,可以说,在进行科学探究的过程中,同时也在进行科学方法的培养。因此,科学方法与科学探究之间既有联系又有区别。如图4-1-2所示。

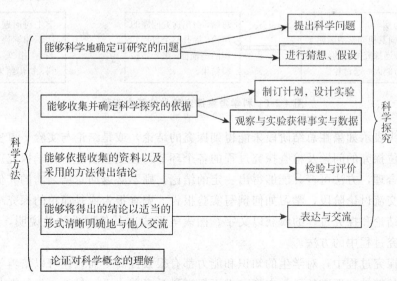

图4-1-2 科学方法与科学探究要素之间的关系

在科学方法的五个方面中，前四方面均是属于能力方面的，与科学知识的关系不大。这几个方面，恰恰体现了科学探究的几个要素。而科学方法中的最后一个方面，是与科学知识相关联的理论要求，这也符合在科学探究中对一个科学问题进行探究解答的过程中，以知识为载体，获得的不仅是知识，更多的是方法上的学习和提高。实际上，科学方法中第五方面对科学知识的水平有较高的要求。

第二节　科学教育中科学方法培养的教学策略

科学教育的方式是灵活多样的。从杜威的典型实用主义科学教育到现在（布鲁纳发现法）的培养创新能力和科学素养的科学教育，探究教学已经实行数十年了。探究即是"探索和研究"。对于探究的内涵，可认为是科学家进行科研而进行的工作，也可认为是学生在获取知识、掌握科学方法时采用模拟科学家研究工作的各种活动。

一、不同角度培养学生的科学方法

对于探究教学的基本流程，在实际操作过程中，如何让学生学会提出科学问题，如何进行猜想假设以及如何进行后面的几项相关活动，需要一定的知识作铺垫，如图4-1-3所示。

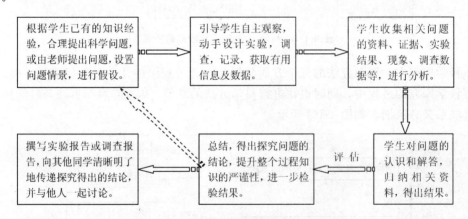

图 4-2-1　科学考察探究教学的基本流程

虚线箭头表示如果在总结阶段未能得到探究的结论，或是结论与实验、事实不符，则需要重新定位探究的问题及检查探究过程的各个环节，甚至重新进行科学探究。如果探究过程的假设合理，方法可行，能够得出一定的结论，则不必返回总结之前的其他环节，可以直接进入交流讨论阶段，学习如何撰写实验报告、调查报告或是简单的探究小论文，将探究得出的结论和探究过程的收获以文字、图表等形式向其他同学清楚说明，进而讨论，改进科学探究过程中的方法。

在整个探究过程中，对学生的知识和能力都有很大提高，而且还可以培养学生的科学精神，合作的精神和严谨的科学态度，进而提高科学素养水平。另外，教师在其中的角色是十分重要的，除了对学生进行必要的引导之外，还要对可能出现的问题和学生自己无法解答的疑问进行引导，以及在最后阶段将对整个过程涉及的知识进行拓展和延伸，让学生深刻理解科学知识的内涵和掌握科学方法。

在课程的安排以及教学设计等方面,教师应该注重科学探究的过程,遵从人的心理认知规律,考虑学生的知识水平、学习心理等方面的因素所设计的一个探究的课题不宜在教学中占据大量的课时,最好就是一节课完成一个简单探究或是探究过程中的某些环节,着重某些方面的方法培养,让学生感到每一节课都有知识和方法上的收获。

二、以尝试提出问题为先导的科学方法培养

爱因斯坦说过:"提出问题比解决问题更重要。"许多著名学者都指出:中国学生在数学运算和推理方面比国外学生有明显优势,但存在最大的缺憾是不善于提出问题,缺乏创新精神。科学方法培养在科学课程中是以科学探究能力培养为具体途径的,能够提出和表征科学问题是科学探究七个能力要素的第一个,因此,以提出问题为先导的科学方法培养是科学课程的重要教学目标,以下仅对以此课题作较为深入的探讨。

(一)"问题"类型和学习功能

1. 问题的类型

对于问题的类型,在心理学界对"问题"有不同的分类,比较典型的是美国芝加哥大学心理学教授J.W.盖泽尔斯的分类,他把问题大致分为三类:呈现型问题、发现型问题和创造型问题。这三类问题的要素如表4-2-1所示。

表4-2-1 J.W.盖泽尔斯对问题的分类

	问题是否给定	求解的思路是否已知	答案是否一定
呈现型问题	是	是	是
发现型问题	否	否	是
创造型问题	否	否	否

以上三种"问题"是不等价的。由于"呈现型问题"并非学生主动参与的产物,而且它们往往追求唯一正确的答案,因而总是压抑求异、质疑的精神,不利于创造性的发挥。"创造型问题"因其独特、新颖而且富有科学意义而难得见到。因此,中学生的问题意识主要体现在"发现型问题"上,"发现型问题"是让学生自由探讨、积极思维、大胆地提出问题、揭示问题。尽管这种探索并非每次都有所发现,有所创造,但它能激发学生对问题、现象保持一种敏感性和好奇心,并通过批判性思维,形成自己的独特见解。

2. 问题的功能

(1)"问题"有助于摆脱思维定势。

"问题"的出现,往往造成某种不确定性,使思维活跃起来,打破定势。

(2)"问题"促使思维进入"后反省状态"。当一个人碰到令自己感到困惑的问题时,他就会受到刺激,去进行反省性探究。在这种转换过程中,智力活动总是尝试性的,始于问题的提出,终于问题的解决。

(3)"问题"的解决带来"顶峰"的体验。美国心理学家杰罗姆·S.布鲁纳的研究表明,难易适中且富有挑战性的问题往往激励学生向下一阶段发展。在实施以探索为本的教育中,要求教师指导学生学会"如何发现有意义、有价值的问题,而不是简单地去寻找答

案"。这种对问题的探索与思考,将使学生深受鼓励,同时领略到一种"顶峰体验"。

(4)"问题"可促使顿悟的产生。当某一问题已不受直接注意时,但潜意识在某种程度上仍然保持对问题的思索状态。精神高度集中地考虑一个问题,有时可能造成思路的堵塞或误入歧途。而一旦松弛下来,倒可能产生稍纵即逝的灵感火花。

学习是从"问题"开始的,没有自己的问题,就永远没有创造。质疑是调动学生学习的积极性,培养创新思维能力的有效途径。要让学生由"听众"变成"演员",由被动接受的"容器"变成主动获取的"探索者",这样才能激发学生的求知欲望,增强学生的自信心和探究心理,提高学生主动学习、独立学习和学会学习的良好素质。

(二) 培养学生"提出问题"能力的教学策略

1. 教师应加强学习,更新教育理念

多少年来,我们一直在倡导素质教育,教育在不断改革创新的过程中,形成了一系列新的教育教学理念。我们要树立"提问"不仅是教师的事,更是学生自己的事的理念。让学生能够提出有探究价值的问题,本身就是教育的一个重要目标。

人类认识世界和改造世界的过程,也就是一个不断提出问题、分析问题和解决问题的过程。人类的每次发明和创造,都是以"提出问题"为起点的,无法发现问题就谈不上创新。学生如果具有了这种能力,也就说明他已经具备一定的科学素养。

教师要改变传统教育片面重视继承性、接受性的做法,完全废除注入式教学,采取问题式教学,给学生做好榜样。使学生完全摆脱长期以来形成的"被老师牵着鼻子走"的思维习惯。只有这样,我们学生的能力才能真正提高。

2. 充分尊重学生的人格发展,营造良好学习环境

首先,教师要重新给学生和自己的角色定位。教师不要再把风华正茂的学生当做"录音机"或者"容器",而实行填鸭式的教育。而要相信学生是会思考、会分析、会创新并能被开导的群体;教师要淡化权威角色,由管束者走向合作者。

其次,教师要充分尊重学生的人格发展,发现问题和提出问题,需要摆脱习惯认识的束缚,它比解决具体的问题更加富有创造性。因此,要培养学生的创造能力,就要培养学生发现问题和提出问题的能力。为同学们营造一个宽松民主的教学氛围。

学生需要一个自由思考的环境和开放思维的过程,要知道,在压抑的、禁锢的环境中,很难产生创造性思维的火花。在教学过程中我们应鼓励学生提问,容许学生插嘴,同时对学生的发问,要给予理解,或给予解答,或启发引导,或课下探讨。

3. 建立合理的评价机制,树立学生质疑的信心

在培养学生质疑能力的同时更应保护学生质疑的欲望,让学生树立质疑的信心。作为老师应努力创设一种宽松、民主、平等、融洽的学习氛围,鼓励学生多提问,让学生知道能大胆质疑是认真学习的表现。对提问题的学生进行表扬,并让其他同学带着这个新问题从学过的知识中找到答案。受到表扬的学生劲头更足,其他学生也受到鼓舞跃跃欲试,通过这种做法,学生的质疑信心会越来越足。

因此,我们要善于鼓励学生大胆质疑,欢迎他们与自己争论,对于那些在平时特别是在课堂上敢于发表反驳意见的学生,要予以表扬。即使他们的观点是错误的,也要在肯定他们勇敢精神的前提下,与其一起讨论来加以引导,并纠正其错误的观点,切不可强行要求学生对老师的观点深信不疑。

对于学生提出的不合情理的问题和做出的怪异的回答,采取宽容的态度,一般不要生硬地否定,要精心保护学生自尊心和自我发现意识。老师要大力倡导思想自由,要相信每个学生都能学好,都有创造性,学生群体的创造性可能超过老师。

4. 教师应注重表达的幽默性、艺术性

捷克教育家夸美纽斯在《大学教论》中说过:"一个表达动听、明晰的教师,他的声音便像油一样浸入学生心思,把知识一并带进去。"教育心理学研究表明:学生的生理、心理特点决定了在课堂上不可能始终保持注意力,学生在课堂中出现疲劳是正常现象。这时就要求教师不能只注重科学课程的科学性、严密性,还应注意语言表达的艺术性。讲课过程中掌握好语言艺术,加入一些合理的幽默,适度夸张,使学生亲身体验,加深理解,使课堂松弛有序,为学生营造一个和谐而轻松的学习氛围、艺术氛围。学生疲劳的心理和生理都能得到调节,这样不但可以帮助学生减轻疲劳,而且还能延长集中注意力的时间。教师的语言修养在很大程度上决定着学生在课堂上脑力劳动的效率,决定学生学习科学课程的兴趣和师生关系。

5. 通过实验演示,激发学生提出问题

科学课程是整体性自然科学知识,其中的物理学、化学、生物以及自然地理学都是实验科学,大部分科学概念和规律的建立都离不开实验。而且必须通过实验演示,设置问题情景,才能提高学生的兴趣。因此,从科学实验中引导学生提出问题是好方法。在教师的演示实验、学生分组实验中,要让学生仔细观察、勤于思考,总会有取之不尽的提问素材。科学课程实验教学必须努力创设问题再现情境,让学生在物理情境中不断发现问题、提出问题,不断强化学生的"问题意识"。

6. 让学生深入体会科学知识的形成过程,从中产生问题。

科学概念和科学规律都有各自产生的条件和特点,它们的形成过程也各不相同。在教学中教师的主要责任在于引导和帮助学生学习,培养学生的提问能力,提高学生的思维品质。如同演戏,教师做导演,学生当演员。导演应给演员说戏,引导演员领会剧本的内涵,让学生从知识的形成条件、形成过程中提出问题。教师的作用是帮助学生进入角色,但主角仍是学生。这样做有助于学生对科学概念和规律的深刻理解。通过一系列问题的提出与讨论,会使学生充分理解该定律的条件性、系统性、矢量性、相对性和普遍性。

7. 培养学生对科学问题的兴趣

兴趣是人们认识某种事物或爱好某种活动的源泉,兴趣是思维的动力。教师应想方设法,激发学生提出问题。教师的指导工作,重点应该放在设计让学生发现并提出问题的情境上,而不是在设计问题本身上,应着力于培养学生发现问题的能力。教师应该在情感上给学生以感染,让学生在接受科学知识的同时,达到以情促知,知情共育的效果。那么老师在备课时不仅要深刻挖掘教材中的重点、难点,还要琢磨学生可能存在的疑点。正确把握教学内容的情感因素。这样有助于学生养成良好的思维习惯,勇于质疑、大胆创新,在教学中让学生明白这些科学知识是人类在长期征服自然的道路上,经过无数次的挫折失败,反复探索后取得的,凝聚着前人的智慧和对科学的执著追求的精神,使学生对科学课程知识产生亲切感,激发其兴趣。在平时的教学中要想方设法增强课堂教学的趣味性,培养学生的学习兴趣。

8. 利用科学学史激发学生的好奇心、责任心，让学生想提问

提问是探究的源头，发现是提问和探索的结果。牛顿以常见的苹果落地而提出问题，最终发现万有引力，进而研究总结出万有引力定律；奥斯特对电与热的关系、电和光的联系及相互转化的思想，提出了电和磁之间也应该存在着一定联系的问题，为此进行了近二十年的研究，揭示了电与磁的联系。例如：磁产生电的过程，笔者介绍了法拉第的生平。法拉第出生在英国伦敦附近的一个小镇上，父亲是铁匠。由于家境贫寒，他只在 7—9 岁读过两年小学，12 岁当报童，13 岁在一家书店当了装订书的学徒。法拉第非常好学，利用在书店的有利条件，阅读了许多科学书籍，并攒钱买器材、药品来做简单的化学、物理实验。1812 年，法拉第有机会听了著名化学家戴维的 4 次讲演，激起了对科学研究的极大兴趣。他毛遂自荐，把戴维的讲演内容精心整理并附上插图后寄给戴维，次年戴维录用他为助手，从此他开始了科学生涯。在讲解的过程中，学生对法拉第为科学执著的探索精神，为人类文明进步淳朴无私的献身精神，以及他杰出的科学贡献，充满了敬佩之情。

9. 利用好课堂上老师拥有的机会，让同学之间和老师之间多沟通

初中的学生正处于感性认识向理性认识的过渡阶段，形成正确世界观、人生观和价值观的时候，老师应在选用教材上多下工夫，将学生的兴趣和疑问激发出来，选择很贴近实际生活的事例，让学生把实际的感受、发自内心的感慨设问一步一步引向教学目标。学生要当好"老师"，学生就必须钻研教材，发现更多的问题，思考解决办法，以防被其他学生的问题难住；而其他学生在课堂上的发言也更积极，都想把这位"老师"难住，看"老师"的反应。这样，课堂气氛活了，学生的思路开了，提的问题也就多了。笔者在课堂上常常让学生讨论，要求学生互相提问题，并共同解决。同学之间互相提问题，是培养学生合作学习，合作解决问题能力的有效手段。而且同学间提问题，常常不讲究提问的形式，这样更有利于学生提出各种各样的问题，有利于培养学生思维的灵活性和发散性。

10. 利用错误经验，学生想当然的心理，诱发问题

中学生在学习科学时，经常会受到一些"前概念"的影响，如：速度大的物体惯性大；力是使物体运动的原因；南半球没有冬天等。在课堂教学中充分展现这些假象，通过讨论引起学生争论，设置问题情境。再如在"牛顿第三定律"的教学中，教师可以先让学生讨论这样一个问题：普通人与身体健壮的运动员拔河时必输无疑，是否因为运动员队的拉力大于普通人队的拉力呢？学生往往给予肯定回答，这时教师则予以否定，抓住学生的认识错误，使学生的心理进入非平衡状态，发生思维冲突，从而产生问题情境。

11. 教师应采用丰富多彩的教育形式，使学生在自己的教学激情中提问

教师应尽可能采用挂图、幻灯片、录像、多媒体课件、精彩的演示实验或学生的分组实验等形式，还可以引导学生跳出书本、走出教室、关注社会、去田野、去工厂，尝试现实中碰到的问题。这些形式，可以使学生有感而发，自然而然出于内心地想提出问题，并提出解决问题的新思路、新方法，从而使学生的提问欲望不断加强。

12. 教师应善于设置问题，教给学生提问的方法

在教学中教师应站在学生的角度多启发、多引导，多给学生一些提问的方法和途径。在课堂上教师要善于设置问题，让学生在教师所设置的"问题路径"上不断地想问题、提问题。在学生的实践活动中教师要设置可能出现的问题，让学生在解决有关问题的同时再发现新的问题。物理实验和课外小制作是学生自主学习的舞台。教师更可以设置相关的知

识点，让学生在得到某些知识的同时又在提问中不断地增强提问的能力。

实际教学中多数问题恐怕还是要由教师提出。根据现象或过去的知识找出矛盾或疑问，把它清晰地表述出来，这是一个很好的教学习惯。教师经常这样做，时间久了学生也就自然这样做，遇到相似的场景时就会不自觉地在心里产生疑问，于是就形成了质疑的习惯。这样的教学过程，就是在"播种一种行为，收获一种习惯"。

13. 教师应切忌急功近利，学生提出问题的能力，应该逐渐培养

培养学生问题意识的过程，就是使学生的问题意识从无到有、从隐到显、从弱到强的过程。心理学研究也表明：在人的思维活动中，问题情境占有极其重要的地位。而现在的学生，习惯了应试教育的问答式教学，也由于知识、能力的准备不足，特别是反思能力与发现问题的能力尚处在发展初期，对问题不能问到关键。当然，面对不同的学生，采取的方法也应不尽相同。但有一点是永恒的：以学定教。学生需要我们讲的东西，才是我们要讲的；学生出问题的地方，才是教学的重点。

开始时的问题可由教师直接提出，接着教师引导学生提出问题，最后由学生直接提出问题。碰到冷场时，教师对学生说一些鼓励的话。通过教师的鼓励，肯定会有学生响应，经常这样训练后，敢于提问题的学生会越来越多。如果教师由于不耐烦而直接提出问题，学生就失去一个很好的锻炼机会。良好的课堂气氛对学生有较多的温暖，有良好的交往，有较多的表达机会。

14. 教师应当注重教后反思

(1) 有些学生不善于提问题

由于学生原有的知识基础不同，领悟水平不同，提出的问题往往层次不一，教师应从保护学生积极性的角度出发，正确处理积极评价，引导、激励学生提出更好的问题。

(2) 有些学生提的问题是很有难度的

即使让学生"将军"，且被"将死"，其滋味是不好受的。因此，对于综合性的科学课程，教师必须更新知识结构，继续学习，不断提升自己的知识水平。

(3) 培养学生的提问能力不是目的

培养学生的创新能力是创新教育的起点。问题提出后更重要的是要将这些问题解决，在解决问题的过程中，学生通过独立查资料，亲自观察、实验、思考、讨论等，培养活跃的创新思维，养成良好的创新意识，形成灵活的创新思维，养成良好的科学态度，掌握科学的学习方法，以达培养创新型人才之目的。

(4) 与其整天抱怨学生启而不发，不如反思自己的教学方法。新课程要求我们转变观念，将教为主改为学为主。时刻牢记学生最好的老师是兴趣，最好的向导是脑中的问号，最大的动力是自信。

总之，教师要努力营造一个良好的育人环境，通过教师调动学生的主动性与积极性，实现自主发展，创造性发展。注重培养学生会提问题的能力，是促进个体认知发展的重要途径，也是教会学生学会学习的方法之一。著名美籍华人杨振宁教授曾指出："中国学生普遍学习成绩出色，特别在运算和推理方面比国外学生有明显优势，但中国学生最大的缺憾，就是不善于提出问题，缺乏创新精神。"因此，我们必须共同努力培养学生敢想、敢说、敢问、敢争论的精神，逐步提高学生的提问和创新能力。

可见，提出问题的能力是创造、发现的源泉，是人类素质的一个重要组成部分，也是

社会发展的动力之一。教师利用物理学史可以激发学生的好奇心、责任心,让学生知道,在提问中可以不断地增长知识,生活中处处存在科学现象、科学知识。

(三)培养学生"提出问题"的能力的教学案例

通常在教学实践中,根据教材的教学内容,引发学生对一个问题的思考,常常是利用学生所学知识与现实生活中的经验相关而让学生关注这些问题,让学生感受到所学的知识与日常生活密切相关,甚至是日常见到的现象中都包含了十分丰富的科学知识。这样可以引起学生的兴趣及思考,能够从中发现问题,产生进一步寻求答案的欲望。在一定的情境中,由教师引导,配合动手实验,并且与他人讨论,可拓宽思路,达到较好的效果。

三、对问题进行猜想假设,制订计划实验或调查

能够对需要进行探究的问题作出一定的假设,根据原有的知识基础设计实验方案或相关调查。在实际操作之前,先要检查实验的可行性以及严谨性。能够提出检验假设的方案,是进行科学方法学习和研究的必经阶段。

四、收集并确定科学探究所需的有用信息

在进行科学探究的过程中,我们注重实地调查研究,培养学生收集所需的有用信息和处理信息的能力。这对于培养学生的实事求是的科学态度是很有必要的。在很多活动方案中,有了实际调查之后,学生会更加了解科学知识与现实生活中所遇到的现象的联系与区别。这样的活动更有意义。活动案例4"电灯与我们的生活"是关于收集并确定科学探究所需的有用信息的课外活动方案。

五、依据收集的资料以及采用的方法得出结论

在科学方法中,最难的就是根据收集的资料信息得出结论。对于初中的学生来说,要作出很精确、很详细的结论是有一定难度的。数据的处理,信息的分类都要有一定的依据和标准。同样,得出结论也要有一定的基准。学生要学会从信息中提取有用信息,最后归纳出一个或若干个结论。在科学方法的培养中,学习是从易到难、从简到繁的渐进顺序。

六、注重与他人交流探究的结论

在活动案例中,都有学生之间的讨论和交流,甚至要求学生利用各种手段、传播媒体向同学展示自己得到的信息。在科学探究中要教会学生,如何与他人进行共同分析信息资料;如何与他人进行充分论证;如何与他人进行交流;如何与他人进行合作;如何与他人一起进行探究结果的评估;最后一个环节就是清晰明确地向他人表达探究的结果。其中包括探究者之间的具体活动行为,还有撰写调查报告、实验报告、探究小论文书面的成果形式等。

教学案例设计1:运动和能的形式

(一)教学目标

1. 能说出机械运动、光运动、声运动、电运动、热运动、生命运动等运动形式,从

而确认运动形式的多样性。

2. 能结合实例说明动能、势能、化学能、电能、光能的存在，从而确认能的多样性。

（二）重点、难点

重点：通过事例让学生确认各种形式的运动和能。

难点：确认各种形式的能。

（三）教具

小车、钩码、细绳、定滑轮、饮料罐、橡皮筋、吸管。

玩具（电动飞轮、玩具飞机、汽车等）。

（四）教学过程

1. 引入

我们都知道，自然界的一切事物都处于运动之中，比如我们人类能够存活是因为有了生命运动。我们在日常生活中也会遇到很多关于运动的现象。同学们能否举出其他的运动形式？

学生列举一些实际生活中的例子，比如：飞机在蓝天飞翔，汽车在公路上行驶等（这都是一些日常现象，多数为机械运动）。

2. 新课教学

（1）分组讨论：日常见过的运动形式有哪些？机械运动有什么特征？还有没有其他形式的运动呢？

分组发言讨论结果，互相交流结果。

视频演示：实际生活中的各种运动现象。

解释视频中出现的实际生活中的运动现象，并说明是哪种运动形式。

机械运动：人行走、汽车行驶等；光运动：开灯之后，房间变得明亮；黑夜中的汽车灯光等；声运动：声音在介质中传播；电运动：简单电路中，通电之后，电子所做的定向运动等等。

（2）了解以上几种运动形式之后，说明运动与能之间的关系。

提问：为什么事物会运动呢？在运动的过程中，请同学们仔细观察，思考小车有没有做功？

演示实验

（1）小车与易拉罐用绳子连接，跨过动滑轮，用手缓慢拉动小车，观察实验现象。随着小车的运动，易拉罐往上运动。如图 4-2-2 所示。

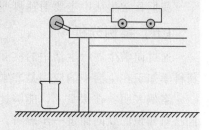

图 4-2-2 小车与易拉罐

解释：随着手拉动小车，小车运动了一定距离，所以做了一定的功。易拉罐在小车的牵引下上升，位置变化，所以绳子的拉力对易拉罐做了功。很显然，小车的运动转化为易拉罐的位置变化。小车由于运动具有了能量，这种能量叫做动能。说明小车的动能能够转化为易拉罐位置的上下变化。易拉罐被举高而具有的能量叫做重力势能。

（2）改用橡皮绳连接，用手缓慢拉动小车，观察现象。随着小车的运动，橡皮绳被拉

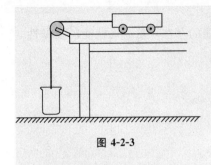

图 4-2-3

伸,而易拉罐的位置没有变化。如图 4-2-3 所示。

解释:小车在手的拉力作用下运动了一定距离,而橡皮绳被拉伸,易拉罐的位置没有变化。参照第一个实验,说明小车所做的功转化为橡皮绳的拉伸势能。橡皮绳由于被拉伸而具有的能量叫做弹性势能。

通过以上两个实验,可以说明,动能能够转化为重力势能和弹性势能。

(3) 在易拉罐中装满水,插进吸管,不改变易拉罐的位置,用力捏易拉罐瓶身,观察吸管中的水位变化。让同学自己分析。

简单说明:用力捏易拉罐,造成瓶身的形状变化,引起瓶里的水流动,水位上升。

观察实验现象,进行分组讨论,引导学生归结运动与能之间的关系。

结论:动能和势能的定义及其相互转化;能量反映了物体做功的本领。

不同的物体做功的本领也不同。一个物体能够做的功越多,表示这个物体的能量越大。举例:荡秋千;风是流动的气体,风使风车转动,水使水车转动,流动的气体、液体都具有动能。

历史资料:人类对风能、水能的利用。(讲小故事)

3. 观察各种玩具,考察其中的能量转化(学生自带玩具)

4. 结合实际例子列举其他形式的能

举例:生物质能、化学能、电能等。

5. 小组发言提问举例

能可以被储存吗?我们生活周围有哪些可以储存能量的?储存什么形式的能量呢?(选择部分问题作为课堂引导学生解答方法参考,其他的可作为学生课后查找资料,辅助学生解答)

举例参考:电池(化学能)、水库(势能)等。

6. 作业:课外小调查

我们日常生活中主要消耗哪些能?

(五)案例分析

通过向学生展示生活中的实际例子,演示实验,观察,讲述历史故事,可让学生体验到科学知识在生活中的应用是非常广泛的,同时也降低教学的难度,易于学生理解。

案例表明:在课堂上,能够让学生对所学的知识产生一定的疑问或是能够让学生带着自己对知识的疑问而进一步思考,这已经是取得了很好的课堂效果。如果我们在每个课堂上都把学生的问题全解答了,没有留下任何问题给学生,那么不就等于在课堂之外没有给学生留下悬念以及思考的余地吗?这样只会造成学生过于依赖教师的答案,而不会通过其他方式寻找问题的答案。

而且,让学生站起来在同学面前发言提问,有利于学生之间的交流以及能力的锻炼。通过学生的提问,可以了解到学生对于知识的掌握,以及学生对哪些方面的知识比较感兴趣,有助于教师的教学研究工作。

反之，如果不能培养学生自主提问，那就不能培养学生其他方面的能力，更不能培养科学方法。学会发现问题，学会提问，是培养科学方法的第一步。

教学案例设计 2：探究动能与势能变化的影响因素

（一）教学目标

1. 学会对问题进行合理假设，设置探究情境，判断相关因素。
2. 学会制订探究动能与势能变化的实验或是相关的计划，着手实施。

（二）重点、难点

对探究问题的假设和猜想，会判断出相关因素，排除无关因素。

（三）实验器具

斜槽、钢球（若干个，质量均不同）、铁块若干（与一些钢球的质量相同）、木块若干（大小不一）、橡皮筋、砝码、一端固定的弹簧、细绳、火柴、米尺等。

（四）探究过程

1. 复习引入

学习了能量和功的基本知识以及知道什么是动能和势能。知道一个物体能够做功，说明它具有能量。能量和功有着密切的联系，能量反映了物体做功的本领。

2. 探究动能的影响因素

（1）分组讨论：动能与什么有关？如何判定相关因素？设计实验方案，最好列出表格。分组发言讨论结果。

提示：关注运动的物体本身的因素。（适当提示）

设计实验的注意事项：第一，实验的理论依据（利用学过的知识）；第二，列出可能用到的实验仪器及进行实验的步骤；第三，画出图示；第四，实验过程中哪些是要测的数据，如何测，如何记录。

（2）选取一个较为完整的方案，分组讨论，如何改进。

参考方案：利用能量反映做功的本领，以及动能和势能相互转化的知识基础。一个物体能够做的功越多，表示这个物体的能量越大。

可能的相关因素：质量、体积、密度、速度、形状等。

采用的实验装置如图 4-2-4 所示，用米尺测量木块被铁球撞击之后滑出的水平距离。小球从弧面滑下，与木块相撞，使木块运动，具有了动能。而木块运动的距离大小则反映了动能的大小。

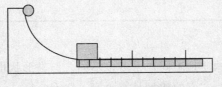

图 4-2-4　木块被铁球撞击

(3) 实验过程

① 考虑质量

用不同质量的钢球从斜槽上滑落，撞击木块，测出木块滑出的水平距离。比较质量不同所引起的距离差别。列表如下：

不同质量的钢球（kg）	$M_1=$	$M_2=$	……	$M_n=$
测得的水平距离（m）	$L_1=$	$L_2=$	……	$L_n=$

结论 a：

教师引导：用于被撞击的木块是否可以改变？若每次被撞击的木块都不一样，结果会是怎样呢？

② 考虑体积

由于钢球的密度相同，质量不同，可知其体积也不同。质量大的钢球体积就大。列表如下：

不同体积的钢球（kg）	$V_1=$	$V_2=$	……	$V_n=$
测得的水平距离（m）	$L_1=$	$L_2=$	……	$L_n=$

结论 b：

由以上两组实验可知，质量与体积对动能大小的影响是一样的。在这里，可以说明假设中的某些因素是相互重叠或者与动能无关。接下来就是要排除无关的因素。

教师引导：同样是钢球，由于大小不一，其形状也不一样。形状是否与动能有关呢？如何使得释放的物体的形状不同而其他方面保持一致呢？

③ 考虑形状

释放质量相同的铁块和钢球，测出距离，列表：

不同形状质量相同的物质	铁 块	钢 球
测出的距离（m）		

结论 c：

教师引导：采用质量一样大的铁块和钢球，可以得出形状是无关因素。

④ 考虑密度

分别使木块和钢球从斜槽上释放，测出距离，列表：

释放物体	木 块	钢 球
测得的水平距离（m）		

结论 d：

教师引导：木块和钢球质地不同，密度也不同。但是形状也不同。另外，在弧面释放木块和钢球的位置一样吗？它们的质量是否也要一样大？

⑤ 考虑速度

教师引导：发现从越高的地方释放的物体滑到水平面时的速度越大，这对我们的实验方案有何启发？

从斜槽弧面的不同位置释放钢球，测出距离，列表：

弧面位置	高	中	低
测得的水平距离（m）			

结论 e：

总结几个分组小实验，可以得出影响动能的因素有哪些，是如何影响的？

（4）方案评析：采用不同变量的分组小实验的做法固然可取，但是其中涉及太多的实验器材，在测量方面还有很多细节需要注意。例如：第一，在整个实验过程中选定一个木块作为被撞击的物体，最好不要随意更换木块；第二，在 A 组、C 组和 D 组实验中，必须保持钢球下落的位置一致；第三，在这实验设计方案中，大多数实验结论都是定性分析得出的结果。

3. 参考探究动能的相关因素，探究势能的影响因素（探究步骤同上，但可以简略一点，可以全让学生自己做）

参考方案：

（1）探究重力势能的影响因素

可能的影响因素：质量、高度、体积等。参考探究动能的实验方法。

（2）探究弹性势能的影响因素（采用一端固定的弹簧作为研究对象）；

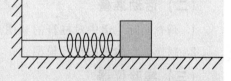

图 4-2-5 探究弹性势能变化

可能的影响因素：弹簧的形变，弹簧的长度等。实验如图 4-2-5 所示。

以弹簧的形变为例，用同样的弹簧和木块，分别用细绳压缩弹簧，使前后的压缩量不同，烧断细绳，观察木块被弹出之后滑出的水平距离，进行比较。

（3）方案评析：略。

4. 方法总结

能够选取一定的变量，适当设置每次实验的变量，是实验取得预期效果的前提。能够分清哪些是相关因素，哪些是无关因素，而不必进行太多的分组实验。

（五）案例分析

在提取方案的过程中，需要教师的方法引导以及知识上的提示。学生的方案很多，由于知识层次的限制，不可能设计出十分完整详细的方案，就算是全部学生的讨论结果也未必就是最好的方案，允许学生在探究过程中走弯路。

让学生在设计过程中体验到科学的精神和科学的严谨，不断改进自己的实验方案，达到学以致用。

尽管不做实验，但在课堂上展示实验器具，目的是让学生了解更多的实验方法和仪器，设计实验方案时有仪器可选，甚至可以模拟实验，检查方案的可行性。对于初中的学生而言,实验的水平不高,还不能完全依据自己的实验方案选取所需的实验器材。如果课时允许的话,可以先用一节课的时间讨论整个探究方案并确定实验的步骤和注意事项,第二节课便可以进行实验,锻炼学生的动手能力。

在讨论的过程中,学生会对问题进一步探讨,交流彼此的方案之后,会比较各自的优缺点并且改善自己的方案。教师在其中是以引导者的身份出现的,在一些细节以及学生的知识障碍方面起到一定的指导作用。比如在数据记录方面,如果没有提醒,学生是不会自己制出一些表格来记录数据的,而且对于哪些变量应该用什么单位,待测量是哪些等都不是很清楚。如果没有教师的引导介入,实验的结果往往不是预期的。

在一般的课外活动,比如第二课堂的探究活动中,相对而言,可以给学生更大的自主空间和更长的时间准备。

活动案例设计1:调查杠杆的实际应用,探究杠杆的平衡条件

(一)活动目标

1. 了解科学与社会的关系。
2. 知道杠杆的平衡条件。
3. 学会利用简单实验器材进行科学探究。

(二)活动准备

1. 调查实际生活中对杠杆的利用。
2. 制作一个简单的杠杆模型。

(三)实验仪器

小木板,钩码五个,支架一个,绳子,刻度尺。

(四)活动过程

1. 引入(分组竞赛)

(将全班同学分成若干小组,每组3~4人;每组实验器材均一致)

我们小时候经常玩跷跷板,可同学们知道跷跷板应用的原理吗?其实这就是我们今天要一起研究的杠杆的原理。

我们已经知道什么是杠杆,但是为什么我们坐在跷跷板上,有时能下降有时能上升哪?现在我们将分组制作一个简单的跷跷板,并且研究出其中的原理。最先完成的小组为优胜组,必须到台上发表小组研究的结果及方法,公布数据。最后每个小组派代表讲述研究方法,评出最佳科学方法小组(2~3组)。

2. 杠杆的制作

参考方案:制作一个简单的跷跷板。

用绳子系在木板上,挂上钩码,用笔在木板上做记号,用刻度尺测量支点到记号之间的距离。改变两边钩码的数量,调节绳子的位置,使木板保持平衡。

做好记录。

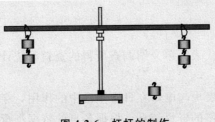

图 4-2-6　杠杆的制作

3. 方法评价

根据调查资料，列举生活中有哪些实例应用了杠杆原理。

比如：剪刀、指甲剪、天平、杆秤等。

（五）案例分析

通过使用不同数量的钩码和调节钩码在木板上所挂的位置，让木板总是保持平衡。这个过程可以让学生粗略地了解到杠杆平衡的原理。

活动的重点在于学生几个一组，互相讨论配合完成一个简单探究内容。通过竞赛方式，可以提高学生的积极性和兴趣。

活动案例设计 2：电灯与我们的生活

（一）活动目标

1. 学会合理利用学校、家庭和社会的资源进行课题研究调查，收集资料信息。
2. 学会根据调查数据进行分析，确定探究所需的信息之后进行总结。
3. 对能源的消费和环保作出展望和预测。

（二）活动方案

1. 活动准备

将全班学生分成若干组，每组 6 人，选出组长。每个小组分别调查一项内容，拟定调查表，做好记录，整理调查资料及数据。

2. 活动步骤

（1）在电力局调查有关当地电力事业的发展情况，电能的消费等；

（2）到市、县图书馆翻阅有关电灯方面的知识；

（3）参观灯具厂和发电站的电厂节能车间；走访灯店，了解市场电灯销售以及产品花样推行的情况；

（4）到废品回收站了解报废电灯回收的情况；

（5）到工厂车间了解电灯的生产过程以及相关标准；

（6）准备一个与节能电灯有关的节目；

（7）在环保和节能的前提下，开动脑筋想一想未来灯具的设计；设想未来电灯的功能如何改进以及如何减少能源消耗等。

（三）媒体手段

多媒体演示，模拟电灯消耗电能的过程，幻灯片展示电灯的发展历史以及电灯在日常生活的各个环节中的作用。

（四）活动过程

环节一：每个小组派出代表简单介绍调查所得的资料与统计的数据，以及相关的图片资料展示（6人）。

环节二：展示电灯的发展史与电灯在日常生活中的作用，穿插表演节目。

各个小组根据自己所获得的资料信息，根据各自的依据进行信息筛选。接着，根据所筛选的信息进行分类，得出一个初步的结论。

例如：调查市场电灯销售情况

热销的：插口节能灯、视力保护灯、触摸灯、声响灯等。

销量一般：日光灯、灯泡（100瓦以内）、节日灯等。

销量很少：功率消耗很大的灯具，如高压水银灯等。

初步结论：人们对灯具的要求越来越多体现在节能、健康保护眼镜以及方便实用等方面。这反映了人们的环保意识和节能意识的增强。

环节三：根据各个小组的结论，展望未来电灯与能源的发展。

在环保和节能的前提下，设计未来的灯具。

（五）案例分析

通过活动增进学生对电灯与生活的关系的理解，掌握安全用电和节约用电有关的知识，培养学生的社会交往能力、组织能力、语言表达能力和动手操作能力，增强环保节能意识，关注人与自然的可持续发展，密切学校、社会、家庭之间的关系。

在这个活动中，重点不在于学生能够根据调查资料得出怎样的结论，而在于学生根据一定的标准对自己调查的资料进行分类筛选，学会根据需要选择资料，将不同的数据信息进行分类。这将有助于学生对信息的有效利用和得出有效结论。

通过社会调查，可以增进学生与他人的沟通，了解更多书本以外的知识和常识，在其中也可以学到一些方法。在科学教育中，仅仅靠学校的资源无法达到教育的目标，只有合理利用校外的资源，才能达到科学教育的要求。

在人与自然的关系中，每一种事物都不是孤立存在的。电灯只是人类电气发展历史上的一项发明，但随着时间的推移人与自然和谐发展的观念已经深入每个人的生活中。一方面，它对人类认识自然的历史具有重要的意义。另一方面，随着人口的增长和能源的消耗，环保和节能的呼声越来越高。通过了解电灯，让学生从中了解到人类发展的历史和加强环保意识，关注人与自然的可持续发展。

活动案例设计3：如何制定健康的食谱

（一）活动目标

1. 了解生物质能和化学能；
2. 了解健康饮食的要求和标准，以及不健康饮食带来的后果（如肥胖症、营养不良等）；
3. 学会利用常吃食品搭配健康营养的食谱；
4. 能够利用图像、表格、数据等清晰表达出食谱的能量值及成分。

（二）活动项目

1. 调查健康饮食的标准和要求；
2. 调查平时食用的各种食物所含的热量；
3. 分析平常所用的热量单位（卡路里）与能量单位（焦耳）的换算关系。

（三）使用媒体

多媒体（投影仪、幻灯片、电视录像、动画等）、抢答器等。

（四）活动过程

1. 活动准备

将全班同学分成若干小组，每组5～8人。

2. 活动步骤

环节一：向同学解说健康饮食的标准以及不健康饮食带来的不良后果（如肥胖症、营养不良等），最好用图表、数据说明。（3～5位同学发言）

环节二：采用提问抢答形式。

主持人说出日常食物的名称，同学抢答其热量值，以及能量与热量的单位换算。

每答对一题，所在小组加10分。计算分值，总分最高的小组获得一定的奖励。

环节三：主持人提供一系列的食物名字，让各组挑选出其中一些，根据所含热量，按照健康饮食的标准搭配成健康食谱。

互相交流食谱，用图形、表格表示其中的热量值及成分。

评出最健康食谱和最有团结精神的小组，给予一定的奖励。

（五）案例分析

通过对能量以及运动形式的学习，了解生命运动对人类本身的重要性。在环保与健康的前提下了解人体一天所需的能量以及饮食对维持生命运动的重要。将所学的关于生物质能的知识应用于日常生活中。

这种活动的要求较为简单，需要学生根据一定的标准和调查的数据进行基本的数学运算即可得出结论。同样的数据，对于不同的人，所得出的结论不尽相同。在科学探究活动中，要强调人与自然的可持续发展，关注健康和谐的发展方法和途径。

在进行科学方法的培养时，如果一开始就给学生一些很深奥的问题或是理论性太强的问题，会让学生在探究学习的过程中产生学习障碍，进而对科学本身失去信心和兴趣。能够让学生配合或主动参与科学学习的最好办法就是保护他们的兴趣，多选择科学与实际生活联系密切的题目。

活动案例设计4：能源与可持续发展

（一）教学目标

1. 认识能源消耗对环境的影响。
2. 初步认识科学及其相关技术对于社会发展、自然环境及人类生活的影响。
3. 学会撰写调查报告。

（二）重点、难点

处理调查数据，撰写调查报告。

（三）课前准备

针对本地以及我国的能源发展、消费以及对环境的影响，我国新能源的开发及利用。根据其中一点进行调查，整理调查资料和数据，分析之后写出调查报告，进行交流讨论。查找正式调查报告的书写格式，根据自己的调查结果撰写报告。

（四）教学用具

多媒体设施

（五）教学过程

1. 引入

进入21世纪以来，能源危机和开发新能源已经备受关注。首先，我们要了解什么是能源。能源消耗对环境有何影响？人类开发的能源有哪些？

2. 学生发表各自的调查报告

（1）学生可将自己调查所得的资料整理成表格、图示进行说明。

（2）不同学生针对相同的调查项目，可以进行补充说明。

3. 教师评析，强调知识点

（1）太阳辐射能是地球上能源的最主要来源。

（2）地球能源的分类。

① 根据来源分

一次能源——如煤、石油、风、流水；

二次能源——汽油、柴油、氢能源、电；

一次能源是由自然界直接提供的，而二次能源是由自然界提供的能源制取产生的。

② 根据能否再生分

可再生能源——水、风；

不可再生能源——石油、煤（二次能源一般都是不可再生）；

③ 根据利用程度分

常规能源——草木燃料、煤、石油、天然气、水力；

非常规能源——太阳能、地热能、潮汐能、氢能、核能；

常规能源会渐渐被取代，新能源逐渐成为常规能源。

4. 教师讲解调查报告的撰写格式

调查报告的特点、题目及分类。

调查报告包括题目、正文（前言、主体和结尾），其中以主体部分最为重要。前言主要介绍调查的方法、时间、地点等等。主体部分说明采集的数据、样本，分析调查所得的资料并进行分析说明，包括分析的方法、经验，得出结论的过程以及结论。结尾部分主要对调查结果提出解决办法或意见，或是进一步深化结论。

5. 学生根据教师的讲解，检查自己的报告格式，进行修改

(六) 案例分析

这一节课主要是让学生将调查的资料在课堂上进行交流,学会撰写调查报告,而不是传统的教学课。这节课的主角是学生,学生自己安排学习的内容,联系实际情况,拓展视野。

在课前让学生先写好调查报告,方便课堂交流。在教师讲解调查报告的书写格式之前,可不必细究学生的调查报告是否符合要求。在内容方面,只要学生得出的结论合情合理,能根据自己的调查自圆其说即可。

除了撰写调查报告之外,还有实验报告和探究小论文等形式。在实验设计和实验课中要求学生写出实验报告,并且分析实验现象与实验测得的数据,作出解释。在其他研究型学习的课题完成之后,一般都会要求学生写出课题的探究报告。这是将探究的结果以文字、图表等方式进行表述的过程。

第三节　科学课程的教学评价

课程评价是课程建设的重要组成部分,是实现课程目标的重要保障,通过自我(主观)评价、客观评价以及归因评价,学生可以在课程的学习过程中不断体验进步与成功,认识自我,建立自信,促进探究学习能力的发展。

目前科学课程的教育评价的重要理念是以人为本,促进个体的和谐发展。在进行科学教育的评价中,人们更多地关注人与人的发展,而不是分数和分数的准确性;更多地注重学习的过程和学习体验;更多地体现出尊重与关爱,关注个体的处境与需要;更多地体现对人的价值的重视,促进个体价值的实现;更多地关注人的主观能动性,激发人的主体精神和自我学习意识。

一、小学科学课开放性评价体系的研究

现行科学学科评价体系,主要由平时成绩和期末成绩两部分构成。这两部分都是以书面考试为基础,注重测查学生对知识和技能的记忆、理解和简单运用的情况。这种评价模式,忽视了学生发展的个性差异性、主体性和主动性。为实现小学"评价既要关注学习结果,也要关注学习过程"的要求,小学科学课应实施开放性评价,主要体现在以下方面:

《科学课程标准(3~6年级)》中指出:"科学课程的评价主要目的是了解学生实际的学习和发展状况,以利于改进教学、促进学习,最终实现科学课程宗旨,即提高每个学生的科学素养。"

(一) 多元化评价内容

新的学习评价倡导的是评价角度的多元化,评价标准的个性化,评价方法的多样化,评价内容的全面化。评价注重的是学生的参与,着眼于评价的激励作用。

多元化评价的理论基础是多元化智力理论。多元智力理论是由美国哈佛大学心理学家加德纳教授提出的,加德纳认为人的智力是多元的,人有八种智力。在他看来,智力并非像传统智力定义所说的那种以语言、数理或逻辑推理能力为核心的,也并非以此作为衡量智力水平高低的唯一标准,而是以能否解决实际生活中的问题和创造出社会所需要的有效产品的能力为核心,以此作为衡量智力高低的标准。因此,科学课程建立多元化的学习评价体系是完全必要的。这种评价体系,有利于发展和挖掘学生潜能,促进学生科学素养的

形成与发展。

1. 科学探究能力

以培养小学生科学素养为宗旨的科学教育强调以学生参与的丰富多彩的活动作为主要形式。

探究既是科学学习的目标，又是科学学习的主要方式。引领学生参与丰富多彩的活动，使他们在像科学家那样进行科学探究的过程中，体验"做"科学的内涵，激发学科学的乐趣，增长"做"科学的能力，获取科学知识，形成尊重事实、善于质疑的科学态度。学生在进行科学探究活动中，他们对自然事物的观察、发现以及提出问题的能力；在实验中的设计实验、动手操作能力以及所了解的科学知识等。

2. 收集、整理资料能力

对观察、实验中各种信息的收集、整理、分析、推理、归纳、总结、质疑、交流、评议等能力；建立个人科学博客网站。

3. 综合实践能力

撰写小论文、调查报告、考察日记、主题活动、饲养小动物等。

4. 情感态度与价值观

激励科学探究的欲望；形成人与自然和谐相处的意识；参与科学活动的情感态度；勇于探索敢于创新的精神；提高与同伴合作与交流的能力等。

多元化的评价内容不仅利于学生综合素质的全面发展，而且还利于学生人文素养的发展，渗透学生情感、态度、价值观。

（二）多样化评价手段

1. 进展性评价

进展性评价关注学生在整个开放性学习过程中表现出来的参与情况、探究能力、收集资料、情感态度、价值观和应用知识的能力，是对学生的科学学习、科学活动、激励性等多种评价方法进行的综合性评价。

（1）科学学习评价

科学学习评价，是进展性评价体系中的指标体系，它列举出了在一个学期的科学学习过程中必须完成的各项任务。通常在一个学期的开始，按照课程标准的要求和学科教学内容制定一份"科学学习评价表"。例如，"四年级第一学期科学学习评价表"，它由课次、评价内容、等级、评价人等栏目组成。一学期中学生通过完成评价表中所列举的观察、实验、考察、调查、制作、标本采集、资料收集、科学日记等活动，能够更容易把握和关注自己科学学习的过程。

（2）科学活动评价

科学活动评价，是实施进展性评价任务的主要载体。科学活动评价在比较直观地反映学生在科学探究过程中对知识、技能的掌握情况的同时，还起着让学生感受成长和反思科学探究活动历程的重要作用，促进学生对自己的得失成败进行有益的总结。科学活动评价具体分为：科学探究评价、科学活动考核评价、实验组成员行为有效性评估、科技活动表现评估表、过程能力评估等。

（3）非智力因素评价

进展性评价中，不能忽视非智力因素的评价，要关注学生在整个开放性学习过程中表现出来的情感态度与价值观、科学探索精神、合作交流能力、创新精神等。

2. 终结性评价

开放式终结性评价是指在学习或主题活动告一段落时对学生学习结果进行整体性评估。例如，测试、考试、知识竞赛等，主要检查学生应用知识分析问题和解决问题的能力。变传统单一的封闭式考试为科学丰富的开放式考查，改变过去以知识记忆为主的书面考试方法，注意新情景的运用，针对不同的要求，采用口试、笔试、现场操作等方法，比较客观地评价学生基础知识、基本技能的掌握和动手能力、创新能力、思维能力以及非智力因素。

3. 激励性评价

"激励性评价"作为一种评价激励手段，在开放性学习的过程中，教师通过动作、神态、语言等方式给予他们激励、唤醒、鼓舞，就是对学生最好的评价。设立"科学奖章"。奖章分：科学学习章、科学实验章、科学创造章、科学博览章等，制作成彩色印刷卡片。"科学奖章"是促使学生完成各项学习任务的"催化剂"。根据学生完成某一项具体任务的具体表现给予相应类别的奖章，对他们所取得的成绩及时予以肯定；开展"实践之星"评比活动。对在实践活动中成绩优秀者，评为"实践之星"，进行表彰。激励性评价能让学生在体验到成功的快乐的同时增强自信心。

4. 发展性评价

新一轮课改倡导"立足过程，促进发展"的课程评价，这是评价体系变革的重要理念。自然学科开放式评价体系建立的目的是促进学生在原有水平上的发展。因此，我们的评价突出了"为了学生发展"的发展性评价。不同年级评价标准不一样；相同年级不同层次评价要求不一样；同一层次不同时期的评价目标不一样。同时让学生自己制定发展目标，使每个学生都能明确努力的方向。发展性评价强调学生过去与现在进行比较，现在与将来进行比较，不断促进学生努力进取，更上一层楼。

（三）动态化评价过程

传统的评价是静态的，只注重结果。这种评价只有利于极少数适应考试测验的学生，而大多数学生的能力没有得到公平、合理的评价。因此，为了培养和激发学生探究性学习的积极性和自信心，我们采用多种评价手段，以进展性动态评价为主，给予学生多次的评价机会。评价不仅注重结果，更关注过程。

例如，构建了"科学学习评价"、"科学活动评价"、"非智力因素评价"三位一体的学生科学学习形成性评价体系。通过实验竞赛等形式来评价学生的动手实验能力；通过让学生完成一定的自然环境、自然事物或自然现象等的考察研究，撰写考察报告来反映学生的综合实践能力等，及时评价学生的各种表现，从发展变化的程度上反映学生的成绩。

（四）互动化评价主体

传统的评价由绝对权威的教师说了算，学生从不参与任何评价，教师是评价的主体，学生处于被动地位。这样的评价，缺乏师生间的交流和理解，具有片面性，评价信度不高。开放式评价主体变单一的教师主体结构为自我评价、同伴评价、教师评价结构。这种评价模式具有全面性、互动性，从而促进学生学习的积极性，最终实现教学目标。

开放式评价体系的构建，使科学这一学科学业考核评价再也不是一张试卷论英雄，而是更加关注人的发展过程，呈现多元化的趋势，这样的评价公正积极，充分体现了新课程标准强调的"科学课程的评价应能促进科学素养的形成与发展"的精神。

二、初中科学课程标准评价建议

《科学课程标准（7～9年级）》中指出："从全面培养学生的科学素养出发，建立评价主体多元、评价内容全面、评价方式多样的评价体系，将促进在科学教育过程中学生的发展和教师的提高，有效地改进教学，以保证科学课程的有效实施。"

科学课程应在科学探究（过程、方法和能力），科学知识与技能，科学态度、情感与价值观以及对科学、技术与社会关系的认识等四个方面对学生进行全面的评价。评价不仅要关注学生在科学素养方面的发展，而且要了解学生在发展中的需求，发现和发展他们多方面的潜能，帮助学生认识自我，建立自信，促进学生在已有水平上的发展，强化评价的内在激励作用，发挥评价的诊断、教育和发展功能。

（一）评价主体

科学课程对学生的评价是为了促进学生的学习，通过评价使学生成为成功者、积极参与者和自我反思者。科学课程对学生的评价主体主要包括学校内部的校长、教师、学生和学校外部的考试机构、科学教育团体、家长等。特别要引导学生学会自我评价与评价他人，强调学生自我比较，淡化学生之间的相互比较，以体现评价主体的交互性和多元性。

1. 对主体的评价方式

在评价主体上，改变了过去单一的教师评价的方式，学生、家长都参与评价，使学生从被动地接受评价转向主动参与评价。

评价的多元化，构建一个平等民主的交流平台；评价的内容也从过去关注学生的成绩转向注重激发学生的学习兴趣，培养学生的科学精神、实践能力、创新意识、学习态度以及情感与科学的价值观。

注重培养学生分析问题、解决问题的能力，了解学生学到了什么、学会了什么；评价的方式也具有了开放性、多样性。除了笔试，还包括观察报告、实验报告、小论文、小制作等评价的依据。

同时让学生自评、互评，对自己的学习过程进行反思，通过互评让学生取长补短，共同发展；评价的角度也由过去的终结性评价转向过程性评价，由注重结果转向注重学生求知过程。让评价的过程伴随学生的整个学习过程，使学生了解自己的成长过程，建立自信，相信自我。

2. 对主体的评价方法

"评价主体的多元化"是指主持评价活动的主角可以由多人组成，改变过去单独由教师评价学生的状态，提倡多主体参与评价，鼓励学生本人、同学、家长等参与到评价中，建立以教师、学生、家长共同参与的评价制度。建立主体多元化的评价体系，可以充分调动学生参与评价的积极性，促进学生的个性发展和潜能挖掘。

（1）教师的评价。教师的评价仍将发挥重要作用，但是不再充当裁判员的角色。每位教师都希望运用恰当的评价，以期产生积极的影响，促进学生的发展。作为评价过程中的策划者、组织者、参与者，教师主要是完成对学生的评价。体现在考察学生的学习态度与能力；学习观察中有没有新发现；能不能提出有价值的问题等等。评价的方式主要有：作业评价；单元测试评价；撰写科学小论文评价等。

(2) 学生的评价。通过学生的自评和互评，有利于提高他们对科学学习状况的自我反思能力，有利于提高学生的学习积极性和主动性。如在日常教学中，当学生回答问题或小组合作时，让其他同学或小组给予评价；在学期结束前，教师设计科学学习评价表，由学生自己和小组成员进行自评和互评。

(3) 家长的评价。平时教学中，定期让同学和家长在成长记录上对学生进行评价。学期末，家长在学生的《科学学习情况评价表》上发表意见。这样，有利于家长更好地了解科学学科特点和要求，并给予学生科学学习的有力帮助和支持。

(二) 评价内容

1. 对科学探究（过程、方法和能力）的评价

科学探究的重要目标是体验科学过程，形成初步的科学探究能力，增进对科学探究的理解。具体的评价目标包括：提出科学问题，进行猜想和假设，制订计划、设计实验，观察与实验、获取事实与证据，检验与评价，表达与交流等六个方面。但对于每一个具体的科学探究活动，可以有重点地选择其中几项，有针对性地制订评价标准。

例如，对学生完成"判断导线的首尾"探究活动的评价要点，主要包括制订计划、设计实验，观察与实验、获取事实与证据，表达与交流三个方面。

(1) 制订解决该问题计划方案的评价标准为：可否形成一个正确的电路、能否作出正确的判断、是否符合实际、是否是最优的方案。

(2) 获取事实与证据的评价标准为：能否按电路图连接成正确的电路；实验过程中操作是否规范以及良好实验习惯的养成情况，如是否检查电路、实验完毕是否整理好器材等。

(3) 表达与交流的评价标准为：能否完成实验报告、能否清楚地表达实验的过程和结果、能否在汇报交流时相互配合。

2. 对科学知识与技能的评价

要注重科学内容的理解与应用，而不是单纯记忆；要注重从整体上对科学的认识以及对统一科学概念的领会，而不是仅停留在各学科的具体知识上。评价的依据应是生命科学、物质科学、地球宇宙和空间科学三个领域内容标准提出的科学知识要求。技能的评价目标包括观察技能、实验技能和查阅信息资料技能等方面。对科学知识和技能的评价要尽量融合在科学探究过程的情景中。

例如，评价学生是否能初步理解速度的含义和学会速度的测量方法，可以通过"比较物体运动的快慢"的实践活动来完成。根据学生对玩具小车运动快慢的记录和对比较快慢依据的描述，对学生作出评价。

3. 对科学态度、情感与价值观的评价

主要依据学生在科学课程各类活动中的表现，例如，是否积极参与、是否热情关注、记录实验结果是否实事求是、是否有学习科学课程的兴趣等来评价学生在科学态度、情感与价值观上的变化。通过学生的自评、互评和教师对学生的观察多元地进行。要按照科学课程标准目标提出的四个方面进行评价。

例如，在"观察蚯蚓"的活动中，可以有重点地对学生热爱自然的情感进行口头评价或书面记录。

又如，依据学生在"制作一种最简单的直流电动机模型"活动中的下列表现进行评

价：学生是否积极参与讨论和制作活动、完成作品的态度是否认真、是否能和同学合作等。在设计和制作过程中要及时做好这方面的记录。

4. 对科学、技术与社会关系认识的评价

要联系实际、创设情景和寻找范例，来评价学生对有关科学、技术与社会问题的关注程度，参与决策的意识以及对科学、技术与社会关系的认识。

例如，噪声污染是一个联系学生生活实际和体现科学、技术与社会之间关系的问题。可以根据学生在调查讨论过程中的关注和参与程度，以及能否从科学、技术和社会多个角度分析噪声污染的来源和提出解决方法，对学生作出评价。

在以上评价中，特别要关注对学生创新精神和实践能力的评价。主要评价学生是否有提出新想法、新观点的勇气和欲望，是否具有问题意识和合理的质疑精神，是否能提出新观点、新方法、新设想和新工艺等。

（三）评价方法

科学课程（7~9年级）采用的评价方法主要有连续观察与面谈、实践活动、书面测试、个人成长记录等方法。

1. 连续观察与面谈

通过对学生较长一段时间的连续观察或面谈，记录学生在科学课程达成目标上的表现，从而作出评价。该方法作出的评价较客观深入，但花费时间较多，适用于对学生某一方面或在某一段时间内的表现作出评价。

2. 实践活动

实践活动包括科学探究、实验、调查、科技制作、问题研讨、演讲表演、角色扮演等。实践活动评价指对学生在实践活动过程中的表现和成果作出评价，可以通过多种方法进行，例如，观察、记录和分析学生在活动过程中的参与意识、合作精神、表达交流、实验操作等；分析学生的实践活动成果，如作品与制作、调查报告、观察记录、实验报告等。实践活动评价主体要体现多元化，提倡采用个人、小组和班级等的组织形式。实践活动评价既可以在学习过程中进行，也可以在学习结束后进行。

3. 书面测试

书面测试是最常用的评价方法，要改变以知识记忆为主、脱离实际的书面测试内容和方法，试题要努力创设引起学生兴趣和联系实际的情境，加强试题的综合性、探究性和开放性。

4. 个人成长记录

由学生本人、家长、教师记录学生科学学习活动的成长经历，包括学习内容、学习成绩，在校内外参加科学实践活动的过程、体会、成果以及家长、教师的期望等，发展地、综合地对学生作出评价。

无论采取什么方法，在具体设计评价方案时都要关注学生科学素养的全面发展，要尽可能真实地反映学生科学素养的全貌，要能够促进学生主动参与、积极探究、动手动脑，反对让学生死记硬背、机械训练。为了能够培养学生学习科学的自信心和兴趣，评价的要求应适合学生的发展水平。学生正处于具体形象思维向抽象思维发展的阶段，应多采用创设具体生动的情境和鼓励表扬等积极的评价方式，促进学生的学习进步。要注重学习过程的评价，力求对学生科学素养的原有基础、学习和探究过程、学习结果和长期效应四个方面作全程性的评价，注意定性评价与定量评价相结合，过程性评价与终结性评价相结合。

评价过程应包括明确对学生学习的期望，收集并分析学生的表现和确定促进学生学习的关键因素三个部分。要把评价结果以书面或口头的方法及时地反馈给学生，不能单纯地告诉学生的学习成绩，同时要告诉学生学习的优势与不足，提出激励学生进一步达到目标的建议。

思考与练习

1. 简述科学教育与科学方法关系。
2. 什么是科学方法？要素有哪些？
3. 培养3~6年级小学生与培养初中学生"提出问题"能力的教学策略有什么不同？
4. 论述科学方法培养与科学探究活动的关系。
5. 如何在小学科学课程的教育中培养科学方法？
6. 如何在初中科学课程的教育中培养科学方法？
7. 科学探究活动有哪些具体而且不同的形式？
8. 如何在小学科学课程教育中实施有效的评价？
9. 如何在初中科学课程教育中实施有效的评价？

第五章 科学课程的教学模式与案例设计

通过前面几章的讨论，我们知道，科学课程的基本理念是：其一，面向全体学生；其二，立足学生发展；其三，体现科学本质；其四，突出科学探究；其五，反映当代科学成果。贯彻这些理念的根本途径就是要构建适应科学课程教与学两个方面的教学模式。所以，本章具体重点讨论（综合）科学知识"如何教"。针对这一问题，以探究学习、合作学习、自主学习等目前比较流行的教学模式为依据，分别介绍14种适合科学课程新的课堂教学模式以及7种课外活动模式，并给出了部分模式的案例。

第一节 科学课程的教学模式

真正现代教育学意义上的教学模式一词，最初是由美国学者乔伊斯和韦尔等人提出的，他们认为，"教学模式"是构成课程课业、选择教材、提高教师活动的一种范型或设计。我国学者认为："教学模式"是在一定教学思想指导下建立起来的较为稳固的教学程序及其方法的策略体系，包括教学过程中诸要素的组合方式，教学程序及相应的策略。教学模式一般由教学思想、教学目标、教学程序、师生组合方式以及教学评价等要素构成。

在科学课程标准的实施建议部分，从教学的角度，课程标准给出了几点建议有：注重科学探究活动的教学；注重学生"动手"与"动脑"的结合；鼓励每一个学生充分参与科学学习；鼓励学生之间的交流与合作学习；安排教学计划与教学时间应该有一定的灵活性；注重课堂教学与课外活动紧密结合。这些建议是我们进行科学课程教学模式改革与案例设计的指导原则。

一、科学课程的设计思路

科学课程定位于理科综合，体现了以人为本、以学生发展为本的课程理念。因此，初中科学课程教材的整体设计思路是按照学生的科学认知发展规律来组织课程内容的，每年级都涵盖生命科学、物质科学、地球与空间科学三个领域的内容，将科学概念、科学探究方法、科学、技术与社会的关系贯穿其中，内容由浅入深，螺旋式上升。

在内容的选取和线索的组织上，科学课程设计将学生的发展放在首位，打破学科本位，培养学生的探究能力，突破我国现有的综合科学教材模式，力求在引导学生探究自然、热爱科学、自主建构科学知识、发展科学素养方面有实质性的突破。按照中学生认知发展规律编排内容和设计活动。这样有利于学生从科学的概念和知识、科学探究的方法与过程、科学技术与社会以及科学史等不同层面理解科学。

在教学模式上，科学课程通过提供能够激发学生学习兴趣的材料和活动，改变教师的灌输式教法，让学生在做中学，在学中做，达到"学与做"和谐统一。科学课程设计有大量实验、活动和小制作，使学生在学科学的过程中体验科学发现的乐趣，经历科学过程，感受科学的魅力。通过鼓励学生主动参与探究活动，培养学生学习兴趣，建立新的学习模式。

二、科学课程中常用的课堂教学模式设计

（一）探究学习型教学模式

学习的形式是多种多样的，探究学习就是采用科学探究的一般方法。科学探究过程的方法具有一定的稳定性，其过程如图 5-1-1 所示。

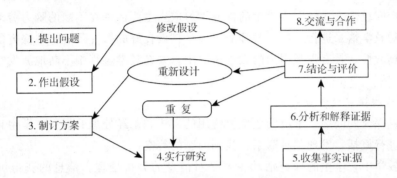

图 5-1-1　完整科学探究型学习模式

完整科学探究型学习模式的科学探究过程可以由八个基本要素构成，即：提出问题；作出假设；制订方案；收集事实证据；分析和解释证据；结论与评价；交流与合作；评估。高中物理新课标将其归纳为七个要素，即：提出问题；假设与猜想；制订方案；进行实验、收集证据；分析与论证；交流与合作；评估。但是，具体的教学活动，不一定或者不必要每一次科学探究都需要完整的各个阶段，可能有某些环节缺失，不都是按照这样的流程刻板地展开。

下面介绍较为普遍的四种方式。

1. 萨其曼探究教学方式

美国伊利诺大学的理查德·萨其曼（1927～　）教授是探究教学模式的坚实倡导者与试验者，他在 20 世纪 60 年代对此已作出了深入而独到的研究，形成独具特色的探究教学思想。萨其曼坚信知识是探究的结果，注重学习者知识获得的过程以及知识的生成性；倡导教学应为学生开展富有成效的探究做准备，让学生积极参与探究活动过程；重视好奇心在探究学习中的作用；主张在探究教学中充分利用学生内在的学习动机，发挥学生探究的自主性，使学生把大胆的想象、创造性思维与严密的逻辑思维结合起来。他从信息加工的角度诠释了探究的逻辑结构与功能，设计了旨在培养学生探究技能、让学生学会探究的探究训练，主张从过程与结果两个维度来评价学生的科学探究能力。萨其曼的探究教学思想，结合当时社会、科学及教育的发展状况，打破了以科学知识与实验技能为主要内容的传统科学教育模式，融合了当时心理学研究的新观点。

但是，在教育本质上，萨其曼的探究教学思想迎合了精英教育的理念，是符合美国当时社会意志（赶超苏联）对教育的要求的。然而，我们可以从当前教学改革现状出发，对他的探究教学思想进行一些思考：比如，并不是所有的问题（知识点）都可探究，要设计

迷惑的探究问题情境；并不是所有的学生都会探究，要注重学生探究技能的训练；并不是所有的教师都会探究，要提高教师的探究教学能力；科学探究的评价应兼顾过程与结果，注重学生科学探究能力的评价。

萨其曼探究教学方式的基本流程是：教师一般由一个惊异事件或现象开始教学；接着让学生对他们所观察的现象提出"是"或"否"之类的问题，以收集数据。当学生对观察结果作出推测性解释后，他们进一步通过"是"或"否"之类的提问来检验自己的假设。无论在哪一阶段提出"是"或"否"之类的问题，都必须是可操作性的，即能用实际经验或实验来回答。

萨其曼探究教学方式倾向于学生的探究学习应当主要体现在不断的脑力劳动上，即学生要不断地对教学情景进行反应；教师的工作是创设良好的探究环境，将探究的问题设计在一个富有刺激性、具有强吸引力的教学情况中，并在教学过程中不断地激发学生的探究欲望。

2. 有结构的探究教学方式

教师提供探究的问题，解决问题所要使用的方法和未经处理的材料，学生自己根据收集到的数据进行概括，发现某种联系，找到问题的答案。

在这类教学中，学生的探究活动主要是对信息的分析处理。信息的获得可以通过实验，也可以通过查阅文献资料，并由此推出结论。教师除了将精心设计的问题、方法和材料提供给学生外，在学生自主探究时，一般要帮助学生进行小组合作学习。

3. 指导型探究教学方式

教师提供探究的问题，不一定提供相关的材料，学生必须自己设计探究的方法，自己对收集的数据进行概括，回答探究问题。这类教学中，老师要及时有针对性地给予学生个别指导，以保证学生的探究活动得以展开。学生在这种探究活动中，除了不需要提出问题外，其他各个环节都需要进行，相应的能力都能得到锻炼和发展。

4. 自由探究教学方式

在探究活动中，学生必须独立完成所有的探究任务，包括课题的选取。这类探究学习需要较长的教学时间，因为从具体的现实中提炼出值得探究的问题是较难的，很花费学生的时间和精力，一般探究学习不能采取这种教学方式。如果要在课堂教学中运用这种方式，可以选择学生熟悉的背景知识来探究，以降低问题的难度。

（二）合作学习型教学模式

合作学习是一种富有创意和实效的教学理论与策略，20世纪70年代初兴起于美国，并在70年代中期至80年代中期取得实质性进展。合作学习旨在促进学生在异质小组中的互助合作，达成共同的学习目标，并以小组的总体成绩为奖励依据的教学策略体系。

尽管合作学习方式是多种多样，但其教学的组织，主要包括以下环节：异质合作学习小组的构建；小组及个人学习任务的确定；小组内的合作交流互教互学；小组成果评价，其流程如图5-1-2所示。

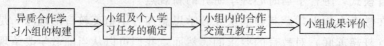

图 5-1-2　合作学习型教学模式

经过国内外教育实践三十多年的探索,已基本形成了以下几种类型的合作学习的教学模式。

1. 小组游戏竞赛教学模式

(1) 结构程序如图 5-1-3 所示。

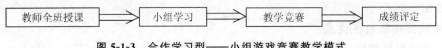

图 5-1-3　合作学习型——小组游戏竞赛教学模式

(2) 操作说明:

① 合作学习小组的主要作用在于同学之间互教互学,保证所有成员都学会教师讲授的内容,为每周进行一次的教学竞赛做准备。

② 教学竞赛时,按原来学习水平抽取各组成员,组成能力同质的各个竞赛小组,每个学生代表各自小组,在三人一组的竞赛桌旁参加教学比赛。

③ 每个竞赛桌的优胜者都为其所在的小组赢得相同的分数,而不管是哪个桌子,都使高学业成就者与低学业成就者有均等的成功机会。

④ 小组的总分由每个成员的成绩相加,教师对最好的小组和各竞赛的优胜者予以表彰。

2. 小组分割计分教学模式

(1) 结构程序如图 5-1-4 所示。

图 5-1-4　合作学习型——小组分割计分教学模式

(2) 操作说明:

① 此模式类似游戏竞赛模式,只是由小测验代替教学竞赛。

② 学生测验的得分与他们以往测验的平均分相比,根据学生们达到或超过自己先前成绩的程度来计分。

③ 小组的总分由组员的个人分数相加构成,达到一定标准的小组可以获得认可或其他形式的奖励。

④ 小组每隔 5 周到 6 周改编一次,可为每个学生提供与其他学生合作学习的机会,也给成绩低的小组成员提供新的机会。

3. 小组辅导个人教学模式

(1) 结构程序如图 5-1-5 所示。

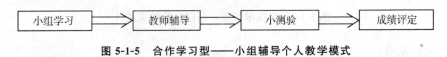

图 5-1-5　合作学习型——小组辅导个人教学模式

(2) 操作说明:

① 小组是根据能力来分的,每组四人。各小组以他们自己的速度学习不同的单元,小组成员彼此帮助并相互检查学习情况。

② 单元测试时，小组成员不能互相帮助，评分工作由班长进行，教师每周统计所有小组成员学完的单元总数，根据最后通过测验的人数对超过标准分的小组进行认可或给予奖励。

③ 由于学生把大量的时间花在他们内部的相互学习上，教师就能与那些需要额外辅导的小组在一起。

4. 切块拼接法教学模式

（1）结构程序如图 5-1-6 所示。

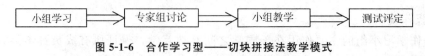

图 5-1-6　合作学习型——切块拼接法教学模式

（2）操作说明：

① 将学生安排在由六人构成的小组中，学习事先分割成片断的学习材料。

② 各小组中学习同一内容的学生组成"专家组"，在一起讨论他们所要学习的那部分内容，直至掌握。

③ 学生返回各自的小组后，轮流教他们组员自己所学习的那部分内容。

④ 测试时，考查每个学生对全部内容的掌握程度，根据小组成员的进步作出评价。

5.　FCL 教学模式

基于积极地对儿童学习能力、情感、社会技能与利他性品格进行有效培养途径的探索，美国学者特蕾莎·朗格内斯创立了 FCL（Full — circle Learning）教学模式。FCL 教学模式是从核心的品格主题出发，通过全面丰富的内容与循环深入的教学策略，将语言、数学、科学、艺术、冲突解决与社区服务的内容有机整合在一起，帮助儿童成为一个积极、健康、利他的完满的人。FCL 教学模式将儿童利他性品格的培养放在课程的核心位置，从儿童的品格陶冶出发整合教育的种种资源，在品格目标的引导下，通过多样化的学习方式促进儿童彼此间的互动与交流，增进他们对知识的理解与应用，并在争做社会服务者的同时发展他们的同情心与利他性品格。

FCL 教学模式的基本理念有：培养具有利他性品格的完整儿童；这种利他性品格的发展是与儿童其他方面的发展分不开的；提供全面丰富的学习内容；实施循环深入的学习策略；基于品格的整合学习既强调教育的广度也强调教育的深度。这一模式为我们在科学新课程背景下"情感、态度和价值观"教育提供了一个系统、清晰的思路。

（1）FCL 教学模式结构程序如图 5-1-7 所示。

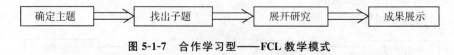

图 5-1-7　合作学习型——FCL 教学模式

（2）操作说明：

① 主题一般由教师选取，可以是课本的内容，也可以是与教材密切相关的内容。

② 学生经过自由分组后，从主题中自由找出子题进行研究。

③ 学生学习可以通过查阅书籍、电脑咨询、请教专家等途径进行，也可以进行实验探究。

④ 成果分享：可以相互交流与讨论等方式进行，将自己所学的知识传达给其他各组同学，最终达到全班同学均能对该主题深入了解，培养学生主动参与、自我知觉和深思反省能力。

6. 学习成果交流课教学模式

（1）结构程序如图 5-1-8 所示。

图 5-1-8 合作学习型——学习成果交流课教学模式

（2）操作说明：
① 激发学生的积极性，可以小组为单位进行评分；
② 鼓励学生通过各种途径搜集尽可能多的资料，通过多种方式，如多媒体、口头、书面等形式呈现。
③ 教师在这当中起到评价和总结学习效果的角色。同时要注意引导学生对研究的问题作进一步深入研究和讨论。

7. 其他模式

（1）共学式合作学习模式

由 5 个能力不同的学生组成一组，成员们被指定为具有特定的角色，一起学习某个任务。小组只上交一份作业单，并且以组为单位计分。这种方法强调学生共同学习、小组组建活动和对小组内部成员活动进行定期讨论。

（2）小组教学法合作学习模式

学生享有较大的自主权。小组成员围绕某一个课题共同探讨解决方案，力求达成一致的意见和最佳方案。这样，小组讨论的结果便成为集体智慧的结果，它将每个成员的贡献有机地结合为一体，从而使合作性贯穿于学习的过程之中。

（3）小组调查法合作学习模式

小组成员运用合作性探究、小组讨论和合作性设计展开学习活动。组成 2 人到 6 人小组，从全班都学习的单元中选出一个子课题，各小组又分配个人任务，开展必需的资料收集，准备小组报告。最后，各小组作介绍或展览，向全班交流他们的发现。

（三）自主学习型教学模式

1. "四自"教学模式

（1）结构程序如图 5-1-9 所示。

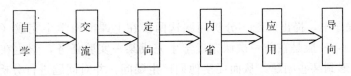

图 5-1-9 自主学习型——"四自"教学模式

（2）操作说明：
① 导向：明确方向，安排内容，介绍方法，激发学生兴趣。
② 自学：主要是学生阅读教材，发现疑难问题。可以与同学交流，也可自行设计实

验进行验证。

③ 定向：教师讲解课程中的重点内容。

④ 内省：学生学习重点疑难问题，在提出问题的基础上进行讨论，自行归纳总结。

说明：这一模式目的在于让学生学会自学，适合高年级学生或已有较好的自学基础的学生。

2. 循环法教学模式

(1) 结构程序如图 5-1-10 所示。

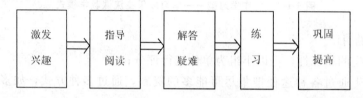

图 5-1-10　自主学习型——循环法教学模式

(2) 操作说明：

① 指导阅读一般要有阅读要求、阅读范围和适当的思考题。

② 解答疑难方法比较灵活，可以是教师讲解，师生对话，学生讨论等，也可以采用"不教之教"法，有意回避问题，让学生独立钻研问题。

③ 巩固提高是重要一环，它包括阐述教学重点和难点，指出教材的系统结构，分析物理定律、结论的深刻含义，还要指出作业中出现的问题所在。

3. 课内外相结合探究指导型教学模式

(1) 结构程序如图 5-1-11 所示。

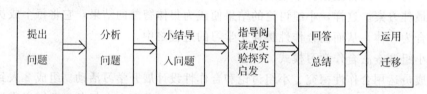

图 5-1-11　自主学习型——课内外相结合探究指导型教学模式

(2) 操作说明：

① 将教学的时间和空间进行拓展。根据建构主义理论，学生是在原有经验的基础上进行构建，掌握新的知识。将课堂与学生日常生活经验结合起来，教师应该积极为学生创造感性经验。

② 在结构程序中，提出问题、分析问题这两步在上课前由学生完成（课前对问题只是做初步的分析），一般是在前一次课布置学生完成某一实验任务，学生在完成这一任务的过程中往往会遇到某些问题，从而促使他们产生疑问，并对问题进行分析。

③ 小结导入问题。就学生在课前遇到的问题及分析进行小结，这种小结既可以由教师进行，也可以由学生完成。由于学生在课前只是对问题进行初步的分析，因而在导入时可以引导学生提出新的问题。

④ 学生就提出的问题进行实验探究或进行资料阅读。教师进行巡回指导。

⑤ 回答和总结：学生就提出的问题进行资料阅读和实验探究之后，在得出答案的过

程中，可能发现许多新的问题，就这些问题，教师给予部分的解答，其余的部分可以引导学生进一步学习某些材料或进行实验探究，应当鼓励学生主动分析，争取自己解决问题。

⑥ 运用迁移：选择适当的题目，检验学生学习的效果。

三、科学课程教学模式设计应当注意的几个问题

（一）"琐碎"知识的整合问题

在分科课程中，一个教师只需要处理某一学科领域中的问题；而在综合课程中，一个教师必须根据活动或任务的需要，选择许多学科领域中的知识并加以整合。这对习惯于传统分科教学的教师而言是很难适应的。经常出现的情况是东鳞西爪，许多知识信息被机械地甚至牵强地拼合起来，没有达到整合的目的，从而导致知识的琐碎化，甚至增加了教学难度。

（二）教师的知识和经验问题

成功地实施综合课程需要教师掌握相关学科的知识，如果教师缺乏相关学科领域的知识技能，就不可能将这些知识技能成功地整合起来，这样就很可能导致综合课程形同虚设。

另外，如果教师本人从未体验过综合课程，那么他们实施综合课程的难度将更大。这就要求师范教育的课程必须进行相应的调整，以使未来的教师对分科课程和综合课程都具有充分的理论理解和实践体会，这是实施综合课程的必要条件。当务之急是综合课程的师资培训要到位，要帮助教师从理论和实践两方面认识和解决综合课程的诸多问题，提高教师对综合课程的理解和信任。

（三）管理的问题

要在科学课程教师的选派、工作量计算、教学质量评估和学生学业考试上充分考虑综合课程的特点，营造有利于实施综合课程的外部环境。

四、科学课程课外活动模式的类型

（一）搜集信息

搜集科学信息资料是学生学会自主学习，拓展知识，进行判断、推理和论证的必不可少的学习过程和方式。搜集信息可以由教师指定，亦可由学生自己确定，然后用各种表达方式展现他们的成果。

（二）现场考察

在条件许可的地方，让学生到应用这一科学知识的场所去参观，使他们在实际中感受科学，体会科学、社会与技术之间的联系。如在学习"物质"、"材料"等内容时，可以带学生参观"朱古力"生产程序。

（三）专题研究

每个专题可以由学生提出系列的子课题，再由小组或个人去研究。指导学生将研究过程和研究结果写出来。

（四）科学小制作

科学小制作一般结合某个研究专题进行，小制作可以是课堂上的教学内容，也可以作为课后作业。鼓励学生自己动手、制作创新。

(五) 信息发布会、报告会、交流会

让学生根据主题搜集整理资料，写出报告文稿，在全体同学面前表达自己的发现。可以是少数学生讲给大家听，也可以是多数学生参与的交流活动。

(六) 科学欣赏

师生共同将搜集到的有关某一科学专题的故事、绘画、视影、多媒体等作品，以各种方式与大家共享。

第二节 科学课程的教学模式实施的案例设计

本节以初中科学主题3物质的运动与相互作用中的"运动和力"为知识载体，以科学课程目标为指导，分别以指导探究教学模式、有结构的探究教学模式和切块拼接模式进行课堂教学模式实施的案例设计。

主题3包括五方面内容：常见的化学反应、运动和力、电和磁、波、物质间的循环与转化。通过主题3的学习，学生将了解常见的化学反应以及遵循的质量守恒定律；认识描述机械运动的方法、力以及运动和力的关系；理解最基本的电路、欧姆定律和电磁的相互作用；了解声、光和电磁波的一些特性。

(一) 课标内容

义务教育7~9年级科学课程"物质科学"模块主题3"物质的运动与相互作用"中的"运动和力"的具体内容如表5-2-1所示。

表5-2-1 "运动和力"的具体目标和活动建议

具体内容目标	活动建议
1. 举例说明对物体运动的描述与所选的参照物有关。 2. 理解速度和平均速度的含义。 3. 能列举生活中常见的力（重力、摩擦力、弹力），并理解其意义。 4. 会用弹簧测力计测量力的大小，并用图示方法来表示力的大小和方向。 5. 说明二力平衡的条件和物体运动状态变化的原因。 6. 了解牛顿第一定律，能用惯性解释有关的常见现象。 7. 了解压强的含义，能说出日常生活中增大和减小压强的方法。 8. 感受液体压强的存在，描述它的特点。 9. 知道阿基米德原理和浮沉条件。 10. 感知流体压强与流速的定性关系，并能解释有关的现象。 11. 通过力学发展史中的典型事例领悟科学精神。	观察周围物体的运动。 比较物体运动的快慢。 测量力的大小。 探究为什么运动的物体会停下来。 讨论：假如没有摩擦。 感受液体压强、大气压强的存在。 探究物体受到的浮力大小与哪些因素有关；制作升空气球。 探究流速与压强的关系。 调查力学知识在现代生活、技术中的应用（如血压、注射器、体育运动、深潜技术、高空探测气球等）。

(二) 内容分析

1. 结构性

"运动和力"是主题 3 "物质的运动与相互作用"的核心,从课程标准规定的具体内容来看,这部分内容具有明显的结构性,各部分内容之间存在着严密的逻辑联系。

2. 宏观性

这部分内容涉及的物质的运动都是宏观运动,包括机械运动及其描述、惯性现象、静液压强的特点和流体压强与加速运动等,这些内容都能在日常生活中接触到,比较直观。

3. 常见性

这部分内容对初中学生来说是比较熟悉的,如:重力、压力和浮力等概念,不过他们对这些概念的认识还停留在感性的形象认识上。

4. 方法性

这部分内容渗透了实验归纳方法、控制变量的方法和理想化的方法。

(三) 学情分析

1. 学生已有知识背景

经过 3~6 年级小学科学课程的学习后,学生能定性地描述一个物体位置,理解描述物体的位置需要相对于另一个物体的位置来确定;能测量并记录一个沿直线运动的物体在不同时刻的位置,并能用简单的图表或图形来表示距离与时间的关系;知道描述物体的运动需要位置、方向和快慢;知道推和拉可以使物体的运动变化,推和拉都是力。力有大小和方向;知道一些生活中常见的力,如风力、弹力、浮力、摩擦力等。

2. 能力与技能背景

经过 3~6 年级小学科学课程的学习后,初中学生应该具有一定的搜集处理资料信息,与人交流学习的能力。另外,初中学生的抽象思维能力还处于较低的水平,还需要依靠自身的经验,在感性认识的基础上认识掌握科学概念和规律。

3. 非智力因素的开发

初中学生对物理世界还具有较强烈的好奇心,喜欢动手动脑,教师应该抓住他们的这一心理特征培养他们的兴趣,提高他们的创新素质。

教学案例设计 1:力——指导探究教学模式

(一) 课题

力

(二) 课标内容

1. 课标内容

能列举生活中常见的力(重力、摩擦力、弹力),并理解其意义。

2. 活动建议

(1) 探究为什么运动的物体会停下来。

(2) 讨论:假如没有摩擦。

（三）教学目标

1. 知识与技能

（1）理解力的概念，知道力是物体之间的相互作用，并能解释有关现象；

（2）知道力可以改变物体运动状态，可以引起物体的形变；

（3）知道力的概念和力的单位。

2. 过程与方法

（1）通过活动和生活经验感受力的作用效果；

（2）培养学生初步的观察能力，初步的分析、概括能力和解决简单问题的能力。

3. 情感、态度和价值观

（1）通过力的知识学习，培养学生科学探索、质疑精神，提高科学素养；

（2）通过力学方面的物理学家和力学知识在实际生活中的应用，提高学生的学习力学知识的兴趣。

（四）教学重点

建立力的初步概念。

（五）教学过程

1. 感受"力"

教师演示：（观察"力"）用塑料纤维摩擦过的有机玻璃靠近塑料泡沫颗粒，颗粒被吸引到棒上；颗粒由静到动。

学生实验：

（1）手提钩码：从肌肉紧张中感觉到"力"。

（2）弹簧吊钩码：人从弹簧形变中观察到"力"。

（3）手拉一束橡皮筋，并坚持一段时间，找一找用力的感觉。

（4）条形磁铁靠近静止的铁钉，铁钉由静止转变为运动；从铁钉由静到动中观察到"力"。

2. 力的作用效果

教师：物体在力的作用下会产生怎样的效果

学生：力能使物体发生形变（实验验证：橡皮筋，弹簧受力情况）。

力能使物体的运动方向、快慢……发生改变（实验说明：小车受力运动情况）。

教师：像玻璃、石块、桌子这些硬物，受到一个不大的力作用后，会发生形变吗？

学生实验：玻璃瓶的形变。

说明：玻璃瓶宜选用扁平的瓶子，在橡皮塞上插入一根内径很细的用过的圆珠笔芯，在瓶子里灌满红色的液体，用力挤压不同的两边，既可看到液柱上升，也可看到液柱下降，效果明显。

学生归纳：

① 力能使物体发生形变；② 力能改变物体运动状态

3. 建立"力"概念

力的概念（模拟真实，情境中体验）

(1) 课件模拟。
① 人对物体施力：人力——手推车、拉锯、提水桶、脚踢球等；
② 物体对物体作用：物力——推土机推土、拖拉机拉犁等。
(2) 比较、概括和抽象：力是物体对物体的作用。
(3) 引导学生设问：
① 当"推、拉、提、压、举"发生力的时候，每一种作用都涉及几个物体呢？
② 当两个物体没有直接接触时，它们之间能产生力的作用吗？
(4) 实验探究：学生猜测——设计实验——进行实验——分析论证——结论——交流与合作。
(5) 归纳：
① 力不能脱离物体而独立存在。
② 彼此不接触的物体间也会产生力的作用。

力的相互作用
(1) 教师演示：水槽中两个浮体上放两块条形磁铁，演示相互吸引和排斥现象，让学生从观察中获得结论："物体间力的作用是相互的。"进而说明力的相互性质：即一个物体受到另一个物体对它的力的作用时，同时它也对另一个物体施加力的作用。
(2) 课件演示：①脚踢足球；②滑冰运动员用力推栏杆。
(3) 分析、归纳：物体间力的作用是相互的。
(4) 教师：通过介绍我国两千多年前《墨经》中给力下的最早的定义："力，形之所以奋也"等素材，体验爱国主义精神。
你能说出物体间力的作用是相互的其他例子吗？
(5) 学生思考回答。

4. 巩固概念

投影练习（课件）学生逐一举牌回答
(1) 一枚铁钉受到磁铁的吸引，则铁钉（　　）。
A. 不吸引磁铁　　B. 不一定吸引磁铁，看情况而定　　C. 同样吸引磁铁
(2) 下列关于力的说法中正确的是（　　）。
A. 运动员推出的铅球在空中飞行时，铅球仍受到推力的作用
B. 我们通常说某物体受到力的作用，实际上一定存在着施力物体
C. 只有彼此接触的物体间才会有力的作用
(3) 比一比，谁的学习本领大？
课件模拟：手提绳子把一桶水从井口匀速提上来。试问：
① 这个力的现象涉及的物体有哪几个？
② 哪些物体间发生了力的相互作用？
③ 手受到一个向下的拉力，是什么物体对什么物体的作用而产生的？

布置实践性作业（深化体验，激发创造）
(1) 做一做（引体向上），想一想其中的原理。
(2) 根据力作用的相互性或力产生效果的原理设计一件作品。

（六）案例评析

本节教学中体现教学引导学生经历自主、探究、合作的学习方式，在相互的合作交往中体验、探究、体会"力"的概念。教学为不同层次的学生提供了参与学习、体验成功的机会，在合作学习中有明确的责任分工，促进学生之间能有效地沟通，突出学生学习的主体地位和教师的主导作用，有效地促进了学生的发展。课外作业的设计让学生继续在"做中学"，体现了从生活走向物理，从物理走向社会的教学理念。

教学案例设计2：浮力的大小与哪些因素有关
——有结构的探究教学模式

（一）课题
浮力

（二）课标内容

1. 课标内容

知道阿基米德原理和浮沉条件。

2. 活动建议

（1）探究物体受到的浮力大小与哪些因素有关；
（2）制作升空气球。

（三）教学目标

1. 知识与技能

（1）理解浮力产生的原因以及影响浮力大小的因素；
（2）会用弹簧测力计测浸入液体中的物体受到的浮力。

2. 过程与方法

学会用弹簧秤测量浮力，体验研究阿基米德原理时运用的科学方法。

3. 情感态度和价值观

结合阿基米德的故事和并进式学生实验，激发学生勇于探求科学真理的热情，培养实事求是的科学态度。

（四）重点、难点

重点：探究浮力产生原因。
难点：阿基米德原理的建立和浮力的计算。

（五）实验器材

水槽、乒乓球、弹簧测力计、铁块、铝块、酒、橡皮泥

（六）教学过程

1. 创设情景

教师：拿出一个水槽，水槽里有三个同色同规格的乒乓球，其中一个漂浮，一个悬

浮,一个沉底。

2. 提出问题

学生:为什么三个乒乓球在水中的状态会不一样?

教师:浮力相同吗?哪个比较大?为什么?

浮力的大小与哪些因素有关?

3. 学生猜想

归纳猜想:浮力大小与液体的密度、物体的密度、液体的体积、物体排开的液体的体积、液体的温度、物体的深度等有关。

4. 分组制订计划,设计实验

(1)老师把5个探究实验分到不同的实验组。

(2)提问学生:如何测出物体所受的浮力?

先测出物体的重力 G,再测出物体浸在水里时所受拉力 F,物体所受到的浮力 $F'=G-F$。

(3)提示学生:用控制变量法设计实验方案,即只让要探究的因素发生变化,其他因素保持不变。

(4)学生结合实验器材讨论实验方案,老师巡回指导。

(5)各小组向全班汇报他们实验设计方案,修改设计方案。

(6)老师出示参考表格如下。

表 5-2-2 浮力与排开液体体积的关系

	$G_物$ (N)	$F_拉$ (N)	$F_浮$ (N)	排开的液体的体积 V
物体的1/2浸入物体				
物体的全部浸入物体				

表 5-2-3 浮力与物体所在深度的关系

	$G_物$ (N)	$F_拉$ (N)	$F_浮$ (N)
浸在液体内浅处			
浸在液体内深处			

表 5-2-4 浮力与物体密度的关系

	$G_物$ (N)	$F_拉$ (N)	$F_浮$ (N)	物体的密度
同体积同形状的铁				
同体积同形状的铝				

表 5-2-5 浮力与液体密度的关系

	$G_物$ (N)	$F_拉$ (N)	$F_浮$ (N)	液体的密度
水				
酒精				

表 5-2-6　浮力与物体形状的关系

	$G_物$（N）	$F_拉$（N）	$F_浮$（N）
球形橡皮泥			
其他形状			

5. 观察与实验：学生进行探究实验，老师巡回指导学生

6. 讨论与交流

按组汇报实验结果，讨论实验结果。

7. 分析与论证

引导学生得出正确的结论：物体在液体中所受的浮力的大小与液体的密度有关，还与物体排开的液体的体积有关，而与浸没在液体中的深度无关，与物体的密度，形状无关。

（七）案例评价

本案例根据学生的实际，采用让学生分组实验的方法，分别用不同的液体，通过探究实验，得出一般结论。科学探究是新课程标准的核心理念。本案例突出科学探究的学习方式，让学生通过手脑并用的探究活动，体验探究过程的曲折和乐趣，学习科学的方法，发展科学探究所需要的能力，并增进对科学探究要素的理解。

应特别注意，不能为了省时间而仅仅用水做一次实验而匆忙得出结论，这样做显然不利于培养学生的科学思维。

教学案例设计3：几种常见的力——切块拼接模式

（一）课题

几种常见的力

（二）课标内容

1. 课标内容

（1）能列举生活中常见的力，并理解其意义。

（2）会用弹簧测力计测量力的大小，并用图示方法来表示力的大小和方向。

2. 活动建议

（1）测量力的大小。

（2）探究为什么运动的物体会停下来。

（3）讨论：假如没有摩擦。

（三）教学目标

1. 知识与技能

（1）能列举出生活中常见的力（重力、摩擦力、弹力），并理解其意义。

（2）能说出重力的意义。理解物体所受重力的大小与其质量的定量关系。

(3) 能说出摩擦力的意义，会区分静摩擦、滑动摩擦。
(4) 能说出弹力的意义及弹力的大小与方向和物体发生弹性形变的关系。

2. 过程与方法

(1) 知道重力的方向，会利用重垂线制作简易水平仪，并用来检验调节水平。
(2) 会用实验方法研究决定滑动摩擦力大小的因素，了解摩擦在生活和生产中的意义。
(3) 会用弹簧测力计测量力的大小，并用图示方法来表示力的大小和方向。

3. 情感态度和价值观

(1) 通过学习重力、摩擦力和弹力，了解几种力和人们生活、生产的关系十分密切。
(2) 知道物体所受重力的大小与其质量的定量关系，了解生活在地球上的一切生物、包括人类以及地球上的任何物体共同服从的规律。
(3) 矫正学生已经具有的某些初步的、原始的和不正确的认识（前概念），进一步地提高学生的科学素养。

（四）设计理念

1. 学生在3~6年级已经学习了力的有关知识，在前面又学习了力的概念，对力已有了较多的认识。
2. 学生已具有一定的自学能力和合作交流学习的能力，这节内容采用切块模式有利学生深入探究将要学习的每一个概念，培养学生的自学能力。
3. 让学生做课堂的主人，充分发挥学生的积极性，让他们自己去搜集信息，获取未知的知识，培养学生独立思考的能力，且本节课内容较多，如果只是采用单一形式的话，学生的注意力较易分散。采用切块教学，由于主角的转换，学习形式的改变可以让学生的注意力更好地集中。

（五）设计思路

1. 构建合作小组

根据学生的学习成就、能力、特点和心理特征等方面的表现，由六个人组成一组。小组最好在课下组建好，从而方便小组成员课前的交流与磨合，有利于课堂内、组内交流、组内互教互学的展开。

2. 小组学习

将本节课的内容分割为重力、摩擦力、弹力三个小块，每个小组由2名组员负责学习其中的一块内容，小组内容的确定以自愿为原则，由组长负责分配确定，在小组学习时，教师指导学生进行资料的有效搜集与学习。

3. 专家组讨论

负责某一块内容学习的组员集合在一起，集体对该内容进行交流，在发表各人意见的基础上展开讨论，对有争议的问题，可以由专家组组员集体讨论确定，也可以征求教师的意见。

4. 小组教学

学生返回各组，各组员轮流将专家组学习讨论的成果教给本组组员，直到每一位组员都学会，在时间方面小组教学可以延续到课后。

5. 测试评定

测试时，考查每一个学生对内容掌握的情况；根据组员的进步情况对小组或组员进行认可或表彰。

（六）操作说明

1. 切块拼接模式的目的在于培养学生与人交流，互教互学的意识和能力，提高学生合作学习的能力。

2. 尽管整个教学过程，教师的角色已经淡化，但是教师的引导、跟进、总结是不可或缺的，这是合作学习顺利进行，完成教学目标的重要保证。

第三节 科学课程合作学习型教学模式的课外活动案例

科学课程的实施必须转变观念，要打破传统的教学模式。比如，实践活动课除了必须增加"STS"内容外，还应当把探究学习型教学模式、合作学习型教学模式等应用到实践活动课中去，让"STS"的学习内容与灵活多样的学习形式结合起来，把知识的掌握和科学素养的培养以及动手实践能力的培养真正有机地结合起来，开展丰富科学课程的实践活动课。以下仅仅探讨将切块拼接模式、小组游戏竞赛模式以及学习成果交流模式应用到实践活动课的案例设计中。

活动案例设计1：平稳"行走"的机器人制作
——切块拼接法模式

（一）课题

平稳"行走"的机器人制作

（二）活动目标

1. 通过对重心和惯性的探索，了解人类发明机器人代替人类探索科学奥秘的过程，培养学生的科学探索和科学幻想的能力。

2. 通过实验、探索、设计，在实践中学习制作机器人，并且学会科学的观察和记录方式，整理出制作机器人的实践报告。

（三）活动过程

活动一：体验物体的平衡与稳定

活动内容：

1. 播放民间技艺"顶竹竿"和杂技"走钢丝"录像或光盘，引导学生思考"顶竹竿"与高空行走的共同点与不同点。

2. 教师取出若干较长的竹竿和铅笔，让学生选出代表进行比赛，亲身感受一下"顶竹竿"的技巧，几位同学将长竿和铅笔用手竖直，立到水平面上，同时松手，观察长竿和铅笔跌倒所需的时间。

图 5-3-1 泡沫塑料做成圆筒

3. 每位同学都顶一顶长竿和铅笔,体验外力对长竿和铅笔"跌倒"的影响,引导学生思考是否有其他物体也有相似的跌倒过程。

4. 教师示范"不倒翁",让同学思考交流"不倒翁"不倒的原因。

5. 将一长方形盒子竖放在地面上,引导学生思考其不会跌倒的原因。

6. 将一长方形盒子倾斜一定角度,并在其顶端侧面加一个外力,观察现象。

7. 将一长方形盒子在没有外力加入时,以不同角度侧向一方,观察现象,并引导学生思考其原因。

活动二:设计制作会滑行的机器人

器材:泡沫塑料、直径 1 毫米的铁丝(若干)、小铁片(若干)、橡皮泥、画笔、胶水、图画纸、剪刀和尖嘴钳。

活动内容:

1. 请完成制作的同学展示"机器人"滑行,引发学生兴趣。

2. 请事先设计"能滑行的机器人"的同学示范他们制作的过程。

(1) 用泡沫塑料做成圆筒状,下端用小铁片嵌入,使其头轻脚重,如图 5-3-1 所示。

(2) 将图画纸按短形剪下;

(3) 截出长度约为泡沫塑料圆筒高度的 3~4 倍的自行车条一根;

(4) 然后将剪下的图画纸紧紧地卷绕在自行车条正中,直径约 5~6mm,宽度与泡沫塑料筒的直径基本相等,如图 5-3-2 所示;

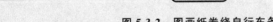

图 5-3-2 图画纸卷绕自行车条

(5) "机器人"的腿脚由直径 1mm 的铁丝弯曲绕制而成,腿的上端绕成圆筒状,使轴能在其中灵活转动而又不松动,不能偏斜,如图 5-3-3 所示。

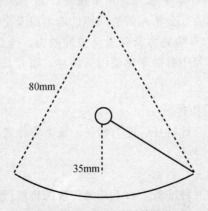

图 5-3-3 "机器人"的腿脚

(6) 把各部分组装在一起,用橡皮泥做成左右两个拳头,使"机器人"行走时摇摆有力。

（7）这个"机器人"是依靠重力的一个分力在光滑的斜坡上"行走"的。因此，还需要准备一块板，板不能太粗糙。

3. 请同学们根据自己的设想，再与其他同学共同合作研究，设计一张机器人的设计图。

4. 根据设计图，运用工具和材料，每位同学动手制作简易且会行走的机器人。

活动三："机器人"行走比赛

活动资源：数块光滑的板（木板、塑料板、石板等均可）。

活动内容：

1. 全班同学带着自己设计制作的行走机器人在测试场上进行比赛活动，比一比谁设计制作的机器人走得快。

2. 比赛可以分小组预赛和全班决赛两种形式，同学们可以先进行小组预赛，参赛选手先向大家简单介绍自己的设计思路，包括材料质地、体积、大小等，然后进行比赛，优胜者参加全班决赛。

3. 凡参加决赛者既是个体参与者，也是小组代表。因此，凡参与者均为集体代表，参与者的胜负，关系到整个小组的荣誉。所以，小组共同合作探索，提出进一步的修改意见，包括造型、材质、色彩、装饰、形象等。

活动案例设计2：光的反射——小组游戏竞赛模式

（一）课题

光的反射

（二）课标内容

知道光的反射规律

（三）设计理念

1. 学生在学习"光的反射"定律之前，已经有了不少与光的反射有关的生活经验。光的反射规律教学任务，主要是将学生对"光的反射"的认识的经验水平提升到规律水平。

2. 基础教育课程改革倡导学生参与、乐于探究、勤于动手，培养学生搜集和处理信息的能力、获取新知识的能力、分析和解决问题的能力以及交流与合作的能力。

3. 初中学生已有一定的自学能力及与人交流的能力，通过合作学习可以让学生积极主动地参与进来，在小组学习中有助于感受团队精神，培养其协作能力。

（四）设计思路

1. 异质合作学习小组的构建：

根据成员的学习成就、心理特征、能力特长、家庭背景等方面的表现，由4人至8人组成一个学习小组。

2. 班级授课。

班级授课是合作学习的一种准备，而不是像传统的班级授课那样是整堂课的主干。

（1）帮助学生复习上一节课"光的直线传播"的知识。

（2）导入新课，陈述光的反射的基本概念，强调学习方法与技巧。

（3）学习目标：光的反射定律【幻灯片】。

3. 小组及个人学习任务确定，小组合作交流，互教互学。

由组长分配学习任务，通过各种途径，完成学习内容，之后小组交流，成员相互教学，直至弄清内容。

4. 准备游戏竞赛：

教师按层次设计出不同的教学竞赛题目，学生在教学竞赛前利用小组复习、测试所学习的内容。

5. 游戏竞赛：每组派出 2 名组员代表小组参加该竞赛测试，测试内容提前 10 分钟下发，组员可相互讨论。学生利用所学知识，以最短时间完成设计好的游戏和测试题目，并按时间计分。

6. 评定：小组的总分由每个成员的成绩相加，对最佳小组和各竞赛的优胜者予以表彰。

（五）主要创新

本案例主要的创新在于 4 个光的反射的游戏的设计。这 4 个游戏蕴涵有丰富的物理知识，可以让学生在游戏中检验自己所的知识，还可以拓展到其他的物理知识上，有余力的学生可以继续深入的研究。【附录：游戏竞赛项目设计】

活动案例设计 3：热水瓶保温与水量多少的关系研究——学习成果交流式

（一）课题

热水瓶保温与水量多少的关系研究。

（二）问题的提出

在我们每个家庭中都会有热水瓶，它具有保温的作用，同学们有没有发现，有时候热水瓶的保温效果好些，有时候会差些，这是怎么回事呢？是否与热水瓶内的水量有关呢？请你设计一个实验方案，探究其中的奥妙。

（三）活动安排

活动用 3 周时间完成：第一周为活动准备，确定探究活动方案；第二周进行实验并完成实验报告；第三周，进行活动成果交流。

（四）活动目标

1. 培养学生实事求是、尊重客观事实的科学态度。
2. 通过活动方案的设计和分工合作，培养学生设计实验，合理分工的能力。
3. 通过实验报告的书写和成果交流，培养学生与人交流，合作学习的能力。
4. 通过整个探究活动，培养学生不断提出问题，分析问题，解决问题的能力。

（五）活动过程

1. 活动准备：

（1）每 6—8 个人为一组，由学生自己选定组长；
（2）查找相关资料，准备实验器材。

2. 确定主题：

（1）每个学生先自行设计实验方案；

（2）小组讨论确定实验方案并选择器材。

3. 分组实验：

（1）每 2 人为一小分组，根据实验方案开展实验探究活动；

（2）对于实验中出现的问题及时进行讨论解决。

4. 写出实验报告，讨论实验结果：

（1）写好实验报告：实验报告必须包括实验方案的设计，实验数据及结论、实验中出现的问题及自己的思考和解决的方案。

（2）成果交流：以信息发布会的形式来进行，先在组内讨论，评定最优实验报告，推荐一名代表本组发布实验报告成果，并回答其他组员的提问。

思考与练习

1. 什么是教学模式？科学课程的教学模式有什么特点？

2. 完整的科学探究模式可以扩展为哪些具有特色的某一单项要素的教学模式？

3. 举例说明科学课程可以借鉴哪些教学模式？

4. 查阅资料，论述当前探究学习有哪些教学模式（特点、流程和案例)？如何应用在科学课程的教学活动中？

5. 查阅资料，论述当前合作学习有哪些教学模式（特点、流程和案例)？如何应用在科学课程的教学活动中？

6. 查阅资料，论述当前自主学习有哪些教学模式（特点、流程和案例)？如何应用在科学课程的教学活动中？

第六章 科学课程中"科学、技术与社会"

从字面意义上看,STS 是 science(科学)、technology(技术)、society(社会)三个单词的第一个字母的缩写。概括地说:STS 是一门研究科学、技术、社会三者相互作用关系的复杂而庞大的系统学科。

近一个多世纪以来,人类在享受近代工业革命和现代科学技术带来的高度物质文明的同时,突然发现自己正亲手制造着对自身生存与发展产生严重威胁的后果。例如,集最新科学技术成就之大成的原子弹在日本爆炸,造成了人类历史上的空前悲剧;高速发展的工业化带来了大气噪声和江河湖海的严重污染;对自然资源的大量开发,引起的土地沙化、地震、洪水泛滥……这些问题是关系着人类的生存与灭亡、文明的发展与毁灭的全球性问题。

早在 20 世纪六七十年代,美国许多著名的大学先后成立 STS 研究中心,专门开展对科学、技术和社会三者相互关系的研究,并开设了 STS 课程,其目的在于使学生深刻理解技术本身及其对人类和社会的影响。从这个意义上讲,人是 STS 系统的主体,科学、技术、社会的发展与相互作用都是通过人的自觉或不自觉的行为来实现的,只有通过教育人们自觉地按照 STS 系统的要求规范自己的行为方向,才能实现 STS 系统最佳状态的形成。而且,STS 自身的发展要求必须具有一定的社会基础。

第一节 科学课程中的"STS"解读

目前,我国正处在经济高速发展时期,科学技术正发挥着越来越重要的作用,新技术的应用带来了经济的大幅度增长,但同时也在重复着西方国家工业化给社会带来的负面影响,如环境污染、资源的破坏等。

为了实现可持续发展,在我国普及 STS 知识,推进 STS 研究势在必行。普及 STS 知识,增强 STS 意识,必须通过教育来实现,而学校教育是最直接、最有效的途径,因此,设置科学课程进行 STS 教育,尽可能贴近学生生活,尽可能让学生接触生活,接触社会,并将所学知识应用于生产和生活实际,使他们关心科学技术的新发展和新思想,树立将科学服务于人类的使命感和责任感,真正将"从生活走向科学,从科学走向社会"的新理念落实到实处,引导学生在一个更大的天地中去学习科学。

因此,必须向人们普及 STS 知识,建立 STS 发展的社会基础。

一、"STS"是科学课程的鲜明主题

我国目前的基础教育改革已是一种必然的趋势,其中将"STS"与基础科学教育相结合,是最为值得关注和最紧迫的问题之一。相应地,目前,由教育部组织的国家基础教育课程改革的各门课程的教学标准以及相应的试用教材中,也同样体现出了这一新的、重要的理念。

在《科学（7～9年级）课程标准（实验稿）》中，"科学、技术与社会的关系"为一个独立的模块，主要包括"科学史"、"技术设计"、"当代重大课题"三个专题。通过学习这部分的内容，学生将了解科学技术的发展历程；了解科学与技术、科学与社会以及技术与社会之间的互动关系；认识科学技术对社会发展的影响，树立正确的科学观，增强振兴中华、将科学服务于人类社会的使命感和责任感；了解技术设计的过程，了解科学技术是第一生产力，形成可持续发展的意识。

然而，我们也不难发现，将科学课程设计为一门独立的课程，给以前习惯于单学科教学的教师带来了一些困难。在国内一些有关教学改革的文献中，在一些教师的理解中，对于究竟何为"科学、技术与社会的关系"（"STS"），以及如何将"STS"引入基础科学教育，如何进行探究式教学，如何指导学生进行"科学、技术与社会的关系"研究型学习，还存在一些认识的误区。由于存在这种认识上的误区，自然也就会影响到有效地把"STS"的内容与科学知识一起教授给学生。

二、科学课程关于"科学、技术与社会"教育的目标、内容和途径

在传统的科学教育中，科学、技术与社会关系的教育是一个薄弱的环节，在这次颁布的科学课程标准中，改变了这种状况，将科学、技术与社会、生命科学、物质科学、地球、宇宙和空间科学作为科学课程的内容领域，并提出了相应的目标和要求。

（一）目标

理解科学、技术与社会的关系是现代公民科学素养的重要内涵，对"科学、技术与社会的关系"内容的学习是培养学生理论联系实际的作风、参与社会决策的意识、形成可持续发展观念的关键。

1. 认识科学推动技术的积极意义

初步认识科学推动技术进步，技术又促进科学发展的相互关系，初步认识社会需求是科学技术发展的强大动力。

2. 认识科学技术是第一生产力

了解科学技术在当代社会经济发展中已经成为一种决定性因素，科学技术是第一生产力。

3. 认识科学与技术是社会发展的双刃剑

了解技术对自然、人类生活和社会产生的负面影响，初步懂得实施可持续发展战略的意义。

4. 了解科学技术的文化功能

了解科学技术不仅推动物质文明的进步，也促进精神文明的建设与发展，科学技术是一项重要的社会事业，每一个公民都应该关心并有权利参与这项事业。

5. 环境、资源和社会责任感

初步形成关注环境、资源等社会重大问题的意识，增强社会责任感，知道应当用科学的原理和方法解释自然现象和解决生活中遇到的实际问题。

（二）内容

科学课程标准中关于"科学、技术与社会的关系"的内容主要包括以下三个方面：科学史、技术设计、当代重大课题。

1. 科学史

科学课程标准中明确指出了科学史在科学课程中的地位与作用。

（1）提供重要的科学事实、概念、原理、方法以及技术发明的历史背景、现实来源和应用。这些内容有助于启发学生的思维，加深学生对所学科学知识的理解；有助于促进学生对科学、技术与社会相互关系的理解，进而使学生感受科学在人类文化与社会进步过程中的地位和影响，认识到科学是一种生动的、基本的人类文化活动，引导他们重视科学在当代社会发展中的作用，并且关注科学各领域之间的内在联系。

（2）通过科学史有关内容的介绍，使学生感受到科学是一个开放的、不断发展的系统，但在广度和深度上不断发展，而且已有的结论也可能被修正，科学是一个永远不会完结的过程。

（3）通过对科学史上一些重大发现、发明过程的介绍以及一些简单而典型的著名案例的学习，激发学生对科学的兴趣，培养他们的探索精神和科学态度，促进和改善学生对相应的科学思想方法的理解，进而了解科学的本质，培育科学精神。

（4）通过历史上的一些著名的反例，从反面给学生以强烈的震撼，加深他们对相应问题的理解，培养严谨缜密的科学思维；通过一些科学家犯错误、遭遇挫折和失败的例子，引导学生正确看待学习过程中遇到的困难，增强信心和勇气；通过对科学思想形成中的曲折与艰辛以及那些伟大的探索者的失败与成功的介绍，使学生进一步体会科学的丰富人文内涵。

2. 技术设计

技术是人们根据一定的工艺知识、技术期望、工具仪器设备、能源和材料去进行改造世界的社会实践活动。

技术与科学既有区别又有联系。科学是人们认识自然界的一种活动，它的成果是科学理论的发现，其途径是科学探究；而技术则是人们改造世界的一种社会实践活动，它的成果是新产品或新工艺的发明，其途径的核心部分是技术设计。科学理论常常可以转化为技术原理，科学促进技术发展，技术又为科学的发展提供有力的支撑，随着时代的发展与科学技术的进步，科学与技术的关系日益密切。

技术活动（技术发明与技术改进），以科技知识为载体，以实践活动为主要形式，以培养学生的科技意识、科学爱好和开发学生的创造力为目标，是"科学、技术与社会的关系"教育的重要组成部分。

技术设计是技术活动的核心环节。技术设计能力是技术创新和实践能力的重要组成部分。为了给21世纪提供技术创新的人才支撑，必须注重从义务教育阶段开始培养学生的技术设计能力。在科学课程中，并不设置独立的技术设计章节，但在一些科学探究活动中会涉及教具、仪器的制作，解决实际问题方案的制订等，这实质上都涉及技术设计的问题。因此应将有关技术设计的教育有机地贯穿其中。

开展技术设计有以下的目的：加深学生对科学概念和规律的理解、扩大学生的知识面、培养学生分析和解决问题的能力、激发学生学习的兴趣等。

3. 当代重大课题

该专题所述的内容，涉及科学与技术在社会经济生活等领域中的重要应用。它们既体现了科学技术对社会的正面影响，也涉及技术对社会的负面影响，它们都是我国当前社会经济发展面临的重大课题。所以,该专题带有很强的综合性,是学生学习分析综合性问题的重要内容。

在初中科学课程标准中,当代重大课题主要包括以下几个分专题:"环境与资源"、"现代农业与基因工程"、"通信与交通"、"材料"和"空间技术"。

通过该专题学习,学生将形成关注环境、资源等社会重大问题的意识,增强社会责任感,知道应当用科学的原理和方法解释自然现象和解决生活中遇到的实际问题,逐步养成科学的生活态度与习惯。

(三) 实施途径

科学、技术与社会的关系的内容在科学教育中,并不是作为一个独立的篇章进行教学的,而是渗透到前述的物质科学领域、生命科学领域和地球、宇宙与空间科学领域的教学过程之中。其指导思想是:

将科学与技术,科学技术与社会联系在一起;将人、自然与社会有机地关联在一起;将科学精神与人文精神紧密地结合起来。

1. 科学史教学

应当强调指出,在义务教育阶段的科学课程中引入科学史,主要是作为学生学习科学的一种途径和手段,科学史不应作为新的知识点来考核,其教学效果应当通过学生对相关科学知识的理解、对科学过程与方法的理解以及学生科学态度、情感与价值观的培养来体现。

科学史进入科学课程的基本方式:

(1) 作为引入新知识的背景材料。例如,问题的提出、解决与发展,概念的提出与发展,重大科学事实的发现,重要科学规律、原理、方法的建立、应用与发展,理论体系的建立,新的分支学科的诞生。

(2) 作为例题与习题。

(3) 作为相关资料插入。例如,对与教学内容相关的历史人物及著作的简单介绍。

(4) 作为扩展性阅读材料。

(5) 作为科技活动素材。

2. 技术设计教学

技术设计的模式是多种多样的。例如成立兴趣活动小组、指导学生制作简单的教具、指导学生改进某些仪器、进行科技小制作、电子设计等。技术设计活动过程主要包含如下的环节:

(1) 确定一个技术课题。

(2) 提出设计建议,形成不同的解决方案,并对其作出选择。

(3) 实施解决方案。

(4) 评价方案及结果。

(5) 交流方案、问题及结果。

3. 当代 STS 重大课题教学

当代重大课题教学的实施途径可以有:对某一热点课题进行专题讲座;组织阅读科普书籍、文献;指导学生收集资料;去科技馆、实习基地参观访问、调查研究等。进行这一部分内容教学,应该回避对技术原理本身的过细了解,而应该突出技术对科学、社会经济、人类生活方式和环境的影响,包括负面的影响,还要引导学生用科学的世界观、科学的态度去解释自然现象和生活中遇到的实际问题,引导学生根据科学的原理和方法,回答社会生活中的某些热点问题。

三、英国学者李约瑟及其《中国科技史》

李约瑟博士(Joseph Needham,1900—1995)是研究中国科学技术史的著名专家,英国皇家科学院院士,英国文学院院士,英中友谊协会会长。李约瑟博士主编的七卷本英文版《中国科学技术史》(Science and civilisation in China)从1954年开始由英国剑桥大学出版社陆续出版,被认为是20世纪完成的重大学术成果之一,是欧洲人学术研究的最高成就。

李约瑟博士第一次以令人信服的史料和证据,全面而又系统地阐明了四千年来中国科学技术的发展历史,展示了中国在古代和中世纪科技方面的成就及其对世界文明所做的贡献。

李约瑟博士研究中国科学技术史的巨大成就享誉国际学术界,1968年在巴黎第12届国际科学史和科学哲学联合会上被授予乔治·萨顿奖章,1974—1977年当选为国际科学史与科学哲学联合会的科学史分会主席。

李约瑟博士的治学方法可概括为六个方面:兼收并蓄古文献、图片与考古资料,实地考察生产和生活传统,模拟实验与技术复原研究,中西比较研究,内史与外史研究相结合,国际大合作。

(一)兼收并蓄古文献、图片与考古资料

李约瑟研究中国科学技术史的基本方法之一是:搜集有关资料,做卡片索引,建立庞大的资料存储和检索系统,兼收并蓄古文献、图片与考古资料。

李约瑟在37岁以前对中国一无所知。他自己说:"我和中国或东亚之间,并无家庭方面的联系,也无传教活动的联系。"当时,他是英国剑桥大学一位有前途的生物化学家兼胚胎学家,在冈维尔—凯厄斯学院(Gonville and Caius College)德里克·高兰·霍普金斯爵士(Sir Frederick Gowland Hopkins)的生物化学实验室工作。

1936年,三位年轻的中国学生鲁桂珍、王应睐和沈诗章来到剑桥大学生物化学实验室攻读博士学位。李约瑟与他们朝夕相处,开始从身边的中国同行认识中国,了解中国科学文化背景、中国语言文字传统。这些成绩优异、聪明机智的中国学生使他发现在地球的另一边,中国的古代文明有些与西方相似,中国人不像某些西方人所说的属于"不开发人"之列。李约瑟开始对中国产生浓厚兴趣,从37岁起决定学习中文,以便阅读中国原著。他每周抽出时间,单独跟著名汉学家夏伦教授(Gustave Haloun)学习汉语。他读的第一部中国原著是《管子》。扎实的古汉语知识,为李约瑟后来的研究打下了坚实的基础。

李约瑟着手研究中国科学技术史时,现代计算机尚未开始利用,因此,他特别重视编排卡片索引。他根据学科范围,编辑资料文件夹、照片资料夹、附属文件夹,建立了一个庞大的资料存储和检索系统。由于这是第一次用西方语言写成的多卷本著作,因此每卷必须列出庞大的各种参考书目,他还特意编排了参考书目卡片索引,以备长期查证。此外,还编有其他专门卡片索引,如中国技术术语卡片索引,还有一个包括古代数千名中国科学家、工程师和医生的人名索引。这些资料,后来构成了李约瑟研究所东亚科学史图书馆的馆藏。

李约瑟博士重视对中国古文献资料的全面搜集和考证。他除了参考各个学科历代相传的重要图书外,还从有关词典学文献中发现许多重要资料,从历朝历代的正史中搜集天

文、历法和声学方面的资料，并参考数以千记在科学、技术和医学方面有成就的人物传记资料。他非常重视对古文献资料的考证。李约瑟说："我们总有这样一个经验，每当开始写新的一章时，我们就面临术语混乱的局面。过去存在这么多的曲解和误译，这么多以假乱真的传说，这么多写错的日期和误解。再则，还有表示某一专门学科或技术术语方面的困难，即所谓必要的行话。在现代科学的西方语言中有，在古代及中世纪科学的汉语中也有。在某些情况下，技术术语是相当难办的，例如在中国医学方面，翻译问题几乎是无法解决的。"

李约瑟博士善于利用第二手资料，即从已经出版的各个专门学科史的著作中寻找利用文献资料的捷径，如参考已经出版的数学史、天文学史、昆虫学史和医学史著作。

李约瑟博士还强调参考非中文文献，主张在做出结论前，还应该考虑非中文文献。这些文献不仅包括日文、朝鲜文、越南文及东亚其他文字的文献，而且包括梵文、乌尔都文、波斯文以及阿拉伯文、希腊文、拉丁文和欧洲后起语言的文献。为了掌握全部上述文字，常常需要参考译本。

李约瑟博士研究中国古代科学技术史，不仅仅限于文字证据。他认为，无论是刻在墓石上和庙宇里的各种图像和图片，还是绘在墙壁上的壁画，或插在书中的木版画插图或其他复制品等，都是重要的研究资料。考古学也提供了重要的历史图像。他曾经与王铃根据图像实物提出一个论点：船尾舵一定是三国时期（公元3世纪）或更早时期的一项发明。后来，他与鲁桂珍在广州发现了一只从汉墓出土的装有船尾舵的明器船，从而纠正了原先的论点。另一个例子是：敦煌石窟中有一幅画，现在保藏在法国巴黎基迈博物馆（Musee Guimet A Paris）。画中，佛在打坐，群魔正在打扰他，有的全副武装。其中一个魔鬼头上饰有3条蛇，手中握着一个火焰发射筒，火焰向前直喷。这是喷火枪的最早图片。他据此得出结论，喷火枪不比投射炸药包的火炮早，但肯定早于火箭。

（二）实地考察生产和生活传统

李约瑟博士研究中国科技史的第二个方法是：注重实地考察，实际感受传统工艺在生产和生活中的应用，以理解中国古籍中描述的科学技术，而且与中国学者广泛交流，获得启发。

他说："为了研究生活传统问题，很有必要在中国长大，或在中国居住一段时间；否则，就难以真正懂得书中的许多东西。一个人必须受过专门训练才能自己去搞真空蒸馏，或是去完成滴定。一个人必须乘坐中国船去航行，才能真正了解头篷帆。同样必须熟悉中国小小的豆腐厂和酱油厂，才能知道如何制作豆腐和酱油。"

1942年，李约瑟接受英国政府派遣，作为皇家科学院代表，前往中国援助受日军封锁的中国科学家。李约瑟最初任英国驻华使馆科学参赞，后负责筹建"中英科学合作馆"（Sino-British Science Cooperation Office），为中国科学家、工程师和医生提供援助，包括提供科学文献、仪器、化学试剂，传递科学信息和沟通中国与外国（尤其英美）之间的科学交流。在中国工作期间，李约瑟实地考察了大半个中国，东到福建，西至敦煌的千佛洞，并结识了中国各行各业的学者，开阔了眼界。这些学者有数学家、物理学家、化学家、工程学家、医学家、天文学家、史学家、考古学家、语言学家、经济学家、思想史家、社会学家。他们同他讨论了中国古代历史文化、科学发展和社会经济等一系列学术问题。他们告诉他读什么书、买什么书和每门学科史中的关键问题。李约瑟逐渐积累了足够数量的中国典籍。

李约瑟考察了中国的科学现状,并对中国古代科学文明有所了解。他认为,中国人一点也不亚于希腊、罗马时代的欧洲人,在许多领域甚至远在欧洲人之上。有些成就是从中国传到西方,中国古代科学是世界科学的一部分。他后来在《中国科学技术史》各卷中阐述的各种基本思想差不多在这时已经形成。四年援华任务结束后,他想到今后唯一要做的紧迫工作是,撰写一部西方从未有过的关于中国科学、技术和医学的历史著作。

(三) 模拟实验与技术复原研究

李约瑟博士研究中国科技史的第三个方法是:注重模拟实验与技术复原研究。最典型的例子是在英国皇家军备研制局配制了一些火药,以检验中国古文献中记载的火药配方。

李约瑟通过对整个火药史的研究,得出结论:火药中硝的成分是逐渐增加的,很可能最初硝、硫、炭的比例相等,或硝的比例还少一些,越到后来,火药的威力越强,燃烧速度越来越快,最后硝的成分逐渐上升到75%或80%。这是理论上的最佳数量。为了论证这一点,他与他的合作者说服英国皇家军备研制局专门配制了一些火药,含硝量由20%到90%不等。有一天,他们去研制局所在地肯特郡的海思戴德堡(Fort Healthstead of Kent),把这些火药逐个点燃来进行观察。

李约瑟设法把历史文献记载中的火药不同成分整理出来,用图表进行比较观察。从《武经总要》、《火龙经》及十四五世纪以前中国更早的古籍记载中发现,硝、硫、炭的成分平衡点散在表上各处,表明当时还在进行各种不同配方的试验,后来的配方也围绕在硝的成分为75%左右。从早期阿拉伯及欧洲记载中,发现这种平衡点一律集中在硝的成分为75%的中心附近,似乎阿拉伯人和欧洲人一开始就知道该怎样配制最佳的火药了。火药是由中国传入西方的,在火药知识传入欧洲的同时,基本配方的知识也同时传入了欧洲。

(四) 中西比较研究

李约瑟博士研究中国科技史的第四个方法是:站在世界科学史、比较科学史和中外科学交流史的高度,把中国科学文明置于世界史中应有的地位,从而纠正了西方过去对中国科学文化的各种错误看法、误解和严重低估。

他所做的中西对比重要发现如下:

其一,解高次方程的霍纳法是法国数学家霍纳(W. G. Horner, 1786—1837)于1819年建立的,但是宋代数学家秦九韶在1247年提出的方法实际上与霍纳法一致,却早于霍纳572年。

其二,当西方人争论谁在1615年左右最先发现太阳黑子时,中国早在公元前18年以来便系统记录了太阳黑子,比欧洲早了1500年。公元前1400年至公元1600年间,中国有90项超新星记录,其中1054超新星是近代射电天文学家感兴趣的蟹状星云的残迹,而西方过去对此闻所未闻。中国早在公元前1361年就有日食记录,公元前1600年至公元1600年间有581项彗星记载,公元前467年记到哈雷彗星。

其三,近代科学革命的关键仪器就是时钟,而其灵魂是擒纵装置,过去认为是14世纪欧洲人的发明。中国在723年僧一行已制出这种装置,1090年苏颂在开封研制的水运仪象台构造中便有机械钟。这种中国时钟由英国人坎布里奇(John Cambridge)复原后,每小时误差仅在20秒以内。

其四,当西方人对磁极性一无所知时,中国人已在关心磁偏角及磁感应性了。在英国人尼坎姆（Alexander Neckam，1157—1217）于 1190 年在欧洲首次提到磁极性和磁感应之前，沈括（1031—1217）已于 1080 年对磁针作了描述并指出磁偏角。欧洲人知道磁偏角是在 15 世纪。指南针知识是在 12 世纪通过西辽经陆路传到西方的。

其五，西方人在 13 世纪以前还不知道硝石为何物，而中国早在 850 年的《真元妙道要略》就记载以硝石、硫黄和木炭制成火药混合物，1044 年的《武经总要》更给出最早的军用火药配方。

其六，1380 年前，欧洲人还无法制造出一小块铸铁，而中国早在公元前 4 世纪已在工业规模上生产铸铁了，到公元 1 世纪中国人已是铸铁大师，欧洲人相比之下落后了 1500 年。他还根据考古资料，将中国古代的冶炼炉与后来西方的冶炼炉作了对比，得出结论，中国古代和中世纪在钢铁冶炼技术方面长期处于遥遥领先的地位。

其七，在植物学方面，明代于 1406 年刊行的《救荒本草》列举可供救荒食用的野生植物 414 种，对其生态特征、地理分布和处理方法都作了说明，并附有精美的植物插图。欧洲直到 18 世纪布雷安特（Charles Bryant）才开始注意到野生植物的食用价值，比中国晚 400 年。西方第一部印刷的植物图出现于 1475 年德国人康拉德（Conrad）的《自然志》中，但比《救荒本草》晚了 69 年。

其八，中世纪中国从人尿中提制性激素，是一项最大的生物化学成就。西方认为尿为污秽之物，直到 1927 年阿什海姆（S. Aschheim）和宗德克（B. Zondek）才从尿中获得性激素。在中国，叶梦得（1077—1148）在《云水录》中已描述了从尿液中提制性激素的方法。

其九，近代医学科学中最伟大、最有益于人类的一个学科——免疫学，产生于人类为预防天花而进行的种痘实践中。葛洪于 300 年最早记载了这种疾病，在 1000 年已经发明天花预防接种，1500 年中医已公开著书介绍这种疗法。这时欧洲人对此一无所知，许多患者因此失去生命。中国种痘法西传后，1700 年经土耳其传到英国（1722 年，英国驻土耳其伊斯兰堡朝廷大使夫人沃尔斯莱·蒙塔古夫人让自己的孩子们全种上痘，并把种痘术带回英国，在欧洲广为宣传）。19 世纪初，爱德华·真纳（Edward Jenner，1749—1823）发现了牛痘苗可安全预防天花。

其十，中国至迟在公元前 200 年的汉初，就有了有效的胸带挽具，公元 6 世纪有了更进步的颈圈挽具。这两种有效的挽具直到公元 1000 年欧洲才开始出现。西方过去用颈肚带挽具，拉力来自颈部，极易使牲畜窒息。

（五）内史与外史研究相结合

李约瑟博士研究中国科技史的第五个方法是：内史与外史研究相结合，既注重科学发展的内因，又强调社会、经济因素的外在影响，论证中国近代科技落后的根源。

李约瑟博士是一位有科学哲学头脑的科学史家。早在 30 年代，他不仅是剑桥大学一位有前途的一流生物化学家，而且对哲学、宗教和伦理学感兴趣，并开始涉足科学技术史。剑桥大学的化学史家帕廷顿（James Riddick Partington，1886—1965）教授对李约瑟博士产生了影响。帕廷顿教授的名著有《应用化学的产生和发展》（Origin and Development of Applied Chemistry）、《希腊火和火药史》（History of Greek Fire and Gunpower）和四卷本《化学史》（A History of Chemistry）。他通过帕廷顿认识了伦敦著名科学史家桑格尔教授（Charles Singer，1876—1960），经常与其讨论科学史问题。他还读过福斯特（Michael Foster）的《生理学史》（History of Physiology）和丹皮尔-怀特海姆爵士（Sir William Danpier-Whitham）的《科学史》。他还喜欢读恩格斯的《自然辩证法》。1931年在伦敦举行第二届国际科学史大会。

在写作《中国科学技术史》的过程中，他提出了以下几个基本问题：

（1）为什么与系统的实验和自然假说的数学化相联系的近代科学及随之而来的工业革命首先在西方迅速兴起？

（2）为什么在公元1—15世纪的漫长岁月里，中国在发展科学技术方面比西方更为有效并遥遥领先？

（3）为什么中国传统科学一直处于原始的经验主义阶段，而没能自发地出现近代科学及随之而来的工业革命？

为了回答这些问题，李约瑟通观全局地研究中西科技史，理清其发展脉络，找出各自的优缺点和异同点；从科学社会学角度综合分析中西社会体制、经济结构、历史传统、思想体系等各种因素的影响，考察中西商人、科学家和工程师的社会地位。在内史与外史结合研究时，既注重科学发展的内因，又强调社会、经济因素的外在影响。

他认为，中国与西方在科技方面的差距，主要是由于社会和经济方面的原因造成的。西方所经历过的封建主义和中国、印度的封建主义，两者是截然不同的。西方经历的是军事和贵族统治的封建主义，中国所经历的却是官僚封建主义。西方的军事封建主义貌似强大，事实上中国的官僚封建主义却更强大，更能防止资产阶级夺取政权。西方现代科学的崛起是和两件事联系在一起的：第一件是改革运动，第二件是资本主义的兴起。资产阶级取得国家领导权，近代科学也就同时崛起。资产阶级在16—17世纪确实是一股进步的力量，他们确实在发动科学革命方面起到了作用。

（六）国际大合作

李约瑟博士研究中国科技史的第六个方法是：重视各国学者之间的学术合作，发挥各自专业特长，合作撰写科学史，而且卓有成效。他一再强调：没有一个单独的欧洲人或中国人有足够广泛的知识能在这一非同寻常的事业上取得成功，没有一个人能够单枪匹马地完成这项任务；即使我们自己能活到马士撒拉（Methuselah，《圣经·创世纪》中的族长，活了969岁）或彭祖的岁数，我们也完不成所有应做的工作。从第五卷起，李约瑟无法亲自一一执笔，开始另请专家按照《中国科学技术史》的体例及指导思想去研究和撰写各分卷分册，最后由他亲自过目审定。

王铃是李约瑟博士第一个主要合作者。抗日战争时期，李约瑟在傅思年和陶梦和的主持下，在重庆中央研究院历史语言研究所结识了当时正在研究火药史的年轻中国学者王铃（号静宁）。1947—1957年，王铃在剑桥与李约瑟合作了九年。

王铃去澳大利亚后，李约瑟劝说在巴黎联合国教科文组织秘书处工作了九年的鲁桂珍回剑桥做他的助手，改行成为医药史、医学科学史和生物科学史的专家。

何丙郁教授在布里斯班格里菲思大学当汉语教授（Griffith University, Brisbane），负责炼丹术历史和早期化学史。

钱存训过去在北京图书馆工作过，后来在美国芝加哥大学工作，是造纸史和印刷史方面的权威，负责中国造纸史和印刷史卷。

弗朗赛斯卡·白瑞（Francesca Bray），汉文名白馥兰，曾在马来西亚住过，亲自种过水稻，知道农时农活安排，专攻中国农业史，负责中国农业史卷。

德国的狄特·库恩（Dieter Kuhn）负责中国纺织技术史卷。中国纺织技术史是最难写的课题。李约瑟对库恩的合作极为赞赏。他说："我认识不少工程师，他们都说宁愿退避三舍，也不愿和纺织机械打交道。有趣的是：库恩在开始学汉语和日语以前，早就是合格的纺织工程师了。他搞中国纺织技术史，就把早年所学的知识很好地使用上了。"

黄兴宗是抗战时期李约瑟在中国的第一批合作者之一，负责植物学史卷。他研究的是植物杀虫剂和生物植保的起源。

第七卷用来探讨中国科学、技术和医学的社会和经济背景，合作者不少。黄仁宇在美国任教多年，在剖析欧洲资本主义的起因和妨碍中国现代科学的发展的种种社会条件方面做了出色的研究工作。美国的卜德（Derk Bodde）写过许多有关历代中国文人学士世界观的文章和书。美国人卜鲁（Gregory Blue）研究中国传统社会的性质，专论欧洲人眼里的中国传统社会。加拿大的卜正民（Timothy Brook）探讨现代中国自己的社会史学家和经济史学家对于中国传统社会性质的意见。波兰学者雅诺什·梅里亚斯基（Yarnosch Meliasky）研究中国逻辑史。

肯尼斯·罗宾逊（Kenneth Robinson）原来在联邦德国汉堡联合国教科文组织教育研究所工作，负责物理声学方面。

（七）《科学技术史》的主要作者及其成果

李约瑟与上述学者合作完成的各卷分册如下：

第一卷总论，首先介绍全书总的计划，考察汉语及汉字结构，论述中国地理概况和中国的历史，最后阐述几个世纪的中西科学技术交流，1954年出版，由李约瑟与王铃合作完成。

第二卷论中国科学思想史和科技发展的思想背景，论述了中国古代哲学各流派（如儒家、道家、法家、墨家、名家、释家及宋明理学）和科学思想的演变发展，讨论了有关自然的有机论哲学概念和自然法思想的地位，对具有唯物主义倾向的思想家给予高度评价，1956年出版，由李约瑟与王铃合作完成。

第三卷论数学、天文学、气象学和地学，1959年出版，仍由李约瑟与王铃——合作完成。

第四卷论物理学及相关技术，分三个分册。第一分册详细论述了物理学的基础声学、光学和磁学在中国的发展，1962年出版，由李约瑟与肯尼斯·罗宾逊（Kenneth Robinson）执笔。第二分册论述了中国传统机械工程的发展历史，探讨了畜力、水力及风力在机械中的开发与应用，并论述航空的史前时期、水运机械钟在六百年间的发展，1961年出版，由李约瑟与王铃合作完成。第三分册论述中国古代的土木工程、水利工程、建筑、航海和远洋航行技术，1971年出版，由李约瑟与鲁桂珍执笔。

第五卷论化学及相关科学技术，是全书最大的一卷，共有13个分册。第一分册讲造纸术及印刷术，由美国芝加哥大学的钱存训执笔，1985年出版。第二分册讲炼丹术的起源，讨论中国的长生不老思想，由李约瑟与鲁桂珍执笔，1974年出版。第三分册研究炼丹术（外丹）的发展与早期化学史，从古代的丹砂一直讲到合成胰岛素，由李约瑟、何丙郁与鲁桂珍执笔，1976年出版。第四分册比较研究中西化学仪器的发展、中国炼丹术的理论基础及其在阿拉伯、拜占庭及欧洲的传播，以及对文艺复兴时期斯帕拉塞斯（Paracelsus）药化学学派的影响，由李约瑟、何丙郁、鲁桂珍与美国费城宾夕法尼亚大学的席文（Nathan Sivin）执笔，1980年出版。第五分册讲生理炼丹术（内丹）、原始生物化学及中世纪性激素的制备，由李约瑟与鲁桂珍执笔，1984年出版。第六分册讲军事技术，由李约瑟、王铃、果里柯夫斯基（K. Gawlikowski）与叶山（Robin Yates）共同执笔，1994年出版。第七分册研究火药与火器史，由李约瑟、何丙郁、鲁桂珍和王铃共同执笔，1984年出版。第八分册为军事技术的续篇，由耶茨·迪安（Albert Dien）和美国加州大学的罗荣邦执笔。第九分册研究纺织技术，包括纺纱与纺车技术，由德国的库恩执笔，还包括制盐及深钻技术，由李约瑟与罗荣邦执笔。第十分册讨论织造与织机技术，由库恩执笔。第十一分册为有色金属及冶炼，由富兰克林（Ursula Franklin）与贝思朗（John Berthrong）执笔。第十二分册讲钢铁冶炼，由瓦格纳（Donald Wagner）执笔。第十三分册讲陶瓷，由台北屈志仁执笔。

第六卷是生物科学及相关技术，包括农业和医学。第一分册谈植物学及古代进化思想，由李约瑟与鲁桂珍执笔。第二分册讲农业，讨论了农业区、古农书、大田系统、农具及技术、谷物系统，最后讨论农业变化与社会的关系，由白馥兰女士执笔，1984年出版；针灸分册由李约瑟与鲁桂珍执笔，1979年出版；动物学和医学其他分册正在准备中。

第七卷分析传统中国文化社会和经济结构，讨论知识分子的世界观、特殊思想体系的作用，刺激或抑制科学发展的各种因素，最后回答为什么中国没有自发地产生近代科学。这一卷的合作者有卜德、卜鲁、卜正民等人。

第二节 "STS的关系"研究型学习的教学案例

在中学科学教育中，应该使受教育者懂得，科学成就和技术革新应该为社会的生产、生活和发展服务，为公众利益服务；对科学技术应用中的各种社会问题持积极参与的态度，并尽可能提出合理的对策和行动。但是现行中学理科教育受制于升学的压力，教师为升学而教，学生为升学而学，这不仅使教学内容和方法围着应试转，而且使得科学、技术、社会三者脱节。

与此同时，由于我们在基础科学教育中渗透人文因素方面的工作长期落后以及相关学术研究进展的滞后，使得有时在教育中谈到要引入"STS"内容时，对于究竟何为"STS"以及如何引入"STS"，还存在着相当严重的误解。例如，仅仅望文生义地将"STS"等同于实践、动手等等。因此，我们应该更多地关注西方的科学教育中的新思想，这对于我国基础科学教育的改革有重要的借鉴意义。必须承认的是，和英美等国家相比，在基础科学教学中结合"STS"的方面，我们国家显然仍有不小的差距。笔者认为，教育界不应当与学术界脱离，而是应该汲取学术界的观念、观点和研究方法，请学术界人士参与到教育的改革中来。

教学案例设计1：电磁感应

（一）课标内容

物质科学——主题3物质的运动与相互作用：（三）电和磁——由电磁感应引入法拉第的工作和生平。其具体内容如表6-2-1所示。

表 6-2-1 "电和磁"的具体目标和活动建议

具体内容目标	活动建议
1. 知道电路的基本组成，会连接串联电路和并联电路，会画出电路图，会使用电流表、电压表。 2. 了解决定导体电阻大小的因素，会用滑动变阻器改变电流大小。 3. 理解欧姆定律，并能应用它解决简单的电学问题。 4. 知道半导体和超导体及其应用对科学技术发展的作用。 5. 通过实验证明通电导线周围存在磁场，描述通电螺线管周围磁场的特点。 6. 通过实验了解通电导体在磁场中受力与磁场方向、电流方向有关，说明产生感应电流的条件。 7. 了解常用电器、家庭电路以及安全用电的常识，树立安全用电的意识。 8. 通过了解电磁知识在技术中的应用和电磁学发展史中的典型事例，认识电磁感应现象的发现对社会发展的作用。	探究使两个小灯泡同时点亮的连接方式；探究串联、并联电路中的电流和电压。 探究导体中的电流与电压和电阻的关系。 用铁屑描绘磁体的磁感线，并用小磁针探测磁体周围磁场的方向；用小磁针探知直线电流周围存在磁场。 安装直流电动机模型；探究线圈中产生感应电流的条件。 观察家庭电路，调查家用灯具；探究节日小彩灯的连接情况；探究楼梯灯、过道灯的控制；设计简单的电磁控制电路。 阅读说明书，练习使用简单的家用电器（如台灯、电扇、电热器、电吹风、电饭煲等）；调查在自然界或生命活动中的电现象；查阅磁悬浮列车的有关资料。

（二）内容分析

学生在小学科学课程已有的电学知识和简单的磁现象知识基础上，将电和磁对立统一起来；通过奥斯特实验明确通电导线周围存在磁场；通电螺线管的磁场；通过实验了解通电导体在磁场中受力与磁场方向、电流方向有关，说明产生感应电流的条件，是一节内容较多、信息量较大的课。但是这节课的优点是知识结构上条理清晰、层次分明。

教材要求通过科学史教学，培养学生不迷信权威的科学精神，勇于探索，实事求是的科学态度，以及用实验验证科学理论的科学方法。

（三）教学目标

1. 知识与技能

（1）知道什么是电磁感应现象；
（2）掌握由磁产生电的条件；
（3）了解电磁感应现象的发现对社会发展的影响。

2. 过程与方法

（1）通过演示电磁感应现象的实验，培养学生观察、分析的能力；
（2）尝试实验、猜想、讨论、交流的学习方法。

3. 情感态度与价值观

（1）介绍法拉第不怕困难，顽强奋战十年，终于发现电磁感应现象，激发学生为科学的献身精神；

(2) 通过了解电磁感应知识在技术上的应用，认识电磁感应现象的发现对社会发展的作用。

（四）重点、难点

重点：磁生电的条件；

难点：掌握产生感应电流的条件；

（五）教学过程

1. 引入

（1）设问：在漫长的人类历史长河中，随着科学技术的发展进步，重大发现和发明相继问世，极大地解放生产力，推动了人类社会的发展。在我们现在的生产、生活中，离不开能源，尤其是电能。那么，大家知道电是如何得来的吗？

（2）我们前面学习了电流的磁效应，1820年，丹麦科学家奥斯特发现，在通电的导线周围存在着磁场，就是说，电流可以产生磁场。那么，反转过来，由磁场能不能产生电呢？

（3）许多人都开始了这方面的探索，但都没有发现由磁产生电的规律。英国伟大的科学家——法拉第，经过了十年不懈的努力，终于在1831年，发现了由磁产生电的规律，使电能得到广泛的应用。从此，人类进入电气化时代。

2. 新课教学

（1）复习：演示电流的磁效应实验；

（2）介绍灵敏电流计的使用。

【提出问题】

（1）如何由磁产生电；

（2）如何验证磁能产生电的假设，需要哪些器材。

【进行实验，收集证据】

（1）把由铜质导线绕制成的矩形线圈和灵敏电流计组成闭合电路，把线圈的一条边框放在蹄形磁铁的两极间，使线圈保持静止，观察灵敏电流计的指针是否发生偏转；

（2）把线圈的一条边框向左或向右移动，观察电流计指针偏转的情况；

（3）把线圈的一条边框向前或向后移动，观察电流计指针偏转的情况；

（4）把线圈的一条边框向上或向下移动，观察电流计指针偏转的情况。

【交流与讨论】

（1）在以上的观察中，灵敏电流计的指针偏转说明了什么？电路中的电源在哪里？

（2）在什么情况下，闭合线圈中会有电流产生？

（3）指针的偏转方向不同说明线圈中产生的电流方向不同，而这一电流方向与什么因素有关？

【分析与论证】

当闭合电路的一部分导体做切割磁感线运动时，导体中就产生电流，这种现象就叫电磁感应现象，导体中产生的电流叫感应电流。

【评估】

电磁感应现象是法拉第经过十年的努力发现的。电磁感应现象的发现，证实了科学家的预见性，也说明了自然界的现象是相互联系的。

人们根据这个理论,发明了发电机。电力的广泛应用极大地推动了社会生产力的发展,推动了社会的进步,使人类社会从蒸汽时代进入了电气时代。

(六)课后总结——案例评析

本节课主要学习法拉第电磁感应现象的发现,学习磁场产生电流的规律,知道了科学技术发展对社会的影响。

本节教学强调了物理知识与"STS"教育密切结合,突出了学生的主体作用。形式生动活泼,增强了学生的实验观察能力、思维能力、分析能力,有助于促进学生对科学、技术与社会相互关系的理解,进而使学生感受科学在人类文化与社会进步过程中的地位和影响。通过"STS"教育,激发学生对科学的兴趣,培养他们的探索精神和科学态度,促进和改善学生对相应的科学思想方法的理解,进而了解科学的本质,培育科学精神。

教学案例设计2:电阻定律

(一)课标内容

物质科学——主题3物质的运动与相互作用:(三)电和磁——探究导体的电阻与哪些因素有关。

(二)内容分析

(1)通过科学史教学,培养学生不迷信权威的科学精神,勇于探索,实事求是,实验验证的科学态度。

(2)属于技术设计,使学生由被动接受到主动获取知识,培养学生科学探究能力和动手能力。

(3)课题可以定为:探究导体的电阻大小与哪些因素有关。

(三)教学目标

1. 知识与技能

(1)通过实验探究加深对电阻的认识;

(2)了解影响导体电阻大小的因素。

2. 过程与方法

(1)学习控制变量的实验方法,发展学生的科学探究能力;

(2)通过小组合作探究,培养学生整合知识信息,分析解决问题的能力。

3. 情感态度与价值观

通过科学史教学,培养学生实事求是的科学态度,以及实验验证理论的科学方法。

(四)重点、难点

重点:理解影响导体电阻大小的因素;

难点:掌握如何用实验验证假设和猜想的方法。

(五) 教学过程

1. 引入

提问：(1) 怎样描述导体对电流的阻碍作用？
(2) 为什么家用电路一般用铜导线而不用铁导线或其他材料导线？

演示实验：用电炉丝代替一根铜导线使电路中的小灯泡变暗。

2. 探究实验

【提出问题】

怎样用实验检验提出的猜想？怎样定性地比较电阻的大小？怎样确定电阻的大小与某一因素的关系（定性）？导线电阻的大小与哪些因素有关？

【假设与猜想】

引导学生考虑导线自身的因素，经过讨论，学生提出下列猜想：导线电阻可能与导线的材料、长度、粗细有关。

【设计实验】

(1) 设计思路：实验影响导线电阻的大小与哪些因素有关。

(2) 器材：干电池、带灯座的小灯泡（2.5V，0.3A）、直流电流表（0～0.6A）、开关、铜导线、电阻丝（可用拉直的电炉丝替代）、材料长度粗细不同的导线（L_1、L_2 为相同横截面积、长度不同的同种材料导线；L_2、L_3 为长度相同、粗细不同的同种材料导线；L_3、L_4 为长度相同、横截面积相同、材料不同的导线），如图 6-2-1 所示。

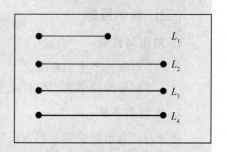

图 6-2-1 实验所需的各种材料导线

(3) 引导学生明确控制变量的意义，说明这是一种常用的实验研究方法。

【进行实验，记录数据】

分组按照设计开展实验（在实验过程中教师巡回指导，要求学生认真观察实验现象，作好纪录）。

【分析与论证】

各组分析实验记录，讨论得出结论：导体电阻的大小与导体的长度、横截面积和材料性质有关，且导体越长，横截面积越小，电阻越大。

【讨论与交流】

最后全班交流，教师总结。

【实践与拓展】

对于有兴趣的学生，可以课外补充电阻公式，引导其阅读超导体的相关书籍。

(六) 课后总结——案例评析

本案例的特点在于如何实现在教师引导下学生自主探究的过程，将科学探究与学习科学知识有机地结合起来。

进行探究式教学符合科学教学的发展规律和认识规律。有利于科学知识、技能、方法、能力、态度、情感在学生自身人格中内化，使学生的科学素养得以全面提升。

科学课程教师首先通过实验演示和提问,激发学生探究的动机,并思考可能是哪一方面的问题。通过演示实验引导学生确定可通过科学探究解决的问题,然后启发学生进行猜想,讨论在可能有多种因素的情况下如何确定电阻的大小是否与其中的某一个因素有关,在此基础上设计验证猜想的方案,再进行实验验证,最后进行总结,得出结论。

本案例突出了控制变量的意义,使学生在探究过程中学习这样一种普遍的实验研究方法。

教学案例设计3:噪声污染以及防治

(一)课标内容

物质科学——主题3物质的运动与相互作用:(四)波——噪声污染以及防治。

(二)内容分析

属于当代重大课题,培养学生关注环境等社会问题的意识,增强社会责任感,应用科学原理和方法解释自然现象和解决实际问题。

(三)教学目标

1. 知识与技能

(1) 了解噪声产生的原因。

(2) 了解噪声的危害,分析减少噪声的方法。

2. 过程与方法

通过对"分析减少噪声的方法"的学习,进一步使学生拓宽了知识面。

3. 情感态度与价值观

(1) 提高学生的环保意识。

(2) 培养了学生关注社会、适应社会的能力。

(四)重点

重点:了解噪声产生的原因。

(五)教学过程

1. 引入

复习:声音产生的条件:物体的振动。

事例导入:教师先拖动一下课桌,让学生听产生的声音,再让学生听音叉(或铜钟)发出的声音,问学生喜欢听哪种声音。比较这两类声音有什么不同。(学生从产生的机理和对人的心理、生理产生的影响等各个方面进行发散性的讨论)

【观察与思考】

演示实验:教师可利用示波器演示,让学生观察、比较音叉振动时发出的纯音的波形和撕破一张牛皮纸(或咳嗽一声)时产生的噪声的波形。教师指出,噪声是发声体做无规则振动时所发出的声音,噪声强度可用"分贝"数表示,长期在超过60分贝的噪声环境下工作、生活,将会对人的心理、生理健康产生不良影响。

2. 探究实验：减少噪声的途径

【提出问题】

给人们带来危害的噪声应该如何控制？

【假设与猜想】

学生们提出，可以减少声源、远离声源、设置屏障、戴上耳塞等。

【进行实验】

（1）让一台收音机发出一定响度的声音，站在距离收音机不同的位置上，感觉声音大小，并作记录。

（2）分别用几种不同的材料（衬衣、毛衣、棉衣、棉被），裹住正在发音的收音机，当人与收音机的距离不变时，试感觉声音的大小，并作记录。

（3）用棉花或耳塞堵住耳朵，当人与收音机的距离不变时，试感觉收音机发出的声音的大小，并作记录。

【讨论与交流】

实践证明：减少噪声有许多方法。刚才的一些假设与猜想的确是有效的，比如可以减少噪声源的噪声、远离噪声源、设置屏障、戴上耳塞等。

【分析与论证】

声音从产生到听觉有三个阶段：声源的振动产生声音——空气等介质的传播——鼓膜的振动，因此，控制噪声也可以从这三方面入手，即防止噪声产生、阻断它的传播、防止它进入耳朵。

【实践与拓展】

了解你所在的生活环境中存在哪些噪声，噪声会对生物包括对人造成哪些危害，就如何减小噪声，保护环境，提出自己的看法。

（六）课后总结——案例评析

通过这次探究式教学活动，学生对噪声的产生及防治有了进一步的认识，还进一步使学生拓宽了知识面，增强了学生学习科学知识的兴趣，启发了学生的思维能力，增强了学生的环保意识，了解到现代科技是一把双刃剑！培养了学生关注社会、适应社会的能力。

探究式课堂教学，要转变传统教学中的师生观。在新的课堂中教师不再是一个主讲者，而是课堂教学的参与者、引导者和组织者。教师的教学行为都是为了学生的发展。教师应该和学生一起去感受、认识、探索、分析、概括、抽象和得出结论；要建立起良好的、平等民主的新型师生关系。

另外，受课堂这一时空条件的限制，对于超出课标的内容，可以鼓励学生课外探究。

第三节　"STS"实践活动课的教学实例

目前在我国快速的经济发展进程中，在生产、生活、学习、社会环境各个方面，无论是在乡镇还是在大都市，人们已经深切地感受到，个人和社会的发展，更多的是依靠科技力量和科技创新。我们知道，科技的竞争根本上来说还是人才的竞争，人才的竞争在于教育。我们要逐步地转变观念，要打破传统的教学模式，增加"STS"实践活动课，把知识的掌握、科学素养的培养和动手实践能力的培养有机地结合起来。"STS"实践活动课的形式灵活，模式多样。以下介绍三种简单易行的"STS"实践活动课的教学实例。

活动案例设计1：信息时代与知识经济

（一）活动目标

1. 了解信息的传播方式的变化；
2. 知道互联网、信息高速公路的发展史；
3. 知道知识经济的含义；
4. 引导学生关心社会，懂得科学成就和技术革新应为社会的生产、生活服务。

（二）活动准备

多媒体幻灯片，投影仪，资料。

（三）活动过程

1. 提问：什么是信息？什么是知识经济？

2. 信息的相关定义

普通定义：信息指知识、消息、情报、指令和密码等。

科学定义：信息是描述不定性减少的量，即信息就是两次不定性之差。

3.（投影）信息传播的方式变化

在古代，传播信息主要通过烽火、快马、信鸽、口信等方式；

现代，传播信息的方式是多种多样的，如：电话、电报、广播、电视等，它们通过光纤、同轴电缆、双绞线、电话线、通信卫星、无线电波等介质传播。

4. 信息技术的发展

1946年人类制造出电子计算机，极大地提高了运算速度，可以方便地处理各种各样的信息。

20世纪60年代，美国国防部建设ARPAnet；

20世纪70年代初，美国国防部建立全国交互通信网络；

20世纪70年代后期，法国的电信革命；

欧共体制定"尤里卡"计划（RACE）；

20世纪70年代末，日本提出INS计划。

1992年，克林顿提出建设信息高速公路设想。

1995年，西方七国及欧盟代表制定了具体实施计划。

5. 信息高速公路

信息高速公路是一种电子信息网络，它能把某个区域乃至整个世界连成一体，使公路上的每一个人都能享用信息资源。

铺成信息高速公路的材料，不是钢筋混凝土和沥青，而是光导纤维。一条典型的光导纤维，直径不足13mm，其中却包容着32根用塑料皮包裹着的玻璃纤维。

信息高速公路以光导纤维为媒介，激光脉冲束为数据载体来传输信息。光导纤维柔软而坚韧，传导能力特别强。经过处理的文字、声音、图像等信息，变成强弱不同的光信号，通过光导纤维传到远方。

信息高速公路给人们的生产、生活带来了极大的便利。

6. 我国信息高速公路的建设

1978 年，上海新沪玻璃厂成功制造我国第一根实用光纤。

1981 年，全国第一条 1.8km 光纤传输系统在上海邮电局四川路分局和海宁路分局开通。

20 世纪 90 年代初，长途干线通信建设基本采用光纤设备。

2000 年初步建成我国信息高速公路骨干网，进行信息中低速传输。

到 2020 年基本将建成覆盖国民经济各部门和社会生活主要领域的国家高速通信网络。

7. 数字地球的提出

1998 年，美国副总统戈尔发表演说《数字地球——认识 21 世纪我们这颗地球》。

1999 年，在北京召开第一届"数字地球"国际会议，通过《北京宣言》。

8. 数字地球的核心思想

对真实地球及相关信息统一进行数字化处理。

最大限度地利用信息资源。

9. 知识经济的含义及其特征

含义：知识经济是"以智力资源的占有、配置，以科学技术为主的知识的生产、分配和使用（消费）为重要因素的经济"。

知识经济是以知识创新、传播和应用为基础的经济。

知识和知识型劳动者成为核心生产要素，生产资料同劳动力一体化。

知识经济是一种可持续发展的经济模式。

知识经济是一种学习型经济。

知识经济是世界一体化的经济。

10. 与学生讨论：我们应该如何面对信息技术挑战？

知识改变命运，教育成就未来。

（四）活动总结

本案例主要以讲座的形式，与学生进行交流科学技术的发展对社会的影响，目的在于培养学生对"科学、技术与社会"的关系的认识。

（五）案例评析

现代科学技术知识系列讲座是科普教育的一个组成部分，是进行"科学、技术与社会的关系"教学的一个有效方式。科学讲座的特点是信息量大，知识面宽，与现代社会的联系密切。学生学习这部分知识兴趣浓。进行这一部分内容教学应该注意以下几个方面：

1. 力求体现时代精神。将基础科学与现代技术的普及知识结合起来组成以现代科技为中心的若干课题。其指导思想是联系现代科技，联系现代生活，联系现代社会。

2. 重在拓宽学生的知识面。注意学科知识的综合与联系，注意科学与技术的综合与联系，注意自然科学与社会科学的综合与联系。

3. 突出科普的特点,讲座内容要避免过于"学术化"。
4. 尽可能运用现代教学媒体如电视、录像、计算机、多媒体课件,配合应用形象化的演示实验,创设最优化的学习情境。

活动案例设计2:科技小制作——水火箭的制作

(一) 活动目的
1. 提高学生实际动手能力及团结协作能力;
2. 培养学生研究问题的科学态度和科学方法;
3. 巩固所学过的物理知识。

(二) 活动准备
1. 把学生分成若干小组,明确所需的材料,学生利用课余时间分别准备材料:可乐瓶(大、中、小均可)、橡皮塞、自行车气门芯、废X光片、打气筒、透明胶、剪刀、水等。
2. 引导学生查阅相关的书籍。

(三) 活动过程

1. 提出问题

"十、九、八、七、六、五、四、三、二、一、发射"。不论是电影或是实况转播,你是否都为那象征人类智慧结晶的火箭喷出巨大火焰,载着人类的梦想,奔向浩瀚的太空,向往不已。我们如何使火箭划过长空,它的原理是什么?影响的因素又有哪些?同学们,你们想自己研制一支水火箭吗?想感受一下发射水火箭的滋味吗?现在,让我们一起来研讨一下如何制作、发射水火箭吧!

2. 实验原理

施放程序	说　　明	物理原理
加水	提供质量,增加动量,利用动量守恒,使火箭飞得更快	动量守恒
打气	利用火箭内外空气压力差,产生动力	气压
发射	利用作用力与反作用力,使火箭飞行	牛顿第三定律
飞行	受到重力与空气阻力,减速,下落	重力,空气阻力

3. 实验设计

学生根据水火箭的原理及教师提出的要求广泛收集相关的设计资料、访问有制作经验的老师、参观水火箭的模型,比较各种制作方法的优劣,确定自己的制作方案,并绘制图纸。

4. 制作要点

(1) 火箭要身滑体细;
(2) 头部圆尖,尾部细小;
(3) 火箭头部稍重,翼薄轻。

学生根据设计要求,按照设计方案,精心制作"水火箭",精心调试,并对不满意的地方再作改进。如图 6-3-1 所示。

5. 成果展示

学校可组织"水火箭制作比赛",比较工艺和射高、射远比赛,作为研究型学习活动的延伸。

6. 问题讨论

指导学生研究:(1)升空原理;(2)升空高度与什么因素有关;(3)飞行方向如何稳定。

7. 实验报告

组织和指导学生写水火箭的说明书,并用书面形式解释观察到的现象和制作体会,在班上交流。

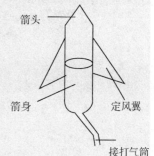

图 6-3-1　水火箭示意图

(四)活动总结

本次活动,主要培养学生应用所学到的物理知识,设计、制作水火箭,提高学生的实际动手能力,使学生体会"科学、技术与社会"之间的互动关系。

(五)案例评析

科技小制作一般以课外研究型学习的形式进行。研究型学习一般应能很好地体现科学、技术与社会的关系。要引导学生接触社会、认识社会、关注社会问题,获得关于社会及科技进步的直接经验,使学生在动手、动脑、体验的同时真切体会到科学知识对提高技术的作用,对社会进步的推动作用,真切体会到知识的力量。

课外研究型学习,围绕某一主题进行,可以将课题分为若干层次,每个层次都与课题密切相关,且较低层次课题是较高层次课题的必要准备,较高层次课题又是较低层次课题的合理发展。一般来说,此方法适用于小制作、小发明等系列化研究活动。如确定"水火箭的制作"作为研究课题,可以分为以下几个层次:提出问题→实验原理→实验设计→动手制作→成果展示→问题讨论→实验报告。

活动案例设计3:参观调查

(一)活动内容

参观航天航空展,搜集神舟五号的资料。

(二)活动目的

1. 通过活动,增强学生的爱国心,增强学生为科学献身的精神;
2. 通过活动,使学生了解航空航天事业的发展历史;
3. 使学生能关注科学、技术和社会的相互影响;
4. 号召同学们进一步学好科学文化知识,为祖国的强大而努力。

(三)活动准备

联系科技展的有关部门,收集相关资料。

(四)活动过程

1. 播放科技录像片——《神舟五号》;

图 6-3-2 神舟五号升空

2. 带领学生到科技馆参观；

3. 把学生分成若干小组，明确各小组分工调查收集资料的各个主要方面（包括获取定性和定量资料、到哪些地方或机构采访、向哪些人调查等）；

4. 开展课堂介绍和讨论，教师应做好指导和组织工作，使交流讨论生动有序。每个活动小组可推举一人作中心发言，组内其他学生补充；

5. 把收集来的信息通过墙报、黑板报、团刊、校刊、广播、校园网等途径对外公布。

（五）活动总结

通过这次活动，开阔学生视野，激发学习动力，增强学生振兴中华、为科学献身的使命感，使学生体会"科学、技术与社会"之间的互动关系。

（六）案例评析

指导学生进行参观调查应该切实可行。首先，要选择学生感兴趣的课题，要充分考虑到每个学生原有的知识水平、兴趣特长。另外，从地域考虑，要就近合适，便于参观调查；在手段上，要有供调查研究使用的设备、物资协助；在时间上，要有合适的时机，来保证调查的实施。

本次活动，突出了科学与"STS"教育密切结合，突出了学生的主体作用，形式生动活泼，学生参与积极性高，增强了学生的思维能力、分析能力，对培养学生的科技意识、开发潜能、实施创新教育有积极作用。

活动案例设计 4：信息收集与分析

（一）活动内容

收集水资源和水污染资料。

（二）活动目的

1. 了解我国和本地区水资源、水污染的情况；

2. 了解水污染的主要原因，增强节约用水意识和防止水污染的责任感；

3. 探讨如何净化水；
4. 培养学生对信息收集、描述、记录和概括能力；
5. 培养学生思考联系科学、技术与社会事件的能力。

（三）活动方案

1. 搜集世界和中国水资源的主要分布以及现在水资源的污染状况资料，总结其概况。
2. 分析上面搜集到的资料信息（书籍，网络信息），从观察角度，选几个典型污染指标，调查本地区过去和现在的水资源和水污染的状况，总结其概况。（例如，主要的用水来源、河流的状况、废水的处理等等）
3. 利用所学知识或搜集的资料设计一个或多个净化水的方法。

（四）活动过程

1. 水资源情况

要求学生自己搜集水资源情况的资料，分析后简要说明水资源的主要分布情况，具体内容如下。

（1）全球水资源的主要分布；
（2）中国水资源的主要分布；
（3）本地区水资源的主要分布。

2. 水污染情况

要求学生把自己搜集到的水污染情况资料，分析后简要地说明水资源的主要污染情况，其中本地区水污染的情况是学生自己实践调查所得，可集中学生调查意见，同时肯定学生的调查成果，具体内容如下：

（1）水污染的概况；
（2）水污染的主要原因；
（3）本地区水污染的情况。

3. 讨论交流——主题1：节约用水和防止水污染

学生通过水污染的实际调查，促进学生形成良好的科学态度、情感与价值观。

4. 讨论交流——主题2：如何净化水？

（1）组织学生把自己的解决方案拿出来，大家一起讨论，老师分析其方案的优缺点。
（2）要求让学生学以致用，遇到问题能自己查资料，分析并给出解决方法，组织学生讨论并提供方案，而且学生还能从老师对其方法的分析，得到正确的反馈，从中能力得到提高。

（五）案例评析

此案例与课堂教学活动相结合，实施前要确保准备工夫做足，才有效果。与上一个案例一样，要有供调查研究使用的设备、物资协助；在时间上，要有合适的时机，来保证调查的实施。

思考与练习

1. 什么是 STS？STS 之间的关系如何？
2. STS 产生的社会背景有什么特点？
3. 为什么要在科学课程的教学活动中引入 STS 教育？
4. 我国科学课程的 STS 教育有哪些优势、哪些困难？
5. 查阅资料，尝试进行"STS 的关系"研究型学习案例的设计。
6. 查阅资料，尝试进行 STS 实践活动课的教学案例的设计。
7. 现在有学者在 STS 基础上，提出"STSE"，E 有两种解释 Environment 或 Emotion，请谈谈你的看法。

第七章 科学课程的网络环境辅助教学模式探讨

20世纪的微电子技术和激光技术,彻底改变了我们的生活、学习方式。以微电子技术为基础的信息技术改变了人类教育方式。多媒体技术、互联网技术和现代教育技术迅速地为我们提供了海量的学习资源。目前,互联网技术已成为拓展人类能力的创造性工具,发达国家已经开始把注意力放在培养学生一系列新的能力上,特别要求学生具备迅速地筛选和获取信息的能力,具有辨别信息的真伪、创造性地加工和处理信息的能力,并把学生掌握和运用信息技术的能力作为与读、写、算一样重要的新的终生有用的基础能力。我们今天倡导的研究型学习,发展学生的创新能力得益于网络环境辅助教学模式。本章从科学课程教学设计的角度,采用网络环境教学的模式(Web Quest),设计了STS课程中具体的教学案例和活动案例,指出了当前实施网络环境教学模式可能存在的具体问题及其解决这些问题的尝试性设想。

第一节 科学课程网络环境教学的模式

多媒体网络教学作为现代信息技术与课堂教学紧密结合的一种新的教学形态,不仅从手段和形式上改变了传统教学,更从观念、过程、方法以及师生角色诸多深层面赋予教学以新的含义。有利于改变传统的重理论轻实践应用的偏向;有利于改革传统单一、封闭的教学模式,探索多样化、开放式的教学;有利于培养用整体、综合的观点解决实际问题的能力和创新能力;有利于可持续发展战略思想在科学教学中的实施。

一、多媒体网络教学模式基本特性

(一)资源多样性

由于网络能为学生提供丰富多彩、图文并茂、形声兼备的学习信息资源,学生可以从网络中获得的学习资源不仅数量大,而且多视野、多层次、多形态。与传统教学中以教师或几本教材和参考书为仅有的信息源相比,学生有了大而自由的选择创造空间。在网络环境下,学生可以不再被那点仅有的信息源(教师或教材)牵着走,可从网络广泛的信息源中选择他们所需的学习材料;可以按照他们各自的实际情况来设计和安排学习,使学生成为学习的主体;在网络中学习还可以使信息的接受、表达和传播相结合,学生通过他所表达和传播的对象,使自身获得一种成就感,从而进一步激发学习兴趣和学习自主性。

(二)友好互动性

网络教学的设计可以使教师与学生之间在教学中以一种互助友好的方式呈现信息,教师可以根据学生反馈的情况来调整教学,学生不仅可以和自己的任课老师进行相互交流,而且还可以向提供网络服务的专家请求指导,提出问题,并且发表自己的看法;学生之间的交流也可以通过电子邮件和 BBS 等网络技术而实现,可以在网络上讨论任何问题。于是学生不仅从自己的思考过程中获取知识,还能从别的学生的观点中获取知识,并实现知识的完全理解、消化和吸收。

(三) 自主创新性

网络教学可以进行个性化的交流与学习,学生可以根据教师的安排和自己的实际情况进行学习。学生和教师之间通过网络交流,在学习的进行中就能及时了解到自己的进步与不足,及时地按要求调整学习。利用网络可在任何时间进行学习或参加讨论及获得在线帮助,从而实现真正的个别化教学。

网络中有大量的个性化教育资源,如专题网络、教育专家个人网页、专题新闻、专业化的电子杂志等,这些网上资源为学生个性化学习提供了前所未有的选择余地。

(四) 教师的创造性

多媒体网络教学能使教师的创造性得到更大的发挥,教师可根据网上资源进行不同的教学设计,同时借助于多媒体网络技术。备课实质上是真正意义上的教学设计和教学创作过程,它需要教师对知识的再加工,需要融进教师的个性、思想、理念和方法,最大限度地体现教师作为一个有个性的思考者所具有的一切本领。经过这样一个准备过程,有利于教师的成长与进步,使教师更好地扮演自己的角色、履行自己的职责。

(五) 知识的整合性

多媒体网络教学非常强调教学中知识信息资源的多元化,并且根据教学的要求,通过提供对现有资源进行再次利用的技术方式或新方法,实现与其他学科的整合。信息技术作为教学工具,学生在教师的组织下利用信息技术进行学习,信息技术完全可为其他学科的教学服务。在这种整合模式下,教师和学生在信息技术的帮助下,分别进行教学和学习。首先,教师根据教学目标对教材进行分析和处理,决定用什么形式来呈现什么教学内容,并以多样化的形式呈现给学生。学生接受了学习任务以后,在教师的指导下,利用教师提供的资料(或自己查找信息)进行个别化与协作式相结合的自主学习,借助信息技术完成任务。最后,师生一起进行学习评价、反馈。在整个教学过程中,学生的主体性和个别化得到较大的体现,这样的教学氛围十分有利于学生创新精神和问题解决能力的培养。

(六) 互动的合作性

这里的合作包括教师、师生、学生之间的合作。从教师之间的合作来看,多媒体网络教学打破了传统教学中教师的个体性和封闭性,使教师利用技术建立更为便捷、有效的合作关系,从而实现教学经验、科研成果的共享,获得更广泛、更有力的教学支持。从师生合作来看,多媒体网络教学改变了传统教学中师生之间的结构关系,也改变了师生固有的角色地位,使二者易建立互学或共学关系,有时候甚至会出现教师落后于学生的情况。因而,向学生学习,把学生视为亲密的合作者,成为现代教师应具有的非常重要的观念。从学生之间的合作关系来看,多媒体网络教学为学生合作提供了广阔空间和多种可能,使个性化学习成为现实。学生可以自主地从事学习活动,根据自我情况安排学习,而且可以通过交流商议、集体参与等实现合作学习,并在合作中提高学习兴趣和学习效率,通过贡献智慧,分享成果,进而学会合作。

二、网络教学的基本模式

建构主义认为,知识不是通过教师传授得到,而是学习者在一定的情境,即科学、技术、社会和生活的背景下，借助于学习获取知识的过程和其他人（包括教师和学习伙伴）的帮助，利用必要的学习资料获得的。换句话说，获得知识的多少取决于学习者根据自身经验去建构有关知识的意义的能力，而不取决于学习者记忆和背诵讲授内容的能力。

根据课程目标要求、教学实际和计算机网络的特点，网络环境下的教学模式，大致可分为以下几种，在教学中相互结合，优势互补，灵活应用。

（一）演示模式

教师根据教学的需要，利用网络向学生演示各种教学信息，它们可以是教师装载的CAI课件，也可以是来自校园网因特网上的教学信息。由于网络能够传递和演示声音、图形、视频、动画、文字等多媒体教学信息，使教学内容具有形象、生动和直观的特点，便于学生掌握重点突破难点，教师可以首先利用有关教学光盘、学习软件等进行一系列的演示活动，再让学生自己动手，最后个别指导。

在这种模式中，网上的教学信息一般可分为四类。

1. 静态电子教案

最简单的一类就是将有关的板书内容、教学挂图、实物模型等通过电脑处理后传递给学生，相当于一台高效率的、可灵活控制的投影机。

2. 动态教学内容模拟

第二类是各种场面的模拟，如世界各国的风土人情、历史面貌、重大事件、交际活动等，使学生在教室中就能体验到与实际情况相类似的情境。

3. 抽象的内容具体化

第三类将抽象的教学内容形象化，如数学中的多面体的截面、物理学的理想模型、理想过程以及理想实验，化学反应过程，等等。

4. 仿真、模拟实验

第四类是在实验室不能或不易完成的，如科学课上植物的生长过程，生物的遗传规律，影响学生健康的实验，费用很高的实验，在实验室中无法看清的实验等。

网络演示教学模式是传统教学模式的直接延伸，但教学中还是教师讲学生听，教师展示学生看，教师通过网络面向全体学生传授知识，学生的被动地位没有改变，网络的教学功能没有充分发挥。由于教学经费、教师水平等因素的限制，在相当的一段时间内，这种模式仍将是学校网络教学的主要模式。

（二）创设情境模式

利用多媒体网络技术，设计真实、具有挑战性的开放的学习环境与问题环境，诱发、驱动学生在这种环境中的探索、思考与解决的活动。

给学生上 Flash 课前，先问他们喜欢不喜欢看动画片，回答当然是肯定的，再提问：假如你是一个导演，让他们自己来做的话，打算做什么动画片？让他们每个人都说出自己的想法、创意，让他们记录下自己的构思，再根据目前已掌握的知识，看看要完成自己的作品，有哪些问题是可克服的，哪些是不可克服的。然后再针对他们的需要，分组讲解Flash 使用中的一些技巧，这样，每个学生都是带着问题在听课，所以知识接受的特别快，这种学习既不是简单的激趣，也不是简单的好奇。学生们是一个个的"导演"，在编织着自己的梦，在创作着自己的作品。

学生在这种表达自我的热情以及好胜心的驱使下会用心去设计，在设计的过程中就能学到相应的计算机操作技能。

（三）信息收集整理模式

在这种模式中，教师首先向学生提出问题，然后引导学生通过查询网络所提供的多样丰富的信息资源来收集信息，并帮助学生对收集的信息进行筛选、分析和重新组织，结合学生自己的观点，得到解决问题的方案。

例如，在教"信息的获取"这部分内容时，为鼓励学生更好掌握"双基"，可利用网络资源，要求学生在网上下载相关资料，并用电子邮件发送给老师。这样学生不仅学会了上网下载资料的方法，同时也学会了发送电子邮件的方法，还利用网络资源学习了文化课程。进而要求学生利用下载的资料，结合教材中的的"结合实践课题"制作一张漂亮精致的校报。通过实践，使同学们更加熟悉文字信息处理的有关操作，既培养了学生间团结协作的能力、审美能力，又启发了学生的思维，为学生今后深入学习信息技术课程打下坚实的基础。

在信息社会，知识量的急剧增长使得一个人不可能拥有全部的知识。大量信息的存储、检索极其方便，一个人知识的拥有量已显得不那么重要。相反，如何利用现有知识创造出新知识，如何利用、检索、分析、组织复杂的信息则更为重要。

（四）个别化模式

根据学生的实验情况和兴趣爱好，利用电脑软件和网络上的虚拟教师对学生进行有针对性的指导，类似于聘请高水平的家庭教师，能充分体现因材施教的教学原则。

三、科学课程 STS 的网络环境辅助教学模式

建构主义理论对科学课程教学中实施 STS 教育，加强现实性研究的支撑作用表现在：学生要把当前学习内容所反映的事物尽量和自己已经知道的事物相联系，并对这种联系加以认真的思考，才能完成对知识的建构；学生在学习知识的过程中，只有灵活地运用现有知识，并以自己的方式接近生活实际，才能提出问题，并能以全面的态度对待问题，最终更好地解决问题。教师在学习中的角色是学生建构意义的帮助者。这一教育理论的基本特点是：重视科学知识在社会生产和生活中的应用，强调基本理论的实用性和社会价值。

科学教育的教学方法强调由教师为中心转向以学生为中心，由书本为中心转向以发展为中心，由课堂为中心转向以活动为中心，让学生从读科学到做科学，在教师指导下亲自去进行研究型学习。

STS 课程的网络环境辅助教学模式，非传统教学模式，亦非在线远程学习的简单套用，而是基于这两者，融合多种教学模式、教学方法、探究研讨法、课题研究法、实验探索法、合作教学法、情景模拟法、创造探讨法、活动教学法、问题教学法、发现教学法、尝试教学法等等的新型教学模式。基于网络环境的新型教学模式流程中教师的策略如图 7-1-1 所示。

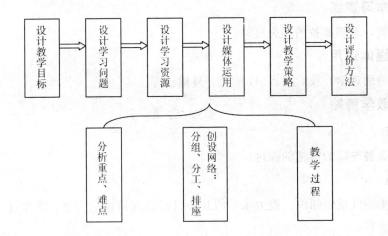

图 7-1-1　基于网络环境的新型教学模式流程图

学生借助网络环境，进行自主协作学习方法流程如图 7-1-2 所示。

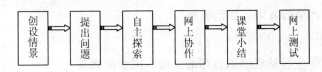

图 7-1-2　科学课程网络课堂流程图

第二节　科学课程网络环境教学模式的教学案例

在 STS 课程中采用网络教学模式，引导学生进行探究性学习，将会很快以其特有的优势而成为一种趋势——在信息时代用信息技术更好地学习科学、技术与社会，并更好地研究科学、技术与社会之间的关系，体会协调人与社会和谐发展的感受和快乐。本节研究三个课堂教学案例：珍爱地球、纵横地球和飞出地球；三个课外活动案例：保护环境从我做起；制作"土电话"；知识竞赛和航空航模展览。由于课堂教学案例与课外活动案例的内容紧密相关，所以，应该穿插对应地安排在同一节。

教学案例设计1：珍爱地球

（一）教学目标

了解以下环境污染的危害性与防治措施：
1. 大气污染与防治：酸雨、汽车尾气、粉尘（可吸入颗粒物）；
2. 水体污染与防治：富营养化、工业肥水、生活废水；
3. 土壤污染与防治：固体废弃物。

（二）学习问题

造成各类环境污染的原因是什么？如何采取防治措施？

（三）学习资源

网络资源，教师准备的相关资料。

（四）媒体运用

计算机辅助教学、投影仪、pH试纸、显微镜等。

（五）教学策略

1. 重点

环境污染源与防治措施的探讨。

2. 分组

根据学生的气质、知识、能力水平的互补以及男女搭配的方法，将学生分为三小组，分别上网查资料。

3. 分工

第一组查大气污染的成因、防治措施；

第二组查水体污染的成因、防治措施；

第三组查土壤污染的成因、防治措施。

4. 排座

U形排座（使学生容易观察到教师的演示、同学的表演）。

（六）教学过程

■ 第一课时

1. 引入

教师播放两则不同地区的天气预报，先让各个小组的学生自行比较不同地区的空气质量的不同；教师与学生一起分析天气预报内容，尤其强调空气质量问题、全球温度升高的问题。

2. 展示

教师利用多媒体展示三幅环保漫画（分别与大气污染、水体污染、土壤污染有关，见本节"教师汇总"）。

3. 分组实验

（1）各小组分别利用pH测试纸测量雨水的pH值（雨水标本由教师课前准备好）；

（2）各小组分别利用显微镜观察自来水、江河水中的悬浮物、微生物等，并做好记录。让学生真正体验大气污染就在我们身边，而且形势非常严峻。

4. 提出问题

（1）造成大气污染、水体污染、土壤污染的原因是什么？

（2）我们能否提出一些防治措施？

（3）怎样从我做起来保护环境？

5. 学生自主探索

学生根据教师提出的问题，相对自主地决定学习方式。（登录注册、进入网页或上网

查询)

(1) 在网上搜集有关信息和数据;

(2) 进行探究、亲手操作并组织材料、讨论。

(教师根据学生筛选的网址将他们链接在自制的学习网站上)

6. 网上协作

开通 BBS 讨论版,同组学生相互合作,交流信息,并展开讨论:

各组展示收集的图片后,就教师提出的具体目标进行互补式交流,并进行组间讨论(方式包括网上留言板以及 E-mail 等),达成对知识目标的共识。

■ 第二课时

1. 汇总

教师可通过"电子演示文稿"的形式演示,利用"漫画"使学生对污染有更深刻的认识。

2. 演讲

"假如我是环保局局长——"演讲比赛;

各个小组派出一个学生代表,"你我面对面"交流。

(七) 网上测试

教师利用课前准备的测试题,在网上发给每位学生,学生在规定时间内完成。各小组统计出错的题目,小组讨论后再组间进行互补交流,教师作小结。

参考测试题:

(1) 造成大气污染的原因是什么?

(2) 什么是"温室效应"?对我们的生活造成了什么影响?

(3) 臭氧层空洞是怎样引起的?

(4) 根据污染杂质的不同,水污染主要分为哪三类?

(5) 目前寻求减少废物产量的唯一途径是什么?你有何想法?

(教师可根据学生的实际情况增减测试内容)

(八) 教师提供的网络资源

1. 大气污染

如图 7-2-1 所示。在干洁的大气中,衡量气体的组成是微不足道的。但是在一定范围的大气中,出现了原来没有的微量物质,其数量和持续时间,都有可能对人、动物、植物及物品、材料产生不利影响和危害。当大气中污染物质的浓度达到有害程度,以至破坏生态系统和人类正常生存和发展的条件,对人或物造成危害的现象叫做大气污染。造成大气污染的原因,既有自然因素又有人为因素,尤其是人为因素,如工业废气、燃烧、汽车尾气和核爆炸等。随着人类经济活动和生产的迅速发展,在大量消耗能源的同时,也将大量的废气、烟尘物质排入大气,严重影响了大气环境的质量,特别是在人口稠密的城市和工业区域。所谓干洁空气是指在自然状态下的大气(由混合气体、水汽和杂质组成)除去水汽和杂质的空气,其主要成分是氮气,占 78.09%;氧气,占 20.94%;氩气,占 0.93%;其他各种含量不到 0.1% 的微量气体(如氖、氦、二氧化碳、氪)。

图 7-2-1 "呛死俺们啦!"

大气污染物主要可以分为两类,即天然污染物和人为污染物,引起公害的往往是人为污染物,它们主要来源于燃料燃烧和大规模的工矿企业。人为污染物主要有以下几种,颗粒物:指大气中液体、固体状物质,又称尘。硫氧化物:是硫的氧化物的总称,包括二氧化硫、三氧化硫、三氧化二硫、一氧化硫等。碳的氧化物:主要包括二氧化碳和一氧化碳。氮氧化物:是氮的氧化物的总称,包括氧化亚氮、一氧化氮、二氧化氮、三氧化二氮等。碳氢化合物:是以碳元素和氢元素形成的化合物,如甲烷、乙烷等烃类气体。其他有害物质:如重金属类、含氟气体、含氯气体等等。

2. 水污染概述

如图 7-2-2 所示。人类的活动会使大量的工业、农业和生活废弃物排入水中,使水受到污染。目前,全世界每年约有 4200 多亿立方米的污水排入江河湖海,污染了 5.5 万亿立方米的淡水,这相当于全球径流总量的 14% 以上。1984 年颁布的《中华人民共和国水污染防治法》中为"水污染"下了明确的定义,即水体因某种物质的介入,而导致其化学、物理、生物或者放射性等方面特征的改变,从而影响水的有效利用,危害人体健康或者破坏生态环境,造成水质恶化的现象称为水污染。

图 7-2-2 生存研讨会

水的污染有两类：一类是自然污染；另一类是人为污染。当前对水体危害较大的是人为污染。水污染可根据污染杂质的不同而主要分为化学性污染、物理性污染和生物性污染三大类。

3. 固体废物

如图 7-2-3 所示，凡人类一切活动过程产生的，且对所有者已不再具有使用价值而被废弃的固态或半固态物质，通称为固体废物。固体废物的分类是依据其产生的途径与性质而定。在经济发达国家将固体废物分为工业、矿业、农业固体废物与城市垃圾四大类。我国制定的《固体废物管理法》中，将固体废物分为工业固体废物（废渣）与城市垃圾两类。其中含有毒有害物的成分，单独分列出一个有毒有害固体废物。小类固体废物的危害垃圾正成为困扰人类社会的一大问题，全世界每年要产生超过计划 10 亿吨的垃圾，大量的生活和工业垃圾由于缺少处理系统而露天堆放，垃圾围城现象日益严重，成堆的垃圾臭气熏天，病菌滋生，有毒物质污染地表和地下水，严重危害人类的健康，这种现象若得不到遏制，人类将会被自己生产的垃圾所埋葬。

图 7-2-3 新愚公移山

（九）课外活动：保护环境从我做起

主题 1：漫画制作展览

（1）以小组为单位（第一组主题：大气污染；第二组主题：水体污染；第三组主题：固体污染），每个小组至少出作品八幅，并配上题目或简短而又能点题的一句说明；

（2）由班级组织举办小型展览（制作时间为一天，展览时间半天）；

（3）展览后由大家投票选出"最具创意奖"、"优秀奖"若干名。

主题 2：开展社会调查，并写好报告

（1）以小组为单位，调查当地大气污染、污水处理、固体垃圾处理方法，每个小组出一份调查报告；

（2）要求：体现实际生活中的环境污染问题，以及人们渴望解决问题的心愿，并就已学过的知识或其他资料上的知识，提出相应的防治措施。

由各小组组长修改、定稿后，交科任老师统一评审，评出等级 A、B、C。

最后交小组长统一寄给当地有关部门。

(3) 评出小组活动"优秀组织奖",由班委和科任老师组织颁发奖状和奖品。评选结果如表 7-2-1 所示。

表 7-2-1　课外活动案例 1 评价表

"优秀组织奖"综合评价表				
	初级（1分）	中等（2分）	较好（3分）	优秀（4分）
信息收集能力	收集不到	收集到少量	收集到基本足以回答问题的信息	收集到大量相关信息
角色任务	不能完成任务	完成少量任务	几乎完成任务	完成所有任务
独立工作能力	不能完成任务	难以完成任务，总是需要别人提醒	能完成任务，很少需要别人提醒	无须别人提醒，独立完成所有任务
合作意识	从不和队友合作	很少合作	有时合作	经常合作
介绍能力	不能在报告里给出所需信息	可以提供一些相关信息	能给出有效信息，听众知道报告在讲述什么	简明介绍，听众完全明白
结论能力	无法说明	含糊不清	有条理地说明，并且给出一些可行的解决方案	准确并严密地说明，给出较多可行的解决方案

教学案例设计 2：纵横地球

(一) 教学目标

了解世界通信行业的发展历史、现状及前景。

关注现代通信技术对科学、技术和社会经济发展的影响。

(二) 学习资源

教师准备的挂图、视频等相关资料，以及网络资源。

(三) 媒体运用

计算机辅助教学；投影仪；手机（真机）两部。

(四) 教学策略

1. 重点

关注"现代通信技术对科学、技术和社会经济发展的影响"。

2. 分组

根据学生的气质、知识、能力水平的互补以及男女搭配方法，将学生分为五个小组，分别上网查找资料。

3. 排座

U 形排座（使学生容易观察到教师的演示、同学的表演）。

（五）教学过程

1. 引入

回忆声音的传播，可见光及电磁波、光纤通信等相关知识。

2. 演示实验

（1）演示"土电话"的通话（教师课前准备好"土电话"），并向学生简单介绍制作方法（详情见本节课外活动案例）；

（2）利用投影仪将手机投影出来，与学生共同认识手机的构造及常用功能，并现场实现两部手机通信；

（3）备注"土电话"与"手机"形成鲜明的对比，加深学生的认识。

3. 理论知识简介

（1）电信（telecommunication）

是指利用电报、电话、传真、无线电设备和互联网络等电子手段传递信息的通信方式。

（2）电信网（telecommunication network）

电信网是多个用户电信系统互联的通信体系。由终端设备、传输设备、交换设备等基本要素组成的综合系统。如图 7-2-5 所示。

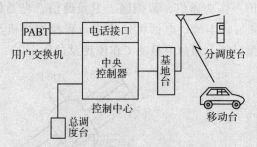

图 7-2-4 集群调度移动通信系统

电信网的主要功能是按用户的需要传递和交流信息，以实现人类远距离通信的需要。电信网使偌大的地球变成了一个村——"地球村"，人们坐在自家屋子里即可纵横地球。

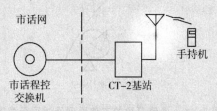

图 7-2-5 无绳移动通信系统

4. 提出问题

(1) 电信网的分类有哪些？
(2) 什么是多媒体？
(3) 通信卫星工作的原理是什么？请简述其工作过程。
(4) 通信工具的发展史是怎么样的？
(5) 现代通信技术对科学技术和社会的发展有什么影响？

5. 学生自主探索

学生根据教师的导入问题，相对自主地决定学习方式。
(1) 在网上搜集有关信息和数据；
(2) 进行探究、亲手操作并组织材料、讨论；
(3) 向学生介绍一些相关链接，以供自行探索学习。
中国科普博览 http://www.kepu.com.cn/gb/index.html

6. 网上协作

开通 BBS，师生共同交流信息，并组织讨论。鉴于本节内容有难度，涉及不少学生尚未接触的物理知识（比如通信测量、无线电等相关知识），故需由教师引导，简介理论知识，并鼓励学生"异想天开"——猜想、讨论，最后根据收集到的资料得出结论。

7. 课堂总结

学生先进行小结，后由老师总结：

多媒体、计算机通信、移动通信、智能网、卫星通信、光通信，微波通信，交换网（电报史话，电话时代-贝尔的丰碑，电话机的原理，程控交换机与电路交换），接入网，电信管理网、宽带、卫星上网，通信卫星的工作原理及过程。

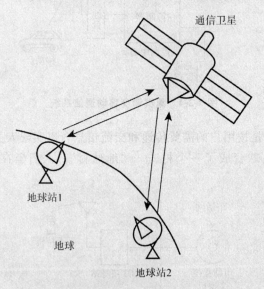

图 7-2-6　通信卫星的工作原理及过程示意图

（六）在线测试

1. 电信网的分类有哪些？
2. 什么是多媒体？
3. 简述通信工具的发展史是怎么样的？
4. 卫星通信主要由哪两部分组成？其工作原理是什么？

（教师可根据学生的实际情况增减测试内容）

（七）课外活动

主题1：制作"土电话"

【器材】

易拉罐或纸筒、棉线（3米）、火柴、橡皮筋、牛皮纸。

【制法】

（1）把两个易拉罐底部的中间部分用快刀切掉，并用细锉锉圆。切底时用小锤敲击竖刀沿着筒底中间部分细心操作。

（2）把两张9厘米正方形的牛皮纸用水浸湿，分别蒙在两个易拉罐的上口（上口不做任何处理），并用橡皮筋沿上口周围沟槽，把牛皮纸绷紧（牛皮纸干后即为振动膜），用剪刀把牛皮纸边缘剪齐。

（3）用一根几米长的棉线把两个话筒连接起来，连接时先在棉线两端各系上一小段火柴棍，用锥子在振动膜中央钻一个火柴棒粗细的孔，把棉线紧贴火柴棒一同塞入振动膜，等火柴棒穿入振动膜后，轻轻拉动棉线，这时，火柴棒便横在振动膜里，棉线便退不出来了。这样土电话就做成了。

【使用】

甲乙两人各拿一具话筒，把线绷直，若甲对着话筒讲话，乙把话筒做听筒，放在耳朵上，便能清晰地听到甲讲话。随后可相互对换。使用土电话时需要把线绷紧，但要注意不要用力过猛，以免撕破振动膜。

【讨论】

要将线拉直，如果将线放松，线不易振动，"土电话"就不能传声了。一个人把"听筒"放在耳朵上，一个人把"话筒"放在嘴边。

为什么线拉直了能听得那么清楚？这是共振的原因，我们的声音传到塑料壳里，塑料壳里的空气振动，塑料壳也在振动，振动再传到拉直了的线上，线也在振动，线的振动传到另外一个塑料壳，塑料壳和它里面的空气也发生振动，然后，声音就传到了我们的耳朵里。如果线放松，振动就会被线吸收，传不到另一个塑料壳里，所以"听筒"里就听不到声音了。

主题2：知识竞赛（每题10分，总共100分。采取以学习小组为代表，进行抢答的形式）

（1）世界上第一部移动电话是谁什么时候发明的？

[1973年摩托罗拉公司的工程技术人员马丁·库泊]

（2）古人有一首诗如下：

"良夜颐宫奏管簧，无端烽火烛穹苍。可怜列国奔驰苦，止博褒妃笑一场！"

其描述的是什么朝代的什么事?

这首诗生动地描绘了当时利用烽火台通信的情况,同时也告诫后人,通信是非常重要的,不论在什么时候也不论是什么人,都不能拿通信当儿戏。

(3) 电信网按哪种分类方法可分为哪几类?

本地电信网、农村电信网、长途电信网、移动通信网、国际电信网等。

[按服务区域范围分]

(4) 国际电信联盟在 1968 年第 23 届行政理事会上,决定把几月几日定为"世界电信日"?

[5 月 17 日]

(5) "光电话"是由谁在什么时候研究制成的?

[美国人贝尔 1880 年]

(6) "世界上第一个完全用光缆实现光通信的实验区"是什么时候在哪里开始建的?

[1976 年在日本大阪附近的奈良县]

(7) 我国第一条最高传输速率的国家一级光纤通信干线的起站、终站是哪两个地方?是什么时候建成的?

[济南——青岛;1999 年 1 月]

(8) 列举通信行业的"世界之最";

(9) 列举通信行业诺贝尔奖获得者的名字;

(10) 猜想、讨论明天的卫星将是怎么样的?

最后三道题目为开放性竞赛试题。评分标准需根据现场各个小组得分的情况而定。教师可根据学生的实际情况增减竞赛试题。

教学案例设计 3:飞出地球

(一) 教学目标

1. 知道万有引力定律,正是太阳对各行星的引力,使行星在各自的轨道上绕日运行,形成太阳系。同样,由于地球的引力,才使地球周围的一切(人、物、空气、水等)被牢牢地吸引在地球的周围,为人类创造了良好的生存环境。

2. 知道地球仅是太阳系的一员,而太阳系又是茫茫银河系中的一员,银河系外还有星系,宇宙浩渺无边。

3. 通过阅读资料,观察图片和动手做实验,了解人类认识宇宙的历程,并且随着科学的进步,这种认识将不断深化。

4. 关注航天器技术(例如运载火箭、人造卫星、载人航天飞船、航天飞机、空间站)的基本功能及其应用。

(二) 学习任务

1. 了解航天器技术的基本功能及其应用;

2. 了解我国气象卫星的作用;

3. 了解卫星通信的特点和作用;

4. 收集和交流我国空间技术的发展状况。

（三）学习资源

教师准备的挂图、视频等相关资料，以及网络资源。

（四）媒体运用

计算机辅助教学、投影仪、一个小气球等。

（五）教学策略

1. 重点

（1）了解航天器技术的基本功能及其应用；
（2）收集和交流我国空间技术的发展状况。

2. 分组

根据学生的气质、知识、能力水平的互补，以及男女搭配的问题，将学生分为三个小组，分别上网查找资料。

3. 排座

U 形排座（使学生容易观察到教师的演示、同学的表演）。

（六）教学过程

1. 引入

播放"神舟五号"升空视频。

2. 简介理论知识

（1）介绍地心说、日心说，向学生展示人类对宇宙的认识是由错误的认识向正确的认识靠近，并逐步深化的。

（2）简单介绍牛顿万有引力定律，明确牛顿万有引力定律不是凭空想象的，而是建在前人对太阳系观察积累的资料的基础上，这个定律又引导着人们挣脱地球的束缚，进行飞向太空的探索行动。

3. 演示实验

（1）运载火箭的任务很艰巨：要把人造地球卫星，载人飞船，空间站或空间探测器等，准确地送到科学家预定的轨道。

（2）它是怎么飞行的呢？先来做一个小试验：把气球吹满气，猛一松手，它肯定会向前"飞"出一定距离后才落到地面。气球之所以能"飞"，是因为受到它"肚子"里排放出来的空气的反作用力的推动。

4. 展示图片

"卡西尼－惠更斯"探测飞船于 2005 年 1 月 14 日登陆"土卫六"的图片，向学生展现人类对生命的探索是无穷无尽的。

5. 提出问题

（1）人类想要进入太空，至少必须克服哪些难题？
（2）未来移居月球的计划需要考虑哪些问题？

图 7-2-7 "惠更斯号"进入"土卫六"大气假想图

图 7-2-8 "惠更斯号"成功登陆"土卫六"表面示意图

(3) 人类为什么选择"土卫六"作为"卡西尼—惠更斯"探测飞船寻找宇宙生命的目的地?

6. 学生自主探索

学生根据教师的导入问题,相对自主地决定学习方式。

(1) 在网上搜集有关信息和数据;

(2) 进行探究,亲手操作并组织材料和讨论。

向学生介绍一些相关链接,以供自行探索学习。

中国科普博览 http://www.kepu.com.cn/gb/index.html

科技之光——人造地球卫星 http://www.losn.com.cn/hkht/wx/wx.htm

PST 中国公众科技网——科技应用——空间技术及其发展趋势 http://apply.cpst.net.cn/report/1028270997.shtml

7. 网上协作

开通 BBS,师生共同交流信息,并组织讨论(鉴于本节内容有难度,涉及不少学生尚未接触的物理知识(比如曲线运动、宇宙速度等),故需由教师引导,简介"宇宙速度"

等理论知识，并鼓励学生"异想天开"，最后根据收集到的资料得出结论)。

8. 总结

可推选各组学生先进行小结，最后由老师总结。

（七）在线测试

1. 世界上第一颗人造地球卫星是在哪一年由哪个国家发射的？

［1957年10月4日，苏联］

2. 我国第一颗人造卫星于哪年成功发射？

［1970年］

3. 我国"风云Ⅰ号"属于哪类卫星？

［气象卫星］

4. 航天系统由哪几个重要部分组成？

［以航天器为核心的航天系统，由特定的航天器（卫星、空间站、探测器），运载工具（火箭、航天飞机），航天发射场，地面测控网（地面站、船），地面应用站网及其他有关系统组成，它是一个大系统工程。］

（八）教师讲解

可利用PowerPoint演示文稿、图片等资料，图片也可用投影仪展示。

（九）课外活动：航空航模展览

1. 分组、选题

分为五个小组，以下两个题目由教师根据学生的实际情况选一，或者可以两个都选。题目如下：

（1）发射火箭；

（2）"神州号"飞船。

2. 第一题"发射火箭"的制作辅导

用手捏塑料洗洁精瓶，定在瓶口上的小火箭立刻"嗖"的一声向空中飞去，这是一种很有趣的科学玩具，多做几个，许多同学一起在操场上发射，场面一定很"壮观"。

（1）制作材料和工具：

类似大号塑料白猫洗洁精空瓶1只，200×150（毫米）卡片1张，白胶即时贴，剪刀。

（2）制作原理：

瓶内充满空气，手捏塑料瓶，瓶内空气受压迫并由细小喷嘴急速喷出，产生强大的气流把火箭推上天空。

（3）制作方法：

① 在卡纸上按图7-2-9（a）画下火箭身的展开图，沿轮廓线剪下，卷折粘合做成一个锥体；

② 用余下的卡纸依图7-2-9（b）画图，做成尾翼，做3～4只，然后等距离粘贴在火箭圆筒锥体的下端；

③ 用彩色即时贴给做好的火箭装饰一番，并给自己的小火箭起一个有意义的名字，贴上命名的标记；

④ 把洗洁精瓶洗净，甩去瓶内残留的水分，做发射台。（瓶内留有水分，发射时会喷射箭体而影响发射效果）

（4）操作方法：

将做好的小火箭套在作为发射台的洗洁精瓶瓶口上，手捏瓶身，火箭立刻"嗖"的一声窜上空中，如图7-2-9（c）所示。

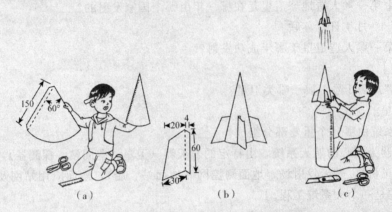

图7-2-9 第一题"发射火箭"的制作辅导

3. 第二题"神舟号"飞船的制作辅导

"神舟号"飞船是我国第一艘太空试验飞船，它标志着我国的航天事业已跨入世界航天先进行列。利用废弃酸奶空瓶可以做成一只形状逼真的飞船模型。

（1）制作材料和工具：达能酸奶空瓶3只，剪刀，热熔胶。

（2）制作方法：用清水洗净酸奶空瓶，除净封口锡纸备用。

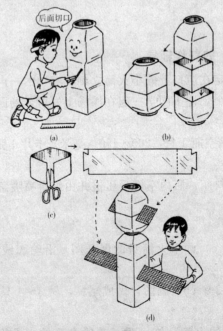

图7-2-10 第二题"神舟号"飞船的制作辅导

① 在一个空瓶的左右两侧按图 7-2-10（a）各开一个"["形的槽口，作返回舱主体。
② 先把另两只空奶瓶的上半部沿凹陷处用刀剖开，然后用热胶把它们按图 7-2-10（b）那样拼接起来。
③ 把刚才两个奶瓶剪剩的中段按图 7-2-10（c）剖开，反卷几次，成长方形塑料片，再在两端各剪一只燕尾槽，然后把它们分成 1/4 和 3/4 两端，分别作飞船前后的太阳能电池板。
④ 按图 7-2-10（d）组装并用热熔胶固定，最后用即时贴加以装饰。
由此次活动可培养学生的创造力及动手能力。具体评分标准可由老师自行设计。

第三节 网络环境教学模式案例的评析

《科学（7～9年级）课程标准》中第五大专题"科学、技术和社会"之第三主题"当代重大课题"中的教学目标及相关内容，都比较难以用单纯传统的教学模式展开教学（比如讲授法、实验法）。而且用传统的模式教学，不足以体现该模块知识的现代性与科学性。

本文特意设计了三个课堂教学案例以及三个配套课外活动案例。这三个案例并不是完全独立的——三者以"珍爱地球—纵横地球—飞出地球"为明线联系，实际都是以"在STS课程中的网络环境教学模式"为主线贯穿其中。引导学生在联系学生实际生活、了解科技前沿、关注社会发展的过程中学习科学，使科学、人文素养水平可得到进一步的提高。

上述案例都是基于网络环境的自主协作学习，其最根本的优点是有利于实现传统教学方式到现代多媒体教学方式的转变。既不同于粉笔加黑板的形式，也不同于利用多媒体教具演示或播放 CAI 课件的形式。将网络技术引入教学环境，给教学系统带来了前所未有的新特质：便捷的交互方式，海量的信息资源，虚拟的学习主体，开放的学习环境。这些新特质有力地凸现出研究型学习以学生为主体的探究特性，积极地推进了向新的学习方式的转变。网络下的自主学习，培养学生自主协作学习的能力，增强了学生在教学中的参与意识，激发了学生的学习兴趣，开阔了学生和教师的视野，增进了教师与学生、学生与学生、学生与外界的交流与沟通。

该教学模式基于网络环境，让学生更好地收集信息、筛选、利用信息，并帮助学习者分析、综合和评价。但其存在局限性：它要求学生具有较好的文字阅读能力；同时，学生的信息技术水平的高低将直接影响他们通过网络开展研究、交流发表心得的效率。

一、网络环境教学模式存在的问题分析

国内开始制作、推广网络探究教学已经有三四年的历史，现在很多地方设计了学习方案，并且都尽可能地打破传统教学设计的限制，体现新课程改革倡导的教学观、学习观。可以肯定地说，这批开拓者是成功的。然而，如果要想在这条路上走得更好，走得更远，还需要注意以下问题。

（一）模式化较重，实际应用效果不明显

这当然与初步尝试及客观环境有关。大家在制作时主要依靠"惟存教育"上的模板，因此，难免模式化较重。而新课程改革尚未真正推进到基层学校，新课本还处在实验中，所以，现阶段的网络环境教学模式与课堂教学的衔接不够。或者过于课本化，而失去网络

环境教学模式的特色。

（二）重视资源引用，缺乏应用资源的指导

很多网络环境教学模式链接了很多网站，但是，没有指导学生如何进一步利用网站的资源，因此，不少学生就到资源网站里复制、剪切，拼凑探究报告，从而丧失了"独立研究与思考"这个核心。指导学生快速阅读、选择资源，与培养学生的思维能力密切相关，而在思维能力中，概括、归纳能力的培养始终是最核心的任务。

（三）具体评价目标不够明确，缺少指导性评价

网络环境教学模式评价的方法很多，但是大多需要细致的指导性语言，要做到这一点很不容易。这与我们过去传统的评价观念有关。传统观念中的评价放在最后，强调的是总结性评价。现代教学设计强调的是过程性评价，因此，在制作网络环境教学模式时，确立好探究目标后的第一件事，首先是将围绕目标的"评价系统"设计好，这就使得制作者在设计制作过程中，始终围绕中心目标，同时也会考虑到学生探究过程中的每一步，可能与评价目标的差距，进而设计指导性意见。此外，教学目标的陈述应力求明确、具体，可以观察和测量。尽量避免用含糊的不切实际的语言陈述。从1975年开始美国政府以法律的形式要求教师用具体的教学目标让儿童参与特定的教学计划，其一是推行马杰（R. E. Mager）提出的行为目标，它是指用可观察、可测量的行为陈述的目标。

（四）过于注重虚拟世界，忽视了真实世界

大多数网络环境教学模式提供的学习与资源基本在网络中进行，这就造成一个新的"脱离实际"的倾向。与以前只重课本有相似之处。网络环境教学模式的生命力应当体现在它所倡导的学习与学生自身的现实生活紧紧相连上。体验是自我经验形成不可缺少的一部分。过去，人们由于知识的爆炸，过多地强调了知识的重要性，也因此过多地强调了间接经验的作用。这种教育思想忽视了自我经验的独特作用，实际上也就忽视了学生直接面对现实生活世界，直接感受来自自然、社会与自我的挑战。如果网络探究使我们再次离开现实，其生命力也就有限了。

二、解决问题的初步设想

网络探究学习是一种自主学习，在很多场合下，需要学生自己做出判断与选择。这需要指导学生首先形成新的学习观念。其实，对于大多数学生来说，选择是一件特别值得重视的事情。因为，很多学生长时间在学校里被动地学习，他们渴望自由，渴望自主探索世界。但是，他们却并不理解自由的含义与价值，常常表现出对正常教学的反叛，如上课时拒绝听讲或者恶作剧。真正理解自由的学生首先应当是敢于选择、敢于控制自己学习的人，他们是自己学习的主人，而不是学习的奴隶。

因此，我们应当告诉学生，如果你参与网络探究性学习，就有可能将自己培养成为一个自主的、自由的学习者。要理解这一点，可以从以下几方面思考，这也是我们今后设计网络环境教学模式需要重视的。

（一）注重培养学生的自主学习能力

学习是每一个孩子长大成人的过程，他从小就有自主探索世界的权利。很多学生有这样一种强烈的欲望："做我想做的事情，看我想看的书，想思考我自己的问题。"可是由于现实教育中的集体授课与应试教育的影响，很少给予让学生自己选择、作决定的机会。到

了高中,很多学生的这些想法早已淡化了。然而,这种欲望正是驱使学生自主探索与学习的动力。研究型学习正是引导学生认识自己内心的学习动力,唤醒内心渴望主动探索世界的一门课程。当一个学生真正体验到自由学习带来的快乐时,他会感到自由需要能力的支撑,而审慎地选择与判断正是第一项能力。经过一段时间的努力,他具备这些能力的时候,他就可以说:"我已拥有学习的自由,我是我自己的主人。"

（二）注重发展学生的智能

对于教师来说,设计网络环境教学模式也应当更加注重发展学生的智能,充分发挥网络教学的优势,把个性化的智能培养落到实处。在这方面,上海宝山中学沈涓老师在设计制作《别让未来的脊梁弯曲——课桌椅的改进》时,提出发展学生的高级思维能力,有老师在设计制作《郑和与哥伦布谁更伟大?》时,注重发展学生的比较能力,都是为了更好地发展学生的智能。

（三）力量的源泉是智慧

在学校里,掌握课本知识是极其重要的,但是,在现实社会中还有比知识更重要的,那就是智慧。什么是智慧?自古以来人们提出过很多种看法,有一种看法认为,智慧根本无法用言语直接表达,但可以通过举例来说明。"利用核能制造大规模杀伤性武器,需要很多很多知识,然而,现在很多国家现在已经能够做到;但是,如何使用好核能,不要让它成为毁灭人类的武器,而让它为人类的和平与发展服务,这就需要智慧。"我们如果以此类推,掌握一些知识,很多人都能够做到,但是要能够将学到的知识运用起来,并以此创造出新知识,促进人类的进步,这就需要智慧。网络探究学习正是这样一种生成性学习,它相对于传统继承性学习来说,学习的内容、目标与计划都不那么确定,在学生开展研究的时候,没有人知道他会遇到什么问题,也没有固定的知识帮他解决问题,他需要不断学习新的、散乱的知识,以弥补自己的不足。最后,形成的有自己的研究与思考密切相关的知识体系,在这个体系中,有很多知识是他自己反思的结果。那么,如何思考?如何判断?如何决策?等等智慧技能也随之形成了。

（四）做有思想的学习者

富有智慧的人都有自己的思想,而思想是自立的根基,没有思想的人只能成为别人的附属品或工具。但是,思想的产生在传统课堂学习中是很少的。新世纪的教育需要的是每一个学生都能够有创造力,有探究精神,每一个学生至少是他自己生活的创造者。因此,我们希望网络探究学习能够促进学生形成自己的思想,为学生的自立奠定坚实的基础。

思考与练习

1. 什么是微电子技术?什么是信息技术?什么是现代信息技术?什么是网络技术?什么是现代教育技术?
2. 网络环境教学模式有什么特点?
3. 与传统教学模式相比较,网络环境教学模式有哪些优势,又有哪些弊端?
4. 为什么要在科学课程的教学活动中引入网络技术教学模式?
5. 查阅资料,选择科学课程的知识点,尝试进行网络环境教学模式的案例设计。
6. 如何评价科学课程的网络环境教学模式的效果?

第八章 科学课程"人类生存的地球"的教学设计

根据前几章关于科学素养培养、科学方法培养以及探究式学习方法讨论的成果，本章对初中科学课程中第四模块主题二（人类生存的地球）的研究型教学实践进行了集中尝试性探索的教学案例，着重从研究型学习的角度，对科学课程中的课堂教学模式和课外活动案例进行了尝试性的设计，包括教学目标的确立，选择教学方法的依据和教学设计。并对其教与学活动的评价问题等作了初步的探讨。其中，课堂教学设计充分考虑了前几章讨论的多种教学模式并进行了较灵活的处理，能够使学生更好地学习好本模块内容及其他相关内容。

第一节 主题"人类生存的地球"在初中科学课程中的地位

在科技日新月异发展、社会不断进步的今天，我们人类更加需要好好研究我们生命的摇篮——地球，在建设发展的同时，要更加珍爱我们的地球。

一、主题"人类生存的地球"在初中科学课程中的地位

纵观科学课程各模块，无不与地球科学息息相关，紧密相连。本模块内容既可以说是学习其他模块的基础，也可以说是对其他模块内容的总括。在具体的教材编写中可由编者自行权衡、决定。"人类生存的地球"这一主题是初中科学课程的第四大模块：地球、宇宙和空间科学中的第二主题。

要探索自然界，首先就会从人类生命的摇篮——地球着手。"我从哪里来?"这个古老的问题具有空前的研究意义及价值。科学课程诞生之前的地理、生物、历史等等学科都要研究它。在科学课程的第二模块——"生命科学"的基础上，引导学生进一步认识物质科学、地球科学，每一具体模块的学习（起源于地球；发展于地球；改造地球；纵横地球；飞出地球等等）都离不开地球——这个人类活动的基本载体，都离不开对"人类生存的地球"这一主题的学习、研究。比如，进行科学探究首先就是在地球上进行；学习"人、健康与环境"必须牵涉到地球环境现状、存在的污染问题及其解决方案探求；讨论"物质科学"模块中的"能与能源"，则将目标直指地球——地球上的水资源、生物资源、土地资源等等；最后一个模块——科学、技术与社会，主要是探索在地球上的人类如何利用所掌握的科学技术来进一步完善这个地球上的人类社会，其中就涉及上述的环境问题。

二、总的教学目标

（一）第四模块的教学目标

了解人类生存环境的物质性、整体性和系统性，认识宏观世界中的运动和发展是相互

联系而有规律的，对人类赖以生存的自然环境有一个整体的认识，并形成合理利用与保护自然以及人与自然必须和谐相处的意识。培养学生收集资料、观察、测量、绘图、识别等基本技能。

（二）主题"人类生存的地球"的教学目标

通过探究活动认识地球空间的环境构成，认识地形、土壤、水分、空气和阳光等是人类赖以生存的物质条件。人类和自然是一个整体，我们必须与自然和谐相处。引导学生去发现环境与资源等重大问题在当地的具体表现，通过科学探究，初步了解产生这些问题的原因并提出解决问题的简单设想。

三、主题"人类生存的地球"具体内容

"人类生存的地球"主题包括地球、地形和地壳的运动、土壤、地球上的水体、天气与气候五部分内容。

在本主题的教学中，要引导学生去发现环境与资源等重大问题在当地的具体表现，通过科学探究，初步了解产生这些问题的原因并提出解决问题的简单设想。

"人类生存的地球"具体内容如下。

（一）地球

1. 具体内容目标

（1）能正确描述地球的形状和大小。

（2）能在地球仪和地图上确定地理位置。

（3）了解世界上不同时区的区时。

（4）知道日界线两侧不同日期的规定。

（5）知道一年中当地正午太阳高度角和昼夜长短变化的关系。

（6）学会绘制简单平面示意图。

（7）关注卫星遥感技术和卫星定位仪在制作地图和生活、工作中的作用。

2. 活动建议

能用多种方法论证地球是个球体。

用乒乓球或其他材料制作小地球仪，演示地球的运动。

查询世界主要城市的区时。

设计测定正午太阳高度角的实验，观察和记录当地正午太阳高度角的变化。

观看卫星遥感地图。

（二）地形和地壳的运动

1. 具体内容目标

（1）了解地球内部的圈层结构。

（2）认识地壳是变动的，知道火山和地震是地壳运动的表现。

（3）了解世界上火山地震带的分布，关注人类如何提高防震抗灾能力。

（4）知道板块学说的要点，领悟假说在科学发现中的重要作用。

（5）了解外力作用对地形的影响。

（6）识别主要的地形特征，能判读简单的地形等高线图。

2. 活动建议

有条件的地区可进行野外考察，寻找地壳变化的证据。

收集有关火山地震的图文影视资料，调查和讨论人们如何提高防震抗灾的能力；在地震多发地区进行防震演习训练。

有条件的地区可到野外考察，寻找由流水、风力等外力作用对地形的影响。

用泥土、土豆或其他材料制作简单的地形模型，并绘制简单的地形等高线图。

（三）土壤

1. 具体内容目标

（1）知道土壤由水分、空气、矿物质和腐殖质构成，并具有不同的质地和结构，土壤中有大量的生物。

（2）了解不同性状的土壤对植物生长有不同的影响，植被对土壤有保护作用。

（3）关注我国和当地的水土流失、土壤荒漠化、土壤污染的情况及其危害性。

（4）懂得保护土壤和防止土壤污染的重要性及主要措施。

2. 活动建议

用实验证实土壤中有水分和空气，讨论土壤中的矿物质和有机质的来源；用实验证实有植被的土壤和裸土在水流冲刷下的不同结果。

用实验验证不同性状的土壤对植物生长的不同影响。

访问有关部门了解当地土壤的基本特点、土地利用现状和问题。

调查当地水土流失和土壤污染的情况并分析原因寻找对策。

（四）地球上的水体

1. 具体内容目标

（1）知道水体的分类和比例（包括地下水）。

（2）描述自然界中水循环的主要环节。

（3）通过读图了解世界和我国水资源的分布。

（4）关注世界和我国淡水资源的严重危机。

（5）了解合理开发和利用水资源的措施。

2. 活动建议

有条件的地区可进行野外考察，寻找地下水并将各种水体数量按比例绘制图表。

分析各大洲水资源的差异及原因；分析我国水资源的时空分布特点和原因。

调查当地水利工程；了解三峡工程、南水北调工程等我国重大的水利工程；调查探讨当地保护水资源（包括地下水）的措施。

（五）天气与气候

1. 具体内容目标

（1）联系生活经验，了解天气与气候的概念。

（2）学会用仪器测量气温、降水量、风力、湿度和气压。

（3）了解人工降雨的主要方式。

（4）会从各种媒体中收集天气资料，初步看懂简单的天气云图。

（5）知道我国东部季风气候和西部干旱气候的主要特点及成因。

（6）列举主要的气象灾害和防灾抗灾的措施。

（7）看懂各种媒体发布的空气质量报告。

（8）关注人类活动对气候的影响。

2. 活动建议

讨论天气与气候对人类活动的影响。

设计实验，演示大气降水的凝结过程。

收集天气谚语并尝试进行解释。

调查当地气候的特点和气候灾害的影响，调查当地大气污染的情况及对策。

第二节 主题"人类生存的地球"的课堂教学策略

在该主题的课堂教学中，教师应注意引导学生自主学习、独立思考，展开必要的讨论或科学探究，首先把地理问题引入课堂这样学生不仅可以根据教材的特点，提出问题，引导学生去分析思考，其次，充分运用插图的技术。

一、"人类生存的地球"的教学方法选择

根据该主题知识的特点，可以灵活采用多种教学方法，许多教师和学者进行了细致的研究，其具体研究结果如图 8-2-1 所示。

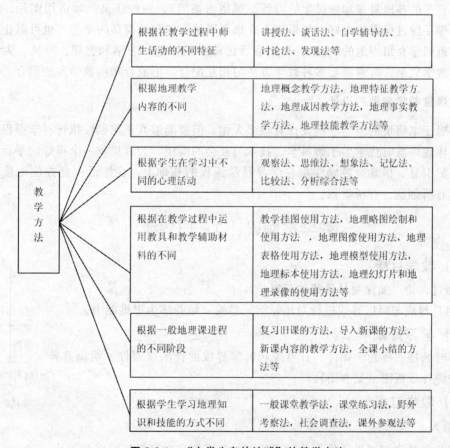

图 8-2-1 "人类生存的地球"的教学方法

此外，还可以按照其他一些依据进行分类，这里不一一列举。在进行该主题的教学设计选择教学方法时，应注意下述两个问题。

其一，要综合考虑教学目的任务、教学内容特点、学生情况、教师教学能力特长、课时等多种因素，选取最合适的方法。

例如，对于"区时的换算"这一部分内容，可以练习法为主，辅以讲授法。而对于"欧洲地形的特征"这一部分内容，则可以谈话法为主，结合讲授法，即通过谈话启发引导学生读欧洲地形图，得出欧洲地势、地形种类、地形分布的结论，教师再运用讲授法进行概括和整理。

又如，在一堂课的时间内学习"根治海河"的内容，时间相对较宽裕，可以运用发现法结合讲授法，使学生通过读图和思考，懂得海河在过去易于泛滥成灾的原因，并了解治理海河的措施。但是，如果在一堂课内要求完成"南部沿海地区气候、河流和农业生产"这一部分内容的教学任务，对该地区"气候特征及其成因""河流特征及其成因"等内容也运用发现法，时间就显得不足。

其二，要根据教学目的要求和教学的实际情况，注意两种或几种教学方法的合理结合，充分发挥各种教学方法的长处，避免各自的不足，以取得良好的教学效果。

例如，学习"我国气温分布的特点"这一部分内容，可以运用谈话法引导学生读图分析，得出我国冬、夏气温分布的特点。但对于说明我国冬、夏气温分布特点的形象具体的材料（如有关的各地景观和居民生活习性、风俗习惯等），一般还是教师运用图片、幻灯片或课件等手段进行讲述为好（如果班上有来自黑龙江省和海南岛的学生，也可以让这些学生向全班同学介绍当地的气温情况），最后还得由教师进行总结和整理。可见，为了取得较好的教学效果，常常需要多种教学方法的相互配合，形成合理的教学方法组合。

二、课堂教学案例的设计

现在对于本模块的教学案例设计有很多人做，但要能够真正贯彻、执行科学课程标准的理念，体现信息时代学生了解科学、技术与社会的渴望，为其提供一个很好的平台，并提供相应的引导、指导，鼓励学生在学习科学课程的基础上，在生活中全方位地接触科学，争取有所创新、有所贡献。

教学案例设计1：日界线

（一）教学目标

1. 通过讨论，加深对日界线的理解；
2. 对日界线与时区界线进行对比，活跃思维，培养学生思维能力。

（二）学习资源

世界时区挂图或教学课件、日界线和时区界线的挂图或课件、两侧差异计算方法课件或板图（见右图）。

（三）教学过程

1. 引入

复习日界线和时区界线的划分。课件演示日界线和时区界线的划分图片。

［指导学生分组讨论］日界线与时区界线有什么相同与不同呢？

教师让各小组选出代表到讲台说出讨论的结果和得出结果的根据。

［教师总结一］从日界线与时区界线的作用上看二者是不同的，日界线区别日期，时区界线区别钟点。

［教师总结二］日界线就是180°经线一条，而时区界线却有24条，另外还有一条就是东西十二区的分界，是它们的中央经线，也是日界线，所以我们不把它作为时区界线了。

［教师总结三］日界线两侧相差1天，而时区界线两侧相差1小时，我们还可以进一步讨论在计算时的不同。（边演示课件边讲解）日界线的计算是西增东退，时区界线的计算是东加西减。

2. 学生学习行为

（1）思考

（2）分组讨论并把讨论得出的结论记下

（3）各小组代表发表意见

（4）学生讨论结果

日界线只有1条时，区界线有24条。

（5）学生讨论结果

① 日界线两侧相差1天，时区两侧相差1小时。

② 日界线的计算是向西增1天，向东退1天。而时区界线的计算是向东加1小时，向西减1小时。

3. 总结

从以上讨论可知，要区别日界线与时区界线可以从它们的作用、条数、两侧差异、计算方法等四方面去考虑。这有助于帮助我们巩固和加深理解日界线的知识，请大家列出表来。

4. 思考练习

学生列出区别日界线与时区界线的表格。

教学案例设计2：西亚北非位置及其重要性

应当指出：插图是初中科学教材的有机组成部分，它与教材紧密结合，发挥着其他所不可代替的独特作用。插图的运用，如同教学本身一样，需要一定的艺术。插图运用得好，不仅有助于学生进行积极的抽象思维，促使具体感知与抽象思维的结合，而且还可大大激发学生学习的兴趣。

（一）教学目标

了解西亚、北非的地理位置及其重要性。

（二）学习资源

A 图片：埃及金字塔、图片8-2-3：水中闲情——死海，人浮在水中、图片8-2-4：科威特油井灭火、图片8-2-5：阿拉伯妇女、西亚和北非教学挂图或课件图片、两洋、三洲、五海之地、世界地图、西亚、北非略图或课件。

（三）教学过程

同学们好！现在上课。请看这里有四幅图片（演示景观图片），我想考察一下你们的课外知识。

请几位同学来告诉我，图 8-2-2 中的建筑物是什么？是哪国风观？

图 8-2-2

[学生讨论] 图 8-2-2：金字塔、埃及风观。

谁能够说出图 8-2-3 中湖泊的名字，它分布在哪里？

图 8-2-3

[学生讨论] 图 8-2-3：死海。

谁知道图 8-2-4 中的设备是什么？这里发生了什么事情？

图 8-2-4

[学生讨论] 图 8-2-4：消防队员在扑灭油井的大火。

请看图片图 8-2-5，这是哪个民族的妇女？她们居住在哪里？

图 8-2-5

［学生讨论］讨论图 8-2-5：阿拉伯妇女的着装风格。

今天我们来学习诞生《一千零一夜》的神秘地方——西亚和北非（出示挂图或课件）。请同学们读图，找到阿拉伯半岛、土耳其半岛、伊朗高原、北非沿海的主要国家。

现在请同学们把刚才看过的图片上的事物的分布地区，在图中指出来。

［学生行为］学生在挂图或课件上指出埃及、死海、科威特、西亚、北非地区。

西亚和北非有哪些具有战略意义的海陆位置。

［学生讨论］学生边看图边讨论。

引导学生观看地图：土耳其海峡、霍尔木兹海峡、直布罗陀海峡、苏伊士运河以及大西洋。

概括出西亚、北非的海陆位置的特点。

学生分成两组进行知识竞赛，每一组选一位最佳选手操作。

第一组：阅读课本图片，一艘油轮自波斯湾出发到西欧，请选出最近航线，把它画在地图上，并说出途经的重要的海和海峡、运河。

第二组：有一艘货轮自大西洋开往黑海，请画出航线，注出重要的海和海峡。

教师讲评，概括要点，修改填图，给学生打分。

［学生行为］选手绘图，并指图回答。

教学案例设计 3：收听天气预报

（一）教学目标

1. 了解天气预报及其意义，了解卫星云图和简易天气图的组成，掌握识读卫星云图和简易天气图的基本方法。

2. 通过学生识读卫星云图和天气图，培养学生利用现代技术了解和预知天气现象的能力。

3. 通过本课的学习，使学生进一步认识地理知识在日常生活中的用途，增强他们学习地理的兴趣，明确学习地理的目的。在学习卫星云图时，还可以通过介绍我国制造的风云一号气象卫星以及其他技术先进的事实，使学生为我国科技的飞速发展和取得的伟大成就而自豪。

（二）重点

掌握识读卫星云图和简易天气图的基本方法。

（三）教具

1. 某日电台播放天气预报的录像或当地广播电台天气预报的录音。
2. 投影片或课件（天气符号表和城市天气预报图）。

（四）教学过程

1. 天气预报的用途和内容

（1）引入

［播放录像或录音］。

让学生看天气预报的录像或听录音。

（2）分组讨论 1

天气预报对我们有什么作用？

（从天气预报中可以知道未来天气的变化，我们就可以根据天气变化增减衣服，带雨具等等）。

（3）教师归纳 1

除了同学所说的以外，由于天气变化还影响着生产、交通等很多部门的活动，所以天气预报对于几乎所有的人都是非常必要的。因此我们有必要了解有关天气预报的知识，并且掌握正确收看（或收听）天气预报的方法。

（4）分组讨论 2

通常在中央电视台的天气预报中都看到有哪几类气象图？

（5）教师归纳 2

通常气象台就是通过对卫星云图的分析，做出天气形势的预测，才能准确地预报出我国各主要城市的天气预报。下面重点学习观看卫星云图和简易天气预报图的方法。

2. 怎样看卫星云图

（1）提问

什么是卫星云图？

（2）教师讲解

教师指定学生观察"气象卫星和地面接收"示意图。

（现在中央电视台播的卫星云图，是我国自行制造的风云一号气象卫星发射回来的图像。这是一项非常先进的科学技术成果，在世界上只有为数很少的几个国家才能做到）

（3）观察讨论

指导学生观察课本的"卫星云图照片"，并讨论照片内容（日期和时间、地球、经纬网、我国的国界和海岸线、长江和黄河、城市、云层及其运动方向、陆地和海洋）。

（4）提问

卫星云图和上述内容都各有什么作用？（云层表示各地区上空云量的分布，其他内容表示地区的位置）

(5) 教师归纳

卫星云图的主要内容就是云。在看云图时首先要根据经纬网、海陆界线等等内容弄清方位，再看云层的分布和范围大小、云层的厚薄以及它的运动方向。根据对云层情况的了解，就可以全面地知道，在卫星发射图像的时候我国各地的天气状况。

由此可见，在卫星云图上，我们能够看出天气晴朗和云雨的分布状况。不仅如此，如果再配合我们今后要学习的很多天气和气候方面的知识，还能从它那里知道诸如台风、寒潮、气旋等等更多的天气情况。由此我们可知卫星云图的重要性。

3. 简易天气图

(1) 展示投影片或课件

看"城市天气预报图"。

(2) 教师讲解

这是一张简单的天气图，从图中大家可以看到，气象台对各地未来天气情况的预测。所以为了学会识读天气图就必须先掌握天气图中常用的符号。

(3) 展示投影片或课件

天气图中常用的符号。

看"天气符号表"，教师讲解天气符号的构成。

(4) 读图练习

教师指导学生读图，识读"天气符号表"，并且帮助学生掌握记忆天气符号的正确方法。

(5) 展示投影片或课件

简易天气图的识读。

看"城市天气预报图"。

(6) 学生分组讨论

讨论怎样看天气预报图。

(7) 想一想

想一想什么是天气和气候？它们有什么区别？（提示学生可以复习小学自然课中学到的有关知识）。

第三节 主题"人类生存的地球"课外活动案例及评价

我们知道，理论联系实际是一个基本的教学原则。科学课程的学习更要注意联系生活实际。科学课程教学的"理论联系实际"一般力求从以下三方面来进行：第一，根据学生已掌握的知识，给他们一些已知的条件或一些思考题，让他们在实际运用中，通过自己的思考、分析和判断，去探求新知；第二，把教材内容和日常生活结合起来，让学生自己在实际应用中寻求答案。第三，通过学生的实践活动，指导学生把新闻媒体（报纸、广播、电视）以及网络中报道的国内外科技成果、经济建设、技术与已学习过的知识联系起来，以达到将所学知识进行灵活运用的目的。

活动案例设计1：刮风的时候

（一）活动目标

1. 观察风蚀的效果；
2. 了解风蚀的危害。

（二）器材和材料

3个浅底饼干盒或大的纸箱盖；2杯沙子；2杯筛过的花园土壤；2杯筛过的面粉（面粉具有同干燥黏土颗粒一样的质地）；尺子；纸和铅笔；电风扇；一大块纸板（假如没有电风扇的话）。

（三）活动地点

教室或户外。

（四）活动过程

先让学生观看"风蚀蘑菇"的图片，如图8-3-1所示。

图8-3-1 "风蚀蘑菇"

1. 在一个饼干盒里放沙子，一个盒里放花园土，另一个盒子里放面粉。每种材料的顶部应保持平整。

2. 将盒子放在正对着电风扇大约7米远的地方。如果找不到电风扇，可以在相同距离处手拿纸板用力扇动。

3. 轮流将每个盒子向风源处移动，直到其中的材料有轻微运动。当各种材料开始运动时，记录盒子和风源之间的距离。哪一种材料在距离风源最远处发生移动？哪种材料在距离风源最近处发生移动？你能解释其中的原因吗？哪一种材料最有可能遭到风的侵蚀？

4. 利用你从这个活动中学到的东西，能否设计一种方法来防止风蚀？例如，用某种东西盖住土壤，或者在土壤和风源之间竖起一个屏障。做模型检验你的理论。

活动结果：电风扇在最远处时面粉即开始移动，因为面粉颗粒最小、最轻。如果是在干燥状态，黏土颗粒最有可能被风侵蚀。

(五)案例评价

学生应该尝试各种减少风蚀的方法。一个有效的方法是盖住土壤：这就像土地被生长着的植被或覆盖物覆盖；另一个减少侵蚀的方法是在电风扇和箱子之间放置屏障，处于屏障后面的下风向的土壤将免受风吹，高的屏障将比矮的屏障保护更大的面积。

活动结果：学生们认识到以下事实。

（1）风蚀是土壤侵蚀的一种。多发生在大风频繁、天气干燥、植被稀少的地区。我国的风蚀主要发生在北部、西北和沿海地区。严重时能吹走地表肥土细粒，破坏土壤结构，使肥力下降，被风吹走的泥沙沉降后会掩埋良田和村庄，对农业生产危害大，也威胁着人民的生活和经济建设。

（2）通过植树种草，可减低风速，涵养水源，并结合兴修水利和改进农业技术措施等可以减轻或避免危害。平原、草原、丘陵、道路、农田、公园、自家花园里，可以种植树木和矮树丛风障来减轻风力。

（3）风蚀是我国每年产生沙尘暴的主要原因——沙尘暴缘起土壤风蚀。

活动案例设计 2：土壤中有多少空气

(一)活动目标

测量和比较不同土壤的孔隙度。

(二)活动材料

土壤样品；2个同等大小的塑料杯；1个大碗；水；计时器。

(三)活动地点

教室、实验室或家里或课外活动场所。

(四)活动步骤

1. 在一个塑料杯中装满土壤，放平。
2. 往碗中加水，深度至少是杯子高度的1.5倍。将空杯子浸入水中，使其充满水。
3. 将杯子在水面下倒置，并向上提升，使其露出水面的高度相当于杯子高度的一半。杯中的水有什么情况发生？为什么会这样呢？
4. 迅速地将装有土壤的杯子放到倒置的杯子下面，使2个杯子口对口，如图8-3-2所示。
5. 按照这样的状况拿着杯子，观察杯子中发生的情况：上面杯子中的水向下流到装有土壤的杯子中；下面杯子中的土壤空气开始逃逸到上面的杯中。
6. 替换其中的一部分水。记录从第一个水泡出现到最后一个气泡出现经过的时间。你能统计出气泡的数目吗？气泡逃逸的速度有多少？
7. 当土壤不再释放气泡时，标示并测量上面倒置杯中的空气体积。倒置杯中俘获的空气体积等于土壤中的空气体积。
8. 重复1~6步骤试验其他土壤样品。在下面的表8-3-1中记录结果，并进行对比。

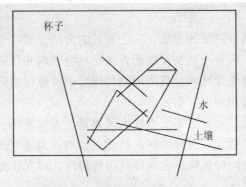

图 8-3-2 塑料杯测土壤里的空气

表 8-3-1 测量和比较不同土壤的孔隙度

土壤样品	释放气泡的时间	土壤中的空气体积

【讨论与交流】

1. 所有的土壤都具有相同数量的空气吗？哪一种土壤持有的空气最多？土壤释放空气的速度有差异吗？如果有差异，请解释其中的原因吗？

2. 为什么说土壤中具有空气是重要的？土壤中可能需要空气的东西是什么？

（五）活动结果

各组代表报告本组活动的实验成果。

（六）案例评价

土壤中逸出的气泡没入水中，原来的空气空间被水占据。土壤中的空气空间越多，气泡越多。

在水碗中提升杯子时，杯中的水仍然保持在里面。这是因为作用在碗中水表面的气压大于作用在倒置杯中的水压。如果在相同的条件下对比多种类型的土壤，就能生动地观察到不同土壤孔隙度的差别。

活动案例设计3：土壤中存在水吗

（一）活动目标

演示土壤中水的存在。

（二）活动材料

盛在金属罐中的土壤；1个盖子；称盘；1个讲台；热源。

（三）活动地点

教室或户外。

（四）活动步骤

1. 阅读以下材料：

土壤学中的土壤水是指在一个大气压下，在105℃条件下能从土壤中分离出来的水分。土壤水是植物生长和生存的物质基础，它不仅影响林木、田地作物、蔬菜、果树的产量，还影响陆地表面植物的分布。例如，沙漠及其中的绿洲、草原、热带雨林的分布于该地区的土壤水分状况有关。在土壤学中，根据对土壤水的研究方法的不同有两种土壤水分类，一种是从能量的点来研究土壤水，从而形成水的能量分类，它主要研究水的能量状态和水的运动，主要用于研究分层土壤中水分运动、不同介质中水分的转化（蒸发、蒸腾），水分在土壤—植物—大气连续体（SPAC）中的运移和土壤水对植物的有效性。另一种是形态学观点来研究土壤水，它主要研究不同土壤水的形态、数量和对植物的有效性，在早期的土壤水科研中，此法被广泛应用，直到现在研究土壤水数量和有效性方面仍具有很强的实用价值。

2. 给加了土壤的罐子称重，记录其质量。
3. 给罐子盖上盖子，不要盖得太严实。在中火上加热2分钟。
4. 移去盖子，观察罐的内壁。你看到了什么？水从哪里来？
5. 撤去盖子，再给土罐加热5分钟。
6. 保持至土罐冷却，称重。比以前重了还是轻了？为什么？

（五）活动结果

土壤在加热之前质量较大，因为加热前土壤具有水分，在加热过程中水分蒸发了，说明土壤中存在水。

（六）案例评价

在这个活动中，你已经考察了构成土壤的一些成分。非生命物质如岩石颗粒、有机质、空气和水都有助于赋予土壤以自然特性，并影响土壤的行为。但重要的是，土壤不仅仅由非生命物质组成，它是由生命物质和非生命物质组成的复杂生命系统，成千上万年以来这些物质相互作用、变化并结合在一起。在其他活动中，你将调查土壤中的生命物质。

活动案例设计4：淡水危机及其预防对策

（一）收集资料

1. 分组收集资料

（1）全班分成四个组，针对以下问题，分别调查四个方面的内容。
（2）调查方式：查阅报刊、书籍和多媒体资源的资料；访问有关机构人员。

2. 活动主题

（1）世界淡水资源的储量和分布有什么特点？（用数据定量说明）
（2）导致全球性水资源危机的主要原因是什么？
（3）说明中国水资源供求矛盾的严峻性及其形成原因。
（4）说明水污染与水资源危机的关系。

（二）资料的整理

分类汇总：整理每组调查的资料，并且分类汇总。

制作图表：利用调查数据，制作图表。

用方格纸制作世界水资源中不同类型水资源的储量图。

绘制世界不同类型耗水量变化曲线图。

（三）撰写调查报告

1. 讨论与交流——人类为避免水资源危机，应当采取哪些行为？

2. 总结——水资源供求矛盾日益严峻，应当建立正确的环境价值观，切实把水当做一种稀有资源，在生产与生活中改变传统用水方式，节约用水。

3. 各组代表报告本组调查结果。

（四）案例评价

通过查阅有关报纸、杂志和多媒体资源有关气候变化的原因，使学生认识到淡水危机的严峻形势。

通过该活动，学生第一次了解到以下事实。

（1）21世纪将是水的世纪。20世纪初，国际上就有"19世纪争煤、20世纪争石油、21世纪争水"的说法。

（2）第47届联合国大会更是将每年的3月22日定为"世界水日"，号召世界各国对全球普遍存在的淡水资源紧缺问题引起高度警觉。从全球范围来看，根据联合国统计，全球淡水消耗量20世纪初以来增加了约6—7倍，比人口增长速度高2倍，全球目前有14亿人口缺乏安全清洁的饮用水，即平均每5人中便有1人缺水。

（3）估计到2025年，全世界将有近1/3的人口（23亿）缺水，波及的国家和地区达40多个，中国是其中之一。

（4）中国被联合国认定为世界上13个最缺淡水的国家之一。我国淡水资源总量名列世界第六，但人均占有量仅为世界平均值的1/4，位居世界第109位，而且水资源在时间和地区分布上很不均衡，有10个省、市、自治区的水资源已经低于起码的生存线，那里的人均水资源拥有量不足500立方米。

（5）目前我国有300个城市缺水，其中110个城市严重缺水，他们主要分布在华北、东北、西北和沿海地区，水资源已经成为这些地区经济发展的瓶颈。

（6）有专家估计，2030年前中国的缺水量将达到600亿立方米。因此，为保证我国经济的可持续发展，解决淡水资源问题已迫在眉睫。

因此，通过该项活动，使学生建立节约用水意识和正确的节水习惯。

活动案例设计5：反复无常的气候变化

（一）活动目标

1. 掌握"温室效应"的成因；
2. 了解全球气候变化可能产生的影响，以及控制全球气候变化的对策；
3. 树立"面向全球，立足本地"的思想，逐步加强对解决环境问题的责任感。

（二）收集资料

查阅有关报纸、杂志和网络媒体的文章——收集以下资料。

1. 自从工业革命以来，人类活动强烈地改变着地球大气的组成；
2. 由于人为原因排放到大气中的二氧化碳、甲烷等气体，使温室效应加强，引起全球气候与环境变化；
3. 为了减缓温室效应，逐步控制全球气候变化，世界各国需要共同关注与采取的行动；
4. 我们如何关注这一全球问题。

（三）活动安排

【讨论与交流】

1. 为什么会产生温室效应？为什么温室效应在加强？
2. 温室效应的加强及由此引起的气候变化对人类生存环境有什么影响？
3. 减缓温室效应，控制全球气候变化应采取哪些对策？

【活动步骤】

1. 学生在自愿的基础上分成6个小组，每2组就上述问题中的一个进行准备。
2. 对以上3个问题进行深入调查、讨论，重点准备，选定一个问题。
3. 写出发言提纲，绘制有关图件。

（四）成果汇报

1. 讨论以上列出的3个问题。发言时，运用自制的图表帮助说明问题。
2. 通过讨论与交流，掌握"温室效应"的成因，全球气候变化可能产生的影响，以及控制全球气候变化的对策，树立"面向全球，立足本地"的思想，逐步加强对解决环境问题的责任感。

（五）案例评价

通过查阅有关报纸、杂志和多媒体资源等有关气候变化的原因，使学生认识到气候变化是外部自然界自身运动造成的，或者是人为地持续对大气组成成分和土地利用的改变。既有自然因素，也有人为因素。

通过该活动，认识气候变化的主要原因是人为因素，并且第一次了解到以下事实。

（1）温室气体：化石燃料燃烧和毁林、土地利用变化等人类活动所排放温室气体导致大气温室气体浓度大幅增加，从而引起全球气候变暖。据美国橡树岭实验室研究报告，自1750年以来，全球累计排放了1万多亿吨二氧化碳，其中发达国家排放约占80%。

（2）气候变化导致灾害性气候事件频发，冰川和积雪融化加速，水资源分布失衡，生物多样性受到威胁。气候变化还引起海平面上升，沿海地区遭受洪涝、风暴等自然灾害影响更为严重，小岛屿国家和沿海低洼地带甚至面临被淹没的威胁。

（3）如果温度升高超过2.5℃，全球所有区域都可能遭受不利影响，发展中国家所受损失尤为严重；如果升温4℃，则可能对全球生态系统带来不可逆的损害，造成全球经济重大损失。

（4）据2006年我国发布的《气候变化国家评估报告》，气候变化对我国的影响主要集中在农业、水资源、自然生态系统和海岸带等方面，可能导致农业生产不稳定性增加、南方地区洪涝灾害加重、北方地区水资源供需矛盾加剧、森林和草原等生态系统退化、生物灾害频发、生物多样性锐减、台风和风暴潮频发、沿海地带灾害加剧、有关重大工程建设和运营安全受到影响。

因此,通过该项活动,使学生建立正确的环境意识和可持续发展的观点,从而影响他们的人生观。

思考与练习

1. 分析小学科学课程教材:"地球与宇宙——地球的概貌与地球的物质、地球运动与所引起的变化、天空中的星体?"的教学目标、教材特色和教学方法。
2. 分析初中科学课程教材:"地球、宇宙和空间科学——地球在宇宙中的位置、人类生存的地球?"的教学目标、教材特色和教学方法。
3. 科学课程的"人类生存的地球"教学活动可以培养学生哪些科学精神?
4. 科学课程的"地球在宇宙中的位置"教学活动可以培养学生哪些科学精神?
5. 查阅资料,尝试进行"天气与气候"研究型学习和实践活动课案例的设计。
6. 查阅资料,尝试进行"地球上的水体"研究型学习和实践活动课案例的设计。

第九章 统一性综合的科学课程研究及案例设计

科学课程实施以来遇到的一个不容回避和忽视的问题就是如何在教学内容、教学模式、师资职能上做到在统一性基础上的、整合的、真正意义的现代科学课程。从本章到第十一章尝试讨论科学课程由分科走向综合化的教学策略问题,并且分别以传统学科意义上的物理、化学、生物和地理知识的有机整合作为科学课程设计的依据,结合科学课程标准的教学理念、要求,通过实际课堂教学案例的设计和课外活动案例的设计,说明实现科学课程教学综合性和统一性策略的有机整合的方法和途径,借以与我国广大科学课程推广和实践的工作者商榷。

本章主要探讨科学课程的统一性的教学问题。

第一节 从相关性到统一性的科学课程

由于我国长期实行分科教学,因而,对于科学课程,无论在观念上,还是在实施过程中,都存在着许多问题,使科学课程的实施困难重重、步履维艰。如何解决实施科学课程中所出现的问题,使科学课程的实施顺利进行已是当前课改中十分迫切的任务。

综合科学课程的本质从相关性到统一性的发展反映了世界科学教育发展的要求,是科学课程的根本变革。传统的综合科学课程观把综合和分科课程对立起来,在分科和综合问题上做文章,认为综合课程就是把传统学科的内容综合起来,综合的程度越高越好。现代综合科学课程超越了这种形式主义的思维方式,注重科学本质的统一性和不同的科学领域和范围的关系,在综合科学课程的设计和实施中,具有更大的灵活性,使综合具有了新的含义。在课程标准层面上综合体现科学的统一概念和过程、科学探究、科学与技术、科学的文化维度之中。在课程实施的过程中,综合是与探究统一在一起的,探究是开放性的,可以涉及多个学科领域,教师和学生具有更大的灵活性。

一、科学课程的分科与综合

分科课程的历史悠久,中国古代的"六艺"(礼、乐、射、御、书、数)和古希腊的"七艺"(语法、修辞、辩证法、算术、几何、天文、音乐)可算是最早的分科课程。其经过赫尔巴特、夸美纽斯、洛克等人的进一步理论深化而逐渐成熟。在分科课程的发展史上,由于科学、技术和文化的发展变化,人们对分科课程不断进行调整,但这种小规模的调整并没有变革分科课程的最基本的形式,所以,今天的学校课程仍然是以分科课程为主。

(一) 分科课程的优势与不足

分科课程立足于科学知识的系统性，从整体的科学知识中选取关联密切的内容组成一门学科，分科组织教学，且各门学科自成一体，学科间"壁垒森严"。分科课程注重知识的相对独立性，注重发展学生的智力因素，注重教学的认知功能。它的主要优点是：

1. 单一学科理论系统化

分科课程有助于突出教学的逻辑性和连续性，是学生简捷有效地获得学科系统知识的重要途径。

2. 单一专业设置体系化

实践和研究表明：分科课程有助于体现教学的专业性、学术性和结构性，从而有效地促进学科尖端人才的培养和储备国家科技发展。

3. 单一学科教学结构化

分科课程有助于组织教学与评价，便于提高教学效率。

但是，分科课程容易忽视学生的需要、经验和生活；容易忽视现代生活的需要；容易导致将学科与学科彼此之间割裂，从而限制了学生的视野、束缚了学生思维的发展。

(二) 综合课程的优势与不足

综合课程在我国有较早的历史，并非这几年才从国外引入。1902年，清廷管学大臣张百熙主持制定《钦定学堂章程》，其中规定中学学制4年，教学计划设置12门课程。《钦定学堂章程》奠定了我国普通中学课程架构的基础，以后长期沿用，基本未变，史称"壬寅学制"。"壬寅学制"的科学课程设置为博物、物理、化学3门，博物含生理、卫生、矿物。1904年《奏定学堂章程》中规定的"格致"就包括动物、植物、矿物等科，即属综合课程。

综合课程实质上是采用各种形式，使学科中被分裂了的各部分知识之间形成有机联系的课程形态。它试图跨越原来学科间乃至学科内部各部分知识之间的道道鸿沟，以形成它们之间的有机联系，最大限度地回归和体现知识本来的"整体"面目。它的主要优点是：

1. 科学理论综合化

通过整合相关学科，促进学生知识的整体性发展，有利于培养学生综合运用知识，解决实际问题的能力。

2. 降低学习难度

有助于缩减科目数量，有利于减轻师生的教学负担。

3. 调动非智力因素

注重对学生的兴趣、动机、意志和人文精神的培养，有利于学生的个性发展；学生可以在综合课程的新体系中学到宽泛的、自由的、整体的和富于创造性的思维方法。

4. 紧密结合 STS

强调科学技术和社会的关系，强调联系生活中的实际问题；

但是，当课程设计侧重于某一方面问题的探讨和解决时，大多数课本都是以一系列相关问题为主线，以专题的形式编排，其结果势必影响到学生对知识的逻辑性和顺序性的理解。特别是前后知识的衔接，不如分科课程那么有序和严密。

(三) 分科与综合的相对性

综合课程的提出，主要是针对分科课程科目划分过度精细，不利于学生大多数的发展。但是二者并不是直接对立的。综合课程必须以分科课程的内容为基础，通过打破不同学科以及学科内各部分知识之间的森严壁垒，使分科课程获得综合意义上的科学认识。

1. 综合课程的现实意义

当前，分科教育模式遇到了严峻的挑战，因为未来社会更需要具备解决社会实际问题的能力的复合型人才，在这方面，实施综合课程具有巨大的现实意义。世界各国在进行课程改革的过程中，都十分重视综合课程的建设，如美国的"2061计划"就主张打破学科界限，每门课程都要综合自然科学、人文科学和数学。

2. 突出的"拼盘"问题

但是，在综合课程的各种尝试中，经常被人们作为问题和局限提出来的就是所谓"拼盘"问题，这也是部分人们主张分科课程的原因之一。

"拼盘"在这里有两层含义：其一，指的是在名为综合的科学课程中，仍然保持着鲜明的分科痕迹，比如，综合的科学课程中有相对独立的物理、化学部分等等；其二，实施教学的具体形式的"拼盘"：物理老师来上一段物理部分的内容，化学老师来上一段化学部分的内容，生物老师来上一段生物部分的内容，地理老师来上一段地理部分的内容……有趣的是，根据调查统计的结果，"拼盘"的教学效果居然优于单一科学课程老师进行综合课程教学后的教学效果。咎其根源，笔者认为，实际上，还是应试教育在作祟。

因此，对于"拼盘"现象，不必过于责备所谓综合的不彻底，而是可以名正言顺地承认其合理性，或采取宽容的态度，或许这种态度将帮助我们在综合课程的探索中更加富于理性。应该明确和坚持：提倡综合课程并不意味着取消分科课程。分科的彻底取消与分科的唯一化同样有害，无条件的综合与缺乏综合同样不适当。

3. 分科与综合的相对性

依据事物的复杂性、多样性及其各个部分的独立性原理，分科课程也同样必需。课程在今后的发展，仍将通过分科与综合这一基本关系的相互作用实现，两种课程应当共同存在。

无论是分科课程还是综合课程，最为重要的功能在于对学生发展的作用，也正是在这个意义上，两种课程在人类的教育活动中有着各自的独立价值。分科是综合的基础，只有在深入分化的基础上，才能有较高水平的综合。否则，综合只能是表面和肤浅的。

例如，古代社会中科学的综合基础是人们对于世界的完全未分化的认识，没有在任何一个领域或部门深入到直观和经验的水平之上。因为缺少分科的基础，综合也就只能是低水平的，如果不打破这种综合，也就不会有现代科学技术的辉煌，更不可能有今天人们追求的高水平的综合，在科学课程领域都是如此。

二、统一性是科学课程实施的必然趋势

所谓"统一性"，原本是哲学上的一个术语，具有特定的含义，即世界物质统一性原理。同时又是马克思主义哲学关于世界本质问题的一个基本原理：世界是统一的，即世界的本原是一个；世界的统一性在于它的物质性，即世界统一的基础是物质；物质世界的统一性是多样性的统一，而不是单一的无差别的统一，世界的物质统一性以具体物质形态的差异性、多样性为前提，而物质形态的差异性、多样性又以它们的客观实在性为基础。

这里借用"统一性"术语是指科学课程的知识类别诸如物理、化学、生物和地理等具有统一性的基本原理，科学是一个统一的整体，分科只是我们的认识方式、认识能力以及历史传统思维定势的局限性带来的后果,这些局限性显然阻碍了目前科学课程的实践活动实施。

(一) 科学教育理念的变化

最近一个世纪以来,由于社会、经济和科学技术的发展,人类对世界尤其是对人与自然关系的认识发生了许多变化,由此影响到对科学价值的认识,科学教育的宗旨从"掌握科学"演进为"理解科学"。在我国的素质教育思潮中,科学教育的价值理念定位在"提高国民的科学素养"。从科学素质的角度看,"掌握科学"指掌握科学的基础知识和基本技能,"理解科学"指对科学知识的理解,对科学过程和方法的理解,对科学、技术、社会三者关系的理解。因此,初中科学课程需要按照素质教育的要求,从教育理念这个层面作反思并进行相应的改革。

(二) 适应现代社会发展的需要

改革开放以来,我国社会和经济快速发展,日常生活和生产的科技含量迅速提高,社会科学化和科学社会化的要求日渐迫切。同时,工业化带来的环境破坏等一系列社会问题迅速蔓延,生态、环境、人口、资源等不再只是大学课堂上的话题,而成为现实生活中随处可见、急需解决的问题,特别是在现代化进程较快的东部地区。这样,在初中科学教育目的中,为升入高中准备物理、化学、生物等学科的基础知识和基本技能,不再是唯一任务,而让学生理解科学,在此基础上建立当代公民必需的科学观念,培养科学精神和科学态度,成为义务教育阶段科学教育的重要任务。

(三) 适应义务教育的要求

义务教育的实施,要求科学课程能适合全体学生,而不仅仅是对语言和数学逻辑学习能力较强的学生,学习过程也不再实行淘汰制。这就要求课程除了考虑学科知识体系外,还要更多地考虑学生的兴趣和心理发展。

(四) 科学课程逐渐本土化

20世纪后半期,针对西方国家出现的"现代文明病",一部分西方学者站在发达国家的立场,以后现代主义的文化眼光,来审视、肯定、比较、选择中国传统文化,希望以此来校正和弥补西方文化发展的偏差和缺陷。我国一些学者,站在发展中国家的文化立场,批评西方工业化文明的负面效应和西方现代文化的消极方面,把中国传统文明视作更高层次的文化发展方向。由此出发,我国一些科学课程专家希望在科学思想、思维方法等方面从传统文化中汲取营养,同时充分利用本土的课程资源,通过这三个方面在课程本土化上取得进展。而中国传统科学思想中蕴涵着可持续发展观的"天人合一"思想,蕴涵着人类与自然和谐统一价值观的"与天地参"思想,以及整体思维、变易思维、矛盾思维、中庸思维和综合思维,都提示我们综合科学课程可能是科学课程本土化的一种可行方式。

(五) 科技、文化和社会经济发展的必然要求

1. 对科学本质认识的深化

科学史和科学哲学研究成果所提供的对科学本质的认识进入课程设计之中,体现在国家课程文件和具体课程材料之中。

2. 认知科学的发展

建构主义的基本观点以及在此指导下开展的大量研究为科学课程的发展奠定了基础,其中包括对学生前概念和相异构想的研究,学生学习科学过程的研究,以及相关初中综合科学课程开展的现状分析及对策探讨教学策略的研究等。

3. 对公众科学素养认识的发展

自从将提高公民的科学素养作为学校科学教育的目标以来,科学教育领域有关研究人员围绕公众的科学素养展开了大量调查和研究,其中影响较大的是国际公众科学素养调查,调查结果的不尽如人意促进了科学课程的进一步改革。

4. 科学课程统一性的标准问题

科学课程的多样化要求有一个统一的基础。后现代科学提出了科学的统一性和文化层面的问题。

5. 科学教育和科学课程实践、研究成果的积累

近20年来,科学教育研究在迅速发展,世界上有影响的科学教育杂志已有30余种,英美等国出版了大量科学教育专著。

6. 相关领域理论发展对科学课程的影响

如科学史、科学哲学、科学社会学、多元文化理论、认知科学和后现代科学等理论对科学课程的影响。

7. 信息技术的作用

信息技术的发展为开放的科学课程和个别化教学提供了技术支持。多媒体技术和互联网的迅速发展正在促进科学教学方式的根本变革。

第二节 科学课程统一性教学案例设计

根据前几章研究的结论,本节从以下几个方面探讨科学课程统一性教学设计案例。科学新课标中,科学探究不仅作为重要的理念强调,作为教学建议提出,而且被列入课程目标和课程标准之中,作为必须实施的内容要求,因而在教学实践中日益受到关注和重视。科学教学应给学生提供充分的科学探究的机会,让学生通过手脑并用的探究活动,体验探究过程,学习科学方法,发展科学探究能力,培养学生创新精神。因此,它与综合实践活动的教学目标是十分吻合。即在科学教学中开展综合实践活动,在综合实践活动中学习科学知识和方法,也是当今新课程改革和实验的要求。统一性教学设计的基本要求有以下几点。

(一) 改进教学设计,创造探究性学习的条件

探究性学习是综合科学课程的基本学习方式,探究的一个重要方面是指教师基于探究活动而设计(提供)的教的学习情境——创造探究性学习的条件。也就是说,科学课程的教师必须改进教学设计,为学生探究性学习搭建平台。

我们知道,传统的教学重视结果,轻视过程。在教学目标上,只要求学生记住概念、规律,不要求掌握探究过程。在探究教学理念的指引下,教师更要关注科学思维的过程。

例如,对于《指南针为什么能指方向》的课堂教学,传统的教学设计与更新理念的教学设计的对比。

传统教学设计:教师按磁体概念→磁体的性质→磁化的顺序依次进行。

探究理念指引下的教学设计:首先创造探究学习的情境→然后展开教学……

1. 想一想,当你迷失在沙漠中,你用什么辨别方向?

2. 活动一：猜一猜，当磁铁靠近铜块、铝块、铁块、塑料、木头、一元硬币、一角硬币时，哪些能被吸引？哪些不被吸引？动手做一做。

3. 活动二：动动手，把铁屑均匀地铺在白纸上，将磁体平放在铁屑上，然后将磁体提起，你观察到什么现象？

4. 活动三：……

不难看出，传统演示实验强调科学真实、目的明确、操作规范、简明直观、安全成功、适时适度、展示过程、体现方法等原则，具有合理的因素。

但在中学科学的演示实验中必须改变传统的教师演示、学生观看的教学方式，必须转变演示实验只是对教材内容和已有结论验证的功能，更应该充分发挥学生的主体能动性、参与性，力求体现探究与综合的特点。因此，要改进演示实验的设计，为学生创造更大的学习空间。

又如：在《物质的导电性》的课堂教学中，课前可以准备好多材料：塑料尺、羽毛、干木头、铅笔芯、橡胶棒、硬币、纯净水、食盐、蔗糖等。

如果是接受式学习，往往这样进行：

1. 什么是导体？举例，验证。
2. 什么是绝缘体？举例，验证。
3. 绝缘体和导体可以在一定条件下转化。举例说明。

然后，要求学生记忆以上要点。

显然，这与我们现代教育理念格格不入，它剥夺了学生创造的权力，主动学习的机会。科学素养不可能随知识条目一起灌输给学生，只能在教学中渗透，必须组织一个个探究活动，让学生在探究过程中，获得体验并内化。

因此，在上课时可以设置这样的问题：

1. 猜一猜，以上哪些物质容易导电？哪些物质不容易导电？
2. 你准备用什么方法证明你的辨别？

学生自主设计的电路。

然后，组织学生评价这些设计，并在此基础上选用一个较完善的设计。

对方案1，学生评价：万一物质的导电性很好，如铜丝，电源就被短路了，电流表就会损坏。

对方案2，学生评价：在连接串联电路时，两个小灯泡，一个亮的，另一个也是亮的。所以，只凭小灯泡发光情况作判断，也不好。

最后，大家认可了综合两者的方案3，设计了一个既能防止电路短路，又能判断出物质导电性的方案，并用这一方案去探究去检验自己先前的猜想，并得出结论。

上述案例促使学生形成一种积极的、生动的、自主合作探究的学习方式。

（二）改进学生实验设计，创造学生探究学习的机会

1. 变验证性实验为探究性实验

探究性实验模式更有利于对学生思维能力和科学方法的培养。按照验证性实验模式进行实验操作，学生做实验时，往往不动脑筋，"照方抓药"，只求从中验证知识结论，不注重其中的科学方法和现象与本质的有机贯通，兴味索然，记忆不牢。其实，现在的学生实验很多都是在知道了结果之后再去做的，应该属于验证性实验，若教学中先把一些已有知

识结论当做未知理论对待,变验证性实验为探究性实验,让学生通过实验探究,经过思维活动寻求结论,则会有效培养学生科学探究的能力、科学的认知方法和思维能力,也有利于激发学生的学习兴趣,同时又充分体现了学生在教学活动中的主体地位。例如,浙教版《科学》第二册第一章实验《研究凸透镜成像规律》,第五册第三章实验《研究杠杆的平衡》等都可以试着让学生自主地去探究。

2. 在课外实验中,延伸探究学习

课外实验是课堂教学的延伸和补充,充分利用课外实验,能解决在课堂教学中因时间或设备的局限而无法完成的实验,从而可进一步培养学生理论联系实际和手脑并用的习惯,并提高他们自主学习探究的能力。

学生家庭生活碰到的问题是学生课外实验的资源。如有时发现夏天用电特别多,怀疑家中的电表坏了,此时可请学生设计实验方案,检查电表工作是否正常。让学生自己设计实验步骤,探究问题解决的办法。

课外实验一般所用的器材简单易找,实验易做,现象明显,便于学生理解。如《鸡蛋的沉浮》、《家庭中的pH》、《家庭如何去污》、《摩擦的应用》、《影子的长短变化》、《测出自己上楼梯的功率》等。生活中处处存在着科学,科学是和生活有密切联系的,教学中教师要善于与生活实际相联系,引导学生利用身边的器材做小实验。

(三)开展小制作活动,丰富综合实践活动资源

组织学生开展小制作活动,是科学教学的重要内容,在科学课程标准中,技术设计是"科学、技术与社会的关系"部分的第二个主题,是技术活动的核心环节。活动设计是综合实践活动的重要组成部分。学生在小制作的过程中,不仅能够学到一定的知识和技能,而且还可以培养学生的综合实践能力。如培养学生的动手能力、使用工具的能力、创新能力等。

1. 在情境中确定课题

教师在科学教学中要创设学生开展小制作的情景,激发学生实践的欲望。

以地球仪的制作为例。我们生活的地球是个巨大的球体,人们很难直接看到它的全貌。地球的外貌如何?它又是怎样运动的?为了更好地认识地球,人们制作了地球的模型——地球仪。在地球仪上,我们可以观察到许多经线与纬线相互交织构成的经纬网,可以看到用不同颜色、各种符号和文字来表达的陆地、山脉、河流、国家、城市等地理事物,地球仪还能够通过转动来演示其运动状况。你知道地球仪是怎么制作的吗?让学生初步感受到制作地球仪的情景,激发学生选择制作地球仪课题的欲望。

在科学教学中适合学生小制作课题选择的还有,如电动机模型的制作,过滤器的制作,昆虫标本的制作、星空图的制作、简易弹簧秤的制作等,这些小制作为综合实践活动提供了丰富的课程资源和学习方法。

2. 在讨论中形成方案

在老师的指导下,组织全班学生讨论或分小组讨论,逐步形成学生小制作方案。教师的指导是要重点引导学生自己解决在制作过程中的关键技术问题。

仍以制作地球仪为例,关键要解决如何确定两极的位置、如何确定地轴和公转平面的夹角、如何确定南北回归线和南北极圈的正确位置等问题。当然,在解决这些技术性问题时,教师不要包办代替,要营造让学生讨论、探索的时空,充分体现学生的个性和创新

能力。

设计如下：教师将学生分成若干个制作小组，出示教学演示地球仪和往届七年级同学制作的小型地球仪，以引起学生的兴趣和制作参考。学生分组讨论，讨论如何制作一个较好的地球仪的技术设计。让学生提出他们要解决的问题。

用什么材料：大多数学生都选用乒乓球或者其他球体等。

用什么工具：采用不同的材料，会用到不同的工具。例如量角器、刀片、直尺、铁丝、长针、钳子等。

达到什么目标：由学生自己确定。

制订计划：制作流程、明确分工、完成日期等。

（四）开展科学小课题探究，提高学生综合实践能力

科学小课题的学习是科学教学中培养学生科学精神的重要途径。由于科学的小课题探究与综合实践活动的教学目标完全一致，所以在课时资源、师资资源、管理资源等完全可以整合使用。

1. 开发适合学生实践探究的小课题

在科学教学中，收集和开发适合于学生进行探究的小课题是科学教学计划的重要内容。在教师的引导下，学生组成小组或班级合作，在开发和选择小课题时，一方面要与科学教材的学习要求、教学内容和社会教育资源相结合，另一方面要与学生生活实践和学生的知识储备、能力为基础。如《我们周围的噪声调查》、《青春期心理状况调查》、《水资源的研究》、《农村水污染状况的研究》、《本地空气污染的主要来源及保护》、《电与人类生活》、《生命元素与人体健康》、《土壤污染及防治》、《家庭楼道灯的结构探秘》等。

2. 指导学生制订小课题实施方案

这一环节包括通过小组讨论，寻求较优化的设计，学生撰写方案，并进行方案的论证。希望通过不同观点的冲突、碰撞、补充、修正，加深每一个学生对问题的理解。教师给予必要的指导，提出意见，改进小课题方案的可行性。同时要小组成员设计实施方案，做好相关材料的准备，组员间的分工等。小组合作实施方案，撰写和交流小课题报告或体会。

在小课题探究的活动中，除了准备方案以外，还要对学生做一些教育工作和使其有知识、心理准备，如安全教育。活动中会遇到哪些困难，用什么方法去解决；实践活动的具体过程、有什么收获等都要在报告中体现。完成科学教学中的小课题探究，在课时上不同于一般的科学课实验。至少需要几个星期，因此学生小课题探究活动一般一学期不能太多。

（五）利用综合实践活动改变科学教学方式

科学教学中的概念源于现实生活，是从生产、生活中抽象出来的。对于这些概念，在一般的教学中是通过一些感性材料，创设归纳、抽象的情景，引导学生提炼科学概念的本质特征，但是学生学得比较困难。因此，新课程要求在科学概念教学中，要联系学生生活，特别要结合综合实践活动的问题情景，能使科学概念教学更形象化。

1. 创设问题情景的多种途径

总的来讲是利用学生的直接经验或间接经验，设法让学生将要学习的概念、定律与他们的生活经验建立联系。比如关于种子萌发的外界条件，不少学生有生活经验，教师可以

让他们回忆，然后鼓励他们提出想要探究的问题。

如果学生课前缺少相关经验，可以组织学生观察实物、录像、模型或挂图。比如草履虫的教学比较抽象，教师应先让学生获得相关经验，给学生观察草履虫模型，再联系学生熟知的一种生物（人类）来类比，从而理解草履虫的有关问题，如吃什么、怎么吃等等。有时，问题情景就存在于学生的活动过程中，科学教材中的一些探究活动背景资料，也是可用于启发学生提出问题。

2. 开发科学课程资源的多种途径

由于科学与社会存在息息相关，因此科学课程资源和综合实践活动课程资源几乎完全相通。凡是可以作为科学课程资源的，某种程度上也可以作为综合实践活动课程资源。科学课程资源的开发，可从以下方面进行考虑。

（1）从科学学习资源中开发

我们可以从科学学习的主要媒体中开发，如科学课本、影视网络、课外读物、科普教材等。可以从科学学习的场所中开发，如科普馆、博物馆、文化馆、农产基地，动植物园，气象局等。如在学习《今天的天气怎样?》这节课时，教师可利用当地的气象局，带领学生进行一堂关于天气情况的学习，可让学生当场体验气象人员如何进行天气的观察和预测，如何拍摄气象预报等活动，通过实际的接触来开展学习。在讲述《生态系统》这一节时，可带领学生到植物园去进行观察，学习。

（2）从生活实践中开发

生活中常常会遇到需要综合运用科学知识和能力才能解决的问题，这些问题的解决过程也就是综合学习的过程和综合实践能力的培养过程。如初中科学八年级的《气候和影响气候的因素》这一节课时，讲述"比热"这一概念时，应联系生活中常见现象。

从学校、社区和地方资源中开发。

学校、社区和地方的资源特色，可以体现为综合性学习的校本特色和地方特色。在讲述《水》这一章时，应让学生分组合作，利用书籍和互联网来调查关于世界、我国及本地的水资源情况。

（3）从科技文化活动及社会事件中开发

把科技文化活动和社会事件纳入课程资源开发的视野，可以提高学生的社会参与意识、合作态度和社会化程度。

（4）从本校本地的各类人群中开发

即将各式各样的"人"当做活的资源。如在学习《科学》八年级下册第二章第七节《空气污染与保护》时，可以邀请相关环保专家来开展关于环保知识的讲座。

教学案例设计1：气候和影响气候的因素

（一）教学内容

本节是浙教版《科学》八年级上第二章第8节的教学内容。

（二）教材分析

教材在学生学习过天气知识的基础上引出气候的概念，气候是某地区长时间内的天气特征，包括天气的平均状况和极端状况。世界各地有不同的气候类型，我国各地的气候差异也很大，这是由于不同地区影响气候的因素不同造成的，于是教材紧接着介绍影响气候的几个因素。

第一是纬度因素，七年级曾经学习过关于五带的划分，因此这部分知识很好理解。

第二是海洋和陆地性质对气候的影响，即比热的大小对气候的影响，这部分知识是本节课的重点也是难点，涉及了一个重要的物理概念——比热，教材通过加热相同质量的水和煤油来向同学们介绍比热的知识，用实验来说明不同物质的比热是不同的，可以培养学生的实验设计能力和观察分析能力。

第三是地形对气候的影响，主要介绍了平流层气温随高度的升高而降低，山地的迎风坡容易出现地形雨。最后一部分内容介绍的是季风的形成和我国季风的形成机理，为下一节课的学习做好铺垫。

（三）学情分析

通过对前面7节课的学习，学生已经认识了天气的五个基本要素，知道天气是短时间内近地面大气的综合状况，具有短暂性和多变性的特点，另外同学们在平时的生活中对气候也有一定的了解，因此，只要与天气进行对比学习学生们很容易掌握气候是某一地区长时间内的天气特征，具有长期性和稳定性的特点。

因此，本节课学生会觉得比较难学的地方是影响气候的几个因素，尤其是海陆性质对气候的影响这一部分更为困难，突然涉及的物理内容会让学生觉得知识体系发生改变，因此在教学中一定要注意把握教学的深度和难度，通过合理的方式帮助学生掌握这部分相对较难的知识。

（四）教学目标

1. 知识与技能

（1）了解气候的概念及影响气候的因素；
（2）理解比热的概念，了解不同物质比热的差异；
（3）理解陆地和海洋比热的不同对气温的影响。

2. 过程与方法

（1）通过生活事例了解各种环境因素对气温和降水的影响；
（2）通过"控制变量法"的探究实验学习科学研究的方法。

3. 情感、态度和价值观

通过学习海洋和陆地的性质、地形对气温和降水的影响，增强热爱我们地球的情感，增强环境保护意识。

（五）重点、难点

1. 重点

（1）不同物质的比热；
（2）海洋和陆地的性质、地形对气温和降水的影响。

2. 难点

比热的概念。

(六) 教学过程（第一课时）

1. 引入
通过运用谚语："晨穿皮袄午穿纱，围着火炉吃西瓜。"
让学生思考：引起这种气候的原因可能是什么？

2. 新课讲授
知识点 1：气候

气候是指某一地区长时间内的天气特征，包括天气的平均状况和极端状况（与天气的概念进行区别）。

【提出问题】

教师：天气与气候有什么不同？有什么联系？

学生：我国各地气候差异很大，是由于不同的地区影响气候的因素不同。

教师：大家结合自己的经历，思考一下，影响气候的因素有哪些呢？

【讨论与交流】

学生进行讨论，会提出很多因素，教师进行适当的引导，最后总结学生的回答，影响气候的因素有纬度、海洋和陆地性质、地形等。接着对各种因素进行详细的学习。

播放视频：我国北方部分地区气候干燥和草原退化。

知识点 2：纬度对气候的影响

纬度位置不同的大地区，接受太阳辐射的量不同，在地球上所处的温度带位置也不同。

教师：（复习）根据接受太阳辐射的多少，地球表面分成五个温度带。

【讨论与交流】

（1）我国的纬度位置跨五带中的哪几带？——热带、亚热带、温带；

（2）海南和漠河的气候特征——得出纬度位置与气候的关系；

（3）海洋和陆地的性质对气温和降水的影响。

【提出问题】

教师：大家根据生活经验思考一下，在家里，烧开半壶水跟烧开一壶水相比，哪个需要的时间长？

学生：烧开一壶水需要的时间长一点。

教师：可见，同种物质升高相同的温度时，需要吸收的热量与它的质量有关。

教师：烧同一壶水，烧到 100℃ 和烧到 50℃ 哪个需要的时间长？

学生：烧到 100℃ 的。

教师：可见，同种物质吸收的热量的多少与要达到的温度有关。

学生：同种物质，吸收热量的多少与质量，升高的温度有关。

教师：炎夏的中午，假如你在沙滩上玩，你觉得是沙子烫些还是海水烫些呢？

学生：沙子烫。

教师：沙子和海水接收日照的时间相同，它们温度的变化却不一样，那么，加热时间相同，你觉得物质温度升高的多少与什么因素有关呢？

【假设与猜想】

(1) 学生猜想：质量与物质种类（质量在前面已讨论，所以，只重点讨论物质种类这一因素）。

(2) 那么，不同物质温度升高时吸收的热量是否与物质的种类有关呢？

【实验探究】

影响物质温度升高的因素。

【设计实验方案】

引导学生用"控制变量法"。

(1) 实验中要用到哪些仪器？

(2) 实验中哪些量要保持不变？（质量，升高的温度）

(3) 怎么判断吸收热量的多少？（用相同的加热器升高相同的温度所需要的时间）

【提出问题】

质量相同的不同物质，升高相同的温度，吸收的热量是否相同？

【实验器材】

烧杯（质量要尽可能相同）一对、温度计一对、带铁圈、铁夹的铁架台一对、酒精灯（火焰大小要一致）一对、石棉网一对、天平、水和煤油等。

【进行实验】

(1) 把两个同样的烧杯放在天平的两盘中，分别向杯内倒入半杯水和半杯煤油，并使天平平衡，水与煤油的质量相等。

(2) 按图9-2-1所示装配好装置，然后用相同的酒精灯（实验时，为了使酒精灯加热效果相同，必须把石棉网调到相同的高度）加热，使它们在相同的时间内吸收相同的热量。两杯的初温应该是相同的。如果不同，可用酒精灯稍加热进行调整。

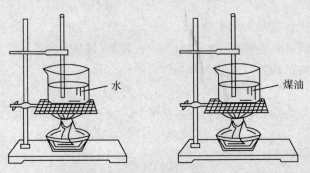

图 9-2-1 加热水和煤油

(3) 经过一段时间加热后，观察温度计的示数变化，是水中还是煤油中的温度升高得快？

【分析与论证】

(1) 实验表明：在吸收相同的热量时，煤油的温度比水的温度升高得快。也就是说，相同质量的水和煤油升高相同的温度时，水要多加热一些时间，即水要吸收更多的热量。

(2) 以上的实验反映了水与煤油这两种物质的不同性质。以此延伸，就是质量相同的不同物质，升高相同的温度时，所吸收的热量是不同的。

（3）所以，夏天在沙滩上玩的时候，我们会感觉沙子比较烫，而海水不是很烫，那是因为它们是不同的物质，对热量的吸收存在不同的情况，而这种不同就是物理上所说的"比热"。

教师：我们如何定义"比热"呢？

教师、学生共同：1单位质量的某种物质，在升高1℃使所吸收的热量，叫做这种物质的比热容，简称为比热。

（1）比热单位：焦/（千克·℃），读法：焦每千克摄氏度，符号：J/（kg·℃）

（2）水的比热：4.2×10^3焦/（千克·℃）表示的含义是什么？

（3）比热表的阅读，得出：

① 水的比热最大（联系生活实际，说明水作冷却剂、保温剂的原因和作用）；

② 不同物质的比热是不同的。所以比热是物质的一种特性。与物质的质量、升高的温度、吸放热的多少无关；

③ 不同状态的同一种物质的比热不同，说明比热与物质状态有关。

【观察与思考】

（1）我国地区地形图。

（2）比较水和砂、土的比热大小，说说海洋和陆地会对气候产生什么不同的影响？

【分析与论证】

（1）我国一月和七月的平均气温分布图，验证猜想。

（2）海洋对沿海地区降水的影响；海洋和陆地的性质对气温和降水的影响；海洋和陆地的性质不同，对降水和气温的影响不同。海洋使得气温变化小，降水丰富。

（3）师生共同总结本课学习内容。

（七）布置作业（第一课时完）

教学案例设计2：气候和影响气候的因素（第二课时）

（一）教学目标

1. 知识与技能

（1）理解地形因素对气温和降水的影响；

（2）了解季风的概念，理解我国季风的形成机理。

2. 过程与方法

通过小组讨论掌握季风形成的规律。

3. 情感、态度和价值观

通过季风形成规律的学习增强环境保护意识。

（二）重点、难点

重点：季风的形成。

（三）复习上节课的知识

（四）教学过程

1. 引入

播放视频：播放高山自然环境气温和降水现象的视频，引入新课。

2. 进入新课

复习导入：地形对气温和降水的影响。

(1) 气温随着地势的升高而降低。一般海拔增高 1000 米，气温会下降约 6℃；

(2) 山地的迎风坡比背风坡多雨，向阳坡比背阳坡气温高。

【讨论与交流】

(1) 为什么迎风坡多雨，背风坡少雨？

(2) 季风：季风是在不同的季节里风向相反和接近相反的风。

(3) 并将讨论结果填图。

① 同一纬度的大陆和海洋，冬季和夏季的气温分别是哪个高？（要求分析是什么原因所致：源于海洋和陆地的热力性质差异）

② 这种温度的季节性变化对气压高低分布有什么影响？

③ 大陆和海洋高气压和低气压的变化对风向产生什么影响？

【分析与论证】

世界上季风区域很广，以亚洲季风最盛行。我国冬季盛行偏北风，夏季盛行偏南风。

播放视频：我国华北和西北地区沙尘暴。

（五）巩固练习

1. "人间四月芳菲尽，山寺桃花始盛开"这里所描述的是下列哪一个因素的影响（   ）
   A. 海陆位置　　　　B. 纬度位置　　　　C. 地形

2. 庐山是我国著名的避暑胜地，而它所在的江西九江市却是我国夏季的高温中心之一，造成这种差异的主要原因是＿＿＿＿＿＿＿＿＿＿＿＿＿＿＿＿＿＿＿＿＿＿。

3. 写出下列气候现象的主要原因：

   (1) 冬季哈尔滨冰天雪地，海南岛炎热如夏，主要原因是＿＿＿＿＿＿＿＿＿＿＿。

   (2) 向阳坡比背阳坡气温高，迎风坡比背风坡多雨，原因是＿＿＿＿＿＿＿＿＿＿。

   (3) "一山有四季，十里不同天。"＿＿＿＿＿＿＿＿＿＿＿＿＿＿＿＿＿＿＿＿。

4. 如图 9-2-2 所示，回答以下问题：

   (1) 比较 A 和 B 两地的气温高低 A＿＿＿＿＿＿B 判断理由是＿＿＿＿＿＿＿。

   (2) 比较 B 地和 C 地降水是＿＿＿＿＿＿地多。

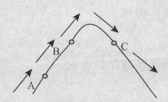

图 9-2-2　向阳坡与背阳坡

教学案例设计3：环境对生物行为的影响

（一）教学内容

本节是八年级《科学》上册第三章"生命活动的调节"第一部分。

（二）教材分析

本节是八年级《科学》上册第三章"生命活动的调节"的起始节，也是全章的导入。选取了自然界中一些与环境因素相关的生物行为。其中"节律性行为"和"感应性"是专业性较强的名词，前者在教材上通过图的形式呈现，对学生的读图能力有一定要求；后者大多是发生很缓慢的行为，在短时间内不容易被人发觉。

（三）教学策略

许多城市学生缺乏对自然现象的亲身体会，所具有的一些知识往往来自于百科全书。大部分八年级学生比较擅长解文字题，但对图表的分析能力尚欠缺。大部分学生知道或熟悉含羞草的行为。含羞草在这个季节已经枯萎，而且其观察实验相对较简单，故安排学生在其他季节中自行探究。向光性、背向地性及种子发芽等实验需要的时间较长，利用课前学生小组合作进行实验及课堂讨论交流，在渗透方法的同时加深印象。

本节内容安排2课时。第1课时上完教材内容，第2课时安排为学生课外实验的成果汇报和交流。

（四）教学目标

1. 知识与技能

了解环境因素对动植物行为的影响。

2. 过程与方法

学会观察并描述动植物的各种行为，列举植物的感应性。

3. 情感、态度和价值观

感受包括人类在内的生物与环境之间的关系。

（五）重点、难点

1. 重点

生物的节律性和感应性行为。

2. 难点

体验生物与环境的密切关系。

（六）教学过程

1. 引入

通过多媒体播放沙漠中某些动物和森林里一些动植物行为的视频，吸引学生兴趣，进入新课。

2. 新课讲授

【观察与思考】

（1）通过多媒体，向学生展示青蛙冬眠，蜗牛夏眠的图片。让学生知道生物的行为与气候（温度）变化有关；

（2）通过蚂蚁堵洞，燕子低飞的视频。让学生了解生物的行为与天气（气压、湿度）变化有关；

（3）演示一系列的生活谚语。

蚂蚁搬家，必有雨下；

蜻蜓赶场，大水当防；

燕子高飞晴天告，低飞雨天报；

田螺出水面，不久暴雨见；

麻雀洗澡，有雨快到；

鸡不入笼，阴雨将临；

鲤鱼跳龙门，大雨定倾盆；

……

由此，让学生初步了解昼夜，季节等环境因素的周期性变化，会使生物在自然界中的活动具有一定的节律性。

【（看图）讨论与交流】

（1）猫头鹰和老鼠在昼夜变化时是怎样活动的？人类的昼夜活动规律与它们相同吗？本地区哪些动物有与猫头鹰类似的节律性行为？

（2）你能举出植物行为随环境的周期性变化而变化的实例吗？

让学生对课本89页的问题进行讨论。通过比较猫头鹰白天和昼夜的行为变化，得出猫头鹰活动规律与昼夜变化有关。本地的生活节律相同的动物有老鼠，猫等等。

（3）从动物的节律性行为转到植物的周期性变化。

【观察与思考】

（1）图片演示：向日葵和睡莲对光照的变化规律。向日葵向太阳：对光照作出的反应。

（2）实物展示：拿出一盘摆到同一边的植物，让学生思考在这种情况下，太阳光在哪一边？通过多媒体演示，让学生了解：

① 茎的背地生长：对地球引力以及光照的反应；

② 演示出"神奇的吃虫植物"：捕蝇草、猪笼草等图片；

③ 捕蝇草捕猎物：对猎物重力的反应。

【进行实验】

（1）含羞草对光、声、触碰等反应的实验；

（2）种子的芽和根的生长变化实验。

【分析与论证】

（1）植物的感应性是它们对地球引力、水、化学物质等刺激作出的反应；

（2）植物常见的感应性有：向光性、向地性、向水性、向化性、向触性、向热性等。

（七）知识拓展

1. 如果在你家的厨房里发现有蟑螂，你认为在什么时候容易捕捉或诱杀？

2. 你观察过植物开花吗？你知道桃花、莲花、菊花、梅花各是在什么时候开的吗？可能是环境中的哪些因素影响它们开花的时间？

3. 大家知道蜥蜴吗？蜥蜴在白天活动时往往会出现一些有趣的行为，比如在太阳下活动一段时间后会躲进阴影中，过一会儿又会从阴影中出来到阳光下活动。你能说说蜥蜴这种交替"晒太阳"的生理活动的原因吗？

教学案例设计4：各种各样的土壤

（一）教学内容

本课是《义务教育课程标准实验教材——科学》（浙教版）八年级下册《植物与土壤》单元的第二节。

（二）教材分析

土壤与人类生存息息相关，人们的衣食住行大多来自于土壤。本节是在学生学习了土壤中有什么物质的基础上进行的学习，通过本节课可以让学生了解各种各样的土壤，知道在不同的土壤中，植物的生长情况会不一样。

（三）学情分析

学生在平时对身边的科学现象已有一定的观察和体验，对于土壤与植物、人的关系也有丰富的体验。在本单元学习中，学生已深入研究了土壤的构成、种类，能初步设计对比实验进行科学探究。但对土壤的现实状况了解得较少，搜集、整理资料的能力和自主提出探究思路，设计实验验证猜想的能力还有所欠缺。

（四）教学目标

1. 知识与技能

（1）区分砂粒、粉砂粒、黏粒的大小与性能。

（2）区分砂土类土壤、黏土类土壤、壤土类土壤的土壤质地特征和主要性状。

（3）了解壤土类土壤各种成分的比例。

（4）说出壤土类土壤最适于植物生长的主要理由。

2. 过程与方法

通过观看视频、小组讨论学会区分砂土壤质地特征和主要性状的方法。

3. 情感、态度和价值观

了解我国部分地区土地沙化、农田质量劣化的原因，逐步树立可持续发展的观点。

（五）重点、难点

1. 重点

土壤的类型、土壤的性状。

2. 难点

土壤结构与功能相适应的科学问题。

(六) 课程资源准备

多媒体，实验，实物和图片资料。

(七) 教学过程

1. 引入

播放课件：分别介绍东北平原的黑钙土与农业生产，四川盆地紫色土与农业生产，江南地区的红壤土与农业生产，水稻土与农业生产。

通过观看课件，学生体验到不同的土壤对农作物生长的影响不一样。

2. 新课讲授

【提出问题】

（1）什么因素决定了土壤有利于植物的生长呢？

教师：大家拿出带来的土壤，根据你们课前的观察记录，大家发现土壤是由哪些成分组成的？

学生：土壤由矿物质颗粒、有机质、水和空气组成。

教师：矿物质、有机质、水和空气这些成分之间相互影响，形成一定的组合排列，就是土壤的结构。

（2）土壤主要是由什么物质构成的？

学生：矿物质颗粒。

教师：土壤主要是由矿物质颗粒构成的，因此，矿物质颗粒的多少，就成为影响土壤结构的最重要的因素。土壤矿物质颗粒有粗有细，我们把土壤中矿物质颗粒的大小及其组合比例，也就是土壤的粗细，砂黏状况叫做土壤的质地。

学生：读表。读课本第81页"土壤颗粒的分类"表，学生知道土壤矿物质颗粒因大小不同分为砂粒、黏粒、粉砂粒。

【讨论与交流】

砂粒、黏粒、粉砂粒分别堆积在一起，哪种颗粒之间的空隙大，含空气和水最多？

1. 土壤的结构

【提出问题】

土壤颗粒大小和空隙大小、与土壤的空气和水分之间存在着怎样的关系？

【假设与猜想】

（1）土壤矿物质颗粒越大，土壤的空隙就越大，土壤中的空气和水就越多；反之，就越少。

（2）不同的土壤，因土壤空隙不同，渗水能力是不同的。那么，渗水能力谁大谁小，土壤渗水的多少与土壤通气性和保水性有何关系呢？

【设计实验】

每小组分别取干的砂粒、粉砂砾、黏粒各100克，分别倒入标有尺度的烧杯中，充分抖动（使土壤严实），仔细观察分析，将结果列入表9-2-1。（由学生完成）

表 9-2-1　土壤结构分析

类　别	所占体积	土壤空隙	空气和水的含量
砂粒	大	大	多
粉砂粒	居中	适中	适中
黏粒	小	小	少

【进行实验】

土壤的渗水实验——探究土壤渗水的多少与通气性和保水性的关系。

实验步骤：

（1）感觉黏粒与砂粒的颗粒大小。

（2）渗水实验：取砂粒、黏粒各 50 克，取 3 只漏斗，在漏斗口放一些脱脂棉花。在漏斗 1 中放砂粒，漏斗 2 中放黏粒。将漏斗分别搁在三角烧杯上，往每个烧杯倒入 200 毫升的水。5 分钟后，观察两个漏斗各有多少水流到下面烧杯中。将观察及分析实验的结果填入表 9-2-2。（由学生完成）

表 9-2-2　土壤渗水情况记录

	渗水量	渗水能力	通气性	保水性
漏斗 1	较多	较大	较强	较差
漏斗 2	较少	较小	较弱	较好

【分析与论证】

教师引导学生分析归纳：粉砂粒的渗水情况——介于砂粒和黏粒之间。

（1）砂粒空隙大，通气性能和透水性能强，但保水性能差；黏粒空隙小，通气性能和透水性能差，保水性能好；粉砂粒介于两者之间。

（2）土壤中都含有砂粒、粉砂粒和黏粒。根据它们所占的比例不同，将土壤分为砂土类土壤、壤土类土壤和黏土类土壤三种。（指导学生阅读课本第 82 页"土壤的分类"）

2. 土壤的分类

【讨论与交流】

（1）哪种土壤通气性能最强？——砂土类土壤

（2）哪种土壤透水性能最强？——砂土类土壤

（3）哪种土壤保水性能最强？——黏土类土壤

（4）哪种土壤通气性能最差？——黏土类土壤

【分析与论证】

植物的生长需要土壤提供充足的水分、空气和无机盐。土壤的通气性能和保水性能哪样差了都不利于植物的生长。

【讨论与交流】

哪种类型的土壤更有利于植物生长呢？

3. 土壤的性状与植物的生长

【进行实验】

分组实验：土壤的性状（前三步骤在课前准备好）。

（1）取足量的砂粒和黏粒；

（2）在校园花坛里选取足量的壤土类土壤；

（3）按砂粒：壤土类土壤＝20∶1的质量分数配制砂土类土壤。按黏粒：壤土类土壤＝5∶1质量分数配制黏土类土壤；

（4）取少量壤土和已配制好的两种土壤，加少量水，用手搓一搓，哪种土壤能搓成一个条状体？（黏土类土壤）

【分析与论证】

（1）土壤黏性差，表示土壤中空隙较大，因而比较疏松，水易流出，通气性能好但保水性能差。

（2）土壤黏性强，表示土壤空隙比较小，保水性能好，但通气性能较差。

教师：哪类土壤最有利于植物的生长？

学生：壤土类土壤。

教师：为什么？

【评估与交流】

（1）课前两周已布置学生课后进行"土壤的性状与植物生长关系"的观察，得出"壤土类土壤最有利于植物的生长。因为壤土类土壤黏性适度，既通气透水，又保水保肥"的结论。

（2）通过上面的学习，引导学生读课本第84页"土壤性状"的表格，归纳三类土壤的特性。

（3）引导学生读课本第102页"壤土类土壤的组成"图，了解其各种成分的体积分数，进一步理解壤土类土壤是最适合植物生长的土壤。

播放视频：我国部分地区土地沙化、农田质量劣化以及工业污染的后果。

（八）布置作业

1. 如何建立一个砂土类土壤或黏土类土壤的模型？（提示：在自然条件下，土壤中的水分和空气的比例是变动的，两者往往此消彼长）

2. 现有两块低产地，一块黏性太强，一块黏性太弱，你可否提出方案将它们改良？

教学案例设计5：生态系统

（一）教学内容

本节是浙教版《科学》九年级下第二章第2节第1课时的教学内容。

（二）教材分析

本节教材在种群和群落的基础上主要从"生态系统的多样性"、"生态系统的成分"、"生物之间的食物联系"、"能量流动和物质循环"四个部分来阐明生态系统的复杂性，从多方面来说明生态系统是一个生物群落和环境的综合性。

第一部分列举了各种生态系统,以此说明生态系统是多种多样的。教材列举了一些典型的,常见的生态系统向学生介绍,使学生获得感性认识。

第二部分主要讲述生态系统的组成成分,以森林生态系统和湖泊生态系统为代表,阐明了两种类型的生态系统组成成分,让学生举一反三,说出其他类型的生态系统的组成,然后归纳出生态系统的组成成分包括生物和非生物两大部分,生物部分包括生产者、消费者和分解者。非生物包括水、空气、土壤、温度、阳光、有机物和无机物。

(三) 教学目标

1. 知识与技能

(1) 了解主要的生态系统类型;
(2) 理解生态系统的组成,结构及功能;
(3) 初步懂得实施可持续发展战略的意义。

2. 过程与方法

能够应用生态系统的概念来解释生产、生活实践中的一些简单问题,增强社会责任感,形成用科学技术知识为祖国和人民服务的意识。

3. 情感态度和价值观

通过观察和调查以及探究活动,培养学生尊重客观事实,实事求是的科学态度。

(四) 重点

重点:生态系统的成分。

(五) 教学方法

科学探究实验与小组讨论相结合。

(六) 教学过程

1. 引入

创设情景、激发兴趣,吸引学生注意力:用多媒体展示出一个鱼缸中的一个小生态系统视频。

2. 新课教学

■ 引入第一部分重点内容:**小生态系统。**

【观察与思考】

(1) 思考"小生态系统"视频中的讲到的哪些属于非生物因素?以鱼为例,分析一下影响它生活的生物因素有哪些?
(2) 非生物因素——阳光、水分、空气、温度、池底泥沙;
(3) 影响青鱼的生物因素——浮游植物和植物、浮游动物、各种鱼和其他动物、微生物。

【讨论与交流】

若把大鱼缸看成一个体系,其内的生物因素和非生物因素之间是什么关系?

水族箱中的植物和鱼的生存都离不开水,而水中的二氧化碳和氧气的含量也会随植物和鱼的生理活动而发生变化。植物为草食性鱼类提供了食物,而鱼的排泄物又为植物提供了生活所需要的养料。由此可见,水族箱中的生物与非生物之间是彼此联系、相互影响的、缺一不可。

【观察与思考】

播放草原有关生物的视频。

教师:草原上的这些生物之间的相互关系是怎样的?把它们的关系用箭头表示出来?

教师:在这个环境中,生物要生存,还需要哪些条件?

学生:还需要阳光、水、空气、土壤和适宜的温度,如果没有这些非生物因素,草原上的任何生物都无法生存。

教师:为了防止鸟吃草籽,用网把一部分草场罩起来,会出现什么新的问题?(进一步分析与思考:学会观察,学会思考,共同合作讨论交流)

结论:导致加罩区的草场昆虫的大量繁殖,造成草的叶子几乎被虫子吃光了。

【分析与论证】

(构建框架、梳理知识;以学生为主体,建构知识框架。)

(1) 系统的概念:一个生物群落及其生活环境中的非生物因素一起组成的一个生态系统;

(2) 生态系统的类型;

(3) 生态系统的组成。

【进行实验】

(1) 观看"生物群落及其生活环境"的视频,思考影片中讲到的生态系统类型的特征。

(2) 学生游戏

① 第一、二、三小组同学分别代表"森林、草原、农田生态系统类型",要特别关注各自生态系统类型的特征。

② 第四、五、六组分别向有关小组提出一个有价值的问题。被提问的小组由一人主答,回答不完整可以由组内其他成员补充。

③ 第七小组可以就回答的情况进行补充,也可以向全班提问题。

【交流与讨论】

(1) "尽管各种类型的生态系统有很大的区别,但是他们还是有很多共同的地方,你能归纳出他们有哪些共同点吗?生态系统有哪些组成成分?任何生态系统都有这些成分吗?"

(2) 生态系统是多种多样的,种类繁多,层次明显。现在由于人类的乱砍滥伐,肆意捕杀,天然树林的面积与野生动物的种类和数量都在急剧减少。为了保证人类有良好的生存环境,我们应该做些什么?

■ 引入第二部分重点内容:大生态系统。

【提出问题】

展示出池塘生态系统,分析材料,提出问题:

(1) 在这个池塘生态系统中有哪些属于环境中的生物因素?哪些属于非生物因素?

(2) 各类生物的营养方式是否相同?若不同,说明各类生物的特点。

(3) 各类生物发挥的作用是否相同?若不同,各类生物各具有什么作用?

展示出草原生态系统，提出问题：
(1) 在这个草原生态系统中有哪些成分？
(2) 各类生物的营养方式是否相同？
(3) 各类生物发挥的作用是否相同？

【分析与论证】

分析总结：生态系统的组成成分：
(1) 生物部分：①生产者；②消费者；③分解者。
(2) 非生物部分：非生物物质和能量（如水、阳光，空气，温度、土壤）。
知识应用：给出图片，由学生讨论草原的几种生物分别属于生态系统的哪种成分？

【交流与讨论】

给出图片，学生读图分析思考：
(1) 你认为图中生产者、消费者和分解者哪个最重要？
(2) 假如生态系统中缺少分解者将会怎样？
师生共同总结。
(1) 生态系统的概念与类型：①生态系统；②生物圈；③类型
(2) 生态系统的成分：①生产者；②消费者；③分解者；④非生物物质和能量

（七）课堂练习

1. 下列各项中，属于生态系统的是（　　）。
   A. 大兴安岭林区　　　　　　　　B. 太湖中的鱼、虾
   C. 公园中的松树　　　　　　　　D. 长江中的中华鲟
2. 生态系统的能量流动开始于（　　）。
   A. 绿色植物　　　B. 真菌　　　C. 动物　　　D. 人
3. 生态系统中，完成物质循环的两个关键性成分是（　　）。
   A. 生产者和消费者　　　　　　　B. 生产者和分解者
   C. 生产者和非生物成分　　　　　D. 消费者和非生物成分
4. 如图9-2-3所示，下列食物链正确的是（　　）。
   A. 青草→蚱蜢→食虫鸟→蛇→鹰　　B. 鹰→蛇→食虫鸟→蚱蜢→青草
   C. 蛇→鹰→食虫鸟→青草→蚱蜢　　D. 青草→蚱蜢→食虫鸟→鹰→蛇

图9-2-3　食物链

5. 在一个由牧草、鹿和狼组成的相对封闭的草原生态系统中,存在着以下的食物链:牧草→鹿→狼。假如,把狼全部杀绝,那么,鹿的数量将(   )。

A. 先稳定,后一直增加　　　　　　　B. 一直保持增加的趋势
C. 先增加,后减少,再稳定　　　　　D. 先减少,后增加

6. 下面是鲁迅先生《从百草园到三味书屋》中的一段文字,阅读后回答:

不必说碧绿的菜畦,光滑的石井栏,高大的皂荚树,紫红的桑葚;也不必说鸣蝉在树叶里长吟,肥胖的黄蜂伏在菜花上,轻捷的叫天子(云雀)忽然从草间直窜向云霄里去了。单是周围短短的泥墙根一带,就有无限趣味。油蛉在这里低唱,蟋蟀在这里弹琴。

(1) 请列举出文中所描述的三种昆虫和三种植物的名称;
(2) 在百草园中,影响蟋蟀生存的因素有_____因素和_____因素。其中前者包括_____,后者包括_____;
(3) 在该环境中,属于生产者的有_____,属于消费者的有_____。

教学案例设计6:物质的导电性

(一) 教学内容

物质的导电性。

(二) 学情分析

首先,学生对于不同物质的导电性已经有大致了解,如铁块、木头、塑料的导电性。其次,在前面的学习中,学生已学习过简单电路及电路中有电流通过的检测方法。

因此,本节课要研究的内容既是实际而且是比较抽象的,要让学生从心底接受新知识和理解新知识,科学的实验是关键,做好本节课的演示实验,是成功的要点之一,同时,从微观角度解释导体与绝缘体,要将形象的图形与多媒体相结合,所以,在运用课堂教学策略上,采用实验,观察分析和媒体结合的方法,便于学生理解,并且在做实验时,大胆进行尝试,提高学生的创新能力。通过对本节课的导电本质原因的分析,了解结构与现象的密切关系,从结构上分析自然现象,为以后的电流一节教学作准备。不过学生在理解微观结构确实存在一定的难度,需要教师采用多种形象的方法,达到让学生对抽象内容的理解。

(三) 总体设计思路

1. 导入

通过讲述历史故事引入课题。

2. 通过探究实验认识导体

师生共同探究,认识物质的导电性导体。建立导体、绝缘体等概念,建立对各种物质导电能力的感知。

(四) 教学目标

1. 知识与技能

(1) 能用正确的方法探测电路中的电流大小;

（2）知道常见的导体和绝缘体；
（3）了解导体的导电能力与外界条件有关；
（4）知道半导体材料及其应用；
（5）知道金属导电原因是有自由电子；
（6）理解电阻概念，知道电阻的单位。

2. 过程与方法

（1）能设计一个最简单的实验方案检测物质的导电性；
（2）记录实验中产生的现象，并能根据现象的不同进行分类；
（3）能根据实验现象得出结论。

3. 情感、态度和价值观

（1）培养和发挥学生的探究能力，激发学生参与活动的主动性；
（2）学会合作与交流，体验探究成功的乐趣；
（3）体验辩证唯物主义的观点和方法论的运用。

（五）重点、难点

1. 重点

知道金属导电原因是有自由电子；理解电阻的概念和单位。

2. 难点

理解电阻概念。

（六）教学策略

1. 教法、学法

实验探究、归纳讲解、演示法。

2. 教学准备

多媒体课件，实验器材（金属片、塑料直尺、玻璃棒、铅笔芯、食盐水、粉笔、硬币、两节干电池、小灯泡、电流表、带夹的导线、开关）。

（七）新课引入

1. 引入

科索沃战争中，北约发言人吹嘘有控制南联盟的"电力开关"。1999年5月2日晚，美国空军在轰炸南联盟首都贝尔格莱德时使用一种神秘的机载武器，果然造成了贝尔格莱德及周围地区的大面积停电，对南联盟人民的生活造成严重影响。（通过利用历史故事引入，引起学生学习的好奇心，注意力，激发他们学习的兴趣）

【讨论与交流】
（1）你知道所谓的"电力开关"指的是哪种物质？主要运用了它的什么性质？
（2）这种被北约吹得神乎其神的"电力开关"叫做石墨炸弹，美国人称其为电子炸弹。
（3）为什么这种石墨炸弹会造成如此大的影响呢？引出课题。

板书：物质的导电性

2. 新课教学

【提出问题】

(1) 为什么导线大多都是用铜和铝做的？而电线的外套为什么都用橡胶或塑料做呢？

(2) 对物质导电性检测，归纳导电不导电的物质。

【假设与猜想】

(1) 所谓导电能力就是要检测某种物质能否通过电流，要设计这样的电路，除了被检测物质外，还要哪些器材？

(2) 这是我们由生活常识得到的结论，用什么方法可以现场辨别呢？动手做做实验，验证一下我们的猜想。

【讨论与交流】

教师：现在在你的桌面上有：金属片、塑料直尺、玻璃棒、铅笔芯（碳棒）、食盐水、粉笔、硬币。

教师：你认为在你身边有哪些物体容易导电？哪些物质不容易导电？你是怎么知道的？

【制订计划，设计实验】

(1) 用什么方法可以显示或说明电路中有电流通过？小灯泡检测法，电流表检测法等。

(2) 什么情况下电路中会产生电流？

(3) 根据以上设想能否画出一个检测电路图。

【进行实验】

按照实验方案及电路图进行实验检测，对各种物品测试后分成两类。学生分组实验，教师巡视，进行指导。

【分析与论证】

容易导电：金属片、铅笔芯（碳棒）、食盐水、硬币。

不容易导电：塑料直尺、玻璃棒、粉笔。

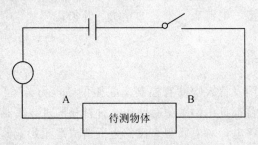

图 9-2-4　检测电路图

板书：容易导电的物质叫导体；不容易导电的物质叫绝缘体。

教师：常见的导体有：金属、石墨、人体、大地和食盐水。

常见的绝缘体有：橡胶、玻璃、瓷、塑料、干木头、油和干燥的空气。

【讨论与交流】

(1) 水是导体还是绝缘体？你的依据是什么？

(2) 纯净的水是绝缘体，但是普通的水里面溶有大量其他的物质，因此普通的水能导电（如人会触电）。

【提出问题】
(1) 夏天出汗能否去开开关，安全吗？潮湿的手能去握有电的电器吗？
(2) 当一根电线在水中，人能站水中吗？（将生活问题提出，让学生引起注意）

纯水不导电，但当加入盐之后就会导电，那么，其他的材料有没有这个现象？做书上第 125 页的实验（拓展思维，大胆尝试）。

【观察与思考】
烧红的玻璃的导电实验——常温下的玻璃是绝缘体，当它被烧红时，变成了导体。

【分析与论证】
(1) 导体与绝缘体间没有绝对的界限，在一定条件下可以相互转化。
(2) 日常生活中要注意绝缘体在一定条件下的转化，要防止触电。如：干燥的空气是绝缘体，潮湿高压下的空气是导体。

【讨论与交流】
反之，导体是否也会变成绝缘体？
(1) 你知道某些电路的关键部位为什么要有防腐蚀措施吗？
(2) 家庭电路中的所有导线都是用塑料、橡胶等绝缘体材料包裹着的，主要是为了什么？

教师：介绍半导体。在生产生活中，我们还经常听到一种称为半导体的物质，它的导电能力介于导体与绝缘体之间，常见的半导体材料有硅和锗，主要应用于电子工业，我们常听到"硅谷"意指电子产品基地（通过介绍计算机主板的集成电路）。

教师：我们了解了金属是导体，很容易导电，金属为什么都能导电？（微观解释）

物质的结构。
(1) 物质是由分子构成的，分子是由原子构成的，而原子又是由原子核（带正电）和绕原子核高速运动的电子所构成。
(2) 金属内部原子核相对固定，但周围有大量能自由移动的电子（带负电），能从一个地方移动到另一个地方。当电路接入电源，并接通后，金属中的这些自由电子都向同一方向（由电源的负极经导线向电源的正极）移动，从而形成了电流。
(3) 而非金属不容易导电就是因为几乎没有自由移动的电子，它里面的电荷是被束缚着，不能自由移动的。

（利用图片，动画来演示导体和绝缘体的内部电荷移动的微观现象，帮助学生获得感性认识，提醒学生应正确理解导体与绝缘体。）

我们已经知道有些物质容易导电叫做导体，有些物质不容易导电叫做绝缘体。可见，不同物质的导电能力不同，为了定量比较导电能力的强弱，我们引入电阻的概念。

教师：（设问）导体和绝缘体对电荷阻碍作用，谁大？

介绍：绝缘体就是电阻非常大的，而导电能力却非常小的物质。而导体的导电能力很强，可见对电流通过的阻碍能力较差，所以导体的电阻相对较小。

板书：电阻用字母 R 表示，单位是：欧姆（简称欧，符号 Ω）。

除了欧姆外，还有千欧：$k\Omega$，兆欧：$M\Omega$；它们之间的换算为 1000 倍，即 $1M\Omega =$

$10^3 kΩ = 10^6 Ω$

如：20℃时，铁的电阻＝0.1Ω，铝的电阻＝0.03Ω，橡胶的电阻＝10^{20}Ω。

（八）课堂练习

1. 下列物体都属于导体的是（　　）。
   A. 大地、橡胶　　　　B. 纯水、碳棒　　　　C. 人体、金属　　　　D. 油、水溶液
2. 绝缘体不易导电的原因是因为它内部（　　）。
   A. 没有带电微粒　　　　　　　　　　B. 几乎没有电子
   C. 自由电荷很少　　　　　　　　　　D. 存在大量自由电子
3. 为什么电线芯线常用铜或铝来做？而电线芯线外面的包层常用橡胶或塑料来做？

【解答】因为铜或铝是导电性能良好的金属，用它们做芯线可以导电，而橡胶或塑料是绝缘体，用它们包在芯线外面可以防止电线漏电和人触电。

4. 图9-2-5是某种按钮开关构造的截面图。A为外壳，B为按钮，C、D为金属片，其中C具有弹性。试简述按钮开关如何使电路通、断？制作A、B部件的材料应是导体还是绝缘体？为什么？

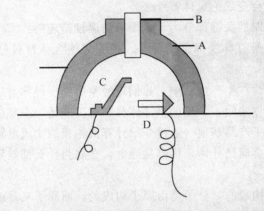

图9-2-5　按钮开关截面图

【解答】使用按钮开关时，按下按钮B，弹性金属片C与金属片D接触，于是电路接通；松开按钮B，由于弹性，金属片C恢复原位，与金属片D分开，于是电路断开。外壳A和按钮B都必须使用绝缘材料，例如胶木、塑料之类，这是为了使用时安全，因为人身是导体。

（九）布置作业（略）

第三节　科学课程统一性课外活动案例设计

本节按照科学课程统一性课外活动案例设计要求，设计课外活动实验。要充分发挥每个学生的智慧和才能。除了教师的指导外，还要取得社会和家长的支持。要注重选择有趣味性并与学生生活接近的综合性的实验内容。在学生学习了有关的概念和规律后，要求学生运用这些统一性科学概念和规律去观察自己周围有关的现象及其应用，寻找活动资源，自行设计并完成一些简单的具有综合科学原理的课外研究项目。

活动案例设计1：调查自己所在地区的气候和气候变化的现状

（一）设计意图

随着经济的发展，人类活动对环境的影响越来越大。由于人类对环境的破坏，造成当今各国气候变化极为不稳定。让学生通过调查，了解自己所在地区的气候的情况，通过了解本地区气候现状及影响气候的各种因素，尤其是人为因素，造成当今气候多变的原因，加强学生对环境的保护意识，个人社会责任感。

（二）活动目标

1. 知识和技能

通过考察、走访、上网搜索等活动，培养学生人际交往、采集信息、整理资料、写作等技能综合运用的能力。

2. 过程和方法

（1）引导学生在综合实践活动中"发现问题、分析问题、解决问题"，形成主动地发现问题并独立地解决问题的态度和能力。

（2）引导学生围绕主题有步骤地开展自主、合作、探究学习，进一步熟悉研究型学习（小课题研究）的一般流程，掌握研究型学习的一般策略。

3. 情感态度和价值观

培养学生对环境保护的意识，增强个人社会责任感；培养学生的团队合作精神；通过成果的交流与展示，使学生享受成功的喜悦。

（三）开题阶段

1. 具体目标

情景激趣，生成主题；确定课题，建立小组；撰写方案，准备实施。

2. 活动过程

（1）情景激趣，生成主题

通过以前世界气候状况和现在世界气候变化状况的对比介绍，引起学生对当今气候变化的情感关注，激起学生进一步探究的兴趣。

（2）确定课题，建立小组

① 围绕主题，展开讨论，生成小课题并初步确定研究内容。大致有：

气候变化与那些因素有关，如地理因素，纬度因素，海陆因素和人为因素。

② 自由组合，建立活动小组。一般每组8～10人，自行推选小组负责人，并进行组内初步分工。

（3）撰写方案，准备实施

① 各小组针对主题设计出一个初步方案，包括研究的主题、目的、途径、方法、步骤和成果形式等。指导教师关注各小组方案的撰写，及时作出指导，可提供样表供学生参考。

② 交流方案，评价完善。各小组代表介绍自己的课题研究方案。教师和其他学生对其进行评价，并提出改进建议，使方案合理有序，得到完善。

③ 明确实践意义和内容。教师要引导学生明确实践的意义在于磨炼思想意志、提高实践能力和社交能力、改善学习方法等；二要学生根据分工，明确实践的内容，做一些必要的准备，提高实践的有效性，如采访要注意预约时间，设计好问题提纲。

（四）调查阶段

1. 具体目标

（1）通过调查活动，了解气候变化的相关情况，培养学生采集信息、数据并分析归类的能力。

（2）通过调查活动，提高学生团队合作、人际交往、语言表达、综合运用所学知识等能力，引导学生做好活动记录并记下感受。

2. 活动方法

小组分工合作，视调查活动需要恰当选择实地考察、走访询问、问卷调查、上网搜索等方法。

3. 活动过程

（1）调查活动

① 各小组按照活动方案，分工合作，开展实地考察、走访询问、问卷调查、上网搜索等活动。

实地考察的活动，可汇总各小组的需要，统一组织，利用课内时间集体前往。

② 做好活动记录和研究日记。设计如 9-3-1 表格，发给小组长，由小组长负责记录填写。

表 9-3-1 活动记录表

活动内容		活动方式	
活动时间		活动地点	
参加人员			
活动经过			
备　注			

③ 做好资料的收集与整理。每次活动记录、问卷的回卷、文献和网上查找的资料、图片音像等，及时进行阶段性分析整理，使信息准确、表意清楚，并初步归类收存。

（2）活动交流

小组长利用课外时间组织组内交流，及时总结小组活动在课内进行组间交流。

（3）活动指导

① 指导学生有目的地收集材料，在活动中运用观察、调查、访问等方法。

② 指导学生写好研究日记、感悟，一般要求一事一感即可。

③ 指导学生调查时要强调客观真实。

④ 指导学生注意活动安全问题。课外的外出活动，要求学生就近串联，小组活动，活动之前预先征得教师和家长的同意。

⑤ 引导学生克服实践活动信心不强的心理障碍，学会应对陌生人和被调查对象不配合的尴尬场面，克服调查与被调查双方语言交流表意不清的障碍。

⑥ 引导学生分析调查过程中碰到的困难，鼓励学生开动脑筋灵活应对。

对于学生能力以外的困难，教师应设法帮助解决。

（五）总结阶段

1. 具体目标

（1）整理资料，提炼有用信息，撰写调查报告。

（2）交流活动，反思汲取经验，体验成功。

2. 活动过程

（1）各小组对调查资料进行统计、归类、汇总、筛选、整理、分析、研究，形成结论。教师指导的重点首先是对调查材料进行有效性分析，剔除无关材料。其次是对结论的提取和表述语言的斟酌。视需要进行补充调查与材料搜集。

（2）指导学生对实践活动过程进行交流、反思。

交流的内容一般是每一个组员对自己和同伴在活动中的典型表现进行概括和表述，以及对自己和同伴活动全过程的梳理。

（3）撰写结题报告和体会文章，指导老师引导交流修正，然后定稿。

（4）讨论课题展示内容、形式。

展示小报、表演小品、朗诵、课件展示等，均要求适切主题、短小精悍，鼓励创新展示。

① 预期成果形式：调查报告、学生体会文章、成果课件、音像材料等。

② 展示交流：综合实践活动成果展评。

（5）分小组准备课题展示内容，协助做好展示时的人员及设施准备。

（6）教师指导重点：课题报告的撰写，主要内容框架如下：

一、前言（调查主题、调查组成员、指导教师、调查时间、调查方法）

二、调查背景

三、调查对象

四、调查过程

五、我们的发现

六、我们的建议

（六）展示阶段

1. 具体目标

（1）指导学生以多种形式展示成果，如制作电子小报、课件、展板，编演小品等，培养学生的组织、表达、协作、创造等多种能力。

（2）培养学生热爱家乡的思想感情，激发学生保护地方资源的热情和责任感。

（3）通过成果的交流与展示，使学生享受成功的喜悦。

2. 活动过程

(1) 教师小结前阶段小课题研究情况导入新课

(2) 各小组展示课题成果

① 分小组以各自的形式展示本小组的课题成果。（包括：成果展示；活动时遇到的困难如何克服；本组各成员的收获、体会等，形式自主）

② 课题组之间进行互动，提问、答辩和提出建议。

(3) 教师简评、小结。

评价重点：主题是否明确，内容是否完整，条理是否清楚，形式是否新颖等。

（七）评价阶段

对学生在活动中的参与态度、情感体验及获得的知识、技能等成果进行评价。以正面激励为主，培养学生进一步进行小课题研究的兴趣。

活动案例设计2：探究植物向性

（一）选题背景

本活动是针对《科学》八年级上册第三章第一节内容而开展的——环境对生物行为的影响的现象。根据学生的生活经验，学生很容易找出相关的例子，课程中涉及探究环境对植物生长的影响，这是一个将生活和生物、化学知识及实验紧密结合的好课题，因势利导，鼓励学生将此作为一个探究活动的课题。让学生查阅资料，设计研究方案，动手实验，得出结论。

（二）课题研究过程

1. 查阅资料、收集信息

带着问题，同学们到图书馆、互联网上查阅有关资料。他们分工合作，从图书馆中有关植物学、环境学等内容的图书中寻找有关的资料，使用互联网的同学则用关键词在搜索引擎中查找相关网页。同学们在查阅资料后发现植物的生长具有向性，所以学生确定研究课题为《探究植物的向性》。

2. 小组合作，设计探究方案

(1) 学生自由组合，每组4—5人，自行推选小组负责人，并进行组内初步分工。

(2) 选择种植植物种类，教师提供：绿豆、玉米、菜心籽、菠菜籽。

(3) 设计实验方案：

学生合作设计，把实验计划方案写好，每个小组汇报讨论情况，研究主题，研究方法，等等。每个小组汇报完后，马上让其他同学质疑，提出自己的疑问，以帮助该小组完善活动计划。

(4) 教师布置实验要求

① 实验题目

② 目的要求

③ 材料用具

④ 实验假设

⑤ 实验预期

⑥ 方法步骤

⑦ 实验记录：将观察日期、时间、环境条件（温度、天气）、幼苗生长情况等列表记录。

表 9-3-2　植物生长情况记录表

观察日期	时　间	温度/℃	幼苗生长情况

⑧ 实验结果和结论：分析实验结果，得出结论。

3. 汇报实验结果，对实践活动成果进行展评

各小组以课件、展板等形式开展，各组派代表汇报实验成果，及实验体会，教师进行点评。

（三）植物的向光性实验设计方案示例

1. 探究对象

植物常见向性有：向光性、向地性、向水性、向化性、向触性、向热性等。

2. 实验题目

植物的向光性实验。

3. 目的要求

观察植物在单侧光照射下的生长情况，植物的生长具有向光性。

4. 材料用具

植物幼苗（玉米、绿豆等）、火柴杆、小花盆（或培养皿）、泥土、不透光的纸盒、台灯、剪刀。

5. 实验假设

依据植物生长的向光性原理，幼苗应朝纸盒开孔的方向生长，也就是向着光源的方向生长。

6. 实验预期

经过一定时间之后，幼苗将弯向光源生长。

7. 方法步骤

（1）用剪刀在不透光的纸盒一侧挖一个直径为 1cm 的孔，待模拟单侧光照射时使用。

（2）将几株长势相同但真叶尚未出胚芽鞘的小麦幼苗依次排开，分别栽种在两个花盆中。在幼苗的旁边插一根火柴杆，作为对比的参照物。

（3）将制作好的遮光罩扣住花盆（一组用不透光的纸盒，另一组用一侧带小孔的纸盒），白天将装置置于阳光充足的地方，夜间以台灯代替光源，并使光从小孔中透入纸盒。

(4) 每天打开纸盒，观察幼苗的生长情况，记录下高度、倾斜角及当日温度、天气等情况，并间断地拍照，保留图片记录。但要注意，打开纸盒观察实验现象的时间应该尽可能地短，并保持透光孔的方向与前次一致。

8. 实验记录

将观察日期、时间、环境条件（温度、天气）、幼苗生长情况等列表记录。

9. 实验结果和结论

通过讨论交流，分析实验结果，得出结论。

活动案例设计3：土壤与植物生长关系

（一）选题背景

本活动是针对《科学》八年级下册第三章第二节内容而开展的，在生活中，土壤随处可见，它与人类生活，农业生产有重要联系。课程中的内容涉及土壤性状与植物生长的关系，比较贴近生活实际，因此我决定将此作为一个探究活动的课题，让学生查阅资料，设计研究方案，动手实验，得出结论。

（二）课题研究过程

1. 查阅资料、收集信息

同学们利用互联网，图书馆，附近植物馆等资源查阅有关资料。分工合作，利用互联网用关键词在搜索引擎中查找相关网页，从图书馆中有关植物学、地理学、环境学等内容的图书中寻找有关的资料。

2. 设计活动方案

(1) 学生自由组合，每组4—5人，自行推选小组负责人，并进行组内初步分工。

(2) 设计实验方案：

学生合作设计，写好实验计划方案，每个小组汇报讨论情况，活动主题，研究方法，等等。每个小组汇报完后，马上让其他同学质疑，提出自己的疑问，以帮助该小组完善活动计划。

3. 活动实施阶段

(1) 户外搜集不同的土壤标本，选择要种植的植物种类（材料不限，但以容易简便为准），完成表9-3-3。

(2) 每天观察植物生长的情况，并做好相关记录，摄影等，完成表9-3-4。

表9-3-3 土壤记录表

土壤类型	颜 色	物质成分	其 他

表 9-3-4 植物生长情况记录表

植物名称	观察日期	土壤类型	生长快慢	生长速度	植株大小

（三）撰写课题报告阶段

研究报告的主要内容框架如下：

一、前言（调查主题、调查组成员、指导教师、调查时间、调查方法）

二、调查背景

三、调查对象

四、调查过程

五、我们的发现

六、我们的建议

（四）汇报活动结果，对实践活动成果进行展评

各小组以课件、展板等形式开展，各组派代表汇报实验成果，体会，教师进行点评。

活动案例设计4：利用网络资源调查各生态系统及其成分

（一）选题背景

本活动是针对《科学》九年级下册第二章第二节内容而开展的，生态环境与人类工作、生活有着密切影响。生态系统具有多样性，各环节相互联系，将了解生态系统作为一个探究活动，能够让学生了解自然，爱护自然，通过让学生利用网络资源查阅资料，并结合本地区实际进行考察来进行学习。

（二）课题研究过程

1. 活动前期阶段

（1）学生以小组作为单位，每组5－6人，组内选出组长。

（2）教师提出活动要求，每个小组只能选择一个生态系统类型来开展调查活动。（生态系统的类型有：森林生态系统、草原生态系统、荒漠生态系统、湿地生态系统、农田生态系统，海洋生态系统、淡水生态系统）各生态系统中的动植物种类，非生物因素有哪些。

2. 活动开展阶段

（1）各小组设计活动开展方案，小组汇报讨论情况，活动主题，研究方法，等等。每个小组汇报完后，马上让其他同学质疑，提出自己的疑问，以帮助该小组完善活动计划。

（2）各小组分工合作，利用网络资源，图书馆查阅相关资料。

做好资料的收集与整理，文献和网上查找的资料、图片音像等，及时进行阶段性分析

整理，使信息准确、表意清楚，并初步归类收存。

3. 汇报活动结果

对活动调查成果利用课件等来进行展评，教师给予评价。

教师引导学生对各生态系统进行比较，分析各生态系统的区别，起主导作用的主要因素。

活动案例设计5：调查当今世界导电，防导电物质的发展

（一）选题背景

本活动是针对《科学》八年级上册第4章第三节内容而开展的，当今社会日新月异，材料发展变化迅速，让学生了解当前导电材料发展现状和趋势。

（二）活动研究过程

1. 活动前期阶段

（1）学生以小组合作为单位，每组5—6人，组内选出组长；

（2）各小组分工合作，利用网络资源，图书馆查阅相关资料。

2. 活动开展阶段

（1）各小组做好资料的收集与整理，文献和网上查找的资料、图片、音像等，分析整理，使信息准确、表意清楚，并初步归类收存。

（2）小组分工合作，准备课题展示内容。

3. 活动总结阶段

（1）以课堂讨论的形式开展活动。

（2）教师引导学生进行讨论，通过利用多媒体，图片，音像视频资料等进行交流汇报。

（3）教师根据学生讨论交流的情况，进行总结。

思考与练习

1. 调查和分析初中综合科学课程实施的现状，举例探讨进行统一性整合教学对策。
2. 分析科学课程体系的分科与综合的相对性。
3. 分析科学课程教材结构和教学模式的分科与综合的相对性。
4. 如何理解科学课程统一性是科学课程实施的必然趋势。
5. 如何化解科学课程实施进程中的"拼盘"难题？
6. 查阅资料，尝试进行"物理—生物—化学"的统一性课堂教学案例和活动课案例的设计。

第十章 科学课程统一性及整合研究的案例设计

我们知道,综合课程其优势也有不足,分科课程不足也有优势;但是作为提高公民科学素养的科学课程,实现其统一性的综合课程是发挥其优势与克服其不足的最佳途径。科学课程实施综合的统一性是必然趋势之一,因此,本章继续就科学课程的分科教学和综合教学从理论与实践案例两个方面进行探讨。

第一节 我国科学课程分科与整合的实践问题

自从科学课程开设以来,分科教学和综合教学之争就一直没有停止过。就我国的基础教育领域而言,一部分人提倡完全的综合课程,然而综合课程的实践却使另一部分人确信,学生对分科课程的学习比综合课程更深刻,分科课程更适合人才的培养。分科课程与综合课程是两类不同课程组织模式的课程。它们的功能和价值观具有比较明显的分歧,各有优势和不足,对促进社会发展和学生个体发展也各有优劣。

一、科学课程实施的积极效果

随着科学课程改革的深入,教师对综合课程的适应度慢慢提高,教师的学科知识得到了补充,基本能够适应综合课程的教学。教师原来只精通一门学科知识,为使他们尽快适应多学科融合的综合课程的教学,除教师自学外,还采取了许多措施,如组织不同学科教师集体备课、教研员辅导等。这些措施取得了一定的效果,教学中已经看到了一些整合的痕迹。但教师感觉来自学科知识不足的压力仍然很大。

(一)课程得到了学校和家长的积极支持

随着科学课程的不断发展、改革,某些地区、学校十分重视综合课程的实验,并把采用综合课程方案看做促进本地区教育事业和教师发展的一个契机,积极支持综合课程实施。在实施过程中,各级管理者做了大量具体的工作,切实地为教师提供提高自身能力、交流的机会。例如,精心组织课程资料的交流,一方面激发学校、教师努力提高综合课程实施水平的积极性,另一方面,及时发现好的经验、做法并通过这种形式扩大其影响,采取多种办法帮助教师尽快适应综合课程的教学。

科学课程的实施同样得到了部分家长的支持,这有利于学校、家庭在共同的方向上形成教育合力,推动综合课程实施。

(二)教师专业发展主动性有所提高

教师素质的高低极大地影响着教育质量,这已成为世界各国的共识。因此,提高教师素质,使教师职业走向专业化也成为各国教育改革的重要举措。我国在教师专业化制度的建立方面已取得了很大进展，教师资格证书制度已进入具体实施阶段。而教师专业发展的重要特征是教师追求专业发展的主动性，如何激发教师专业发展的主动性，是真正实现教师专业发展的关键问题之一。

以往，教师们往往迫于晋级或工作竞争的压力而被动地提高自己的学历，而在综合课程的实施中，我们看到教师们积极主动地弥补自己知识结构上的欠缺：加强相互之间的交流，互相取长补短；主动地互相听课，从同事那里吸取经验，改进自己的教学；在课程资源缺乏的情况下，不等不靠，自己想办法，花时间、花精力去解决。

尽管教师有时表现出对综合课程是否有利于学生将来参加中考的疑虑和担忧，但是，一旦疑虑和担忧得以消除，这种专业发展的主动性将是教师推进课程实施的根本动力。

（三）教师知识结构得到了优化

由于综合课程涉及的知识面较宽，任课教师原来都是教某一学科出身，因而首先面临的一个难题就是知识结构单一，无法适应综合课程的教学。为了解决这一问题，各学校采取了许多措施，包括抽调综合课程所含各学科的教师组成备课小组，使教师之间互相取长补短。侧重某学科的课，就由原教该学科的教师把关，介绍经验，解决基本知识技能问题；还有教研员辅导，组织过程和资料的交流等方法。这些做法取得了一定效果。教师通过一边教学，一边提高了自身的知识结构和综合能力，使得综合课程在教学中开始表现出一些"整合"的印记。

（四）主体性学生观的建立

综合课程要致力于学生发展，就必须树立学生在教学过程中的主体性地位，为学生创造参与教学过程、主动学习的机会，使其在主动参与中积极建构自己的知识体系。在综合课程教学中，学生参与的机会多了，课堂气氛活跃，师生关系融洽，有利于综合课程促进学生发展理念的落实。综合课程本身具有的开放性也有利于为学生的主动学习提供机会。

（五）教师培训取得了一定效果

高质量的培训对于综合课程的实施具有重要意义。因为综合课程在反映整个课程改革理念目标的同时，还有自己独有的一些特点，如内容的整合性、开放性等。这些都对综合课程教师的知识结构、教学技能、习惯等提出了新的要求。

相对应的是，我国现有教师都是分科课程体系下培养出来的，是适合分科课程教学的一个群体。师范教育的滞后使得短时间内不可能培养出足够的综合课程教师。要解决综合课程实施的师资问题，主要途径还是对在职教师进行培训。鉴于教师对于课程实施是一个极为关键的影响因素，培训的质量就十分重要了。

各级培训中，地区、学校一级的培训逐渐成为常规，这使教师有了更多的研究课标、教材和与同事交流的机会。通过培训，教师得到了很大的收获，尤其对课改的背景、理念、目标的理解和教学观念的改变方面，培训还帮助一部分教师改进了教学方法。

（六）积累了丰富的课程资料

综合课程的实验本身具有探索性和开创性。这主要是由于综合课程实施在我国没有很多现成的经验可供参考。因此，综合课程实验一方面是对综合课程理论的检验，还有一个很重要的目的则是要摸索出适合我国国情的综合课程实施经验。

实验区取得的经验，尤其是过程资料的积累对这一目的的实现有着十分重要的意义。把综合课程实施中，学生学习和领导管理过程中产生的一些可视资料（包括学生作品，如观察日记、调查报告等；教师备课中查阅的资料、教案、教学反思等；教育行政部门制定的规章制度、教师考核方案、评课记录等）在一定范围内和一定层次上，提供场所进行集中展示，不但可以激发各校实施综合课程的积极性，使各校在相互学习、良性竞争中推进综合课程的实施，而且它本身是对综合课程实验过程的真实记录，为监控、反思综合课程实验过程，从中吸取经验教训提供了宝贵的原始资料。

二、科学课程实践中出现的典型问题

从 2001 年 7 月颁布了科学课程标准起，越来越多的省份和学校开始进行改革试点。对于是否应该开设科学课程，教育界一直争论不休。2005 年年初，武汉中学副校长、民盟武汉市委副主任邵树人等多名政协委员对全市 418 所初中开设刚半年的科学课提出多项质疑，呼吁有关部门暂停普及。然而武汉市教育局局长谭仁杰却当即表态回应：科学课试验将继续进行，课时还要增加！

据 2005 年的调查结果，全国上科学课的学生有 50 多万，其中 40 多万在浙江，但是浙江的多数教师不赞同开设此课程。

从 2001 年秋起，科学课程的实施在全国范围内遭遇了未曾想到的重重障碍，陷于难以为继的境地，许多学校纷纷退出试点。笔者通过对科学教师、学生进行访谈，并通过阅读文献、搜索相关新闻报道，总结出以下在我国科学课程实施过程中所出现的主要问题。

（一）初中科学课与高中课程难接轨

初中科学课程已改，可是高中又没有配套的改革，这样导致初中和高中课程无法衔接。由于我国的高中教育仍然是围绕高考指挥棒转的应试教育模式，学生升入高中后，忙于应付功课，家长不得已请家教，才能使学生跟得上课程。

根据专家调查，一位学生家长表示："课本知识点不连贯，孩子学得很肤浅。一上初三，班主任老师通知家长的第一件事，就是赶紧去买物理、化学教材补充授课，说是科学课等于科普课，中考的知识点体现不出来。我孩子初一初二科学课本来就理解得不是很好，初三的孩子时间本来就很紧，还得从头再学物理化学，这不是瞎耽误工夫吗？"实际上最困扰社会、学校和科学课程教师的还是改革尚不到位的考试评价。因为很多家长担心，如果初中开设综合科学课，高中开四门分科，会不如初、高中一直学分科系统，从而影响中考和高考成绩。这自然会给科学课程的实施带来巨大压力。

（二）教材编写仓促，拼凑痕迹明显

2005 年年初，在政协武汉十届三次会议上，有委员提出应立即停止科学课。他们除了认为师资跟不上、教学设备与课程要求极不配套外，还认为科学课程教材的适用及研究不到位。这些问题如不及时弥补，会对初中教育造成伤害。2007 年的武汉"两会"，科学课程再次成为焦点，民盟武汉市委员会提交集体提案，要求将科学课程教材分册分科编写。提案中除师资问题，科学课程教材也是委员们质疑最强烈的问题。他们指出，武汉版初中科学课程教材，是在一种很不成熟的条件下使用的。同样的问题也出现在了北京、浙江、深圳等科学课程实验区。这说明我国科学课程教材需要做更进一步的改进，如何使科学课程教材更容易被教师、学生、家长以及社会各界认可接受，是值得不断研究和改革的工作。

第二节　科学课程的统一性整合教学案例设计

在我国基础教育中学科中心课程理论一直占据绝对主流,加上一些教师是从物理、化学教师转化而来的,只擅长一个专业,其他内容难免敷衍了事,教学内容没办法做到实质上的综合,又由于教材的拼凑编写等问题,科学课程的统一性难以在教学中体现。从学校的实践状况来看,课改以后,学校的课堂教学发生了很大变化,在理念上接受了开放式的教学,重视学生的探究活动。开设科学课的宗旨,是培养学生的科学素养,重视学生探究、体验和感悟的能力。新编写的科学教材也力图贯穿这一宗旨。有鉴于此,笔者尝试设计了以下几个教学案例和探究活动,探索具体解决科学课程统一性教学的策略和基本途径。教材选用浙江教育出版社出版朱清时主编的《科学》。

教学案例设计1:地球的演化和生命的诞生

(一)教学内容
九年级下册第一章第四节。

(二)教材分析
本节处于本章的第四节,在宇宙演化、太阳系的产生的基础上发展而来的,通过讲述地球的演化,探究生命诞生的环境条件,讨论生命的起源、生物的进化、人类的起源等自然科学课题,对后一节内容"生物的进化"有铺垫作用。

本节教材内容主要阐述地球上的生命起源于非生命物质,生命起源这一过程是化学进化的结果。教材从地球演变讲起,用猜测和实验相结合的方法来说明生命的起源。这节教材也是对学生进行唯物主义教学的好教材。

(三)教学目标

1. 知识与技能
(1) 了解地球地质的演变;
(2) 了解地球上的生命起源于非生命物质。

2. 过程与方法
通过对"演示地球地质的演变"实验投影片的观察,让学生猜测思考,培养学生的观察、分析、归纳的能力。

3. 情感态度与价值观
通过人类起源的教学,神话传说的矛盾性,培养学生对存在事物的质疑精神,达到对学生的无神论教育,从而培养学生的辩证唯物主义观点和历史唯物主义观点。

(四)重点、难点

1. 重点
原始地球表面的变化;化学进化的过程。

2. 难点

生命起源是化学进化的结果。

（五）实验准备

上一次课课后，布置学生查阅生命诞生的相关资料。

准备原始地球的投影片，米勒实验的投影片。

（六）教学过程

1. 引入

古时候流传着一个盘古开天地的神话。

天地初生时模糊一团，盘古就在这模糊一片的天地中诞生。经过一万八千年，盘古用一把利斧破开天地。轻的清的气往上浮，就成了天；重的浊的气往下沉，就成了地。盘古怕天地重新合拢，于是顶天立地支撑其间。以后，天每天高出一丈，地每天加厚一丈，盘古本人也每天长高了一丈。这样过了一万八千年，天就很高很高，地就很厚很厚，盘古当然也成了顶天立地的巨人。再后来，盘古死了，他的左眼变成了太阳，右眼变成了月亮，头发、胡子变成了星星，嘴里最后呼出的气变成了风和雾，声音变成了雷霆闪电，身上的肉变成了土地，四肢变成了山脉，血液变成了江河，从此天上有了日月星辰，地上有了山川树木，万物欣欣向荣起来，才有了现在这个鸟语花香的美丽世界。

盘古开天辟地以后，女娲就在天地间到处游历。她热爱树木花草，陶醉于那些活泼、富有朝气的鸟兽虫鱼。在把它们打量了一番后，女娲认为盘古的创造还算不上完整，鸟兽虫鱼的智力远远不能使她满足。她要创造出比任何有生命之物都要卓越的生灵。这样，世上有了能主宰和管理万物的生命，就不会仅仅只是野草漫山、野兽成群、飞禽成帮，世界也就不会寂寞和荒凉了。当女娲沿着黄河滑行，低头看见了自己美丽的影子时，不禁高兴起来。她决定用河床上的泥按照自己的形貌来捏泥人。女娲心灵手巧，不一会儿就捏了好多的泥人。这些泥人几乎和她一样，只不过她给他们做了与两手相配的双腿，来代替龙尾巴。女娲朝着那些小泥人吹口气，那些小泥人便被灌注了活力，"活"了起来，变成了一群能直立行走、能言会语、聪明灵巧的小东西，女娲称他们为"人"。女娲在其中一些人身上注入了阳气——自然界一种好斗的雄性要素，于是他们就成了男人；而在另外一些人身上，她又注入了阴气——自然界一种柔顺的雌性要素，于是她们便成了女人。这些男男女女的人围着女娲跳跃、欢呼，给大地带来了生机。女娲就这样创造了布满大地的人们。

2. 新课讲授

【提出问题】

教师：说到这里，我们不禁产生疑问，女娲照自己的样子捏泥人，那她是男的还是女的？

学生进行讨论，产生疑惑。

教师：楚国的屈原就曾在其《天问》中对此传闻提出过质疑："女娲有体，孰制匠之？"意思是：既然人类是女娲造的，那女娲的身体又是谁造的呢？若不接受传说和"神创论"，原始的生命是如何诞生的呢？

——放原始地球状况投影片，如图10-2-1所示。

图 10-2-1 原始地球状况

【猜想与假设】

教师：原始的地球表面不断受到陨石的冲撞，地球在形成之初是一个温度极高的炽热球体，在这样的环境下，生命是如何诞生的呢？结合你们所查阅的资料，说说你们的想法。

学生1：宇宙发生说，如图10-2-2所示。认为地球上的生命来自宇宙间的其他星球，某些微生物的孢子可以附着在星际尘埃颗粒上而达到地球，从而使地球具有了初始的生命。

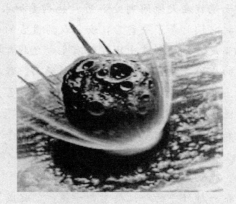

图 10-2-2 陨石撞击地球

学生2：化学进化说。化学进化说认为，生命起源于原始地球上的无机物，这些无机物在原始地球的自然条件作用下，从无机到有机、由简单到复杂，通过一系列化学进化过程，成为原始生命体。如图10-2-3所示。

教师：关于生命的诞生，科学家们有许多的假设，我们先来看第一个假设，宇宙发生说。认为地球上的生命来自宇宙间的其他星球，通过陨石落到我们地球上，然后我们地球的生命就诞生了，结合原始地球的状况，同学们说可能吗？

学生：有可能。

教师：那么同学们再思考，陨石上面的生命，它是怎么产生的？其他星球？宇宙间最初的生命是怎样来的呢？此外，宇宙间的物理因素，如紫外线、温度等对生命是致死的，生命又是怎样穿过宇宙空间而不会死亡呢？我们地球本身的环境，有没有可能自己诞生生

图 10-2-3 原始地球的物质成分

命呢？

学生：可能，不知道，要试验看看。

【制订计划、设计实验】

教师：参照原始地球环境，如果让你们设计实验，需要考虑哪些实验变量？实验需要什么条件？

验证性实验要做到各种实验变量都切合实际情况，尽量减少不必要因素的干扰。

学生：原始大气中的成分，所存在的物质，地球的温度，还要有电。

教师：参照原始地球的情况，1953年美国生物学家米勒在实验室用充有甲烷、氨气、氢气和水的密闭装置，以加热、放电来模拟原始地球的环境条件。如图 10-2-4 所示。

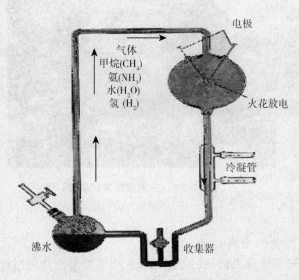

图 10-2-4 米勒模拟实验原理

教师：为什么要密闭装置？

学生：减少不必要因素的干扰。

教师：原始大气中有氧气吗？

学生：没有（强调）。

【观察与实验】

教师：实验的结果？

学生：合成了一些氨基酸、有机酸和尿素等。此后，不少科学家用同样的方法获得了多种重要的生物大分子。

【分析与论证】

教师：生物大分子的产生说明了什么问题？

学生：原始生命物质可以在没有生命的自然条件下产生，生命是化学进化的结果。

教师：科学家们推测，当原始大气和原始水圈在地球上出现时，地球上仍是一个没有生命的世界。但大气、水和原始的地壳的出现为生命的诞生奠定了必要的基础。从无生命物质到有生命的转化是一个极为缓慢的过程，生命是由无生命的物质转化来的。约35亿年前，原始生命产生于原始海洋之中。在太阳的紫外线、大气的电击雷鸣、地下的火山熔岩等作用下，原始大气中存在的甲烷、氨、水汽和氢转化成简单的有机物。大气中的有机物随降水进入海洋，同时地壳上的有机物和无机盐随地面径流进入海洋。它们在海水中发生频繁的接触和密切的联系。这样简单的有机物就逐渐发展成多分子的有机物，并且逐步变成能够不断自我更新、自我再生的物质，从而形成了原始的生命。

地球地质的演化，伴随着生命的诞生，而生命的诞生演化过程，也影响着地质的变化。

图 10-2-5　米勒模拟实验装置

【讨论与交流】

（1）太古代（距今25亿年以前）

教师：地球已经形成薄而活动的原始地壳，岩浆喷溢活动相当频繁，构造运动也很强烈。地球表面原始的水圈和大气圈也已形成，由于火山活动强烈，少有绿色植物进行光合作用，大气圈中二氧化碳的成分较高，大气和水体处于缺氧的状态。水体中普遍沉积了铁矿。地表水体分布广泛，陆地面积不大。到太古代晚期，由于多次构造运动，某些地区开始形成小规模的陆地（称为陆核）。太古代形成的岩石都是变质岩。

太古代是地质历史上形成铁矿的重要时代，这些铁矿多数属于沉积变质铁矿，占世界铁矿总储量的60%以上。辽宁鞍山铁矿、冀东迁西铁矿、北美苏必利尔铁矿、澳大利亚西部铁矿、南非卡普瓦尔铁矿和印度铁矿等都是太古代时形成的。

在太古代，开始还没有生命现象，到处荒凉死寂。大约经过十几亿年，地球上有了空气和水，才出现了原始的生命，大约31亿年前，蓝绿藻类已开始繁殖。太古代地层中化石极为贫乏。但地球上从无生命到有生命，是地球发展史上的重大事件。

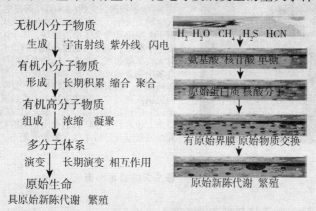

图 10-2-6　生命演化过程

(2) 元古代（距今25亿～6亿年前）

由于藻类日益繁盛，大气圈和水圈通过光合作用，不断吸收大气中的二氧化碳，放出氧气，从缺氧发展到有较多游离氧的状态。从中元古代开始，地层中紫红色（含铁）石英砂岩及赤铁矿层出现，说明大气及水体中已含有相当多的游离氧。元古代繁衍了很多菌藻植物，所以，元古代又被称为菌藻植物时代。元古代的地壳在太古代陆核的基础上有了进一步的发展，经过多次构造运动，陆核进一步扩大，地壳经过沉积、岩浆喷发、变质、褶皱等，已发展成相对稳定的古陆地的地层，含有比较丰富的矿产，主要是铁矿。

(3) 古生代（距今6亿～2.5亿年前）

在元古代末期，已经形成了许多稳定的古陆地。进入早古生代，又发生大规模的海水侵入，变成了浅海环境。海洋中出现了多门类较高级的动物，如三叶虫、珊瑚等空前繁盛，所以说早古生代是海洋无脊椎动物时代。由于构造运动，一些地区发生褶皱隆起，陆地面积相对扩大，生物界开始大规模向陆地发展。晚古生代时期，陆地上蕨类植物繁茂，形成巨大的森林，是重要的造煤植物，石炭二叠纪成为世界上重要的成煤时代。从早古生代出现鱼类，到泥盆纪空前繁茂，成为鱼类时代，再到石炭二叠纪演化到两栖类，动物从水中生活发展到能在陆地生活，是动物界发展史上的一次飞跃。

(4) 中生代（距今2.5亿～0.7亿年前）

由于陆地面积扩大，地形和气候条件逐渐变得复杂。喜湿热的蕨类植物不大适应海洋运动后干湿冷热多变的大陆环境，逐渐衰退。而更能适应陆地环境且以种子繁殖的裸子植物迅速发展起来。因此，中生代又被称为"裸子植物时代"，主要植物代表有松柏、苏铁、银杏类等。这些繁茂的植物是当时主要的造煤植物，因此，中生代特别是侏罗纪是石炭二叠纪之后又一个重要的造煤时代。

在中生代，爬行动物极度繁盛，其中最占优势的一类就是恐龙，所以中生代也被称为

"爬行动物时代"。

恐龙的灭绝

科学家推测，大约6 500万年前发生了一次生物大灭绝。科学家将这次生物大灭绝归因于太空中某个天体撞击地球，那个天体可能是小行星。当小行星撞击地球时，引起森林大火，掀起灰尘水汽，陆地上和海洋中的许多生物立即死去。灰尘和厚密的云层常年阻挡阳光。没有阳光，植物死亡，食草动物因饥饿大批死亡。这次生物大灭绝毁灭了一半以上的植物和动物门类，恐龙也没能幸存下来。也有科学家认为是火山活动的增加引起的气候变化导致了这次生物灭绝。

图 10-2-7 恐龙灭绝资讯小窗

（5）新生代（距今 0.7 亿年前～现在）

新生代生物界已经与现在接近，植物以被子植物为主，所以新生代又称为"被子植物时代"。动物中鸟类繁多，哺乳动物极为繁盛，也被称为"哺乳动物时代"。

因为地球历史时间跨度是很大的，所以地质学家使用地质年代来表达地球的历史。地质年代表是地球历史和生命形式的记录。（展示地质年代图）

（七）布置课外活动

有兴趣的同学，自愿组成课外活动小组，组员分工合作，选择某一地质年代，上网搜索或阅读相关文献资料，了解并记录各地质年代的名称、距今年代以及主要的构造运动和动植物（附有图片）。

教学案例设计2：自然界中氧和碳的循环（第一课时）

（一）教学内容

八年级下册第二章第六节——知道自然界中的碳循环。

（二）教材分析

本章节内容主要讲述自然界中氧和碳的循环和转化，以及打破循环给人类所带来的危害，教给学生保护与防治的方法。通过学习本章内容，使学生树立环境保护意识。结合探究活动，培养学生的观察、分析、归纳的能力。

（三）教学目标

1. 知识与技能

（1）了解自然界中的氧循环，从而认识自然界中物质间的循环与转化。

（2）了解大气中臭氧层的作用及其保护。

2. 过程与方法

（1）通过让学生自己设计并动手实验，发散思维，培养学生的观察、分析、归纳的能力。

（2）通过让学生发表观点，培养学生的语言组织与表达能力。

3. 情感态度与价值观

（1）通过学生动手实验，激励学生的学习兴趣。

（2）知道保护臭氧层的重要性，树立环保意识。

（四）重点

重点：自然界中氧的循环。

（五）教学准备

一周前布置学生利用课余时间，做书本第64页上的活动，学生根据书上的内容，和自己已有的材料，进行实验，观察并记录结果。

（六）教学过程

1. 引入

在自然界中，生物不断地进行呼吸，消耗氧气，产生二氧化碳。那么空气中的二氧化碳是否会因此而增加，而氧气是否又会因此而减少呢？

2. 新课教学——自然界中的氧循环

【提出问题】

教师：一个人平均每天消耗氧气0.8kg，地球上的人有60多亿，每天要消耗多少氧气？（4800万吨），而据化学家估计，在每平方米地球上空约有2吨氧气。地球表面积大约5.1亿平方米，则全球氧气约10亿吨，按此计算，只够人呼吸两天，那么为什么我们生活到现在依然没有感到缺氧呢？

学生讨论：你养过金鱼吗？你有什么办法能使鱼缸中的鱼不缺氧？

学生：换水、使用增氧泵、放入水草等。

教师：在水里养一些植物，是增加水中氧气含量较为有效的方法之一，你知道为什么吗？

讨论原因，并说出整个过程。

学生：绿色植物的光合作用产生氧气。个别同学上讲台讲述。

教师：总结，水中的绿色植物在阳光下进行光合作用，吸收小鱼呼出的二氧化碳，并放出氧气，使得水中氧气含量保持一定，小鱼才不会缺氧而死。

【制订计划、设计实验】

教师：绿色植物光合作用产生氧气，你有办法证明吗？通过课前的布置，同学们利用课余时间，参照课本上的实验，做了些改良实验，现在请同学们将自己所设计的方案相互交流，讨论实验该注意的问题，评价各自方案的优劣，实验的结果以及出现的问题。学生代表发言。

学生1：要控制的量是哪些？一定量的空气（玻璃罩大小一致）、两只蜡烛的长度一致，蜡烛应同时点燃。

学生2：玻璃罩或其他隔离的物体应该密封好，以免空气进入。
学生3：绿色植物在阳光下进行光合作用，所以实验要在有光线的条件下进行。
具体实验如图10-2-8所示。

图10-2-8　验证绿色植物产生氧的实验装置

教师：实验的现象怎样？

【进行实验】

学生：观察 A 玻璃罩内蜡烛熄灭得快；而 B 玻璃罩内蜡烛熄灭得慢。

教师：玻璃罩的大小对实验有影响吗？

学生：有，用大玻璃罩实验，无论有没有植物在里面，蜡烛燃烧的时间都比用玻璃杯的要长。

教师：什么原因？

学生：大的玻璃罩里面存有的氧气比较多，所以燃烧时间会比较长。但是总体来说无论使用大的还是小的玻璃罩，实验现象都是 A 玻璃罩内蜡烛熄灭得快；而 B 玻璃罩内蜡烛熄灭得慢。

教师：从实验结果你能得出的结论是什么？

学生：绿色植物光合作用释放氧气（植物光合作用吸收二氧化碳，放出氧气，蜡烛燃烧吸收氧气，放出二氧化碳）。

教师：氧的产生——植物通过光合作用吸收二氧化碳和水，制成糖类等有机物供人类和动物需要，并向大气释放氧气。

教师：你能设计图表模型来表示玻璃罩内氧循环过程吗？

学生：动手画图。

教师：归纳、总结。如图10-2-9所示。

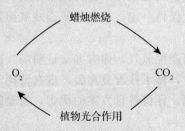

图10-2-9　装置 B 氧循环过程

教师：这个模型中消耗氧气的途径是什么？产生氧气的途径又是什么？

学生：消耗氧气的是蜡烛燃烧，产生氧气的是植物的光合作用。

教师：扩展到我们的地球，在大自然中，消耗氧气的途径主要有哪些？产生氧气的途径主要是什么？

小组讨论：在大自然中，消耗氧气的途径主要有哪些？产生氧气的途径主要是什么？

学生讨论回答后，教师归纳小结。

【分析与论证】

(1) 大自然中，消耗氧气的途径

① 人的呼吸；

② 各种燃料的燃烧；

③ 动植物的呼吸作用；

④ 微生物氧化分解有机物、金属的锈蚀、食物的腐败等。

(2) 大自然中，产生氧气的途径：绿色植物的光合作用。

【讨论与交流】

教师：氧气不断地被消耗，又不断地产生，使大气中氧元素的含量保持恒定。科学家自1910年开始测定大气中氧的含量以来，至今几乎没有什么变化。——这个事实告诉我们：自然界存在一个重要的物质循环——氧循环：自然界中氧气的含量会随着生物的呼吸和物质的燃烧等而减少，但又会随植物的光合作用而增加，周而复始地进行循环。（使物质转化、循环和平衡）这就是自然界中氧的循环。

教师：以玻璃罩为模板，设计图表模型来表示自然界氧循环过程。

学生：如图10-2-10自然界氧循环过程。

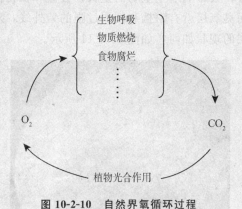

图 10-2-10　自然界氧循环过程

教师：根据氧循环的原理，在屋内可以用什么方法来使空气保持清新？

学生：开窗通风，放置绿色植物，空气清新剂……

教师：小王同学很喜欢养花，并且在每天睡前喜欢在床前放几盆花，认为这样房间里的环境优美且可以在睡觉时呼吸到更多的氧气。请你分析小王同学的做法，对不对？

学生：回答对或不对，说说理由。

教师：植物进行光合作用，需要哪些条件呢？

学生：光、二氧化碳等。

教师：对了，植物光合作用需要光，那么晚上睡觉时，植物还进行光合作用产生氧气吗？

学生：不产生了。

教师：那么植物进行什么作用呢？

学生：呼吸作用，消耗氧气，放出二氧化碳，这样会使房间中的氧气减少，二氧化碳增加，对人体健康不利。

教师：那么小王应该怎么做啊？

学生：白天放置绿色植物，晚上拿出室外。

教师：很好。我们来看第二个思考题。在塑料大棚里可以用什么方法使农作物增产？

学生：（学生讨论回答）人工补充二氧化碳，肥水管理，增强光照，夜间适当降温等。

教师：其实在空气中，除了氧气之外，还有一种由氧原子构成的单质，那就是臭氧。

臭氧的形成：$O_2 \xrightarrow{紫外线} 2O$ $O+O_2=O_3$

臭氧的性质：是一种蓝色带腥臭味的气体，有很强的氧化性和不稳定性。

分布：距地面20—35千米的大气平流层，集中了90%的臭氧——臭氧层。

教师：你知道炎热的夏天出门为什么要用防晒霜？

学生：防止紫外线灼伤皮肤。

讨论：臭氧层对人和生物的影响？

计算机模拟表明：大气中的臭氧每减少1%，皮肤癌患者就增加2%，白内障患者增加0.6%；臭氧减少2.5%，每年死于皮肤癌的人数就增加1.5万；臭氧减少10%，海洋中10米深的鱼苗会在15天内死亡，大豆会减产4成。高能紫外线对人的皮肤、眼睛，甚至免疫系统都会造成伤害；会影响水生生物的生长；会破坏植物体内的叶绿素，阻碍农作物和树木的光合作用。而臭氧层就有阻挡和削弱过强的紫外线，对人和生物起保护作用。

教师：你知道臭氧层的现状如何？如图10-2-11所示。

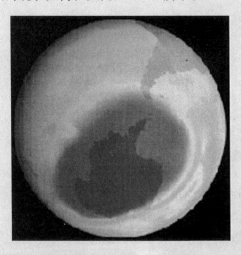

图10-2-11　南极上空臭氧空洞

你知道如图所拍摄的是什么现象？这种现象是怎么产生的，会给地球带来什么后果？

学生：臭氧层正遭受破坏，变薄，并出现臭氧空洞。

臭氧空洞的出现，会直接或间接地影响地球上的人类安全和万物的生长。臭氧层一旦遭受破坏出现空洞，就会使植物和动物的生态链发生变化，失去平衡，可能造成农作物歉收、气候异常、皮肤癌发病率上升以及某些物种灭绝等现象。

教师：臭氧层为什么会有空洞？
学生：阅读书本回答，氯氟烃的破坏。
教师：如何保护臭氧层？
学生：禁止生产和使用含氯氟烃的制冷剂、发泡剂、洗洁剂、喷雾剂等化学物质。
教师：国际上先后于1985年和1987年制定了《维也纳公约》和《蒙特利尔议定书》。我国1989年加入了《维也纳公约》，1991年加入了减少消耗臭氧层物质的《蒙特利尔议定书》。

（七）布置课外活动

布置学生利用课余时间，做书本第68页上的活动，学生根据书上的内容，根据自己已有的材料实验，观察并记录结果。

教学案例设计3：自然界中氧和碳的循环（第二课时）

（一）教学内容

八年级下册第二章第六节——知道自然界中的氧循环。

（二）教材分析

本章节内容主要讲述自然界中氧和碳的循环和转化，以及打破循环给人类所带来的危害，教给学生保护与防治的方法。通过学习本章内容，使学生树立环境保护意识。结合探究活动，培养学生的观察、分析、归纳的能力。

（三）教学目标

1. 知识与技能

（1）了解自然界中的碳循环，从而认识自然界中物质间的循环与转化。
（2）了解温室效应的成因和温室效应的利弊，能列举一些防治温室效应加剧的措施。

2. 过程与方法

（1）通过让学生自己设计并动手实验，发散思维，培养学生的观察、分析、归纳的能力。
（2）通过让学生发表观点，培养学生的语言组织与表达能力。

3. 情感、态度与价值观

（1）通过学生动手实验，激励学生的学习兴趣；
（2）通过了解温室效应的成因和温室效应的利弊，树立环保意识。

（四）重点、难点

重点：自然界中的碳循环。
难点：使学生理解物质间的循环与转化。

（五）教学准备

1. 上次课课后布置学生利用课余时间，做书本第 68 页上的活动，学生根据书上的内容和自己已有的材料进行实验，观察并记录结果。

2. 学生查阅人类大量燃烧煤和石油等燃料所造成的后果。

（六）教学过程

1. 引入

在自然界中，生物不断地进行呼吸，消耗氧气，产生二氧化碳。那么空气中的二氧化碳是否会因此而增加，而氧气是否又会因此而减少呢？

2. 新课讲授——自然界中的碳循环

教师：碳是构成生物的基本元素之一，在自然界中碳主要以单质或化合物存在。我们经常接触到的就是在空气中的二氧化碳。

教师：现在请同学们回忆一下，空气中的二氧化碳由植物通过光合作用之后合成了什么？

学生：有机物（淀粉）。

教师：而植物或动物的呼吸作用，又把有机物分解产生二氧化碳。在这个过程中同学们能画出它们之间的关系吗？

学生：（画图）

【观察与思考】

教师：从图可以看出，碳在自然界中也是可以循环的。那么碳在自然界中除了上述之外，还有哪些途径呢？看课本上第 67 页图，并填好下表。

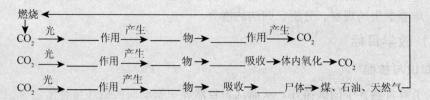

教师：大气中的二氧化碳通过植物光合作用被消耗，又随动植物的呼吸作用、有机物的燃烧以及腐烂分解等过程，源源不断地重新释放出来，结果使大气中的二氧化碳的数量与重新释放出的数量大致相等。大气中二氧化碳稳定的含量对地球上的生物生存提供了良好的条件。这是因为二氧化碳在中层大气的热平衡中起着重要的作用，能对地球产生"温室效应"。

图 10-2-12 植物中的碳循环过程

但是，消耗二氧化碳只有光合作用一个途径，而现代工业迅速发展，人类大量燃烧煤和石油等燃料，这会对碳循环会带来怎样的影响？

学生：二氧化碳越来越多。

教师：大气中二氧化碳的量增加了，从而破坏了碳在自然界的平衡，致使大气"温室效应"增强，从而导致全球气候变暖并引起一系列的后果。展示图片新闻：图瓦卢面临"灭顶之灾"央视国际2004年02月19日11：06。前几年，一部名为《未来水世界》的电影，向人们描述了一个地球被洪水淹没的场面。今天，太平洋上的一个小岛国图瓦卢真的就将面临这样的问题了。根据该国气象部门发出的警告，今明两天，由于新月的影响，该国周围水域将出现罕见大潮，图瓦卢极有可能被海水吞没。图瓦卢由9个环形小珊瑚岛组成，海拔都在4.5米以下。最近几年，随着地球气温的上升，海平面提高，它随时面临被海水吞没的危险。2000年，图瓦卢就遭遇了一次灭顶之灾。当时，该国的海平面上升超过3米，大部分地区都被海水淹没，低洼处的房屋全部没顶。图瓦卢政府曾多次向全世界发出紧急求救信号。并曾经考虑在邻近的国家购买土地，另建一个新的国家。但图瓦卢太穷，拿不出钱来置地，只有举国移民。两年来，已经有3000多人移居到了新西兰，剩下还有9000多人等着搬迁。

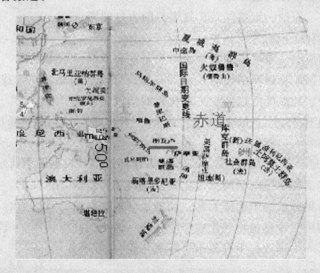

图10-2-13 图瓦卢位置图

【讨论与交流】

教师：二氧化碳气体为什么会产生温室效应？

学生：（68页实验）感受什么是温室效应。

教师：通过你们的实验，得到了什么结论。

学生：盖有玻璃片的杯内的水温度较高。

教师：你们认为是什么原因呢？

学生：（回答）

教师：太阳光透过杯口的玻璃后，会使杯内的地面温度升高，而杯内的水的反射却很少能穿透玻璃，这也就是温室原理。太阳光透过温室的玻璃后，会使室内的地面温度升高，而地面的反射却很少能穿透玻璃，因此温室具有保温作用。许多反季蔬菜也是根据这个原理生产的。假如把这个温室看做是一个巨大的地球,那么玻璃是什么?

学生:二氧化碳。

教师:大气中的二氧化碳具有与温室玻璃相似的作用,对地球起着保温作用,从而产生"温室效应"。温室效应是保证地球上的气温适应动植物生存的必要条件,适宜的温室效应对于人类和各种生物来说是非常有益的。科学研究表明:由于温室效应地球表面的平均温度为15℃,否则将会下降到-18℃。而且,如果大气中二氧化碳和水蒸气的含量保持不变的话,大气表面的温度也将维持恒定。

教师:过强的温室效应会导致怎样的后果?

学生讨论,教师总结。

【分析与论证】

(1)"温室效应"加剧导致地球表面温度上升,因而地球两极冰山和冰川开始融化,会使海平面上升,最终可能会使沿海城市和农田被淹没;

(2)导致全球气候变暖,从而造成生态平衡被破坏;

(3)一些流行病发生和传播。

教师:为什么温室效应会加剧?

学生:(1)煤、石油、天然气等矿物燃料的大量使用;

(2)森林面积的急剧减少。

教师:那我们应该从哪些方面着手来防止温室效应继续恶化呢?

学生:(1)控制矿物燃料的燃烧,合理开发、合理利用燃料,寻找新能源如太阳能、生物能、地热能等以减少二氧化碳的排放。

(2)保护森林、保护植被,禁止乱砍滥伐,植树造林,利用森林涵养水源,调节气温。

(3)控制人口激增等。

如图10-2-14显示了自然界中一个简单的碳循环过程,根据图中所示回答下列问题:

(1)哪些过程消耗了空气中的二氧化碳?(植物的光合作用)

(2)动物如何摄取植物中的碳元素?动物摄取植物制造的有机物时,吸收了碳元素。

(3)哪些过程可使绿色植物转化成二氧化碳?植物的呼吸作用、植物枯枝败叶腐败。

(4)动物在哪一生理过程中释放出了二氧化碳?(呼吸作用)

图10-2-14 牛与草

（七）布置课外活动

设计与制作一个让生物活得更长久的生态球（瓶、缸）。

教学案例设计4：天气与气温

（一）教学内容

八年级上册第二章第二节——联系生活经验，了解天气与气候的概念；学会用仪器测量气温……

（二）教材分析

《天气与气温》是八年级上册第二章的内容，教学安排为一课时。教材中先介绍了天气的概念，这是第二单元的一个序，由于篇幅的关系和分节的需要，紧接着介绍了一个从属于天气的要素——气温，它和后面的其他的天气要素是并列的关系。教材的安排是在学过大气层之后，遵循学生的认知规律，循序渐进，贴近学生的生活实际，并突出探究性学习。天气与人类自然界关系密切，本节加强学生理论联系实际能力的培养，进行家乡的天气预报均反映了天气情况与人们生活密切相关的理念。

（三）教学目标

1. 知识与技能

（1）理解天气的概念，学会区别天气，加强判断、分析的能力。

（2）知道什么是气温，以及测量和度量气温的常用仪器和方法。

（3）了解气温和人们生活以及其他生物的关系。

2. 过程与方法

（1）通过让学生上台汇报天气，加深学生对天气组成要素的掌握。

（2）通过观看表示天气的符号，让学生能识别常用天气符号，能看懂简单的天气图。

3. 情感、态度与价值观

（1）能用实例说明天气对自然界的影响及气温与人们的生活和其他生物的关系。

（2）了解人类活动对大气环境的负面影响及保护大气环境的重要性，加强学生协调发展的意识，使学生学会关注环境、关注环境与人类的密切关系。

（四）重点、难点

1. 重点

气温的观测，学会测量气温。

2. 难点

学会测量气温。

（五）教学准备

1. 一周前，布置学生参考课本第54页，利用身边材料制作百叶箱并完成活动。

2. 上节课课后，布置任务，让学生从报纸或电视上查看天气预报，记录天气预报中涉及的方面并收集天气与生活关系的相关资料。

（六）教学过程

1. 引入

我们生活在大气的对流层，强烈的大气对流运动，使得这一层中有非常复杂的千变万化的天气现象。对天气一词，大家很熟悉，在古时候，在人们还不是很了解大气的时候，经过长期的观察发现在天气变化前夕，某些动物有特定的反应，如：雷雨前燕子低飞，蚂蚁搬家等。天空云状以及其他方面也会发生变化。例如天气谚语："河里鱼打花，大雨就要下。""泥鳅跳，风雨兆；泥鳅静，天气晴。""盐出水，铁出汗，雨水不久见。""朝霞不出门，晚霞行千里。"这大概就是人类最早的天气预报了。

2. 新课讲授——天气与气温

教师：同学们说说，你怎么来描述今天的天气？那么平时天气预报又是怎么来描述的呢？天气预报包括哪些内容？

学生：气温、有否下雨、风力、风向、打雷等。

教师：天气中涉及的主要要素有气温、气压、风、湿度、降水等，那么据你们的观察，天气预报通常会播报多长时间内的情况呢？

学生：三天、一个星期等等。

教师：有没有哪个气象站是可以报出未来一个月或者几个月甚至一年的呢？

学生：没有或没看过。

教师：是的，由于大气的变化十分复杂，要准确的预测未来较长时间的天气是比较难的。短时间内近地面的大气温度、湿度、气压等要素的综合状况称为天气（着重强调天气是短时间内的），而跟这些要素有关的现象叫做天气现象。

教师：许多动物的行为与天气的变化有密切的关系。你能举例吗？

学生："河里鱼打花，大雨就要下。""泥鳅跳，风雨兆；泥鳅静，天气晴。"

教师：能不能说"近几年，我们地区的天气都很好，冬暖夏凉的"？

天气是一直在变化的，不可能都不变，只能反映短时间内大气状况，冬暖夏凉是一个气候特点，气候和天气是不同的，气候是一个地区多年的平均天气状况及特征，应引导学生举例说明以下三个方面。

第一是"短时间"，可从某一时刻、一天、几天等不同的时间尺度举例说明。某一时刻如"现在正在下雨"，一天如"今天很闷热"，几天如"这几天阴雨连绵"。

第二是同一时刻不同地方的天气不同，如"东边日出西边雨"、"十里不同天"等。

第三是同一地方不同时刻的天气有变化，如夏天暴雨前后的天气变化、冬天寒潮前后的天气变化等。

【分析与论证】

1. 大气冷热、干湿运动等状况天气是一个地方短时间内的。
2. 天气是变化无常的，是对某个地方短时期内大气综合状况的描述。
3. 描述天气可以从气温、气压、降水、风和湿度等方面进行。

【讨论与交流】

下列词语中，哪些是描述天气的？

学生：阴转多云——天气；冬暖夏凉——气候；晴空万里——天气；秋高气爽——气候；和风细雨——天气；终年炎热——气候；雷电交加——天气。

教师：演示几张关于天气的图片，让学生根据天气要素，描述该图片的天气。

学生：根据天气要素，对天气进行描述，个别学生上台报告。（学生活动）

教师：播放生活中的图片，真实再现生活中的情境。（台风、暴雨的灾害图片）

学生：根据生活中的经验和课下搜集到的资料，小组合作，探讨天气与生活的关系。

（七）测量气温工具的探究

【讨论与交流】

教师：天气与人类生活、工农业生产密切相关，人类如要搞好生产就必须事先知道天气的变化，这样就产生了——天气预报。在天气预报中，经常提到气温，空气的温度就称为气温，它告诉我们当地的冷热程度。测量气温的工具是什么？

学生：温度计。

教师：对，测量气温的工具就是温度计，我国常用的气温度量单位是摄氏度（°C）。我们常说的今天温度多少度，说的就是摄氏度。温度计是利用液体的热胀冷缩的原理制成的，温度升高时液体膨胀，我们日常使用的是普通温度计，而在气象台使用的是两种不同的温度计，一是最高温度计，一是最低温度计，它们的区别就在于所使用的材料。

（1）最高温度计

专门用来测定某一时段间隔内（通常为一天）最高温度的仪器。温度计的构造与普通温度表基本相同，但在水银球颈部插入一小玻璃管，或将管口紧缩。当温度升高时，水银膨胀，越过狭小颈部而上升，但温度下降时，球部水银收缩，因颈部狭小，管内水银不能随之降入球部，水银柱遂在颈部处中断而留于管内，故水银柱顶端所示的温度即为此一时段间隔内出现的最高温度。最高温度计置于百叶箱内木架上，水平横置，球部在左，顶端在右。

（2）最低温度计

专门用来测定某一时段间隔内（通常为一天）最低温度的仪器。最低温度计为酒精温度计，在最低温度计酒精柱内，置一黑色指标，为一长约 2 厘米的两端呈球状的玻璃棒。当温度下降时，酒精收缩，因酒精柱顶的表面张力作用，指标随之移动，即向酒精球部后退，当温度上升时，酒精柱上升，而指标因无外力推动仍留原处，故指标离酒精球较远的一端为表示在某一时段间隔内的最低温度。最低温度计置于百叶箱内木架上，水平横置，球部在左，顶端在右。

现在请同学们思考一下，气象台为什么要测量最高和最低温度？

学生：气温每时每刻都在变化，不可能每一刻的温度都要记录报道，只报最高和最低温度就可以让人们了解到今天的气温如何。

【猜想与假设】

教师：一天中的气温是在不断变化的。根据你们的生活经验，说说一天中气温最高值和最低值大概出现在什么时候？

学生：最高值出现在中午，最低值出现在晚上。

教师：如果让你们用温度计来测量最高温度和最低温度，结合你们参观气象台后的心得体会，你们所设计的实验是怎样的？要注意哪些问题？

261

【制订计划、设计实验】

学生：要测量最高和最低温度，所用的温度计不同，所以要选用对应的温度计。还有温度计应该平放，以免受重力影响，使结果失真。气象台是把温度计放在一个白色的百叶箱内，可以避免其他因素的影响。因此在实验中应该设置对照组，验证其他因素是否影响结果。设计实验如下：

器材：纸皮箱等可以制作百叶箱的物品、四支温度计、其他一些制作工具等。

设计对照组，测量百叶箱内的最高和最低温度以及百叶箱外的最高最低温度。记录上午、中午、下午、晚上的各个温度，对观察的数据进行整理比较，得出结论。

【讨论与交流】

（1）最高温度计与最低温度计是否属同种温度计？

（2）温度计应该平放还是竖放，为什么？

（3）百叶箱内外的温度差别说明了什么？气象站把温度计放在百叶箱的原因？

（4）一天中气温最高和最低出现在什么时候？

学生各自发表看法，比较实验方案的优劣。

教师：气温对动物和人类生活有着非常密切的关系，某些特殊的天气会打破空气中正负离子的平衡，引起人们情绪上的波动，产生难以自控的行为；气温高于18℃，人脑思维敏捷，35℃以上，人脑会感到疲劳；温度太低，人脑虽清醒，但工作效率不高；人们的心情与天气也有关。晴天心情好，阴雨天心情不好，主要光线的关系影响到人体内一些激素的分泌量，导致人出现情绪波动。

【分析与论证】

人体周围的热环境影响人体的舒适程度。人体皮肤每平方厘米有10个冷觉和热觉感受器，能感受0.003℃的皮肤温度变化，进而促使人体体液平衡，并使肝功能和食物消化吸收等生理代谢发生变化。如寒冷（炎热）时，血红蛋白含量升高（降低）、白蛋白含量低（高）、丙种球蛋白含量高（低）、甲状腺活动强烈（迟缓）；天气转冷（暖）时，肾上腺活动减弱（增强）。正是这种随着周围热环境变化而进行的人体生理功能调节，使得人体能够与周围环境之间保持热平衡，以维持恒定的体温。

（七）布置课后作业

完成课本第55页的讨论。

教学案例设计5：空 气

（一）教学内容

八年级下册第二章第一节——说出空气的主要成分。

（二）教材分析

本节课的主要任务是了解气体体积分数和空气的作用，既是前部分知识的初步综合提高，又是以后进一步学习氧气的基础，必须落实好本节课的教学任务，激发学生的学习兴趣，拥有更好的学习动机。

（三）教学方法

演示法、小组讨论、合作学习法、科学猜想法，引导学生根据已有知识发挥合理想象，放飞学生的科学思维。

（四）教学目标

1. 知识与技能

（1）认识身边最常见的物质——空气，并了解空气的组成；

（2）能从生活经验出发，对空气的成分进行合理的推测，并能利用教师提供的简单仪器和药品，对空气的成分进行科学的探究。

2. 过程与方法

（1）认识科学探究的意义和基本方法，在进行"空气中氧气含量测定实验"的探究过程中，能提出问题，并设计简单实验解决问题；

（2）初步学会用观察、实验的方法获取信息，并从实验信息中得出科学的结论；

（3）在探究过程中，能主动与人交流、讨论，清晰地表达自己的观点，逐步形成良好的学习习惯和科学的学习方法。

3. 情感、态度与价值观

（1）保持对生活和自然界中科学现象的好奇心和强烈的探索欲，进一步发展对科学学习的兴趣；

（2）初步树立科学的物质观，科学的看待科学家的实验过程及结论；

（3）发展善于合作、勤于思考、勇于实践的科学精神。

（五）重点、难点

1. 重点

空气的组成，空气中氧气含量的测定，空气的作用。

2. 难点

通过实验探究空气的组成、空气中氧气的体积分数。

（六）教学准备

上次课课后，布置任务，让学生收集空气作用的相关资料，以便课堂讨论。

两个学生一组：带橡皮塞集气瓶2个、烧杯若干、燃烧匙1个、红磷、木炭、石灰水、无水硫酸铜粉末、表面皿、冰块、火柴、大针筒、纯氧气一瓶、铁夹及导管若干。

（七）教学过程

1. 引入

展示谜语。

教师：看不见，摸不着，不香不臭没味道，说它宝贵到处有，动物植物离不了——猜一物质。

说个宝，道个宝，万物生存离不了，生你身边看不见，越往高处它越少——猜一物质。

学生：（讨论，得出结论是空气）

2. 新课讲授

【提出问题】

教师：空气概念的科学定义：空气是一种没有颜色、没有气味、没有味道的透明气体。

空气确实存在于我们的周围，我们可以借助其他物体感觉到空气的存在；空气要占据空间，空气会流动。人们每时每刻都能感受到空气，空气占有一定的空间，真实地存在于我们的周围。我们如何举例证明存在空气。

学生1：用自己的已有知识和生活经验，提出能证明空气存在的例子。如：酒瓶倒扣在水中，水很难进入瓶子里，说明瓶中有空气。

学生2：学校操场上的国旗飘扬，说明空气流动形成风吹起了飘扬的国旗。

学生3：学生反过来思维，如果没有空气的话，生物体处在真空的环境，会膨胀瓦解。

学生4：蜡烛燃烧产生的气体跑到哪里去呢？这些跑走的气体可以组成空气的成分，也就是说空气是有来源的。

学生5：在月亮上没有空气不能听到声音，而我们在地球上能听到声音，说明我们地球上有空气。

学生6：拿个塑料袋在空间兜一下，用手挤压塑料袋，就能感觉到空气的存在。

学生7：电解水的实验中两边的玻璃管上有气体产生，产生的气体把水给排开了。

【猜想与假设】

教师：从许多例子我们可以知道，空气是确实存在的，那么请同学们想想，空气是一种单一的物质呢？还是由许多物质构成的？

学生1：单一物质。

教师：我们呼吸时，从空气中吸入了什么，呼出了什么物质呢？从侧面反映了什么？

学生2：我们吸入氧气，呼出二氧化碳。说明空气中至少有氧气和二氧化碳两种物质。

学生3：多种物质构成。

教师：如果是多种物质，那它包括哪些呢？

学生4：包括氧气、二氧化碳、水蒸气（降雨得出）等。

【制订计划、设计实验】

教师：怎么知道空气中存在氧气、二氧化碳以及水蒸气呢？我们的教材分别采用三个实验来证明空气中存在 CO_2、O_2 和水蒸气。

课本34页，在实验过程中观察记录。

(1) 如课本图2-1上的装置，用大针筒向石灰水中鼓入空气，石灰水是否变浑浊？变浑浊的速度怎么样？这说明空气中含有_____。含量较____（多/少）。

比较用嘴向石灰水中吹气，使石灰水变浑浊的速度，合理的解释是什么？

(2) 把一根燃着的木条放入一瓶纯氧气中。木条是否继续燃烧？木条是否燃烧得更旺盛？空气中含有什么？比较木条在空气中燃烧的现象与在氧气中燃烧的现象，合理的解释是什么？

(3) 把一滴水滴在无水硫酸铜粉末上。无水硫酸铜的颜色是否变化？把一些碎冰放进一个干燥的烧杯里,用表面皿盖在烧杯口上。过一会儿,在表面皿里加一些无水硫酸铜,你有什么发现?出现这一现象的原因是什么?

【讨论与交流】

学生:分组讨论、交流,比较各种方案的优缺点,想办法进行实验,对实验的现象加以描述,并做出结论。

【分析与论证】

第一实验是用大针筒把空气挤入石灰水中,石灰水变浑浊,说明空气中有二氧化碳。实际上由于空气中二氧化碳浓度不高,这个实验是很难看到明显的现象。针对第一个空气中存在二氧化碳气体的证明方法。让学生思考证明空气中存在二氧化碳是否还有其他方法?

(1) 打开啤酒瓶,瓶口有很多泡沫,这是酒瓶中含有二氧化碳气体的缘故。这种气体来自空气。

(2) 学生说我看过科普作品,描述进入某些山洞时,处在低矮处的狗有可能会死亡,原因是二氧化碳气体比空气重,二氧化碳又不能支持呼吸,所以狗会窒息而死的。

(3) 学生用嘴吹盛有石灰水的试管,石灰水变浑浊,人的呼吸能产生二氧化碳,二氧化碳被排放到空气中间接证明了空气中存在二氧化碳,石灰水变浑浊说明了二氧化碳具有这样的化学性质。

第二个实验是把木条放在氧气瓶中燃烧和放在空气中燃烧,然后比较两者不同的实验现象。在空气中燃烧不旺说明氧气被其他气体稀释了,这个实验很好做,能够说明问题。从这里可以知道,氧气有助燃性。

第三个实验,受天气的影响较大,白色干燥的无水硫酸铜粉末放在表面皿上,然后再把它放在盛有冰块的烧杯中。如果看到白色的硫酸铜粉末变为蓝色的晶体,能说明空气中有水蒸气。如果天气很干燥,蓝色的晶体在45分钟后还是很难用肉眼看出来。如果天气潮湿一些,这个实验的效果才会好一些。

针对第三个问题空气中是否有水蒸气?用生活例子说明。

【讨论与交流】

(1) 吃冰棍的时候,会看到冰棍周边有一些白色的烟雾,它的原理就是冰棍的温度低,周围的水蒸气遇冷液化了,产生出白色的烟雾。这说明空气中有水蒸气。

(2) 天会下起雨飘起雪来,这是空气中的水蒸气遇冷凝结的结果。

【分析与论证】

教师:空气中含有氧气、二氧化碳、水蒸气等多种物质。空气中还有其他成分吗?介绍人类认识空气的过程。

长期以来,人们把空气看做一种单一的物质,后来法国化学家拉瓦锡通过实验首先得出了空气是由氮气和氧气组成的结论。

教师:空气是一种重要的天然资源,在人们的生产和生活中有着广泛的用途。

现在请同学们根据自己收集来的资料,用第一人称说说空气各成分的用途,并完成以下练习。

(1) 根据氧气的用途,请你尽可能多地写出氧气应用的实例:

① 氧气可以供给呼吸:

② 氧气能帮助燃烧：_____

(2) 氮元素是构成生物体（蛋白质）的主要元素。

(3) 由氮元素组成的单质（氮气），它是一种（无）色，（无）味，性质（较不活泼）的气体。

(4) 连线题

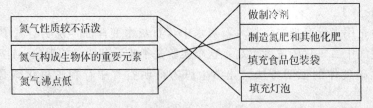

(5) 固态二氧化碳俗称（干冰），可做（制冷剂），还可以用于人工降雨。

(6) 二氧化碳是一种化工原料，可用于制（纯碱）、（尿素）和（汽水）等。

(7) 稀有气体曾经叫（惰性气体），是因为他们的化学性质（不活泼），常常用作（保护气）。

(8) 稀有气体不是一种单一的气体，包括（氦气）、（氖气）、（氩气）、（氪气）、（氙气）等气体。

(9) 稀有气体在通电时能发出各种不同颜色的光，可制成各种用途的电光源，如（航标灯）、（闪光灯）、（霓虹灯）、（人造小太阳）等。

（八）布置课外活动（二者选一）

1. 讨论二氧化碳对生物有哪些影响？温室效应的形成原因和危害。避免温室效应，我们能做什么？如果大气中缺少了二氧化碳，地球可能会怎么样？将其做成书面报告上交。

2. 针对不用红磷，改为蜡烛燃烧行不行这一问题，利用身边的材料，设计一个实验验证，思考并解释原因，将其做成书面报告上交。

第三节　科学课程课外探究活动设计

科学探究的具体设计应该力求突出科学素养，体现学生的主体作用，符合学生的心理特点，从学生身边熟悉的事物出发，为学生所喜爱，并让学生参与科学探究活动的开发；要围绕各领域的具体内容目标设计各种形式的探究活动，要注意不同领域的特点，在要求上各有侧重，相互补充，从而在科学方法与能力上给学生以比较全面的训练。

课外探究活动能有效调动学生思维，学生通过小型的和非课堂的形式，在轻松的课外环境下，按照自己的兴趣，经历充分的科学探究后，不但知识有所丰富，实验技能有所提高，同时科学思维得到锻炼，科学品质得到培养。学生会利用已有知识推测新知识，会根据新知识进行运用和归纳，会合理设计实验方案，会分析反思等等。学生以任务（活动主题和任务不宜大）为驱动力，以分组合作互助的方式进行活动，既发挥个人特长又培养合作意识，教学组织易于到位。

活动案例设计1：制作地质年代表

（一）活动地点

家里或教室。

（二）课标相关内容

从宇宙的起源与演化、恒星的演化、地球的演化、生命的起源与演化中领悟人与自然的关系。

（三）活动过程

1. 布置任务

有兴趣的同学，自愿组成课外活动小组，组员分工合作，选择某一地质年代，上网搜索或阅读相关文献资料，了解并记录各地质年代的名称、距今年代以及主要的构造运动和动植物（附有图片）。

2. 成果汇报

各小组按地质演化的过程将所收集的资料整合，并选出代表进行汇报。

3. 成果展示

通过汇报，各小组补充各自不足，并将资料制作成表，选出制作精美且内容丰富的地质年代表贴在学习栏上面展示，以供学生学习。

活动案例设计2：设计与制作一个让生物活得更长久的生态球（瓶、缸）

（一）活动地点

学校实验室或者科技馆。

（二）课标相关内容

知道自然界中的氧循环，知道自然界中的碳循环。

（三）活动目的

1. 设计一个生态球/瓶/缸，建立一个长久稳定的微型生态系统，观察和记录其中各种生物的生存状况；
2. 初步学会观察生态系统稳定性的方法，理解影响生态系统稳定性的各种因素；
3. 理解物种之间、生物与环境之间密不可分的牵连关系。

（四）活动过程

【提出问题】

把一定量的水、一条小鱼、水草密封在一透明玻璃球内制成"生态球"，球内的小鱼能生存很长一段时间。这是什么原因呢？怎样才能让生态球里的生物生活得更长久？

【猜想与假设】

了解生态球是一个封闭的微型世界，是一个简化的地球生态循环系统。其环境可支持球内动植物的生存，因此也称"瓶中生物圈"。虽然物质因封闭而进出受限，但热能开放，仍允许光与热的出入。理论上讲，生态球应能自给自足。不论是碳、氮、氧或其他物质的循环，一旦密封后，动、植物便可无限期地存活在其中。根据生态球的原理，猜想生物要生活更长久需要哪些条件，并设计实验，检验结果。

【设计实验】

1. 生态球及其设计

（1）湿式生态球

湿式生态球/瓶/缸即是在玻璃容器中以水、水生植物、水生动物和微生物为基本组成的生态系统。一般湿式生态系统要求生物成员越简单越容易维持。在动物的选取上以软体动物、甲壳动物及鱼类较为合适。

（2）干式生态球

干式生态球/瓶/缸也是在玻璃容器中以土壤、陆生植物、陆生动物和微生物为基本组成的生态系统。一般干式生态系统也要求生物成员越简单越容易维持。在动物的选取上以环节动物、软体动物、节肢动物较为合适。

生态球/瓶/缸是一个有限的空间，应根据生态系统的原理，将生态系统具有的基本成分进行组织，其内应同时包括生产者、消费者和分解者，在这样构建适宜的生物群落与非生物环境之间，形成了合理的物质循环和能量流动。因此，该生态系统能够保持较长时间的相对稳定，并具有一定的自动调节能力。

2. 生态球的制作

（1）生态球/瓶必须是密封的，不能添加食物和气体，唯一可进入系统的只有光线，整个系统也是靠光线作能量推动的。在这个生态系统中，除了可见的动物、植物外，水中还有浮游动物、浮游植物和微生物，而且还溶解有各类矿质元素。

（2）生态球/瓶/缸必须是无色透明的，既有利于植物采光，又便于学生进行观察。

（3）生态球/瓶/缸中的生物应具有较强的生命力。

（4）要特别注意各营养级生物的合适比例，以能够形成食物链为原则。投放的动物数量宜小且少，要考虑生产者的能力，以免破坏食物链。

（5）要设计实验对照组。在水质、植物数量、动物数量、基质类型、见光与否等项目上设计多种对照实验。最终找出较好的设计方案。

【进行实验】

1. 实验材料

容器：容积最好是大于500mL，直径最好大于10cm的无色透明塑料瓶（或玻璃瓶）。

植物：水草（茨藻、金鱼草、黑藻、轮藻、水绵、浮萍）。

动物：鱼类（孔雀鱼、斑马鱼、太阳鱼、红十字鱼等）、虾类（米虾）、贝类（椎实螺、田螺等）、浮游生物及微生物。

水源：海水/淡水（河水、井水、矿泉水、自来水均可）。

水量：放入容器容积2/3～4/5的水量。

其他：水草砂（铺垫1cm厚）、珊瑚、电光源、温度计、pH计、凡士林、标签纸。

2. 日常管理

容器：保持外面清洁。

放置：阳光虽然对水草生长有帮助，但也极易造成藻类的蔓延；同时虾类也怕热。在春夏秋季，每日斜射（散射）4～6小时为宜，冬季可延长至12小时。在整个实验过程中，不要随意变动生态球/瓶的摆放位置。

温度：14～28℃范围内均可，能稳定在20～25℃范围内则更好。要避免温度突变。

3. 观察记录

观察和记录其中各种生物的生存状况，记录每个生态球所维持的时间。

【分析与论证】

分析、处理观察实验的结果，与猜想和假设进行比较，作出解释。

【交流与评估】

各小组书写书面报告，并由老师组织交流。

活动案例设计3：参观气象站

（一）活动地点

当地气象台。

（二）课标相关内容

了解天气预报的制作过程，知道测量天气的各种仪器的使用。

（三）活动目的

参观气象站活动的主要目的在于激发学生学科学、用科学的兴趣和热情，培养学生的观察能力、实践能力、综合分析问题的能力，气象站的工作过程涉及的科学原理是教材内容直观生动地呈现在学生面前，对学生所学知识的理解起到深化和活化的作用。对学生今后的发展极为有利，也与科学课程科学素养教育的目标相吻合。

（四）活动要求

1. 通读八年级上册第二章的内容，将希望了解的内容记录下来，以便在参观过程中有重点的询问了解。

2. 重点观察百叶箱，了解百叶箱测气温的原理，包括最高温度、最低温度。

（五）活动过程

1. 活动顺序

在气象台负责人员的安排下，同学们参观了气象台的科普基地、天气预报制作中心、早期气象观测工具展室等，并亲身体验了测量气温、降水、地温、蒸发量、风向、风力等相关气象数据的方法。

2. 活动内容

考察百叶箱。百叶箱里面有四根温度计，最下面的一是今日最低温度，上面一根是今日最高温度，两根竖的分别是干球温度和湿球温度。这里湿度的测量用的是毛发湿度计。

讨论与交流1：为什么头发可以测湿度呢？

原来头发是由纤维组织构成的，上面有许多毛细孔。头发这种特殊结构，对空气的湿度很敏感。当空气的湿度大时，头发毛细孔内的水分就会增加，使头发伸长；当空气湿度减少时，头发毛细孔内的水分就会减少，使头发产生收缩，就会变短。将头发一端固定，另一端绑在指针上，就可以做成湿度计来了解大气的湿度了。

考察蒸发器，是测量器皿中水的蒸发量的，猜猜看：为什么在蒸发器上安装丝网呢？

考察氢气球，"气球的下方拴了一个观测仪，随着气球不断升空，不同高度的气象信息通过观测仪观测到了，这时地面上要不停地转动雷达，保证对气球准确无误地跟踪，同时要进行每分钟一次的数据记录，等到气球上升到一定高度爆炸时，观测员要把接收到的数据及时地输入计算机，编报、发报。"

讨论与交流2：为什么温度计可以测量温度？

温度计是利用液体的热胀冷缩的原理制成的，最高温度计，最低温度计的区别就在于它们用的材料。像我们平常用的都是水银温度计，不过你要测量的是很低的温度就不可以了，因为温度过低水银就可能凝固了，所以低温时，我们就用煤油温度计。

最高温度计：专门用来测定某一时段间隔内（通常为一天）最高温度的仪器。温度计的构造与普通温度表基本相同，但在水银球颈部插入一小玻璃管，或将管口紧缩。当温度升高时，水银膨胀，越过狭小的颈部而上升，但温度下降时，球部水银收缩，因颈部狭小，管内的水银不能随之降入球部，水银柱遂在颈部处中断而留于管内，故水银柱顶端所示的温度即为此一时段间隔内出现的最高温度。最高温度计置于百叶箱内木架上，水平横置，球部在左，顶端在右。

最低温度计：专门用来测定某一时段间隔内（通常为一天）最低温度的仪器。最低温度计为酒精温度计，在最低温度计酒精柱内，置一黑色指标，为一长约2厘米的两端呈球状的玻璃棒。当温度下降时，酒精收缩，因酒精柱顶的表面张力作用，指标随之移动，即向酒精球部后退，当温度上升时，酒精柱上升，而指标因无外力推动仍留原处，故指标离酒精球较远的一端为表示在某一时段间隔内的最低温度。最低温度计置于百叶箱内木架上，水平横置，球部在左，顶端在右。

3. 了解天气预报制作的一般过程

（1）各个气象站按照世界统一的观测规范，在同一时间进行气象观测，获取各种气象情报；

（2）通过卫星地面站，接受气象卫星发送的各种气象数据；

（3）利用电子计算机对源源不断传来的气象情报资料进行加工处理，制作成各种天气图表；

（4）天气预报员就像医生会诊一样，对各种天气图表进行分析和判断，得出预报结论；

（5）制作电视天气预报节目。

4. 成果汇报或展示

以小组为单位，书写书面报告，并由老师组织交流。

活动案例设计 4：制作百叶箱，并利用百叶箱测量温度

（一）活动地点

户外。

（二）课标相关内容

学会用仪器测量气温。

（三）活动目的

1. 学生通过参观气象台，对百叶箱测气温有了大概的了解，利用学生已有的知识，让学生动手将知识运用与实践，深化及活化知识。

2. 通过实验，说明温度计放在百叶箱中的原因。

（四）活动过程

器材：纸皮箱等可以制作百叶箱的物品、四支温度计、其他一些制作工具等。

（五）活动内容

1. 活动顺序

（1）设计对照组，测量百叶箱内的最高和最低温度以及百叶箱外的最高最低温度。

（2）记录上午、中午、下午、晚上的各个温度，对观察的数据进行整理比较，得出结论。

2. 思考与讨论

（1）最高温度计与最低温度计是否属同种温度计？

（2）温度计该平放还是竖放，为什么？

（3）百叶箱内外的温度差别说明了什么？气象站把温度计放在百叶箱的原因。

（4）一天中气温最高和最低出现在什么时候？

3. 成果汇报或展示

将实验结果与思考得出的内容做成书面报告，以作业形式上交。

活动案例设计 5："我"是空气中的一分子——"我"的用途

（一）活动地点

家里或教室。

（二）课标相关内容

说出空气的主要成分。

（三）活动过程

1. 布置任务

有兴趣的同学，自愿组成课外活动小组，查阅资料，收集空气利用的相关资料。并选

择其中一种成分，以第一人称写成书面稿。

2. 成果汇报

（1）各小组完成书面报告，并由老师组织交流。

（2）交流展示：各小组推选 2—3 名同学发言。

（3）示例：同学们，你们好，我是氮气，你知道我有什么用吗？灯泡中如果充入了氮气，我可以减缓灯泡的氧化，延长它的使用寿命。食品中如果充入了氮气，可以防腐保鲜。我的功劳还很大了，医疗上常用液态的氮来冷冻或麻醉人体组织细胞，另外我还是制造炸药、制造化肥的重要原料。

你想知道其中的许多奥妙是怎么回事吗？……

（四）活动评价

学生把自己当成空气中的某种成分，利用当代先进的网络信息资源，用第一人称拟人化的方法介绍自己的方方面面，让人感到亲切，富有感染力。从而可以有效提高学生学习科学课程的兴趣，进而有效提高学生科学素养和实践能力。

思考与练习

1. 举例（知识点）分析研究：初中科学课程的统一性、综合以及整合之间的关系。
2. 教育调查：学校和家长对科学课程的支持度。
3. 教育调查：科学课程对教师专业技能和知识结构的发展度和提高度。
4. 如何解决"科学课程教材明显的拼凑痕迹"？
5. 如何化解"初中科学课程与高中课程难接轨"的问题？
6. 查阅资料，尝试进行"物理—化学—地理"的统一性课堂教学案例和活动课案例的设计。
7. 如何发挥科学课程课外教学活动的优势？

第十一章 科学课程统一性及探究研究的案例设计

本章根据我国目前基础教育模式的现状及其特点,进一步分析科学课程实施中出现的主要问题,继续从科学课程统一性的角度,探讨如何进行教学内容和课程结构的整合,并且突出科学课程开展科学探究的教学模式特点,从统一性和探究性两个方面探讨科学课程的课堂教学和课外活动的教学实践问题。

第一节 科学课程需要进一步重视的问题

科学课程的改革从20世纪80年代末期开始呈现第三次浪潮,科学教育界对综合科学课程的认识逐渐深化,综合化已由学科之间的综合发展变为一种科学课程理念,建立在分科课程基础上的传统的综合科学课程已经不是国际科学教育界关注的焦点,建立在统一性基础上的科学课程开始发展,这就是现代综合科学课程的形态。英国的国家课程中的科学和20世纪90年代以来许多国家和地区的科学课程标准都是这种形态的具体体现。现代综合科学课程的产生和发展代表着第三次科学课程改革的发展趋势。

一、科学课程实施过程中的主要问题

(一) 观念问题

虽然科学课程在国际上已被公认是一门能提高学生科学素养的学科,几乎所有发达国家都开设了科学课程,但在我国对为什么要开设科学课程,许多教育行政部门的领导和教师还不能理解。有的认为科学课程只是将几门学科并起来教而已;有的则认为科学课程会降低教学质量,影响学生的中考成绩;还有的认为教育部既然将科学课程和分科的课程标准同时实施,当然不选教学难度较大的科学课程……像这些人都对开设科学课程的意义认识不足,甚至抱怀疑或否定的态度。在这些观念的影响下,在实验区开设科学课程时受到了一些教育行政部门领导和教师的反对。这也是我国到目前为止科学课程还没有完全推广实施的主要原因。

教师的观念、知识仍有不适应综合课程教学之处。例如,在处理学生探究的问题上,教师仍放不开手脚,一方面仍习惯于扮演全知全能的角色,对学生的问题必须要给出"正确答案";另一方面课堂上固守教案,错过鼓励学生探究的良机。教师教学观的滞后,表现出的仍然是知识从老师流向学生的单向模式,而不是老师辅助学生建构的探究模式。另外,教师的知识结构也仍不能完全适应综合课程的教学,对于不熟悉的学科知识不敢讲,不敢答,更谈不上实施课程内容的整合了。

（二）对综合课程存在误解或不了解

学校和教师对综合课程存在误解，认为实施综合课程是否定以往基础教育取得的成绩；综合课程内容没有体系，会造成学生掌握知识的不足、不牢等。此次课程改革在初中阶段设置了分科和综合两套方案，两套方案蕴涵着许多相同的理念，如致力于学生的主动、全面发展等，同时还有各自的特点和优势。如若论知识的系统性，综合课程不如分科课程，若论体现各学科知识的联系与运用，则分科课程不如综合课程。可见，此两套方案并无绝对的谁优谁劣之分，以分科之长比综合之短，结论是难以服人的。两套方案的设置本身就表明了不是要用一个去取代另一个，各学校完全可以在两套方案中各取所需，选择哪一个要视学校的具体条件及学校侧重的培养目标而定。此外，有相当一部分家长不了解综合课程，这也不利于综合课程的实施。

（三）教师的课程实施取向仍以忠实取向为主，缺乏适当的调适

综合课程教师对详尽清楚的课程标准和教参仍有很强的依赖心理。例如，在如何处理教学进度这个问题上，课标为使教师可以根据具体情况灵活掌握教学进度，没有像以往那样十分详细的规定每节内容、多少课时等，目的是避免束缚教师的手脚，还教师作为专业人员的专业自主性。然而考察中反映出的情况是，教师仍然在期待课标或教参对教学进度能有一个明确的规定，一旦课标、教参没有给出这样的规定，教师们便非常不安，生怕落下进度。有的教师甚至把科学课的有些内容讲到了相应的分科课程中初三时的水平；有的教师表现出了对课程进行调适的愿望，但却由于考试情况尚不明朗而不敢调适；还有的教师根本没有调适的打算，只是抱怨教科书不好用。这些都反映出综合课程教师在课程实施取向上仍是以忠实的取向为主。

（四）课程资源不足

向全国各地实验区介绍科学课程时，绝大部分的实验区领导和教师都认为科学课程在我国实施条件还不成熟，不愿开设。即使在选用科学课程的实验区，也有许多教师有异议，如在深圳实验区召开教师座谈会时，就有一些教师提出了反对的意见，还有一些家长甚至向政协提案要求换分科教材，致使实施过程中出现了种种阻力。

教科书单一，不能满足不同学校的需要。综合课程的教科书中内容的组织和编排，存在着不适合学生和地区具体情况的现象，甚至某些内容脱离学生实际，难度偏大。其中一些内容，在地处城乡结合部的学校的师生看来是颇为遥远的东西。虽然这可通过教师在课程实施中做一定的调适来解决，但调适需要广泛开发课程资源来配合。

实施综合课程的学校普遍存在条件性课程资源缺乏的情况。具体表现在没有适合综合课程教学用的实验室，教学所需教具不足等。教师四处去借罗盘或买教学中要用到的橡皮泥等固然表现出教师的敬业，但从另一角度看也说明了课程资源不足。教师们本可以把这些时间更好地用到教学设计上。此外，课程资源开发还没有得到足够的重视。学校没有尝试与校外机构、人员建立合作关系，使许多社会资源得不到充分的利用。这些都使综合课程开放性的特点大打折扣。同时，这也是造成教师感觉工作压力大的一个重要原因之一。

（五）师资问题

几乎所有的理科教师对从事科学课程教学都会感到不适应，也没有相应的积极性。其主要原因：一是由于现行的师范院校开设的是分科专业，理科教师都毕业于大学的某个学

科的专业，且我国长期实施分科教学，因此，他们在实施科学课程时，往往会感到缺乏相关的专业知识，教学时感到力不从心，而且许多分科教学中十分优秀的教师也会感到很难胜任；二是从事科学课程教学，工作量会大大超过分科教学，而大多数学校在政策上不给予相应的倾斜，大多数教师都觉得很难搞好科学课程教学；三是科学课程的教学工作有一定的难度，投入的工作量大，但业绩却难以体现，没有相应的学科专业职称，评职称时也没有优惠的政策，导致教师从事科学课程教学的积极性不高。

由于广大理科教师不适应科学课程教学，教师培训工作就显得十分重要，科学课程教师的培训主要包括两个方面：一是教材培训，即根据实验区所使用的教材进行培训；二是学科培训，即对科学课程进行非本专业的学科进行培训，是种时间较长、内容较广的培训。这两方面的培训都需要大量的人力和资金的投入，这给出版社和实验区的教育行政部门增加了较大的压力。如果没有教育部和地方行政部门的有力支持，科学课程的培训将难以为继。

培训内容以课程改革的背景、理念和目标以及教育观念的转变为主，培训的效果主要也体现在这些方面，但教师在培训后，仍不太理解本课程的教学设计，没有较大的启发，所以，在对实践的指导上，培训仍有待改善。还有一个问题是培训的时间，培训主要集中在课程实施前，有脱离教学实践的倾向。因为在实施前，我们并不能预想出所有实施中可能发生的问题，更谈不上解决它们了。试图在课程实施前通过一次培训给课程实施提供长久的保障，看来是不现实的。可见培训的不足致使综合课程方案的操作性较低，不利于课程的实施。

在基础教育课程改革的8年中，全国已先后有200所高校开设了科学教育本科专业，粗略统计，毕业生至少在5000人以上。本来这些人可以成为科学教师队伍的重要力量，但现实中，除首都师范大学等少数高校科学毕业生到位情况较好以外，其他学校的毕业生多数转了行。由于小学、初中教师总体数量趋于饱和，在编制有限的情况下，中学的科学教师，往往让原来的物理、化学教师转行担任。在小学，首先要保证语数外三门主课的师资；其次要保证音体美三门专业性较强的副课师资；而科学、社会、思想品德这三门被认为专业性不强的"副课"，50%～90%由主课教师兼职，很少有学校专门招科学教师。而兼职教师往往会根据担任课程的主、副地位分配精力投入，于是科学课的质量就很难保证了。

（六）评价问题

科学课程是一门以提高学生科学素养为教学目标的学科，它注重学生学习科学的兴趣，强调学生各种能力的培养，与传统的分科教学的教学目标有着很大的差别。但科学课程却还没有相应的评价系统，如果还是用原有的分科评价体系去评价，势必会失去开设综合课的意义，同时也可能会对学生做出不合理的评价。例如，内蒙古乌海区只有一个区开设科学课程，由于乌海区没有高中，必须参加市里的中考（分科），这样必定会影响学生的成绩。因此，许多校长、教师和家长都担心本地区开设综合课后，会影响统考、中考时学生的成绩。

很多教师为了适应综合课程的实施，付出了巨大的艰辛和努力，但与课程改革相配套的评价方案迟迟不出台，使得习惯于考试指挥教学的领导、教师对课改充满不确定感。而教师的不确定感指教师在参与课改时的一种消极心理状态，具体指教师为课改付出了很多的同时，对自己的努力能带来怎样的回报却没有把握。

又由于考试文化根深蒂固的影响，教师把考试成绩作为参与课改的主要回报，但综合课程的评价思路与以往有很多不一样的地方，新的评价方案又迟迟不出台，教师们只好努力平衡着新的评价理念与旧的评价方式间的不确定带给他们的焦虑。但是，为了应付应试教育，很多学校开展科学课程时，仍让分科教师来上，综合性的课程成了各学科的大拼盘。

二、推进科学课程实施对策的探讨

（一）进一步加大宣传力度，促使人们在观念上发生根本性的改变

教育部和有关媒体要通过各种方式宣传这次课改的精神及开设综合性学科课程的实际意义，使广大教师认识到当今社会已处于科学与技术迅猛发展的时代，只教给学生一些学科的知识是远远不够的，必须让学生学会正确的科学思维方法，领会科学的本质，形成科学的态度和价值取向，为学生的终身发展奠定基础。而这些教学目标通过分科课程是很难实现的，只有通过综合性的科学课程才有可能达到我国现今义务教育阶段科学素养的基本目标，使学生成为具有创新精神和实践能力的新一代公民，从而激发教育行政部门和教师开设科学课程的积极性。

（二）加大宣传高等师范院校新开设的科学课程专业

虽然部分高等师范院校已经开设与科学课程相关的专业，但是社会上鲜为人知，而且由于很多中小学教师对科学专业的片面了解，往往只招理化生等专业的师范生来教科学。因此教育部和媒体应加大推广新开设的科学教育师范专业，加深人们的认识，解决科学教师难以胜任教学的问题。

（三）教育行政部门要出台相应的政策支持开设科学课程

教育部要有具体的措施督促尚未开设综合课的实验区进入实验，并督促省市教育行政部门尽快落实相关政策，推进科学课程等综合性课程的试验顺利进行。

1. 规范专业设置

让教育行政领导和教师重视科学课程，把它当做一门十分重要的学科来对待。则应设立科学课程教师的专业职称和科学课程专业学会，评定科学课程特级和优秀教师等。要使科学课程教师能名正言顺地进行教研和科研活动。

2. 合理安排科学课程课的课时和工作量

科学课程是新开设的综合课，教学难度相对较大，又由于科学课程强调科学探究的过程，因此，教学的课时必须得到保证。根据现行实验区的调查发现，许多实验区安排的科学课程都是不够的（每周1~3课时），教师的工作量也较重（每周12~16课时），这势必影响科学课程教学的正常进行，也影响了教师科学课程教学的积极性。合理的安排是：科学课程课时每周4~5课时；科学课程教师的工作量每周8~12课时。

3. 应尽快出台科学课程教师进修的相应政策、规定和措施

科学课程教师的学科培训工作是长期的和艰巨的，这就需要有相应的政策来督促，使教师的学科培训工作能落到实处，以保证根本性地解决科学课程实施的教师问题。

4. 政策保障

国家、各省、市教育行政部门对实施科学课程的经费应给予适当的倾斜和保障，如对

必要的教学资源（实验室建设、电教设备、实验仪器等）经费的投入、科学课程教师的培训等，都应在人力和经费上给予大量的投入，使实施科学课程的教学环境得到改善，提高实施科学课程的可行性。

（四）开展深入、有效的教研活动

1. 努力营造实验区良好的课改氛围

定期召开全国性的科学课程研讨会，加强科学课程教师之间的交流与合作，促进科学课程教学和教研的经验和成果的交流和共享，营造全国性的有利于科学课程课实验的舆论环境和科研环境，使科学课程能在实验区快速地得以推广。

2. 积极开展教研

科学课程的教育教研和科研机构应积极介入科学课程实验，认真研究这门新型学科的教学规律、评价等问题，通过各种渠道引导科学课程教师深刻理解科学课程标准的基本理念，转变观念，帮助科学课程教师建立科学课程新的教学模式，积累教学经验，快速适应科学课程课的教学。

以实验区为单位成立科学课程教研大组，定期进行集体备课，实现各学科专业教师的优势互补，设计出较优化的课堂教学结构，以保证良好的课堂教学效果。

（五）教材出版单位要开发与教材配套的系列产品

实施科学课程时所出现的诸多问题，在短时间内是很难解决的，因此，教材的出版单位如果能开发出与教材配套的一系列产品，则会很大程度地减小科学课程教学的难度，提高科学课程教师的适应速度。如浙江教育出版社在组织编写科学课程教材的同时，开发了15种与教材配套的各种产品，有学生用的作业本、阶段性的测试卷、学具、习题精选、暑假作业、同步训练、课文读物等，全方位地保证了学生科学课程的学习所需；有教师用的教参、教学资源、教学指导手册、教材分析光盘、课堂教学研究课、投影片、多媒体课件的光盘、科学课程教师培训教程、科学课程教育学等，以满足科学课程在教学时的各种需求。实验区的教师使用后反应很好，觉得教学时方便多了。同时浙教社还创办了《实验通讯》，为编写教材的作者和实验区教师、实验区之间构建交流的平台。这些配套产品能有效地帮助教师实施科学课程，使他们觉得教学科学课程课时，操作起来十分方便，从而建立实施科学课程的信心。

第二节　科学课程内容"整合"与"探究"两大特点

根据前面几章的理论探讨和案例设计的研究，笔者认为科学课程教学必须突出"整合"与"探究"两大特点。"整合"必须从自然科学的整体着眼进行，整体设计生命科学，物质科学，地球、宇宙与空间不同的学科领域，之所以列出上述三个学科领域，这是因为科学本身在发展过程中形成了各学科领域独特的术语和体系，已成为科学整体的结构特征，同时也体现了科学发展的现状和进行整合的要求。在这里，物理学、化学均为以非生命物质为研究对象的学科，一起被纳入物质科学的范畴。基于"科学探究"与科学、技术与社会（STS）在全面培养学生科学素养方面的重要作用，将它们各自单列，并同以上三个领域并行，在课程内容的教学设计处理上，试图超越学科界限，但又仍保留带有结构性的基本内容。所以，从这个意义上，科学课程"探究"和"整合"是相互联系和统一的。

一、科学课程内容的整合

科学课程内容的最大特点之一就是整合,通过对内容的整合让学生从整体上认识自然,从基本科学观念上理解科学内容。试图超越学科界限,保留带有结构性的基本内容,注重不同学科领域知识、技能之间的融通与连接;全面提高学生的科学素养,将科学知识与技能,科学态度、情感与价值观,过程、方法与能力进行综合与渗透,并力求反映科学、技术与社会的互动与关联。

(一)科学课程的内容分为三个层次

第一个层次以科学概念为基础构建了五个内容领域:科学探究,生命科学,物质科学,地球、宇宙与空间科学,科学、技术与社会的关系。科学探究和科学、技术与社会的关系领域是以综合为特色和要求的,其内容将渗透到其他三个领域中去。

第二个层次是对主题的设计,例如物质科学中的"物质结构"这一主题就划分为构成物质的微粒、元素以及物质的分类三部分,从物质结构的系统观念上将有关内容整合在一起。

第三个层次是主题下的设计,一般分为专题性与结构性两类。前者如水、空气、健康与环境、人类与环境等。它们都从不同学科领域和科学、技术与社会关系的角度探讨同一问题,体现综合特色,后者则把有密切逻辑联系的原理整合在一起,它主要从科学探究和科学、技术与社会关系的角度进行整合,如生命科学中人体的新陈代谢。

(二)整合的方式

1. 通过反映自然界统一性的科学概念与原理进行统整

正如第九章所研究的结果:具有统一性的核心科学概念与原理,如物质、运动与相互作用,能量、信息、系统、结构与功能、演化、转化、平衡和守恒等,反映了自然界的物质性、整体性和统一性,是生命界、非生命界乃至整个自然界物质运动变化所共同遵守的规律,因此决定了自然界的统一性和整体性。所以它们可以在不同层次上实现科学课程的整合。

根据这些核心概念和原理在不同学科领域的具体化,即自然科学本身的不同学科领域在发展的过程中所形成的独特话语体系(学科概念、原理等),可以实现这些学科领域较低层次的整合。

例如,以生命界为研究对象的植物学、动物学、人体生理学等学科,通过生命系统、新陈代谢、生命活动的调节、生命的延续与进化等概念与原理融合为生命科学内容领域。以非生命界为主要研究对象的物理学、化学等学科,可以通过物质的结构、物质的运动与相互作用、物质与能量的相互转化与守恒等概念与原理融合为物质科学内容领域;以人类生存的地理空间环境为研究对象的地学、天文学和空间科学等学科,可以通过地球、太阳系、银河系乃至宇宙的结构、运动与演化、地球上物质的宏观存在与运动变化状态(如地形地壳、土壤、水体、天气、气候)等概念与原理融为地球、宇宙和空间科学内容领域。

这些统一的核心科学概念和原理贯穿于生命科学、物质科学以及地球、宇宙和空间科学三大内容领域,从而实现了其更高层次上的整合。

2. 通过科学探究的学习活动来进行整合

科学探究是有利于各学科的,也是各学科共有的,而且科学探究是以问题为取向的。

当学生面对问题时，各学科间的界限自动地消失了，科学探究正充分体现出自然科学的统一性。对学生的科学探究，可以分为"科学探究的学习"和"通过科学探究来学习"两个角度来理解。用科学探究整合科学课程内容，则属于后者。

通过探究把知识、技能、方法和过程整合起来。科学探究是以建构主义为认识论基础的，科学探究活动能够使学生建构性地学习科学知识并且给学生大量情境性体验和过程体验。把科学探究活动作为科学课程统整方式，就是根据全面培养学生科学素养的课程目标，把科学知识技能、科学态度、情感和价值观以及科学、技术与社会的关系都纳入到科学探究的过程，进行总体设计和全面安排，使学生在进行科学探究的活动中，形成科学探究能力、获得科学方法，建构科学知识及其意义，形成基本科学技能，理解科学、技术与社会的相互关系，体验科学探究过程，形成科学态度、情感与价值观，从而把教育的本质与科学的本质融合在一起。

不仅如此，实际上正是通过科学探究的整合，体现出科学素养的整体性，从而使学生更好地理解科学过程的本质。这正是这次科学课程的最大特点。

3. 通过科学、技术与社会（STS）的主题进行整合

STS 教育是从多学科的视角审视与科学技术有关的社会问题以及与社会有关的科学技术问题。这里包括科学史、技术设计和科学、技术与社会中的重大问题，如材料、能源、资源环境、通信等。

根据这些问题的解决需要，统整地学习各种科学知识与技能，培养学生运用科学知识、技能解决实际问题的能力，并且获得科学知识意义的深层次理解，在研究和解决问题的过程中，领悟现代科学发展与技术进步的相互关系以及科技发展对社会发展的重大影响，培养学生的科学态度和科学价值观，形成合理设计和利用自然资源、保护人类赖以生存的自然环境的意识。体现了科学与人文相统一的整体性，从而使学生更好地认识科学、技术与社会不可分割的关系，进而增强社会责任感。

二、再谈科学课程的科学探究活动的意义

在新课程改革理念下，要求学生掌握科学知识的同时，强调科学探究的学习过程更是重要的。

（一）科学探究是认识和理解科学本质的需要

从大量科学家探究的事例中，我们可以领悟到科学的本质特征：自然界是可以被认识的，探究是认识自然最有效的途径；

科学对自然现象有解释和预见的功能，科学还强调和尊重经验事实对理论的检验；

科学是一个开放的系统，科学知识具有相对的稳定性并不断发展和进步；

科学与技术和社会有密切的联系和互动的关系。

从过程的意义来看，科学的本质就是探究，是不断地追求真理和不断地修正错误，是不断地创新。

学习科学，如果只是学习科学的结论，而忽视了对科学探究过程的理解和体验那就不能很好地理解科学的本质。

因此，对科学本质的理解是我们强调科学探究的一个重要依据。

（二）科学探究是适应现代社会需求变化的需要

知识经济社会呼唤有创新意识和创新能力的人才，为了获得可持续的发展，必须提高全体公民的科学素养，而且课程的观念和学习的模式都要适应社会需求的变化。

我们从普遍公民解决问题的角度来看，作为一个现代社会的公民，要解决日常生活和工作中的种种问题，科学探究是有效的途径和方法。我们平时遇到的诸如自行车车胎瘪了、抽水马桶坏了、门铃不响了等等情况都涉及一个类似科学探究的过程，科学探究式的学习能帮助我们学会生活。

同时我们看到，科学探究在社会科学和生活的各个领域都有广泛的迁移性。在考古、侦探破案中，以及与科学有关的社会决策中，都需要科学探索。如我们城市要不要建造东西方向的高架路，我们的乡镇要不要办一个造纸厂等等问题的解决，都涉及有一个科学探索的过程和解决方法的问题。也就是说，无论是做科学家还是做一般的公民，都需要科学探究。

不仅如此，作为现代公民，为了应对科学技术发展和社会发展的挑战所需要的学会生存、学会工作、学会学习和学会合作等，也需要有较高科学素养。

科学课程正是从培养未来合格公民的科学素养要求出发规划了课程的目标，而这些目标的全面达成，则必须通过学生积极主动的人格活动——科学探究活动，才能真正有效地实现。

（三）科学探究是体现教育本质的需要

突出科学探究不只是为了满足外在的需要，更重要的是科学探究的过程作为学生的学习方式具有促进学生发展的内在价值。

科学探究的学习过程能有效保持学生对自然的好奇心，激发他们的求知欲，使他们体验探究过程的喜悦和艰辛；科学探究的学习过程能促进学生主动建构具有个体意义的科学知识和技能，习得科学探究思维的方式、方法和能力。建构主义认为，学习是一种建构的过程，学生是知识的积极建构者，教师则是学生建构知识的支持者、辅导者、合作者，负有调动学习者积极性的使命。探究式学习能促进知识积极的和有意义的建构，促进学生主体发展，提高学生自主发展和可持续发展的能力。

科学探究的学习过程还有利于学生更多地接触生活和社会，从而领悟科学、技术与社会的互动关系。所有这些都说明，科学探究的学习活动，有利于科学知识、技能、方法、能力、态度、情感等在学生自身人格中内化，使学生的科学素养得以全面提升。这正是我们把科学探究过程作为科学课程组织和实施的主要方式的内在根源。

科学的核心是探究，教育的重要目标是促进学生的发展。因此，突出科学探究的过程正体现了科学本质与教育本质的结合。

第三节 物理、地理和化学知识"整合"与"探究"的案例设计

本节从统一性和探究性两个方面探讨物理、地理和化学知识"整合"与"探究"的课堂教学和课外活动的教学实践问题。科学探究以七个要素的基本要求为指导（不一定每个案例都要用全七个要素），以知识的综合性为载体，突出科学方法的培养，以达到科学课程提高学生科学素养和动手实践能力的目的。

教学案例设计1：为什么会降水

（一）课标内容
八年级上册第二章第六节为什么会降水。

（二）教材分析
《为什么会降水》是浙教版《科学》第三册2章6节的内容。第2章第一部分介绍天气和气候的变化领域——大气层；第二部分介绍大气物理的短期变化——天气；第三部分介绍大气物理的长时间的变化——气候。本节内容是天气的变化之一——降水。掌握本节内容后，将系统了解天气变化的成因，明白生物活动与天气的关系，并为学习地形等对降水影响的知识奠定基础。

教材这部分的内容在课程标准中的要求是：学会用仪器测量湿度、降水量；理解降水的形成过程；了解人工降雨的主要的方式；比较不同环境的生物，知道生物对环境的适应性。

（三）学情分析
学生已了解液化和凝华等物态变化知识，并初步了解云、雾、雨、霜、冰雹的形成。而且学生在生活中已有降水的现象的感性认识和丰富的生活经验，并具备了在此基础上进行判断分析归纳能力。

同时，学生通过对天气和气候的变化等领域的学习，对有关降水的未知知识充满好奇。

（四）教学目标

1. 知识与技能

（1）理解湿度的概念，学会测量空气的相对湿度，了解与湿度有关的现象；

（2）理解水汽凝结的原因，了解降水的形成过程，了解降水量的测量。

2. 过程与方法

（1）尝试阅读、思考、猜想、讨论、交流的学习方法；

（2）通过小组合作探究，培养学生整合知识信息，分析解决问题的能力；

（3）通过课堂实验让学生掌握降水的原因。

3. 情感态度与价值观

（1）养成主动参与的学习态度，培养"思维发散"的良好品质；

（2）能在协作、对话、交流和互动的过程中学会合作；

（3）激发学生的好奇心、求知欲，培养学生对事物刨根究底的探索精神，培养崇尚真知的科学态度。

（五）重点、难点

1. 重点

相对湿度的观测；凝结与降水的形成；湿度与降水的关系。

2. 难点

相对湿度的概念；相对湿度与水汽凝结和降水；探究动物的行为与天气变化的关系。

（六）教学过程

1. 引入

——杯子出汗。往一个干净的空玻璃杯里倒入半杯冰水，让学生仔细观察杯壁外有什么现象。

【观察与实验】

实验现象：杯壁外出现细密的水珠。

教师：这是生活中常常碰到的现象，同学们知道这杯壁外的水是从哪里来的吗？

引导观察：杯子里的水不可能通过玻璃到杯子外，而玻璃杯是处于空气中的。

学生：杯壁外的水来自空气。

教师：事实上不管是阴雨天还是晴天，冬天还是夏天，室内还是室外，湿润的海洋上还是干燥的沙漠地，任何时候任何地方的空气中都含有水汽。可是我们平时能不能看到空气中的水汽呢？

学生：看不到，因为水蒸气是种无色气体。

教师：那平常我们能观察到的水有哪些？

学生：平常我们能观察到的水有雾、雨、雪、霜、冰雹等。

教师：人们通常用湿度表示空气中水汽的多少，那么空气中的水汽看不见摸不着，怎么知道空气湿度的大小呢？

学生：用仪器测量。

教师：观测湿度的仪器就称为湿度计，常用的有干湿球湿度计、毛发湿度计、自动感应湿度计等。其中干湿球湿度计是最常用的湿度计（展示实物）。

学生：为什么干湿球湿度计有两个读数呢？

教师：通过干湿球湿度计我们可以读出的是空气的相对湿度，在生活中，空气的湿度一般用相对湿度来表示。为什么呢？

比如说，有个人身高一米七，同学们觉得她高还是矮呢？有的觉得高有的觉得矮，为什么会这样？

学生：我们拿这个身高和不同的人比较。

教师：没错，单纯一个数值，我们不知道它是高是矮，只有通过和别人比较，我们才会说是高还是矮。

【分析与论证】

湿度表示空气中水汽的多少；而相对湿度表示空气中水汽的丰富程度。在一定温度条件下，单位体积空气中所能含有的水汽是有限度的，这个限度叫饱和水汽压。而空气中实际水汽的含量和饱和水汽压的比值，就是相对湿度。

【观察与实验】

我们接着看这个干湿球湿度计

（1）干湿球湿度计的结构：由一支干球温度计和一支湿球温度计组成，湿球温度计的球部有湿棉纱包着。

表 11-3-1　相对湿度表

干球温度	干湿差（干球温度减去湿球温度）				
	1.0℃	2.0℃	3.0℃	4.0℃	5.0℃
－5.0℃	77％	54％	32％	11％	
0.0℃	82％	65％	47％	31％	15％
5.0℃	86％	71％	58％	45％	32％
10.0℃	88％	76％	65％	54％	44％
15.0℃	90％	80％	70％	61％	52％
20.0℃	91％	82％	74％	66％	58％
25.0℃	92％	83％	76％	68％	61％
30.0℃	93％	86％	79％	73％	67％
35.0℃	93％	87％	81％	75％	69％

(2) 干湿球湿度计的工作原理：空气中的相对湿度越小，湿棉纱布中的水蒸发得越快，带走的热量就越多，湿球温度计上的读数就越小。干湿球温度计上的读数差值，能反映出空气中水汽的丰富程度。

(3) 干湿球湿度计的使用方法：先读出干球温度计刻度，再读出湿球温度计刻度，然后计算出它们的温度差。学生读懂相对湿度表（表 11-3-1）的意义，最后通过查相对湿度表，得出相对湿度。

教师：现在同学们说说干湿球湿度计两个读数相差越小，相对湿度是大还是小呢？

学生：读数相差越小，相对湿度越大。

【讨论与交流】

(1) 根据自身的体验，议一议相对湿度的大小与人体舒适感的关系。

提示：相对湿度过小，会使人感到干燥，皮肤发生干裂等；

相对湿度过大，在冬季会感到特别寒冷，夏季则会感到闷热；

人体最感适宜的相对湿度是 60％～70％。

(2) 谚语中的科学道理："蜻蜓低飞，不雨也阴"，你能解释这条天气谚语所包含的科学道理吗？

提示：由于大雨前空气中的湿度较大，蜻蜓的翅因沾上水分而不能高飞。

（课后上网收集动物的行为和天气有关的谚语，并解释包含的科学道理。）

2. 新课讲授

——为什么会降水？

【提出问题】

蜻蜓低飞要下雨。蜻蜓低飞是因为空气的相对湿度变大，相对湿度和降水有什么关系？

【猜想与假设】

空气中相对湿度变大就会形成降水。

教师：你们是根据什么做出这个猜想的呢？

学生：蜻蜓低飞是因为空气相对湿度变大，而蜻蜓低飞就预示着将要下雨。

教师：其他同学还有别的想法吗？

提示：我们已经知道一定温度条件下，单位体积空气中所能含有的水汽是有限度的。

学生：在一定温度条件下，相对湿度增大，就是当空气中的水汽达到最大水汽含量的时候，空气中再也不能容纳更多的水汽了，就形成了降水。

教师：在一定温度条件下，当空气中的相对湿度达到100％时，空气中就再也不能容纳更多的水汽了。同学们也许已经发现，这里有个前提条件是，在一定温度条件下，那么温度对空气中能容纳的水汽的多少有什么影响呢？

学生1：温度越高，空气中能容纳的水汽越多。

学生2：温度越低，空气中能容纳的水汽越少。

教师：很好，大家都勇于提出自己的观点，那么大家想一想可以通过什么方法证明自己的观点是正确的呢？

学生思考，相互交流后

【制订计划，设计实验】

学生1：装一杯热水，一杯冰水，热水外面的空气温度比较高，冰水外面的空气温度比较低，看哪个杯壁外有水珠凝结。有水珠凝结的说明空气能容纳的水汽比较少。

教师：大家觉得这样可行吗？

学生：可以。

教师：这位同学的想法非常的好，其他同学还有不同的方法吗？

学生2：在烧杯中加入适量的热水，在另一容器内盛满水，盖在烧杯上，然后观察烧杯中的空气发生了什么变化。

教师：大家觉得可行吗？

学生：可行。

教师：你们觉得哪个实验更好呢？为什么？

学生：第二个。因为书上用的是这个。

教师：第二个比较好是因为我们观察的是容器与烧杯之间的空气，它的水汽含量是一定的，这样我们所得到的结果更准确。

【进行实验，获取事实与证据】

水汽凝结实验：如图11-3-1所示，在烧杯中加入适量的热水，在另一容器内盛满冰，盖在烧杯上，烧杯中的空气发生了什么变化？

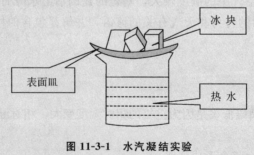

图11-3-1　水汽凝结实验

现象：烧杯的空气中出现水雾——即发生水汽凝结。

【讨论与交流】

教师：通过我们同学自己设计的实验，可以得到什么结论？

学生：温度越高空气中能容纳的水汽越多，温度越低空气中能容纳的水汽会越低。

教师：通过水汽凝结的实验，我们知道了在温度下降到一定程度时，空气所能容纳水汽的能力下降而达到过饱和，水汽就发生凝结。那么在我们的生活中你能举出哪些例子？

学生1：装了冰水的杯子会出汗。

学生2：打开冰箱会有雾出现。

学生：……

教师：同学们的观察都很仔细，现在我们知道了当空气中的相对湿度达到100%时，空气中就不能容纳更多的水了，如果温度降低，空气容纳水汽的能力也会随之降低，这时候是不是就会发生水汽凝结，形成小水珠呢？

学生：是吧。

教师：我们来观看一段视频，展示水汽凝结过程的一个动画。

在视频中，你们观察到水汽凝结除了要相对湿度达到100%，温度降低，还有什么条件吗？

学生：还需要一些灰尘颗粒。

教师：同学们观察得很仔细。人们通过实验证明，绝对纯净的空气，即使相对湿度达到300%~400%，也不会产生凝结，但是如果投入少量的灰尘颗粒就立即发生凝结。大家想一想这些灰尘颗粒有什么作用？

学生：吸附水汽，使其凝结。

【分析与评估】

老师：这些灰尘颗粒我们通常称为凝结核，它的作用就是吸附空气中的水汽，使之附着其上，形成溶液水滴，并能使水滴体积增大。

所以，水汽凝结的条件有三点：

（1）气温降低到一定程度；

（2）相对湿度达到100%以上；

（3）空气中有微小的尘粒。

教师：水汽凝结成小水滴以后是不是就能下雨了？

学生：是。

教师：大家先想一想，天空中的云是怎么形成的？

学生：水汽。

教师：可是水汽是水的气态，我们是看不见的。其实云就是空气中凝结的细小的水珠和冰晶，因为水珠和冰晶非常细小，形成云以后就飘浮在空中，而并不一定会形成降水。水珠和冰晶随着温度的降低和水汽的增多逐渐增大，最终才形成降水。

那么大家讨论一下整个降水过程的形成。

学生：空气上升、冷却降温、水汽凝结、云滴增大、降水形成——凝结的水珠和冰晶随着温度的降低和水汽的增多逐渐增大，最后形成雨滴、雪或冰雹降落到地表，形成降水。

【讨论与交流】

如图 11-3-2 和 11-3-3 所示，为什么降水有时是雨，有时是雪或冰雹？

图 11-3-2　热带雨的形成

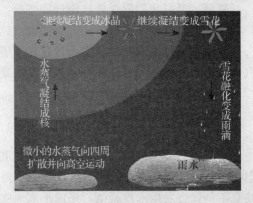

图 11-3-3　中纬度雨的形成

提示：不同时期、不同纬度、不同高度下降的水滴或冰晶，降向地面时，由于气温升高，不断融化，若完全融化则为雨，若未融化，则将成为冰雹或雪降落地面。

【观察与思考】

降水量的观测。

教师：不同纬度地区的降水量不同，甚至同一个地区在不同时间的降水量也会有所不同。我们这里夏天的降水量通常比较大，而且比较频繁，和冬天有很大的不同。那么我们如何表示降水量的大小？

学生：看雨滴的大小，下雨的时间……

教师：人们一般用一定时间内地面积水的深度来表示降雨的大小，这个量也称为降雨量。单位通常是毫米。但地面总是凹凸不平的，而且雨水会渗进土里，同学们想一想，如何来测量地面积水的深度呢？

学生：下雨的时候在平地上放一个量筒，然后读出里面雨水的深度，如图 11-3-4 所示。

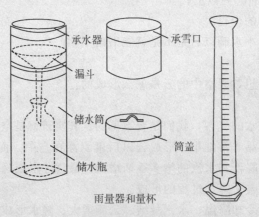

图 11-3-4　雨量器

教师：同学的想法非常好，其实人们通常用雨量筒把雨水收集起来，观测的时候将里面的雨水倒入雨量杯内，读出的刻度就是降雨量，雪和冰雹等融化后也可用同样的方法测量。

【观察与思考】

根据降水强度（单位时间内的降水量），把雨分为小雨、中雨、大雨和暴雨。

表 11-3-2　降水强度表

降水强度	1 小时降水量	24 小时降水量
小雨	小于 2.5mm	小于 10mm
中雨	2.6－8.0mm	10.0－24.9mm
大雨	8.1－15.9mm	25.0－49.9mm
暴雨	大于 16mm	大于 50mm

【讨论与交流】

(1) 冷云人工降雨一般采用在云内播撒干冰或者碘化银的方法。

干冰升华吸收大量热能，使紧靠干冰外层的温度迅速降低，从而使云中的水汽过冷，凝华成冰晶。

碘化银微粒是良好的成冰核，只要其温度达到－50℃，水汽就能以它为核心凝华成冰晶并继续增大，产生降水。

(2) 暖云人工降雨主要是在云内播撒氯化钠、氯化钾等粉末。钠盐、钾盐吸湿性很强，是很好的凝结核，吸收水分后能迅速成长为大云滴，合并其他云滴并形成降水。

(3) 人工降雨的方法也可用于消雨：即在降雨云团移来前，对云团先期实施人工降雨，把雨下到其他地方。

(七) 布置课后活动

制作简易的雨量筒，详见课外活动案例 3——制作一个简易的雨量筒。

教学案例设计 2：空气污染与保护

(一) 教学内容

列举空气中污染物的主要来源、防治方法和空气质量指数的主要内容。

(二) 学情分析

本节内容是在学生学习了空气成分以及初步学习了化学的一些知识后，进一步学习大气的污染及其保护。教学中要收集一些生活资料，让学生从生活中去体会空气污染的问题及其危害，自主意识到保护大气的重要性。

平时，学生对空气污染已有初步的认识，但毕竟是零散的，不完整的，教学中要帮助学生归纳、整理，使其形成体系。

教学中要注重学生各方面能力的培养，尽量让学生学会自主学习，积极探讨，发挥创造性思维的培养。

（三）教学目标

1. 知识与技能

（1）初步认识空气污染的几种典型现象；

（2）了解汽车尾气、可吸入颗粒物、酸雨等的污染及其危害，学会看懂各种媒体发布的空气质量报告；

（3）探讨空气污染防治的措施。

2. 过程与方法

通过本节的学习，培养学生从材料中获取信息的能力；培养用科学知识去解释生活中的一些现象能力；培养学生的创新意识。

3. 情感、态度、价值观

（1）通过情景教学，培养学生学习探讨的兴趣；

（2）通过实验，培养学生动手观察的能力和实事求是的科学态度；

（3）学习对科学的评价，学习科学知识与生活实际相联系，培养学生团结协作的能力。

（四）教学设计

课前布置的任务：上网搜集关于空气污染的信息。

1. 引入

展示图 11-3-5，引起学生思考，谁是伤害她的"真凶"？展示多幅空气污染的图片。

图 11-3-5 她怎么了

教师：这些图片共同反映了一个什么问题？

板书：第七节 空气污染与保护

【观察与思考】——情景一

（1）招聘启事——

由于空气污染的日益严重，环境案件频频发生。有人把四起环保案件画成四幅漫画，引起了人们的极大关注。环保局为了尽快制止此类案件的发生，特向社会招聘侦破人员对四起案件进行侦破，请能力较强的人员抱着对全社会负责的态度积极参与。

（2）出示四幅漫画

四幅漫画分别是图一"伞破难遮"、图二"明天我们去哪里"、图三"雨中垂钓"、图四

"天下乌鸦一般黑吗?"。要求学生结合资料和课本内容,分别对以上的四个漫画进行分析,完成以下问题:

①给四个案件起个名。(即是什么大气污染现象)
②分别说出它们的污染物是什么?
③分别说出它们的来源、有什么危害?
④对这些现象分别谈谈如何防治。

(3) 引导分析

【讨论与交流】

学生前后四人一组,进行讨论。

(1) 图一:臭氧层空洞(本章上一节已学习)

污染物:氟氯烃

污染物的来源:氟氯烃是一类人工制造的有机化合物,从冰箱、空调、汽车到计算机灭火器等都要用到氯氟烃。

臭氧层的作用:太阳中的高能紫外线对人的皮肤、眼睛,甚至免疫系统都会造成伤害;会影响水生生物的生长,会破坏植物叶内的叶绿素,阻碍各种农作物和树木的光合作用,而臭氧层则能阻挡和削弱过强的紫外线,像一把伞一样保护着地球上的生物。

近年来,科学家们经过大量的观测发现,大气层中的臭氧层正遭到破坏,并开始变薄,相继出现了臭氧空洞,这会直接影响人类的健康和其他生物的生长。

如何防治:禁止生产和使用含氯氟烃的制冷剂、发泡剂、洗涤剂、喷雾剂等化学物质。

(2) 图二:温室效应(本章上一节已学习)

污染物:主要是二氧化碳

污染物的来源:温室效应主要是由于现代化工业社会过多燃烧煤炭、石油和天然气,这些燃料燃烧后放出大量的二氧化碳气体进入大气造成的。

温室效应的形成:二氧化碳气体具有吸热和隔热的功能,它在大气中增多的结果是形成一种无形的玻璃罩,使太阳辐射到地球上的热量无法向外层空间发散,其结果是地球表面变热起来。因此,二氧化碳也被称为温室气体。

温室效应的危害:①地球上的病虫害增加;②海平面上升;③气候反常,海洋风暴增多;④土地干旱,沙漠化面积增大。科学家预测:如果地球表面温度的升高按现在的速度继续发展,到2050年,全球温度将上升2℃—4℃,南北极地冰山将大幅度融化,导致海平面大大上升,一些岛屿国家和沿海城市将可能淹于水中,其中包括几个著名的国际大城市,如纽约、东京和悉尼等。

如何防治:为减少大气中过多的二氧化碳,一方面需要人们尽量节约用电(因为发电烧煤),少开汽车;地球上可以吸收大量二氧化碳的是海洋中的浮游生物和陆地上的森林,尤其是热带雨林,所以,另一方面我们要保护好森林和海洋,比如不乱砍滥伐森林,不让海洋受到污染以保护浮游生物的生存。我们还可以通过植树造林,减少使用一次性方便木筷,节约纸张(造纸用木材),不践踏草坪等行动来保护绿色植物,使它们多吸收二氧化碳来帮助减缓温室效应。

(3) 图三：酸雨

污染物：二氧化硫、氮氧化物等

污染物来源：工业生产、民用生活燃烧煤炭排放出来的二氧化硫，燃烧石油以及汽车尾气排放出来的氮氧化物等。

酸雨的形成：雨、雪等在形成和降落过程中，吸收并溶解了空气中的二氧化硫、氮氧化物等物质，形成了 pH 低于 5.6 的酸性降水，称为酸雨（说明：天然降水成弱酸性。因为空气中含有少量的二氧化碳，溶于水呈弱酸性）。酸雨中的有害物质是硫酸和硝酸。

酸雨的危害：硫和氮是营养元素。弱酸性降水可溶解地面中的矿物质，供植物吸收。如酸度过高，pH 值降到 5.6 以下时，就会产生严重危害。它可以直接使大片森林死亡，农作物枯萎；也会抑制土壤中有机物的分解和氮的固定，淋洗与土壤离子结合的钙、镁、钾等营养元素，使土壤贫瘠化；还可使湖泊、河流酸化，并溶解土壤和水体底泥中的重金属进入水中，毒害鱼类；加速建筑物和文物古迹的腐蚀和风化过程及可能危及人体健康等。

如何防治：控制酸雨的根本措施是减少二氧化硫和氮氧化物的排放。

(4) 图四：粉尘

污染物：可吸入颗粒物：粒径在 0.1—100 微米，不易在重力作用下沉降到地面，能在空气中长期飘浮的颗粒物。影响生活和生产。

污染物来源：工厂烟囱排出的烟尘、土地、房顶、马路或建筑工地上卷起的尘土、蝴蝶抖落的翅上的鳞片、植物的花粉和细菌等。

粉尘污染的危害：当空气中可吸入颗粒物过多时，就会直接影响人们的生活与生产，如引起慢性气管炎、尘肺及肺癌等疾病和影响制药或电子产品的质量等。

如何防治：减少汽车尾气、工厂废气的排除，颁布相关约束排气法律等。

【观察与思考】

观察空气中的可吸入颗粒物：在载玻片上贴一层双面透明的不干胶带，分别放置在各种不同的环境里，收集空气中的悬浮颗粒物。

实验现象：不干胶带上有小颗粒，它们是空气中悬浮的小颗粒沉降在胶带上形成的，不同环境中所粘的颗粒物是不同的。

【讨论与交流】

学生反馈后教师总结：结合课件和课文实验。

(1) 大气污染现象：臭氧层空洞——氟氯烃

温室效应——二氧化碳

酸雨——二氧化硫、氮的化合物（视频播放）

粉尘——可吸入颗粒物

(2) 大气污染主要来源：工厂废气和粉尘、汽车排放的尾气（视频播放）、居民炉灶、建筑材料排放有毒有害气体及自然因素等。

(3) 防治方法：①植树造林；②控制污染源；③使用清洁能源；④加强空气质量的检测等。

【讨论与交流】

严肃的话题：环境检测之后，你将如何公布于众呢？

【观察与思考】——情景二

1. 招聘启事二

为了加强对空气质量的检测和报告，敲起环境保护的警钟，环保局特向社会征集空气污染的报道方案和招聘本工作的人才，敬请大家积极参与，为环保献谋献策。

（1）请大家动动脑筋，你将如何做好这份工作？

（2）学生反馈（教师给予鼓励）。

（3）看看报纸上是如何对大气质量进行预报的，如表11-3-3。

表11-3-3　今日空气质量预报

城　市	空气质量状况	污染指数（API）	首要污染物
杭　州	Ⅲ 1（轻微污染）	101—121	可吸入颗粒物
宁　波	Ⅱ（良）	78—98	可吸入颗粒物
温　州	Ⅱ（良）	66—86	可吸入颗粒物

（4）向学生说明两个量：

污染指数：将常规监测的几种空气污染物简化成数值形式，分级表示空气污染程度和空气质量状况。目前计入空气质量指数的项目暂定为：二氧化硫、一氧化碳、二氧化氮、可吸入颗粒物及臭氧。

（5）观察表11-3-4，得到了什么结论？

表11-3-4　污染指数及其指标

污染指数	对健康的影响	质量级别	质量状况
0—50	可正常活动	Ⅰ	优
51—100	可正常活动	Ⅱ	良
101—200	长期接触可能出现刺激症状	Ⅲ	轻度污染
201—300	出现刺激症状肺病心脏病患者症状加剧	Ⅳ	中度污染
301—500	危害健康，影响正常生活，病人老年人可能提前死亡	Ⅴ	重污染
500—750			

（6）比较以上三个城市的空气质量，哪个最好？哪个最差？

表11-3-5　大气环境问题调查

大气环境问题	原　因	保护措施	危　害
温室效应			
臭氧空洞			
酸雨			

2. 教师小结（略）

（五）布置课外作业

1. 课外作业——对本地的空气污染进行调查

（1）数一数，学校或家附近有多少工厂的烟囱？冒出的烟是什么颜色的？有难闻的气味吗？

（2）数一数，学校或家附近的街道或公路上，10分钟内大约过多少车辆？

（3）在阳台或窗台上固定一张白纸，观察一天内会落多少灰尘？

2. 课内练习（机动处理）

3. 布置课外活动

（1）查找资料，完成表11-3-5的大气环境问题调查。

（2）调查当地空气污染情况，详见课外活动案例4——调查空气污染情况。

教学案例设计3：神奇的土壤

（一）教学内容

八年级下册 第三章 第1节 土壤中有什么。

（二）教材分析

教材第一部分"寻找土壤的成分"分三步进行，观察新鲜的土壤；观察干燥并弄碎的土壤；土壤沉积实验。让学生明白土壤中有肉眼看得见的物质，也有肉眼看不见的物质，土壤是沙、小石子、黏土、腐殖质、水和空气等物质的混合物。教材第二部分"土壤和生命"通过一幅图生动地描述了土壤与生命的关系。

（三）教学目标

1. 知识与技能

知道土壤由水分、空气、矿物质和腐殖质构成。

2. 过程与方法

用实验证实土壤中有水分和空气；讨论土壤中的矿物质和腐殖质的来源。

3. 情感、态度、价值观

认识到土壤对生命以及人类生产生活的重要意义。

（四）重点、难点

1. 重点

通过实验了解土壤中含有水、空气、腐殖质等有机物以及无机盐等物质。

2. 难点

土壤和人类的生产、生活有着密切的关系。

（五）教学设计

1. 教学准备

教师课前将实验用的所有仪器和药品放入水槽里，放在桌角上。学生分成12个学习小组，每小组4人。

2. 新课讲授

【提出问题】

教师：通过上一次课的学习我们已经知道土壤中有哪些生物？

学生：土壤中生长着大量的植物、动物，还存在着大量的微生物，如细菌、真菌和放线菌等等。

教师：那么，土壤中除了土壤生物外，有没有非生物物质呢？

学生：有泥土、石头……

【猜想与假设】

教师：我们看到土壤中存在空隙，那么土壤中有没有空气呢？

学生：可能有吧。

教师：我们知道土壤中存在大量的生物，这些生物的生存除了空气还需要什么物质？

学生：动植物的生存还需要水。

教师：没错，动植物的生存都离不开水，那么，土壤里是不是含有水呢？

学生：可能有水。

教师：土壤中有大量的生物，那么它们死亡后应该在土壤中形成什么？

学生：有机物。

教师：所以土壤中还可能有有机物，但这些都只是我们的推测，那么有什么方法可以证明土壤中是否有这些物质呢？我们能否用实验来验证？

实验一：验证土壤中含有空气

【假设与猜想】

学生：可以把一块土块放到水里，如果有气泡冒出，就说明土壤中有空气。

教师：为什么这样就能说明呢？你能说得更明确一些吗？

学生：空气原来躲在土块的空隙中，放到水里后，水钻到了土块的空隙里，把空气赶了出来，我们就看见了气泡。

教师：你们认为他的方法可行吗？还有没有更好的？

（没有学生举手，教师随后演示这个实验）

【进行实验】

通过实验获取事实与证据：将土块放进水槽里，用手轻轻挤压。

教师：大家看到什么现象？说明了什么？

【分析与论证】

学生：浸入水里的土块有气泡冒出，说明土壤中含有空气。

教师：土壤的缝隙里的确存在着空气，我们有没有办法知道一块土壤中空气的含量呢？

学生：土块浸入水中排出的气泡就是土壤中空气的体积。

教师：这是个不错的想法，可是气泡并不容易收集，还有没有更好的方法？

学生：……

教师：老师有个想法，你们看是否可行。首先，在烧杯中放入一块土壤（土壤的体积为V），缓慢注入水，直到水面把土壤全部浸没为止。记录在烧杯中所加的水的体积，记作V_1。其次，用与土壤体积相等的铁块替代土壤，重复上述实验。记录所加水的体积，记作V_2。

大家想一想V_1和V_2是不是一样的？为什么？

学生：不一样，土壤中有缝隙，水赶走了空气钻进去，所以V_1比V_2大。

教师：那V_1和V_2的差值是？

学生：土壤中的空气的体积。

教师：非常好，由此就可以得到土壤中空气的体积分数约为$(V_1-V_2)/V$。

【进行实验】

下面请同学们按组动手做这个实验。

实验要求：选择干燥的土壤——干燥的土壤含较多的空气，实验效果明显。而潮湿的土壤中有许多空间已经被水分占据，空气含量会变少。

教师：实验中控制实验变量有哪些？变量是什么？

学生：实验中控制实验变量有两个大小一样的烧杯、土块与铁块（体积一样）、相同的量筒和胶头滴管，及用水注入，通过用水量的比较得出空气的体积。

【交流与评估】

实验后讨论：测量土壤中空气体积分数的其他方法。

第1种方法：用金属容器在土壤中挖取一块土壤，然后用量筒向金属容器中加水，这时的注水量相当于空气的体积大小，然后洗净金属容器，再向容器中注水，测出容器的体积，它相当于土壤体积，这样可求得体积分数。

第2种方法：用金属容器挖取一块土壤，放在装有水的量筒中，这时液面上升的量就是土壤中非空气部分的体积，再通过测量金属容器的容积，就可以测量土壤空气的体积分数了。

实验二：验证土壤中含有水

【假设与猜想】

教师：通过刚刚的实验，我们不但验证了土壤中的确存在空气，还求出了土壤中空气的体积分数。空气是动植物生存所必需的，而我们知道土壤中存在大量的生物，这些生物的生存除了空气还需要什么物质？

学生：动植物的生存还需要水。

教师：没错，动植物的生存都离不开水，那么，土壤里是不是含有水呢？

学生1：应该有水。

学生2：也不一定有水，因为我们都要给植物浇水。

教师：同学们的说法都有一定的道理，现在大家想一想，能不能也用实验方法来探究土壤中是否有水？先自己独立思考一下，然后再小组合作讨论，讨论时要踊跃发表自己的见解，别人发言时其他人认真倾听。

【讨论与交流】

学生分组讨论，设计实验方案，3分钟后组织小组汇报、交流。

学生1：把土壤装到一个塑料袋里，放在太阳下晒，如果有小水滴出现在袋壁上就说明土壤中有水。

学生2：取一块土，先称出它的质量，后给它加热，再称出它的质量，看一看质量是否有变。

学生3：取一棵小树，把它种在一块土上，称出它们的总质量，不浇水，过一段时间后，再称出它们的质量，看一看质量是否有变。

学生：……

教师：同学们的方法真多！这些方法可以吗？

（学生都表示赞同）

教师：可惜老师带来的仪器有限，只有桌子上的这一些，怎么办？

【制订计划，设计实验】

学生4：把土块放在烧杯里，再放到石棉网上加热，用玻璃片盖在烧杯上，看玻璃片是否有水滴出现，如有水滴出现，则土壤中有水。

学生5：把泥土放到试管里，再用酒精灯加热，看试管壁上是否有水滴出现，有，则土壤中有水。

学生6：把土块放在石棉网上加热，烧杯倒扣在上面，看烧杯壁上是否有水滴出现，有，则土壤中有水。

学生7：在土块中加一些无水$CuSO_4$，若发现变蓝，则证明有水。

教师：非常好！几位同学都说出在实验室可操作的设计方案，上面的方案可以吗？（学生都认为可以）谁的方案最好呢？你们自己选择器材做实验探究，看到明显现象的就举手！

【进行实验】

学生动手做实验：学生这时才拿出水槽里的仪器，选择仪器，分组实验，约4分钟后有许多同学举手，再过1分钟后，让学生汇报、交流。

【分析与论证】

学生：我是用同学5方案的，很快就看到了现象，你们看！（兴奋地举起刚加热过的试管）

教师：你认为在你的实验过程中应注意什么？

学生：试管口应略微向下倾斜，试管夹在离管口三分之一处，还有加热时管口不能对着人。

教师：真不错！实验操作的注意点都明确了。

（许多学生纷纷汇报自己的实验现象，教师走到一个学习小组前，指着他们的仪器）

教师：我发现这组同学的实验装置与众不同，请你说说为什么要选择这样的装置，有何用意？

学生：我是在盖烧杯口的表面皿上加一些水（学生拿出仪器展示），这样可以加快土壤里出来的水蒸气的液化，使现象更加明显。

教师：这组同学对实验装置进行大胆改进，很有创新意识，还将学过的液化知识马上运用起来，真正学以致用，非常不错！

【分析与论证】

结论：土壤中有水。

教师：我们能测出土壤中的空气的体积分数，能不能测出土壤中水分体积占土壤体积的体积分数呢？同学们课后可以继续探究。

实验三：验证土壤中含有有机物

【假设与猜想】

教师：现在我们已经验证了土壤中存在着动植物生存所必需的空气和水，虽然有了水和空气，生存在土壤中的动植物会不会一直活下去？

学生：不会，它们会死亡。

教师：死亡的生物体或者是生物的排泄物都是有机物，所以土壤中除了土壤生物外，应该还有有机物。大家还记得有机物有什么特点吗？

学生：能够燃烧。

教师：按我们的推想，土壤中是应该存在有机物的，我们能不能设计一个实验来验证我们的猜想呢？

【制订计划，设计实验】

学生：用天平秤取一定质量的土壤，将它们放在细密的铁丝网上，用酒精灯加热，待土壤冷却后，再用天平称量，如果质量变少了，就证明土壤中有有机物。

教师：你们觉得他的方法可行吗？

学生：可以。

教师：可是我们前面验证了空气中含有水，加热的话水会蒸发，这样，土壤的质量是不是也变少了？

学生：应该先将土壤进行干燥。

教师：非常好，所以我们要用充分干燥的土壤进行实验。

【进行实验】

（学生进行实验，观察与实验，获取事实与证据）实验现象：出现有机物的碳化分解和燃烧现象；称量时，发现土壤的质量减少。

教师：你们得到什么样的结果？可以说明什么？

【分析与论证】

学生：加热后土壤的质量减少了，说明土壤中存在有机物。

实验四：验证土壤中含有无机盐

【假设与猜想】

教师：那么这燃烧过的土壤里还有什么呢？

学生：……

教师：大家先想一想将植物种在水里，是不是都能生长呢？

学生：不是。

教师：展示无土栽培溶液的图片，说明栽培溶液和水的区别。那植物的生长除了需要空气和水还需要什么？

学生：无机盐溶液。

教师：所以土壤中还可能有？

学生：无机盐。

教师：所以土壤中还可能有无机盐，对吗？

学生：对。

【设计实验】

教师：现在大家将燃烧过的土壤装进大杯里，并用手搓一搓，看看会出现什么？

学生：发现土壤颗粒很细，没有黏性，颗粒大小基本不一致。

教师：很多无机盐都能溶于水中，现在大家可以动手将水倒入烧杯中，观察有什么现象。

【进行实验，获取事实与证据】

学生动手实验：溶解、过滤，得到土壤浸出液。

教师：同学们观察到什么现象？

学生：有些土壤溶解在水里，有些不能溶解。

【分析与论证】

教师：无机盐有些能溶于水，有些不能溶于水，那有什么办法可以分离这杯泥浆呢？

学生：过滤。

【进行实验，获取事实与证据】

学生动手实验：过滤泥浆。

教师：过滤后，大家将滤液倒入蒸发皿中，用酒精灯加热，观察蒸发皿上留下的残留物是怎样的。

学生动手实验：蒸发滤液

蒸发皿中加热滤液，使水分蒸发，并观察蒸发皿上的残留物。

现象：蒸发皿上有很细的结晶物，说明土壤中有能溶于水的无机物。

教师：蒸干滤液后，同学们观察到什么现象？

学生：蒸发皿上有很细的结晶物。

教师：这说明了什么？

【分析与论证】

学生：土壤中含有无机盐。

教师：同学们通过自己动手实验证实了土壤中还含有无机盐。

【交流与评估】

构成土壤的物质有固体、液体和气体三类。土壤固体部分主要由矿物质颗粒和腐殖质组成，其中的矿物质颗粒占固体部分的95%左右。土壤中的空气是土壤生物的氧气来源，水是植物生长的必要条件。

3. 布置课外活动

测测土壤中水的体积分数，详见课外活动案例5——测测土壤中水的体积分数。

第四节　综合科学课程探究活动案例设计

本节的课外活动探究案例与上节的课堂探究活动案例相对应，突出科学探究七个要素的指导作用，重点激发学生学习科学课程的兴趣，培养学生动手实践能力。

活动案例设计1：探究晶体的熔化

（一）课标相关内容

1. 课标相关内容：描述晶体熔化和凝固过程中的特点。
2. 活动建议：观察晶体熔化，描绘晶体熔化图线。

（二）活动材料

一个易于导热的小容器（可用小口径不锈钢杯代替），温度计（0—100℃），海波（硫代硫酸钠），热水（新出沸水90℃左右），冷水，小木棒（可用筷子代替），盛热水的大容器等。

（三）活动过程

1. 阅读材料

硫代硫酸钠，又称大苏打或海波。它是一种无机化合物，分子式为 $Na_2S_2O_3 \cdot 5H_2O$。硫代硫酸钠通常呈白色半透明晶体，熔点为48℃，带有苦味，易潮解，溶于水及酒精。其主要被用作化工生产中的还原剂，棉织物的漂白脱氯剂和照相技术中的定影剂等。

2. 活动过程

【设计实验】

将活动材料按照如图 11-4-1 所示组装，并且设计数据记录表格。

【进行实验】

（1）小容器装适量海波（约小容器高的三分之一）；

（2）把温度计插入海波；

（3）把小容器放入大容器中，并在大容器加入热水，热水不可高过大容器里的小容器高的二分之一高度（如小容器浮起，可用小木棒压住）；

（4）开始每隔半分钟记录海波的温度值；

（5）描绘海波的熔化图线。

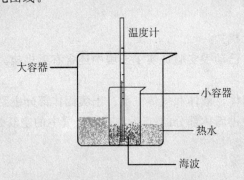

图 11-4-1　海波熔化的实验原理

【分析与论证】

（1）描绘海波的熔化图线有什么规律，这些规律反映了什么问题？

（2）由海波的熔化图线规律，分析、总结晶体熔化的特点。

活动案例设计 2：制作一个简易的雨量筒

(一) 课标相关内容

掌握降雨量的测量方法及测量工具雨量筒的使用方法。

(二) 活动材料

薄铁皮，玻璃瓶，胶布，剪刀等。

(三) 活动过程

1. 制订活动方案

(1) 先用薄铁皮做一个圆柱形的筒，再做一个圆筒状的漏斗，漏斗口高 10cm。漏斗内壁衬一条薄铁皮，高出口子 3~4mm，内直外斜，以防雨水溅失。薄铁皮漏斗的直径约为 20cm。

(2) 圆筒内放一个玻璃储水瓶，将漏斗放在圆筒上，这样漏斗承接的降水就会全部流入瓶内。另外再配置一只雨量杯，用于测定降水量。如图 11-4-2 所示。

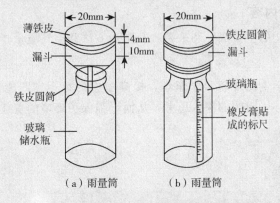

图 11-4-2　简易的雨量筒

(3) 如果没有雨量杯，可以找一个直筒的玻璃瓶，瓶子外壁垂直贴一条白胶布。向气象站借一只雨量杯，量出 1mm 高的降水倒入玻璃瓶内，在白胶布上画出 1mm 降水的刻度。用同样的方法可以画出 2mm、3mm……的刻度，毫米以下的刻度可以用等分法画出。画出刻度的雨量瓶就可以代替雨量杯了。

(4) 如果玻璃瓶口较大，可以把漏斗直接放在玻璃瓶上，下雨后就能从自制雨量杯的白胶布刻度上读出降水量。

(5) 雨量筒应安置在观测场内，筒口要保持水平，离地面的高度为 70cm。

2. 降水量的测定方法

(1) 测定降水量时，先取出雨量筒内的储水瓶，装上事先准备好的空储水瓶，并将存有降水的储水瓶带回屋内，用雨量杯量取降水。

(2) 读数时，雨量杯必须保持水平，视线要同量杯内的水面齐平，读取水面凹下去的最低点刻度线，读数要精确到小数点后一位。有时降水量很小，不到 0.05mm，应记作

0.0mm，表示有降水、但数量极微。如降水量不到0.1mm、但大于0.05mm，就记作0.1mm。

（3）如果降水量大，一次量不完，可以分多次量，每次计量后要记录，并累计得出总降水量。如遇雪、雹等固态降水时，应把漏斗换上承雪口，让固态降水直接落入雨量筒内（取回储水瓶时，应加上盖子，以防蒸发），放在温暖的地方或加入一定量的温水（不能用开水，也不能加得太多），待雪、雹等融化后，用量杯进行测量，再将量得的结果减去加入的温水量便是所测得的固态降水量。

（4）降水量观测一般一天2次。学校气象站可根据实际情况安排观测时间，如上午7时和下午5时。遇到特大阵雨时，在雨过之后就应立即测量，及时了解这次降水的强度。

3. 成果汇报

推选代表汇报和展示"简易雨量筒"的制作成果。

活动案例设计3：调查空气污染情况

（一）课标相关内容

知道空气中污染物的主要成分和来源，及防治方法和空气质量指数的主要内容。

（二）活动目的

通过活动，培养学生的环境科学意识，提高学生的社会实践能力，拓宽学生的知识面，同时引发学生对环境问题的深入思考，从而增强保护环境的责任感，以共同保护我们的生存家园——地球。

（三）活动过程

1. 确定调查主题

调查大气污染对人类的危害。

2. 制订调查方案

（1）成立活动小组；

（2）在教师的指导下，经过师生共同讨论商定，在学校周围或部分学生家庭周围设定专门监测点；

（3）小组成员分工合作，对污染物质的环境浓度进行实测，并取得各污染物的浓度值。

3. 总结调查成果

以小组为单位，参照表11-4-1，根据实践活动取得的真实具体的各类技术参数，撰写科学小论文。

表 11-4-1 我国城市空气质量日报 API 分级标准

污染指数	污染物浓度（毫克/立方米）				
API	SO_2（日均值）	NO_2（日均值）	PM_{10}（日均值）	CO（小时均值）	O_3（小时均值）
50	0.050	0.080	0.050	5	0.120
100	0.150	0.120	0.150	10	0.200
200	0.800	0.280	0.350	60	0.400
300	1.600	0.565	0.420	90	0.800
400	2.100	0.750	0.500	120	1.000
500	2.620	0.940	0.600	150	1.200

活动案例设计 4：测测土壤中水的体积分数

（一）课标相关内容

知道土壤中含有水分。

（二）科学探究过程

【提出问题】

用一只坩埚，一把刻度尺，一只酒精灯和一台精确度足够的天平，你有办法测量土壤中水分体积占土壤体积的体积分数吗？

【制订计划，设计实验】

学生按课堂上的分组，根据课堂上"讨论与交流"的结论和"假设与猜想"的内容，设计实验。

【进行实验】

观察与实验，获取事实与证据。

(1) 实验方法：先选取一规则几何体状（长方体或正方体）的土壤样本，用刻度尺测出其相关数据，算出土壤体积数 V。然后用天平称出其质量 M，再将土壤捣碎，放在坩埚上用酒精灯加热，让其水分充分汽化充分散失，再称其质量 M_1。

(2) 将水分的质量换算成体积，就可以知道水分占土壤体积的体积分数了。

(3) 公式：$(M-M_1)/\rho V$。

(4) 使用提供的器材进行实验操作，并观察测量记录实验数据。

【分析与论证】

分析处理实验数据，与自己的猜想和假设进行比较，与其他组的同学的实验结果进行比较，尝试对不同的结果做出合理的解释。

【交流与评估】

测量出土壤中的水的体积分数后，结合课堂上的实验结果，画出土壤成分构成图，并以适当的形式进行交流。

思考与练习

1. 你认为科学课程实施过程中有哪些主要问题？
2. 为什么说科学课程具有"整合"与"探究"两大特点？
3. 如何结合"整合"与"探究"的两个特点，进行科学课程的课堂教学案例设计？试举例。
4. 如何结合"整合"与"探究"的两个特点，进行科学课程的课外活动案例设计？试举例。
5. 如何结合"整合"与"探究"的两个特点，开发科学课程的校本课程？
6. 查阅资料，尝试进行"物理—化学—生物"的统一性课堂教学案例和活动课案例的设计。

第十二章　科学课程实施中教师的角色

教师作为角色身份的出现源于美国社会心理学家乔治·米德首先将其引入社会心理学，并创立了角色理论。所谓"教师角色"是指处在教育系统中的教师所表现出来的由其特殊地位决定的符合社会对教师期望的行为模式。

21世纪以来，信息化社会和知识经济的发展，引发了我们教育上的深刻变革，这些变革对教师角色提出了严峻的挑战，也为教师角色的转换提供了必要的前提。

面对综合性的科学基本理论和宽广的现代科学技术，科学新课程对于教师来说，最根本的就是对角色的挑战。重新反思自身角色，给自己一个合理的定位，是科学教师适应新课程，提高自身素质，发挥自身职能，优化教学效果的前提。

第一节　如何应对科学课程的诞生

20世纪以来，科学技术进入了有史以来发展最快的历史时期。在以相对论、量子论、DNA双螺旋结构和板块构造学的提出为标志的科学革命的推动下，科学理论无论在深度和广度上均得到迅猛的发展。信息技术、现代生物技术、新材料技术、新能源技术、航天技术等也迅速地改变着世界的面貌，推动着社会的进步。另一方面，在科学技术与社会发展的同时，也产生了生态环境恶化、资源枯竭等一系列负面的问题，严重阻碍了社会的可持续发展。这些都对教育提出了严峻的挑战。同时随着世界范围的教育改革，我国目前已有的初中理科分科教材在教育功能、体系、结构、内容、呈现方式及教学资源的综合利用等方面已日益显露其弊端，不能很好地适应新世纪人才培养的需要，亟须编写一套符合初中生认知规律、心理特点和生活经验，有利于培养他们的创新精神和实践能力并具有鲜明的时代特征的初中理科综合教材。正是在这样一种大的大背景条件下，我国基础教育的科学课程诞生了。

科学课程实施的成功与否，说到底还是广大教师本身应当恰当应对基础教育改革的要求，彻底改变教育概念，恰当地应对课程对其在全面科学知识、过硬实验动手技能和基本创新能力素质等方面的要求。教师应如何面对新的科学课程呢？

一、认真学习新课标

全面完整理解新课标的要求，认真学习有关课改的文件及交流文章，及时了解新教材教学中的动向，指导自己进行教学。

（一）课程目标观的创新

科学新课程的三维目标强调教育的培养目标应该体现时代要求，在传授知识的同时，要重视学习的过程与方法，要培养学生积极的情感、态度和价值观，以顺应科技、文化、教育全面创新的时代潮流。这表明,课程价值的重心发生了重要的位移,即从单纯突出国家教育意志到兼顾学习者个体的充分发展。它不偏废学生科学和人文素养的优化和社会责任感的提升,以期在结束学校课程后的学习者能够真正成为立足创新的一代新人。

（二）课程内容观的创新

科学新课程要求改变课程内容"难、繁、偏、旧"和过于注重书本知识的现状,提出一个"加强"和两个"关注",即加强课程内容与学生生活、现代社会和科技发展的联系,关注学生的学习兴趣和经验。要发挥教师选择、重组和优化教学内容的主体性和创造性,开放学生自主学习和个性化学习的课程空间。

（三）课程资源观的创新

在封闭、应试型的课程范式中,教师只是扮演着国家指定教科书的忠实执行者的角色,课程内容和教学进度均是整齐划一的,且有课程终端的统一考试作为严格的"把守",教师自然缺乏对课程资源的自觉意识。《基础教育课程改革纲要》强调"积极开发并合理利用校内外各种课程资源",从而唤醒了广大教师的"课程资源意识"。除了校内课程资源以外,还有社会资源、自然资源、信息资源等等,所有这些课程资源为教师拓宽了课程空间和教学视野,为其走出"教科书为中心"的应试教育误区、释放教学潜力、创造凸显鲜明风格的"自己的课程"提供了必要的前提。

（四）课程评价观的创新

《基础教育课程改革纲要》在对教师和学生评价两个向度上作出了根本的调整。就教师而言,要求以教师自评为主,强调教师对自己教学的分析与反思,校长、教师、学生和家长对评价的参与,都是为了促进教师创造性教学水平的提升。就学生而言,教师对其评价的重点是发现和发展学生多方面的潜能,帮助学生认识自我并建立自信。

（五）课程环境的变化

传统的课堂教学,教师要认真钻研教材,了解学生,其最终目的是让学生更好地理解书本知识,掌握书本知识,获得技能。而新的课程改革中,课程环境愈来愈引人注意,它让教师重新将教学置于一个复杂的系统环境中来考察,而不是置之不理,课程环境包括教师、学生、环境和内容四个要素,具体如图 12-1-1 所示。

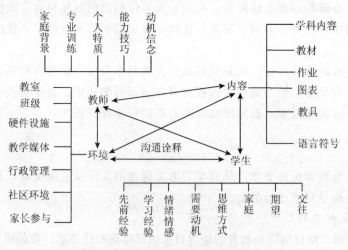

图 12-1-1　新课程标准倡导的课程环境

这一课程环境由教师、学生、内容和环境四要素整合而成，课程变成一种动态的、生长性的"生态环境"。每个要素之中又包含了许多细节因素，每一个细节不管它如何微小，都是生态环境中不可缺失和忽视的有机组成部分。这种生态模式强调在课程中教师、学生、内容和环境各要素之内以及各要素之间存在一种互惠沟通关系。教师要不断关注这些要素的起始状态和变化，随时准备调整自己的教学。

不同时代的社会对教育的不同要求就会导致教师在教学过程中所扮演的角色不同。面对上述一系列的创新和变化，传统的教师角色在新课程的背景下已基本上不适应了，或者说是远远不够了。可以说新课程对教师来说最根本的就是对其角色的挑战。因此作为新课程改革理念的直接应用者，课程实施过程中最直接的参与者的教师必须客观地、科学地、合理性地反思自己的角色，摆正自己的位置，充分发挥好自身的角色作用，以保证新课程的有效实施。

二、全面提升自己的科学素养

（一）关注学科专业知识的扩展、整合和更新

综合性是科学课程的一个显著特点，这一特点要求科学课程教师能在统一的科学概念的基础上，将生命科学、物质科学、地球科学三大领域内的基本科学事实、概念、原理和规律整合起来。而我国目前科学课程教师单一的知识结构、狭窄的知识面无法适应这一要求。从而导致了很多教师"面对不是自己专业的知识，备课颇费精力，在课堂上束手束脚，不敢放开来讲"。因此，科学课程教师的培训必须扩大专业口径，拓展相关理科（物质科学、生命科学、地球空间科学等）的知识面和技能，学习理科综合的思想方法；加强人文科学、数学、物理学、化学、生物学、地理学等学科之间的渗透，加强科学文化的教育，加强科学发展历史的教育，帮助教师扩展、整合学科专业知识。同时，还要注意科学知识的更新，帮助教师了解科学学科的前沿知识，了解科学学科研究发展的趋势，帮助教师更新学科专业知识。

（二）整合自身的知识结构

知识是教师素质的一个基本内容和重要前提。过去人们常常用"学富五车，才高八斗"来形容教师的知识水平。现代社会是一个信息社会，知识急剧的增长，置身其中的高中化学教师要具备哪些知识才能使其更快地适应新课程中的角色，更好地投身于新课程之中呢？随着知识经济时代的到来以及知识一体化趋势的形成，自然科学、社会科学和人文科学在高度分化的基础上走向高度统一。因此，教师要加强科学文化素质的培养，使自己的学科知识深度达到本学科知识发展的前沿，并以之为核心构建相应的新课程发展所需要的知识结构，广泛涉猎、努力掌握相关学科的基本理论和基本技能，形成文理渗透、理工相兼的知识结构，以适应新世纪科学技术日益综合化、整体化，多学科渗透互补、相互融合的发展趋势。同时，作为一名教师还要掌握教育科学的基本原理，懂得教育规律和学生身心发展规律，研究教育名家的教学思想和知名教师的教学经验，科学地指导和培养学生。

（三）多元化的专业能力

观念是教师教学的灵魂，知识是教师教学的基础，技能和能力是教师教学的关键。科学教师的专业能力是指进行科学教育活动必备的工作本领，是科学教师整体素质的核心，

是新课程得以顺利实施的前提。科学教师只有形成合理的适应新课程的专业能力，才能在新课程的实施过程中做到游刃有余，取得好的效果。初中科学教师的能力包括方方面面，主要包括教学设计能力、教学实施与调控的能力、教学评价与反思能力、科学实验能力以及科学教学研究的意识和能力等。

（四）充实教育理论知识，更新教学理念

科学课程改革的顺利实施关键要以先进的教育思想、教育理念为指导，而这又正是初中科学课程教师的薄弱环节。因此，科学课程教师培训应该注重教育理论的更新，打破教育类课程的"老三门"即"教育学、心理学、教学论"的传统，开设比如：现代教育思想，科学教育心理研究，初中学生生理、心理发展特点及规律研究等课程，帮助教师更新教育观念。

1. 新的教育理念

教育理念是指教师在对教育工作本质理解的基础上形成的关于教育的观念和理性信念。没有理论的实践是盲目的，没有实践的理论是空洞的。只有在正确的教育理念的导向下，才会有正确的教育实践。新课程下，科学教师应该用远大的目光去审视新课程的要求，确定适应新课程的教育理念。

2. 树立学生的学习主体地位

教师应树立以人为本的思想，教育学生做自己命运的主人，做社会的主人，而不仅仅是知识的主人。教师应该退出曾经的"主导者"的地位，让每位学生首先成为一个具有独立发言权的个体，并以开放宽容的心态去对待敢于挑战传统的、个性鲜明的学生。教师的任务不再仅仅是"管理学生"和"教会学生"，而应该把开发学生潜能、培养学生能力、提高学生素质作为教育的根本任务。未来的科学教育是面向大众的，有着培养科学家和提高公民科学素养的双重责任，不仅要培养科学家，更多的是培养具备良好科学素质的公民。新课程要求科学教育要面向全体学生，以每一位学生的发展为本，让学生"学会做人、学会求知、学会生活、学会劳动、学会健体、学会审美"，成为适应时代发展需要的全面发展的人。

3. 准确把握教师的主导地位

新课程所倡导的新理念将深刻地影响着教学实践的变革，教师也应该随着学生学习方式的转变而建立自己的教学方式。首先，教师要树立跨学科的教学观。新课程的开放、创新、终身化趋势，迫切需要教师由"专才"发展为"通才"，从"能教什么"、"会教什么"向适应"需要教什么"转变。21世纪的教育领域不再是只通晓单一学科的教师发挥作用的天地，单科型教师将被和谐发展、知识渊博、且有高度修养的全能型教师所取代。跨学科教学观可以克服离开所学专业便寸步难行的尴尬局面，更有助于克服长期以来知识面狭隘、不同学科教师之间少有交往甚至相互冲突的弊病。同时，也只有跨学科教师才能在教学中提供更为广泛的知识背景，做到高屋建瓴、游刃有余，才能为科学教学提供更为优良的环境，更好地促进学生的全面发展。

（五）重视教育科研意识和能力的培养

教育科学研究是提高教师素质，发展专业化水平的重要方法和途径，也是实施"科研兴教，科研兴校"理念的必要前提。但是，目前我国科学课程教师反思、研究的意识不强，而且也不是所有的教师都会做研究，因此教师培训应该重视科学课程教师科研意识和能力的培养。首先，要开设与之相关的课程。比如：科学教育研究方法等。其次，应该组织科学课程教师参加教育科研实践，联系科学课程改革的实际及出现的问题进行专题讨论与研究，创造浓厚的学术氛围。再次，要重视校本研究。

（六）虚心向同事学习

要重视课改，理、化、生、地理科老师均要参与科学课的教学工作，不懂的东西及时求教同事，争取多听同事们的课，取长补短，积极参与区教科中心组织的交流活动，争取到课改较早的地区多听课，及时改进自己教学中存在的问题。

三、改进教学方法

（一）多听取学生的意见

教学相长，现在学生获取信息的渠道多，知识面广，头脑灵活，从他们中亦可以学到很多东西，通过向学生学习，不断丰富教学手段，完善教学方法，成为一个合格的科学教师。灵活使用科学新教材，培养学生主动探究知识的能力。儿童天性好奇、好动、好学。实施素质教育的今天，根据学生好奇心重，求知欲强，对新知识的探求有很大潜力的特点，在现代科学教学中，我们要灵活使用教材，引导和培养学生探求新知识的兴趣，这样学生自行探求新知识的能力就可以得到极大的提高。那么如何灵活运用教材，培养学生在现代科学教学中探求知识的能力呢？为了使学生的科学学习具有广阔的智力背景，科学教育不能局限于教材，要灵活运用教材，必须利用和开发多种多样的课程资源。科学教育的课程资源无处不在，无时不有。从空间上可分为学校资源，家庭资源和社区资源三类；从性质上包括人、物、环境三大资源。要想灵活的运用教材，教师必须充分调动家长、学生以及其他社区成员的积极性，并根据自己学校特有的自然环境和人文环境，以多种途径、多种方式、多种渠道开发与利用丰富的课程资源，共同促进学生科学素养的提高和发展，从而培养学生主动探究知识的能力。

（二）选择有利于学生亲历探究过程的学习内容，激发学生探求的兴趣

科学课程在培养学生科学素养的时候，重点不在于科学知识体系的传授，而在于通过引导学生亲身经历科学探究的过程，激发其对科学的兴趣。兴趣是人们认识某种事物与积极的情感相联系的认知倾向，它是在需要的基础上，在实践的过程中形成和发展起来的。从某种意义上说，兴趣是学生学习动机中最现实、最活跃的因素之一。学生的学习兴趣，不仅能转化成学习的动力而且也能培养学生探求知识的能力。学生的科学学习活动具有明显的年龄特征，他们对自然事物与现象的把握是很具体的，只有便于体验和理解的内容在他们科学素养的形成过程中才有意义。因此在灵活使用教材内容上要注意从儿童身边的自然事物和现象中选取课程资源，这样便于学生以生活经验和周围环境为基础进行探究活动。从而满足了他们的好奇心，在他们原有的经验基础上，进一步培养了他们探求知识的能力。

（三）注意时间、空间的开放性

在科学课教学中，要灵活运用教材，就必须向学生开放时间与空间。科学的探究仅仅凭课堂40分钟是不够的，40分钟很快过去了，还有那么多的争议，那么多的问题，针对这种情况，教师应布置实践性的家庭作业，让学生在课余时间或回家后继续探索，然后写出报告。在科学课教学中，还要注重在真实的场景中进行教学，积极的把学生学习的场所

引向生活和大自然。如教学《我看到了什么》《我的大树》《寻访小动物》等课的教学，将学生的学习置于广阔的背景之中，帮助他们不断扩展对周围世界科学现象的体验，丰富他们的学习经历。

(四) 善设问题情景，引发兴趣，获取新知

科学探究的第一步是发现问题，是在分析问题情景的基础上产生的。因此，能否善于创设问题情景直接影响着捕捉"经历"的启动与发展的契机。比如让学生用碘酒去检验哪些食物中含有淀粉，并且能够根据食物遇碘变成蓝色后，利用蓝色的深浅来确定食物中淀粉含量的多少。在活动之前，带领学生去采访有关厨师，初步了解一些关于淀粉的知识，将课堂的知识与生活紧密联系，在活动中充分发挥"材料超市"的作用，让学生在近三十种日常生活用品中，根据自己的喜好、兴趣，选择自己喜欢的食物去检验它的淀粉含量。这种方式可以激发学生的学习兴趣，使他们乐学、爱学。给学生充足的时间，使教师由原来的"教导"转变到了现在的"指导"，学生的学习行为也由"封闭"逐渐走向了"开放"。总之由于在原有教材基础上灵活的运用教材，使学生通过理性分析，动手实验等活动，不仅获得了要掌握的科学知识，同时也有效地培养了学生的观察能力和自行探究知识的能力。

第二节 小学科学课程教师的角色

信息化的发展，强烈要求传统的维持性学习方式必须向创新性学习方式转变，这就要求我们教师用新课程的理念对曾经被视为经验的观点和做法进行重新审视，必须从传统的局限于课堂40分钟传授角色向教育过程的指导者、组织者、参与者的角色转变，教师要有更大的适应性和灵活性来面对自己的工作。社会发展到今天，科学技术飞速发展，社会急剧变革，计算机及信息技术也广泛地应用到教学中来，师生之间已经不完全是单纯的传递和接受关系了，学生可以从其他渠道获取知识，有时候甚至在某些方面比教师知道的还多，教师的权威地位受到了威胁，教师和学生的关系不那么单一了，教师的角色也多元化了。

一、小学科学课程的基本理念

(一) 科学课程要面向全体学生

面向全体学生，就是意味着要为每一个学生提供公平的学习科学的机会和有效的指导。同时，它充分考虑到学生在性别、天资、兴趣、生活环境、文化背景、民族、地区等方面存在的差异，在课程、教材、教学、评价等方面鼓励多样性和灵活性。

学生是科学学习的主体。学生对周围的世界具有强烈的好奇心和积极的探究欲，学习科学应该是他们主动参与和能动的过程。科学课程必须建立在满足学生发展需要和已有经验的基础之上，提供给他们能直接参与的各种科学探究活动。让他们自己提出问题、解决问题，比单纯的讲授训练更有效。教师是科学学习活动的组织者、引领者和亲密的伙伴，对学生在科学学习活动中的表现应给予充分的理解和尊重，并以自己的教学行为对学生产生积极的影响。

（二）科学学习要以探究为核心

探究既是科学学习的目标，又是科学学习的方式。亲身经历以探究为主的学习活动是学生学习科学的主要途径。科学课程应向学生提供充分的科学探究机会，使他们在像科学家那样进行科学探究的过程中，体验学习科学的乐趣，增长科学探究能力，获取科学知识，形成尊重事实、善于质疑的科学态度，了解科学发展的历史。但也需要明确，探究不是唯一的学习模式，在科学学习中，灵活和综合运用各种教学方式和策略都是必要的。

（三）科学课程的内容要满足社会和学生双方面的需要

应选择贴近儿童生活的，符合现代科学技术发展趋势的，适应社会发展需要的和有利于为他们的人生建造知识大厦永久基础最必需的内容。这些内容需加强科学各领域之间的有机联系，强调知识、能力和情感态度与价值观的整合。

（四）科学课程应具有开放性

这种开放性表现为课程在学习内容、活动组织、作业与练习、评价等方面应该给教师、学生提供选择的机会和创新的空间，使得课程可以在最大限度上满足不同地区、不同经验背景的学生学习科学的需要。这种开放性还表现为，要引导学生利用广泛存在于学校、家庭、社会、大自然、网络和各种媒体中的多种资源进行科学学习，将学生的科学学习置于广阔的背景之中，帮助他们不断扩展对周围世界科学现象的体验，并丰富他们的学习经历。

（五）科学课程的评价应能促进科学素养的形成与发展

评价既要关注学生学习的结果，更要关注他们学习的过程。评价指标应该是多元的，要包括科学素养的各个方面；评价方法应该是多样的；评价主体则应包括教师、学生、家长等（具体请读者参见本书第一章第一节，"五、科学课程的评价"）。

二、新课程理念下小学科学教师角色的定位

（一）新型的科学知识传授者

在新课程改革的过程中，教师的角色有了新的变化，确切地说是赋予了更多更新的内容和意义。由于对新的教师角色的片面理解，致使一些人对传统教师角色的全盘否定。对于"知识传授者"这一传统的教师角色开始被很多人忽视，甚至被认为是中小学教育、课程与教学存在的问题的根源，进而提出现代教师的角色不应该再是"知识的传授者"了。这是一种片面的看法，其实，教育和课程实际上是以"知识的传递和传播"为核心基础的，这是教育与课程的起源和历史所规定的，是不以人们的意志为转移的。

教师首要的角色是知识技能的传授者，这是教师的传统角色，也是教师的现代角色。对于基本的科学概念、科学原理及实验基本操作等基础性知识，仍然需要教师传授。只是新课程对于这一角色有了新的要求。

首先，新课程条件下，教师在传授科学知识时要重视知识的形成过程。人们常说，科学知识是人类智慧的结晶，而知识的形成过程处处浸透着智慧。现代社会，多一点知识，少一点知识，无大碍；多一点智慧，少一点智慧，就相去千里了。掌握了知识形成的过程，领悟了知识形成过程中人类的智慧，才会有认识能力，才会有学习能力，才会有创造能力。

新课程条件下的科学课程教师，在传授知识的过程中要重视学生的发展，重视学生的

学，重视学习过程和学生的个别差异，加强学生之间的横向交流和师生之间的纵向交流。师生互动是教学的中心环节，小学科学教学中一定要引导学生积极参与。

在新课程的课堂上，科学知识将由三部分组成：其一，教科书及教学参考书提供的知识；其二，教师个人的知识；其三，师生互动、生生互动生成的新知识。只有把学生之间的横向交流和师生之间的纵向交流有机贯穿起来，组成网络，用最优化的信息传递方式，确保学生的思维在学习过程中始终处于积极、活跃、主动的状态，使传授知识的过程成为学生主体活动的展开和整合过程，才符合现代教学论的规律。

作为新型的知识传授者的科学课程教师要在教学中广泛联系实际，科学教学要密切联系社会和生活才会激发学生学习兴趣，才更容易被接受。科学无所不在，科学就在我们周围，能源、环境、材料、生命是21世纪科技的四大支柱，它们都离不开科学。教师在备课中可找寻与实际相关的素材补充到教学中。

（二）科学学习的引导者、促进者

科学课程的教师作为学生学习的合作者和促进者，应参与学生对知识的建构，引发并适应学生的观念（包括错误的观念），参与学生的开放性的探究，引导学生掌握科学探究的方法和步骤。教师应该从"独奏者"的角色过渡到"伴奏者"的角色，不再主要是传授知识，而是帮助学生去发现、组织和管理知识，引导他们而非塑造他们，教师的职责不在于完成自己的教学任务，而在于怎样促进学生学习的发生。教师作为学生学习的促进者，其角色的活动主要围绕学生的学习来进行。

首先，科学课程教师要利用自己的知识、经验和能力方面的优势，帮助学生在主动的学习过程中确定适当的学习目标，并确认和协调达到目标的最佳途径。

其次，课堂教学中，科学课程教师要创设丰富的教学情境，激发学生的学习动机，培养学生的学习兴趣，充分调动学生的学习积极性；注意创造条件，培养学生的自我意识和自我教育能力，为学生建立一个宽松的自己构建知识的课堂气氛，让学生主动参与、独立思考，积极探索，养成良好的学习习惯；在课堂上充分地为学生提供合作讨论、发表意见的时间与机会。教师还要鼓励学生敢于和善于提问，教师不必也不可能对学生提出的每个问题都给出确定的答案，但应该知道并能指导学生通过什么渠道去寻找答案。教师和学生一起面对问题、解决问题，与学生分享自己的感情和想法，给学生心理上的支持，采取各种适当的方式，给学生以心理上的安全和精神上的鼓舞，提高学生的科学学习兴趣。

（三）科学校本课程的开发者、决策者

新课程改变课程管理过于集中的现状，实行国家、地方、学校三级课程管理，增强课程对地方、学校和学生的适应性。

过去的课程是"框框"，新的课程是"跑道"。按传统教学观的解释，教学计划、教学大纲、教材是教学工作的"法律"，教师要绝对执行。要"以纲为纲、以本为本"，教学、考试如果"超纲"，将被视为"大逆不道"。在这样的课程管理体系下，教师根本没有参与权和管理权，更谈不上决策权。

为了培养教师和学生的创新精神和创造能力，为了实现个性化教学，新课程的三级课程管理体系把中央集权与地方分权、社会需要和学生发展、国家统一的教育目的和学校教育的办学特色辩证地结合起来，这是课程管理理论的一大发展。它不但为地方课程、学校课程预留了自由课时空间，具有相当大的不确定性，而且，从课程标准到教材都贯彻了民主性、开放性精神。可以说,新课程体系实现了由"制度课程"到"民主课程"的转化。课程的不确定性和民主性要求教师必须要参与课程管理和决策过程,依据自身的经验、情感、价值等多方面的因素,对不统一的教学对象进行个别化教育,对不确定的教学内容加大综合性,让教材留有较大的余地。它体现了教师在教学过程中将拥有更大的自主权。因此,在新课程目标下的教师应发挥主人翁的作用,积极参与到课程的管理中去,对课程的开发、组织和管理献计献策,充分体现教师的开发者、决策者和管理者的角色。这也是新课程对教师提出的新的要求。

（四）教育教学的研究者

1926年国外一名学者在《教师的研究》一书中表达了这样的思想:"教师有研究的机会,如果抓住这种机会,不仅能有力而迅速地发展教学技术,而且将赋予教师的个人工作以生命和尊严"。课程编制过程模式的创立者斯滕豪斯（L. Stenhouse）则明确提出"教师即研究者"。

教师即研究者意味着教师在教学过程中要以研究者的心态置身于教学情境中,以研究者的眼光审视和分析教学理论和教学实践中的各种问题,对自身的行为进行反思,对出现的问题进行研究,对积累的经验加以总结、概括和升华,使其形成规律性的认识。教师的这种研究实际上就是一种"行动总结":它是对行动进行的研究,即不是脱离教师的教学实际而是为解决实践中的问题所进行的研究。

素质教育背景下的新课程,使教育情境中的问题大量增加并变得非常复杂,因此"教师即研究者"这一要求在新课程中显得尤为重要,教师必须逐步养成自我反思、科学设计教育教学行为、从事教育行动研究的意识和能力,这既是素质教育发展的需要,又是促进学生发展的需要,同时也是教师自身发展的需要。

科学课程教师要从事一些与自己的教学有关的科学研究,从理论上提高自己的业务水平。目前还有一些科学教师认为教育研究是教育专家的事,小学教师没有必要参加,并且对教学也没有多大作用。传统教学中,国家统一编写教材,统一规定学生需要掌握的知识（即教师所要传授的知识）。而新课程视野下教师是课程开发和教学研究的主体,要通过自己的努力使课程地方化、校本化、个性化、综合化,实现课程教学综合化和知识的融会贯通,主动投入到课程理论与教学方法的研究与实践中去。与新课程同行,教师要树立"成果意识",把自己在教学中呕心沥血积累的教学经验进行理论化。

在新课程背景下,教师对教育教学活动的探索和研究内容主要表现为:教育实践和研究的理论依据的学习、新课程理念的学习和先进教育教学理论的学习;新课程资源的开发运用研究;指导学生学会科学学习的研究;培养学生自主学习精神、创新意识和实践能力的研究;综合实践活动课程和研究型学习的组织研究;教育科研方法特别是教育行动研究法的运用与研究。明确新课程视野下教师的研究内容和掌握切实有效的研究方法是教师进行"教师即研究者"角色转变的关键。在新课程形势下,如果教师缺乏对教育教学的探究,是无法适应新课程发展需要的。

三、科学课程实践中教师角色的基本技能

科学课程的教师必须掌握科学课程基本的教学技能,从教学法和教育心理学的角度来看,科学课程基本的教学技能,与其他学科的基本的教学技能没有本质的差别,从整个科

学课程优化设计来看，其内容主要有：①教学媒体使用技能；②课堂教学技能；③组织和指导课外活动（活动课、第二课堂）技能；④教学设计技能；⑤教学研究技能等。

单纯从课堂来看，结合小学教学的基本规律和教学特点，即从科学课堂结构的角度，分析科学课堂的教学环节，将科学课堂教学技能划分为最基本的十类即：①教学语言技能；②导入技能；③板书、板画技能；④提问技能；⑤演示实验技能（包括教学媒体使用技能）；⑥讲解技能；⑦变化技能；⑧强化技能；⑨结束技能；⑩科学课堂组织技能。

第三节 初中科学课程教师的角色

在现代社会，教师作为文化传承执行者的基本职能并没有变，但他却不再直接以权威的身份向学生传递经验，而是通过间接的方式实现文化传递，以各种方式调动和引导学生参与学习活动，引导学生在自己精心设计的环境中进行探索。教师不再是单纯的传递者，而有可能同时作为学生的同伴、活动的组织者、学生学习过程的支持者和帮助者等等，教师的角色越来越向多重化方向发展。联合国教科文组织在《学会生存——教育世界的今天和明天》一书中对未来教师角色作了这样的描述：现在教师的职责已经越来越少地传递知识，而是越来越多地激励思考，教师必须集中更多的时间和精力从事那些有效果的和有创造性的活动：互相了解、影响、激励、鼓舞。

一、初中科学课程对传统教师角色的挑战

（一）教育理论的更新对教师角色的挑战

科学新课程反映了当代新的教育思想，明显地受到了建构主义理论的影响。这一理论也构成了科学新课程中教师行为的一个因变条件。建构主义教学理论认为，人的认知不是被动接受的，而是通过自己的经验主动建构的，教学应当力求学生进行知识的建构，而不是要求他们复制知识。建构主义教学理论有利于学生创造精神和创造力的培养。这一理论与以往教学理论相比对教师的角色产生了如表 12-3-1 所示的影响。

表 12-3-1　教师角色的理论模型

理论基础	行为主义	信息加工理论	认知建构主义
对知识的认识	知识存在并独立于人们之外	知识是普遍的客观外在的，但是受先前经验的影响	知识是个体建构的，取决于个体认知者的先前经验
教学活动目的	向学生灌输前人的知识技能体系	帮助学生对现实进行加工	帮助学生对新的信息重组改造，生成新的意义
学生角色	接收器（转换台）	有选择性能的计算机	科学探索者，知识的自组织者
教师角色	知识的传授者	知识的管理者	学生发展的促进者

续表

理论基础	行为主义	信息加工理论	认知建构主义
教师角色的表现	将知识、技能分解，并从部分到整体的、有组织地加以呈现，学生通过倾听、练习和背诵再现由教师所传授的知识。让学生回答教材中的问题，记课堂笔记	向学生示范知识分类的策略，鼓励学生利用概念图建立联系，帮助学生掌握控制思维过程的技巧、促进元认知	通过相互矛盾的事物引起学生认知的不平衡，引起学生完成解决问题的活动，检测他们发现后的反思。教师应引发和适应学生的观念，参与学生开放式的探究，引导学生掌握真正的研究方法和步骤

上述教师角色的分类是为了详细说明不同教学理论对教师角色的影响。帮助教师认识教师角色形成的深层原因，并可以分析自己的认识论和知识观。当然，不同的教师角色可能促进不同的教育目标的实现，因此对于上述各种角色，不完全是批判性的，更不是非此即彼的，但是不同的时代，都有着代表性的根本角色，教师角色的转换就是这种改革意义上的变化。广大科学教师要学习各种现代教育理论，确定这些理论对新课程改革的影响以及对新课程下教师角色的影响，用先进的教育理论指导自己的教学实践。

建构主义的产生和发展被认为是对学习理论的一场革命性的变革，对人类的学习有着深刻而独到的见解，对现实的教学实践也产生了深远地影响。它是行为主义发展到认知主义以后的继续发展，但它与这两种理论有着本质上的不同。行为主义认为，学习就是建立刺激与反应之间的联系，在课堂教学中，知识就是客观的外部刺激，教师的任务就是设计小步子，把客观知识传递给学生。他们无视甚至反对对学生的内心心理活动进行研究，因此，它很难解释人的高级学习行为。认知主义理论改变了行为主义理论中不谈内心思维过程的做法，重视学习过程中个体对信息的主动选择、加工、储存。但是它认为知识是事先以某种预定的形式先验地存在着，个体必须首先接受它们，然后才能进行认知加工。

建构主义在知识观上带有明显的相对主义倾向，认为知识是不确定的。就知识的本质而言它不是对客观世界的反映，也不是对现实的准确表征，而是个体适应现实的结果。是个体体验的反映，这种反映只是一种暂时的解释、假设，随着人类认识的进步会不断被推翻，并出现新的假设。就每个个体而言知识不可能以实体的形式存在于个体之外，虽然我们通过语言、符号赋予知识一定的外在形式，但不同的学习者可能对这些知识有不同的理解，每个个体都在与客体相互作用的过程中构建着自己的知识。由于个体的经验背景和文化背景不同，他们建构的知识，以及他们对现实的理解也可能不同，因而知识是不确定的。

建构主义学习理论，强调学生是学习的中心，学生是学习活动的主体，是自身认知结构建构的决定者。学习过程即学生的主动建构的过程，学生头脑中已有的知识、经验、需要、信念、价值观念等都会影响学生的知识建构。即使对于那些他们还没有接触过，还没有形成经验的问题，他们往往也可以给予自己已有的相关经验，凭借自己的认知能力和认知策略，形成对某一问题的推测性的解释。因此，学生在学习的过程中是一个主动的个体。

建构主义学习理论在突出学生主体地位的同时，也对教师的角色提出了新的要求，即要求教师从知识的传授者、灌输者转变为学生主动建构意义的帮助者、引导者和促进者。

（二）课程环境的变化对教师角色的挑战

科学课程标准为教师提供了新的课程环境。这种新的课程环境与传统的课程环境的区别如表12-3-2所示。

表 12-3-2　传统课程环境与新课程环境的区别

表现方向	传统的课程环境	新的课程环境
教师与学生的活动	教师中心	学生中心
学生发展的关注范围	单方向发展	多方面发展
学生的学习方式	独立学习	合作学习
学生的学习状态	接受学习	探究式学习
学生的学习反应	被动反应	有计划的行动
学习活动的内容	基于事实基础的学习	批判思维和基于选择、决策
教学的背景	孤立的人工背景	仿真的、现实生活中的背景
教学媒体	单一媒体	多媒体
信息传递	单向传递	（双向）多向交往

从上表中，可以真切地感受到传统课程与新课程为教师提供的发展环境的鲜明反差。新课程对课堂教学结构的触动是深层次的，它涉及教学目标的动态性、教学内容的综合化、教学方式的多样性、教学评价的多元化等多方面的问题。在新的环境中，原有的确定性消失了，取而代之的是课堂中的种种不确定性。毫无疑问，这对已经习惯了传统课堂教学模式的教师来说，无异于一场"革命"。

课程环境的转换，对教师的专业技能提出了更高的要求。首先，课堂变得更加开放、自由。教学过程充满了变数或不确定性，为此，教师必须具有驾驭动态的课堂教学的能力和智慧，从而使课堂真正成为"适合学生学"而不是"适合教师教"的场所。其次，教师还需要进一步提升教育科研的能力。新情况、新问题在新课程实施的过程中将会不断涌现，教师应该明确自身的责任和使命，主动地研究这些新情况、新问题，寻求变革自身教育、教学观念和行为方式的新路径。最后，课程改革最终必将归结到课堂教学的改革中来。新课程需要开放的课堂，为学生的主动探究、合作学习提供广阔的空间。这意味着教师在课堂教学中需要创设开放的教学情景，营造良好的课堂氛围，形成合理的互动结构；教师还需要善于发现课堂中生成的各种教学资源，直面学生创造性的想象、挑战性的问题。这些都对教师角色提出了巨大的挑战。

（三）课程的整合对教师角色的挑战

科学课程的一个突出的特点就是"整合"，它试图超越学科的界限，通过统一的科学概念和原理，不同学科的领域知识与技能之间的融合与连接，科学、技术与社会的互动与关联将科学内容整合起来，使学生能从整体上认识自然，从基本的科学观念上理解科学内容。传统的教师只需懂得一门学科的基本知识就能胜任教育工作的状况在科学课程逐步实施的背景下显然不能适应了。

然而，我国目前大部分教师存在教什么懂什么，不教什么就不懂什么的问题，久而久之，就形成了"知晓教材的内容，而与教材相关的内容知之甚少，无关的东西一说就茫然"的现象，这就要求教师去涉猎其他学科的知识；学会合作，学会依赖群体的智慧解决教学改革中遇到的问题；学会运用信息技术来开发课程资源等等。

二、初中科学课程中的教师角色的转变

（一）从师生关系的角度看教师角色的转变

1. 由"课堂的主宰者"转向"平等中的首席"

在我国传统的教育观念里，人们往往把信息传递关系作为师生关系的一种核心关系，因此传统的教师凭借其在信息上的垄断性、权威性，通常在这种关系中扮演着权威者的角色。在课堂教学中，教师对学生处于"我教你学"，"我讲你听"的地位，主宰着课堂的一切。而学生完全任教师摆布，受教师灌输，始终处于被动的服从地位。随着时代的发展，法律的健全，尤其是进入信息时代以后，人们获得信息的渠道越来越多，即使对年幼的学生，教师也不再是他获得信息的唯一渠道，传统教师权威的根基已被颠覆。如果依然抱着教师绝对权威的观念，依然以居高临下的姿态俯视学生，将会严重阻碍学生的全面健康的发展。

因此，我们必须打破教师"主宰一切"的局面，建立师生之间的平等关系，在这种关系中，学生既作为一个具有独立人格的人，又作为学习者积极地参与教学活动，也能在与教师相互尊重、相互合作、相互信任中全面发展自己，获得成功和价值的体验，并感受到自主和尊严。但是由于学生年龄、生理、知识、个性和能力等都处于发展之中，教师在许多方面具有明显的优势，因此在平等的前提下，教师又不可能完全等同于学生，而要肩负起育人的职责，起着组织、引导、帮助、促进的作用，即成为"平等中的首席"。

2. 由知识灌输者转向科学素养的培养者

传统的教师角色职责几乎没有超出"传道、授业、解惑"这六个字的范围。然而，随着时代的发展，一方面学生获取知识的渠道逐渐多样化，另一方面学生科学素养的提高越来越为人们所重视，教师的角色必然要发生变化。

初中科学课程的提高每一个学生的科学素养为总目标。但在传统甚至现在的科学教育中，存在着片面重视学生对科学知识与技能的掌握，忽视学生对科学方法、对科学、技术和社会关系的理解，忽视学生的科学精神、科学态度、科学价值观以及科学意识和科学行为习惯的形成的现象。如果不改变这种现状，实现教师角色的这一转变，那么科学课程改革的目标就很难实现。

在学生科学素养的形成过程中，教师应该善于运用多种教学方式，激发学生的兴趣，重视学生的探究过程，让学生在"体验"的过程中养成科学方法、科学态度、科学价值观。同时灵活运用多种评价对学生进行积极的引导。

3. 由单向传递者转向多向对话交往者

在传统的教学中，传授式几乎是教师课堂教学的唯一方式，教师成为信息的"单向传递者"，这就导致了学生的被动状态，忽视了学生的主体作用。

科学新课程强调在教学过程中师生的交往和对话。交往是一个有目的的活动过程，它

是师生之间或生生之间为了协调、沟通、达成共识，联合力量去达到某一目的而进行的相互作用。在教育中，交往实际上是了解学生智力背景的过程；对话是交往在教学中的重要表现形式，通过对话而发现自我和探索真理；对话的过程亦即是个体从狭隘走向广阔的过程。对话过程也是师生之间、学生相互之间智力、感情、观点、观念、思想交流与碰撞的过程，能激发学生的智慧、潜能，激发学生学习的兴趣、动机，激发学生相互学习、相互合作的热情，保持学生的好奇心，引发和培养学生的问题意识，营造良好的学习氛围。

（二）从课程运作的角度看教师角色的转变

从课程运作的角度来看，教师应该由原来单纯的执行者转向课程的决策者和开发者。新课程大大增加了课程实施的不确定性，诸如课程的灵活性和弹性加大，教学内容和评价标准的不确定性，以及知识、能力、过程、方法、情感、态度、价值观多元价值取向等等。这种不确定性要求教师必须成为决策者，例如校本课程的开发，需要教师的参与决策，促进学生发展的多元评价体系的建立也离不开教师的决策与参与。

随着三级课程管理政策的确立，教师在获得课程开发权利的同时，也承担了课程开发的责任和义务。教师不仅要做课程的实施者，更要做课程的开发者。

科学课程改革的主要特点：

(1) 在课程目标上更强调科学素养的提高；

(2) 在课程内容组织上强调"整合"；

(3) 在课程实施上更加强调探究式学习。

作为课程开发者的教师应站在宏观的角度，用建构主义的眼光来审视课程体系，在制定课程体系时，注意做到课程教材要结合现代先进科学知识，突出时代感，要结合学科特点，渗透科学精神、人文思想和价值观，体现课程教材的人文价值。另外教师应更多地走近生活、走近学生，更深刻地了解学生，在课程的研究开发上，多结合各地区、各校的实际情况，结合专业特点设计开发出更受学生欢迎、更实用的校本课程、综合课程来。为充分发挥这种角色作用，教师需要团结协作，不仅需要同学科的教师合作，而且还将需要不同学科教师的跨学科合作、交流，开发出适合学生学习的科学课程。

（三）从职业发展看教师的角色

1. 教师应成为终身学习者

国际世纪教育委员会向联合国教科文组织提交的《教育——财富蕴藏其中》报告中指出：教育越来越成为学习，教育就是学习，因此，教师必须作为终身学习者的社会角色，更应该以学习者的角色身份进入教学过程。

终身学习是信息时代对教师的必然要求。21世纪，终身学习是一个生存概念，对教师这一职业来说更是如此，教书育人者比任何人都更需要跟上时代的发展，教师应该成为终身学习的实践者和楷模。未来教育关于学校的一个重要理念就是学校是一个学习的社区，是一个学习的村落，是一个提供其所有成员学习和成长的组织。学习社区中的每一个人——学生、家长、教师都是学习者。教师是学习村这个开放型社区的组织者、指导者，也是学习者、合作者，在指导学生的同时也获得自身的发展。

教师成为终身学习者也是新课程理念的必然要求。新课程要求对学生生活开放、对现代社会科技进步开放，打破学科之间的界限，要求关注学生的全面发展，强调课程的选择性，将教师置于被学生选择的位置上。所有这些都要求教师不断学习、不断更新知识、不断拓展自己的知识领域。

教师学习的途径有很多，可以向社会学习、向书本学习、向同行学习、向专家学习、向学生学习、向网络学习。

2. 教师应成为研究者

钱伟长先生曾经说过："你不上课，就不是老师；你不搞科研，就不是好老师。教学是必要的要求，不是充分的要求，充分的要求是既教学又搞科研。科研反映你对本学科清楚不清楚。教学没有科研作为底子，就是一个没有观点的教育，没有灵魂的教育。"因而，科学教师角色也必然要从传统意义的"教书匠"向具有科研意识的"研究者"转变。在师生互动过程中，教师以研究者的身份不断探究与教育教学及自身有关的问题，并谋求创造性解决问题的方法。在师生互动教学过程中认真钻研课程，认真研究学生成长的规律和个性特征，将"学会教学"与教会学生"学会学习"紧密联系起来，不断提升教育教学实践合理性，以达到教育教学活动规律性与目的性的统一。并在科学理论与方法的指导下，积极开展教改实验，不断地探索有效提高教学质量、开发学生潜能的最佳方案，成为教师与学者兼而有之的教育实践家。

教学案例设计：探究导体电阻与哪些因素有关

（一）设计思路

在学生已经对电阻有了初步认识之后，张老师要引导学生通过探究加深对电阻的认识，同时学习猜想——验证和控制变量的实验方法，进一步发展学生的科学探究能力。

张老师为学生准备了若干下例器材：干电池、带灯座的小灯泡（2.5V，0.3A）、开关、铜导线、电阻丝（可用拉直的电炉丝替代）、材料长度粗细不同的导线、直流电流表（0～0.6A）。

张老师已经布置学生调查家用电路所用的导线材料。有的学生提出问题：为什么家用电路一般用铜导线而不是铁导线或其他材料？为了增加学生的感性认识，又做了以下演示实验：用电炉丝代替铜导线使电路的小灯泡变暗。

针对这一现象学生展开讨论，最终将问题集中在导线的电阻上，形成了一个可通过探究解决的问题：导线电阻的大小与哪些因素有关？

张老师引导大家考虑导线自身的因素，经过讨论，学生提出下列猜想：可能和导线的材料、长度、粗细有关。

张老师进一步引导：怎样用实验检验我们提出的猜想？

深入讨论：怎样定性地比较电阻的大小？

怎样确定电阻的大小与某一因素的关系（定性）？

张老师引导学生明确控制变量的意义，说明这是一种常见的实验研究方法。

分组设计并开展实验（在实验过程中教师巡回指导，要求学生认真观察实验现象，做好记录）。各组讨论分析实验记录，得出结论。

最后全班交流，张老师总结。

(二) 探究过程

【观察与思考】

1. 用万用表测量各式各样导体的电阻，不同材料相同形状和相同材料不同形状的，它们的阻值各不相同。

2. 让学生比较图 12-3-1 中，AB 间电阻大小。（R 是同一形状同一材料的导体）

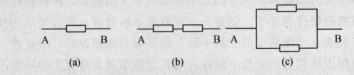

图 12-3-1　比较电阻值大小

【讨论与交流】

1. 图（b）的电阻大于图（a）的电阻，图（c）的电阻小于图（b）的电阻，为什么？

2. 图（b）相对图（a）来说相当于增加了导体的长度。图（c）相对图（b）来说，相当于增加了导体的横截面积。

【提出问题】

1. 不同的材料，其电阻为什么不同？

2. 金属材料电阻的阻值由哪些因素决定？

【猜想与假设】

导体的电阻是导体本身的一种性质。猜想导体的电阻大小可能与长度成正比，与横截面积成反比。且与导体的材料有关。

【制订计划与设计实验】

1. 教师提出三个引导性的要求

（1）用什么方法测量电阻，画出测电阻的电路图；

（2）要研究阻值与三个因素的关系，应该同时进行吗？不应该的话怎样进行分步研究；

（3）如何设计实验表格？

2. 学生的设计方案

（1）联想到学过的欧姆定律，决定测出通过电阻的电流和电阻两端的电压，用 $R = U/I$ 求出电阻。设计出电路图，如图 12-3-2 所示。

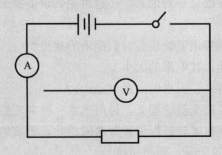

图 12-3-2　实验电路图

（2）三个因素不能同时研究，运用控制变量法，当研究阻值与长度关系时应保持截面和材料不变，改变长度，看阻值的变化。研究其他因素时方法一样。

（3）设计出记录数据的表格如表 12-3-3 和表 12-3-4。

表 12-3-3　电阻与长度的关系

物理量 接入的导体	长度/m	电流/A	电压/V	电阻/Ω
B_1C_1	$2l_0$			
B_2C_2	l_0			

表 12-3-4　电阻与横截面积的关系

物理量 接入的导体	横截面积/m^2	电流/A	电压/V	电阻/Ω
B_3C_3	$2S_0$			
B_4C_4	S_0			

【进行实验与收集证据】

张老师提醒注意：电流表、电压表量程如何选择；正负极连接要正确；如何读数。将实验所得数据填入设计好的表格中。

【分析与论证】

1. 根据以上实验的结果，你的初步看法是：_____。

2. 研究数据发现阻值与长度、横截面间还差一比例常数，不同材料该常数不同。通过更精确的实验，我们可以概括如下：

（1）结论：利用所记录的数据求出阻值，比较各组实验的结果得出，导体阻值与长度成正比，与横截面积成反比，$R \propto l/S$，比例系数就是电阻率 ρ。形状相同的不同材料，电阻也不同，其不同的电阻也可以由电阻率反映出来。

（2）比例常量 ρ 跟导体的材料有关，是一个反映材料导电性能的物理量，称为材料的电阻率。材料的电阻率数值上等于这种材料制成的长为 1m、横截面积为 $1m^2$ 的导体的电阻。

（3）均匀导体的电阻 R 跟它的长度 l 成正比，跟它的横截面积 S 成反比，这就是电阻定律。电阻定律的表达式：$R = \rho \dfrac{l}{S}$。

【评估】

1. 实验结果是否有误差，原因何在？

2. 你猜想影响导线电阻的因素还有哪些？进一步分析这些因素是如何对电阻产生影响的？比如，温度对电阻产生的影响。

3. 滑动变阻器采用什么方法改变电阻的大小？

【交流与合作】

1. 每小组合作提交一份实验报告。

2. 可以进一步探究电阻与温度的关系，器材可以由实验室提供，有兴趣的同学自行完成。

（三）案例分析

本案例中，张老师首先通过让学生调查与生活有关的问题，激发学生探究的动机，并思考可能是哪一方面的问题，通过演示实验引导学生确定可以通过科学探究解决的问题，然后启发学生进行猜想，讨论在可能有多种因素的情况下如何确定电阻的大小是否与其中某一个因素有关，在此基础上设计验证猜想的方案，再进行实验。在这一过程中，教师的角色与传统教学中教师的角色有着明显的不同。

首先，从教学目标来看，教师在关注知识与技能的同时，也重视学生的科学探究能力的发展、科学方法的学习，从单纯的知识传递者转变成了学生整体科学素养的培养者。

其次，从师生关系来看，教师不再以权威者的姿态出现，命令学生应该怎么做，而是以平等者的身份，引导学生通过讨论、交流、合作，确定该怎么做。

最后，从教学的方式来看，也不再是采用简单的强制的外在灌输的方式，而是采用了灵活的内在的激发和引导的方式。通过这种教师角色行为，实现了教师引导下学生自主探究的过程，将科学探究和学习科学知识有机地结合起来。

思考与练习

1. 作为一名中学理科的教师，如何应对科学课程的诞生？
2. 作为物理课程论研究生，如何成为一名合格的科学课程的教师？
3. 如何提高科学课程教师的科学素养？
4. 十几年过去了，为什么科学课程仍然只在部分省市区实施？
5. 如何正确把握小学科学课程教师角色？举例分析。
6. 如何正确把握初中科学课程教师角色？举例分析。

第十三章　科学课程实施中的问题调查与分析

本章根据深圳海滨中学的科学课程实施过程的调查，从教学评价的角度，比较深入地探讨了在科学新课程具体实施过程中，学生对科学课程学习过程中的接受和吸收能力、教师在新课标教学中的几个转变以及教学操作的具体困难。通过对上述问题和困难的研究分析，总结出在科学新课程的实施过程中，老师、学生、学校与社会应如何面对新的科学课程改革。

第一节　科学课程实施过程中的典型问题调查

科学课程通过开展科学探究实验，可以培养学生在实践中解决问题的能力，这是大部分学生的共识，按照新课标的要求，探究实验应该是在教师的引导下，学生自己进行探究，教师只是导师，是助手，学生自己才是主体。但是目前的情况是学生做探究实验时只是机械地按照老师的方案去做，缺乏主动思考。

学生希望科学课程老师博古通今，知识渊博。《科学》作为一门综合课出现后，学生在生活中碰到形形色色的科学问题，就爱来问。比如，下雪了，草地上容易积雪还是水泥地上容易积雪；比如，长跑后，身体为什么会有种种不适等等。总之，科学课程中的实验对老师的能力提出了相当大的挑战。

统计调查结果的分析表明，大部分同学对于科学探究实验和开展科技小制造还是比较喜欢的，这比较符合初中生比较贪玩，对新鲜事物好奇的心理特性。喜欢搞一些小制作，但是大部分学生只是觉得好玩，真正能够花时间自己去探究、去思考、去制作的就非常少了。大部分同学过分依赖老师，缺乏主动思考，只是满足于机械地按照老师提供的方案去操作。

一、课外活动教学实践中具体操作的困难

（一）教师对知识难度的把握不准

教师由于长期坚守传统教学理念，对新课标目标把握不准，可能会在教学中对知识点加深、加难，教学方法走老路。用传统的方法进行新教材的教学，这样就不可能形成探究的氛围，不可能形成互动的局面，不可能很好地达成教学目标。

（二）班级人数过多

美国的科学课程课标需求每班25~35人，而根据我国的国情，一个班大概有50人。老师对学生讨论探究的情况不易全面把握，不利个体发展，不利学生分组交流、汇报探究结果，影响课堂的质量，达不到新课标的要求。

（三）器材场地的限制

四科合一后，没有专用的科学实验室及器材，学生活动课的质量难以保证，不易创造讨论、探究的氛围，标准的要求无法落实。

（四）评价标准难把握

新课标的评价标准很明确，但由于长期的应试教育已被社会及家长接受和认同，他们对新课标缺乏了解，不能理解新课标为什么以创新精神、实践能力、终身学习能力为目标。因此，能否得到家长及社会的理解和支持，是能否把握标准的关键。

二、学生对科学课程学习过程中的接受和吸收能力

调查案例1：深圳海滨中学科学课程改革工作已经进行了两年多，我们从初一，初二1150多学生中随机抽查了240名学生进行了问卷调查。占初一初二学生总人数的22%。其问卷题目如下。

问卷题（1）：你喜欢《科学课程》这门课吗？（　　）

A. 喜欢　　　　　　　　B. 较喜欢　　　　　　　　C. 不喜欢

调查结果的数据统计如图13-1-1所示。

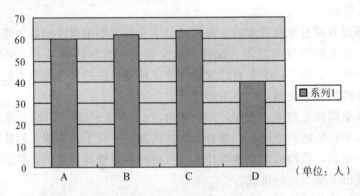

图 13-1-1　初中学生对《科学课程》的喜欢程度统计

问卷题（2）：你喜欢科学的原因是（　　）。（可多选）

A. 内容新颖有趣，演示实验多　　　　　B. 能学到有用的知识

C. 老师讲课好

D. 能激发自己的思维，自己能够积极主动地思考

E. 可以进行自主性的探究实验，搞一些科学小制作

调查结果的数据统计如图13-1-2所示。

由此可以看出，学生还是喜欢科学课的，对新课程的理念，学生也接受的相当的快，因为新课程符合他们的心理生理发展需要。新课程的实施，使学生们真正亲身体验到了快乐，获得了发展。随着课程实验的不断深入，学生对科学课的兴趣浓了，学习的积极性更高了。上课积极发言，并喜欢问为什么，喜欢观察、做实验，学会了观察、记录；探究知识的能力增强了；掌握的知识更丰富了；会用正确的科学观去看待世界，创新意识正在形成。学生们把学习科学不再看成是一种负担、压力，而是一种愉快的经历，是一种乐趣。这些都是可喜的变化，但也对老师，对教学方法也提出了更多、更高的要求，具体可以从

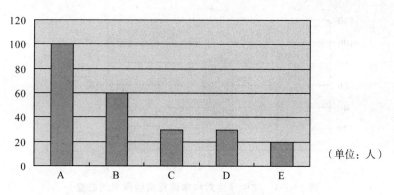

图 13-1-2 初中学生喜欢科学课程的原因统计

以下的问卷调查及分析中得出。

1. 学生希望科学课上能多让他们自己动手，而不是老师去操作、演示。我们先看调查数据：

问卷题（3）：你对科学课程实验的兴趣程度是（　　）。

A. 十分有兴趣　　　　B. 一般　　　　C. 不感兴趣

调查结果的数据统计如图 13-1-3 所示。

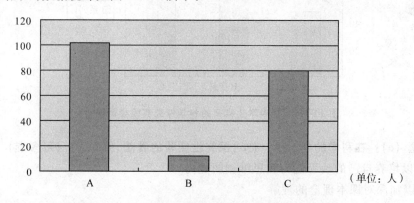

图 13-1-3 初中学生对科学课程实验的兴趣程度

说明大部分学生对实验课还是比较感兴趣的，学校在条件允许的情况下，在不影响正常教学的情况下，应尽可能多的让学生有自主实验的机会，满足他们的好奇心，激发他们学习科学的兴趣。

2. 在课上希望老师少讲，给学生更多的活动空间。但这仅仅限于新课上，很多在习题课、复习课上，仍习惯于依赖老师或是标准答案。喜欢和老师一起探究做实验，不喜欢老师干巴巴地讲。请先看调查数据。

问卷题（4）：你对科学问题的探究、科技小制作抱的态度是（　　）。

A. 喜欢，并投入其中　　　　　　　　B. 很少参与

C. 不感兴趣

调查结果的数据统计如图 13-1-4 所示。

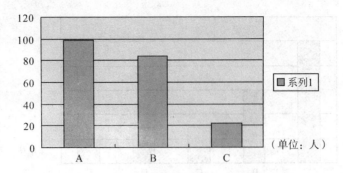

图 13-1-4　初中学生对科学课程实验探究的态度

问卷题（5）：你是否有过自己搞科技小制作或写探究实验小论文的经历（　　）。
A. 有，并经常参与其中　　B. 偶尔有过　　C. 没有

调查结果的数据统计如图 13-1-5 所示。

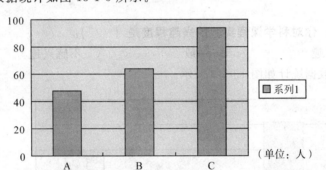

图 13-1-5　初中学生具有的科学探究实验经历统计

问卷题（6）：在科学的学习中，你对探究性实验的看法（　　）。（可多选）
A. 可以培养自己的动手能力和思维创新能力
B. 可以加深对课本理论的理解
C. 可以培养在实践中解决问题的能力
D. 缺乏主动思考，机械地按老师提供的方案操作，没有达到预期效果
E. 无所谓，不能学到东西

调查结果的数据统计如图 13-1-6 所示。

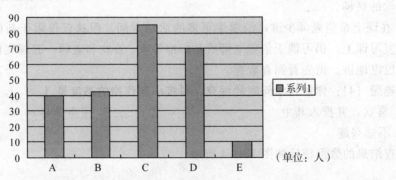

图 13-1-6　初中学生对科学探究实验的看法统计

第二节　海滨中学关于科学课程对学生的调查报告及其分析

海滨中学科学课程改革工作已经进行了一年多了,为了了解学生对科学课的学习情况,我们从初一、初二的1150多名学生中随机抽查了240名进行了问卷调查。占初一初二学生总人数的21%。调查结果如下:

一、调查的题目及其结果分析

1. 你了解课程改革吗?(　　)
　　A. 了解　　　　　　　　B. 一般
　　C. 听说过而已　　　　　D. 不知道有这一回事

调查结果的数据统计如图 13-2-1 所示。大部分学生对于课改还是有一定的了解的,只有极少数同学不了解。

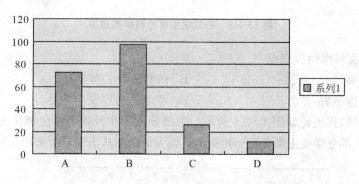

图 13-2-1　初二学生对科学课改的了解情况

2. 你喜欢《科学》这门课吗?(　　)
　　A. 喜欢　　　　B. 一般　　　　C. 较喜欢　　　　D. 不喜欢

调查结果的数据统计如图 13-2-2 所示。科学的趣味性较强、涉及的知识面广、有较多的实践和探究,演示实验多,所以大部分同学对科学还是比较接受的。

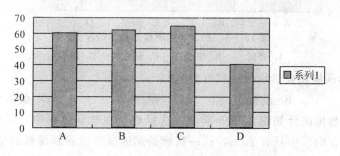

图 13-2-2　初二学生对科学课喜欢程度

3. 你喜欢科学的原因是(　　)。(可多选)
　　A. 内容新颖有趣,演示实验多　　　B. 能学到有用的知识
　　C. 老师讲课好　　　　　　　　　　D. 能解释一些自然现象

E. 能激发自己的思维，自己能够积极主动地思考

F. 可以进行自主性的探究实验，搞一些科学小制作

调查结果的数据统计如图13-2-3所示。可以看出，学生对于科学课的特色还是比较认可的，科学课内容是比较新颖有趣的，演示实验，探究实验也多。但是也可以反映出一些问题，一些学生还是习惯依赖老师，缺乏主动思考和自主动手的能力。

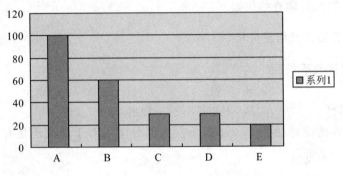

图13-2-3　初二学生喜欢科学的原因

4. 你不喜欢科学的原因是（　　）。

A. 内容枯燥　　　　　　　　　B. 内容复杂、难学

C. 老师讲得不好　　　　　　　D. 所学的内容没有用处

调查结果的数据统计如图13-2-4所示。大部分不喜欢科学的学生都认为科学课内容较复杂、难学，这部分学生主要是初一年级的，因为他们刚从小学升上来，一时适应不了。

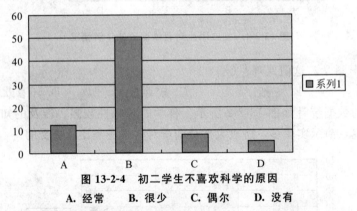

图13-2-4　初二学生不喜欢科学的原因

A. 经常　　　B. 很少　　　C. 偶尔　　　D. 没有

5. 你上科学课能积极参加讨论和发言吗？（　　）

A. 经常　　　B. 没有　　　C. 很少　　　D. 偶尔有

调查结果的数据统计如图13-2-5所示。这反映了在教学过程中，学生的参与程度还是不够，经常发言的学生只有20%，这一指标是远远没有达到新课标的交互学习的要求。新课标下，要求师生要多沟通，多交流。原因是一大半教学没有充分的时间给同学们发表自己的看法，不能面向每一个学生；二是学生没有适应新教材。

6. 你平时课后在科学科目上所花的时间是（　　）。

A. 半个小时以内　　　　　　　B. 1个小时

C. 1个半小时　　　　　　　　D. 1个半小时以上

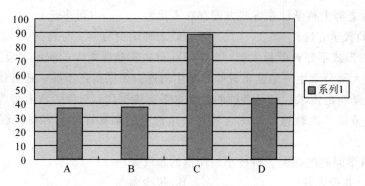

图 13-2-5　初二学生上科学课的参与程度

调查结果的数据统计如图 13-2-6 所示。大部分学生的科学作业在半小时内完成，25％的学生在 1 小时内完成。说明学生平时在科学科目上所花的时间还是偏少的，原因一是不少同学目标不明、习惯不好、不能独立完成作业，抄作业现象较普遍。二是不少同学对科学这门课还不够重视。

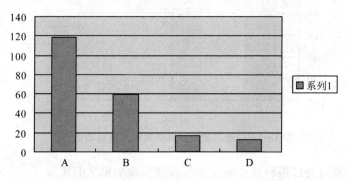

图 13-2-6　初二学生完成科学课作业的时间

7. 你对科学实验课的兴趣程度是（　　）。
　　A. 十分有兴趣　　　　　　B. 一般　　　　　　C. 不感兴趣
　　调查结果的数据统计如图 13-2-7 所示。说明大部分学生对实验课还是比较感兴趣的，学校在条件允许的情况下，在不影响正常教学情况下，应尽可能多的让学生有自主实验的机会，满足他们的好奇心，激发他们学习科学的兴趣。

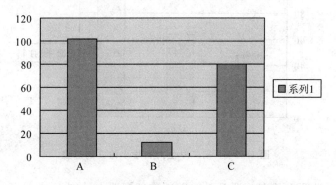

图 13-2-7　初二学生对科学实验课的兴趣程度

8. 你认为老师上科学课在哪些方面存在不足？（   ）（可多选）

　　A. 老师的教学方法　　　　　　　B. 老师缺少与学生沟通。

　　C. 考试的形式不好，题目太难　　D. 自主实验课太少，演示实验多

　　调查反映大部分学生一是觉得教师与学生沟通方面做得还不够，还有就是自主实验太少，不能满足学生的需求。二是老师的教学水平有待提高，教学方法有待改进，因为所有教师都是第一或第二次教这样的综合教材，知识点的难易程度不容易把握，评价标准不科学。

9. 你对科学问题的探究、科技小制作抱的态度是（   ）。

　　A. 喜欢，并投入其中　　　　　　B. 很少参与

　　C. 不感兴趣

　　调查结果的数据统计如图 13-2-8 所示。大部分同学对于科学探究实验，还有搞科技小制造还是比较喜欢的，这比较符合初中生比较贪玩，对新鲜事物好奇的特点。

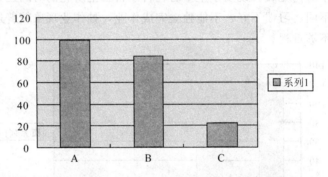

图 13-2-8　初二学生对科学实验实践活动的态度

10. 你是否有过自己搞科技小制作或写探究实验小论文的经历（   ）。

　　A. 有，并经常参与其中　　　B. 偶尔有过　　　C. 没有

　　调查结果的数据统计如图 13-2-9 所示。很多学生喜欢上实验课，喜欢搞一些小制作，但是大部分学生只是觉得好玩，真正能够花时间自己去探究、去思考、去制作的就非常少了。大部分同学过分依赖老师，缺乏主动思考，只是满足于机械地按照老师的方案去操作。

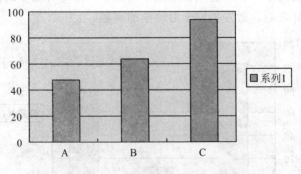

图 13-2-9　初二学生对科学小论文的态度

11. 你认为科学课中的实验课是否有助于你理解课本的知识（   ）。

A. 非常有帮助 　　　　　　　　　　　　　　B. 一般

C. 一点帮助也没有。

调查结果的数据统计如图 13-2-10 所示。学生还是非常认可这种理论联系实际的教学模式，通过做实验实践能够加深对课本的理解。

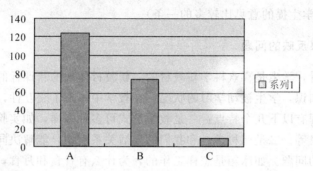

图 13-2-10　初二学生对科学课程理论联系实际的看法

12. 在科学的学习中，你对探究性实验的看法（　　　）。（可多选）

A. 可以培养自己的动手能力和自己的思维创新能力

B. 可以加深对课本理论的理解

C. 可以培养在实践中解决问题的能力

D. 缺乏主动思考，机械地按老师的方案操作，没有达到预期效果

E. 无所谓，不能学到东西

调查结果的数据统计如图 13-2-11 所示。通过自主实验，可以培养学生在实践中解决问题的能力，这是大部分学生的共识，按照新课标的要求，探究实验应该是在教师的引导下，学生自己进行探究，教师只是导师，是助手，学生自己才是主体。但是目前的情况是学生做探究实验时只是机械地按照老师的方案去做，缺乏主动思考。

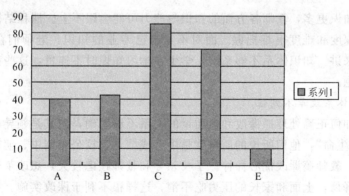

图 13-2-11　初二学生对科学课程探究性实验的看法

13. 你对科学课程老师的希望和建议：

(1) 希望老师多讲一些课外知识，上课时多一些时间给学生自由讨论

(2) 讲课时多联系生活中的实例，上课时把纪律管好，上课能够灵活点，幽默点

(3) 老师讲课时生动有趣些，不要重优轻差，希望老师多在课堂和课后多与学生沟通

(这是调查问卷时学生提的意见最多的一条)

（4）希望老师讲课能讲详细点，讲慢点，把枯燥难学的科学内容进一步深入讲解

（5）希望老师不要多在教室做演示试验，还有做演示实验的时候要照顾到后排的同学，应让我们多去实验室上自主实验课，这样可以提高我们的动手能力及思维创新能力(这是调查问卷时学生提的意见比较多的一条)

二、调查结果反映的问题

从调查结果看，学生是喜欢科学新教材的。新教材体现的新课标的理念，改变了传统教学中只顾传授知识，学生被动学习的状况；在教学中体现了交互性，学生真正成了学习的主人。科学课程有以下几个特点：一是教学形式可多种多样，如实验，学生探究、小组讨论、看影视材料等。二是《科学》和我们的生活关系密切，能解决同学们在生活中遇到的很多原来不懂的问题。如冰箱是怎样工作的，为什么有日食和月食，为什么地球上的生物种类越来越少，为什么吹风扇人们感觉凉快，为什么硫酸会毁容等等。三是科学的内容丰富多彩。包括多个方面，而且和我们的生活息息相关。四是通过实验探究学生自己"发现"了原来自己不懂的知识，在学习中得到了乐趣。这些都极大地激发了学生的求知欲和学习热情。为培养他们今后学习打下了一定的基础。但是还存在一些问题：

（一）班级学生人数过大，不利于自主、合作探究的学习

特别是合作学习较难组织，一般还流于形式、无效参与、不明确参与合作的目的，由于学生的合作学习不是建立在自主学习的基础上，学生两极分化有提早、加剧的趋势。

（二）课程资源开发困难

一方面班级人数多，教师难于有效地组织管理课堂，空间和场地资源缺乏，另一方面课程实施所用的设备陈旧，教学设施不足。特别是实验设备和实验场所严重缺乏。

（三）新课程的空间大，但教师创造性能力较小，教师自身对课程的开发能力也有待提高

课改后，知识更多，教师各方面的知识与能力可能会跟不上。课程结构零散，知识不系统，教学的深度和难度很难把握。面对不是自己专业的知识，老师们在课堂上束手束脚，不敢放开来讲。知识体系不够系统，学生在学习知识时不连贯，这些都是教师在教学中所遇到的难题。

（四）评价体系改革不到位

不少人对如何正确处理抓课改和抓质量的关系不够明确，尤其是领导和家长仍然强调"质量是学校的生命"，他们所说的质量就是中考成绩，学校公布期中、期末考中班级和学生的成绩名次，教师搞课改忧心忡忡。学校领导和教师顾虑较大，想改革教学方式，又怕以后中考质量降低，上面和家长的压力吃不消，这样很不利于课改实施。导致中学的课堂教学虽有所改进，但举步维艰，变化不大。

（五）用新的学习观念及时引导学生

学生刚刚结束六年小学的传统教育，在观念、方法和课堂合作上，还不适应新课标的要求，很难出现全面参与、轻松愉快的课堂氛围，新课标的一些理念，不易展现出来。科学课堂中学生普遍感到枯燥、乏味，渴望得到更生动、有趣的课堂，得到更自由、更广阔的空间。

（六）教师对学生缺乏了解

由于教师与学生沟通少，学生需要什么，学生学习中存在什么问题需要老师帮助解决，教师了解不多，也就很难因材施教。还有就是学生学习动力不足。学生中存在没有远大理想、学习目标不明确的现象。不能积极主动学习，有过一天算一天的现状。

三、几点启示

（一）充分利用现有的教学资源

要让学生真正变成学习的主人。如开放学校电脑室，指导学生掌握电脑的使用，让学生从互联网上获得更多的信息；开放学校实验室让学生利用活动课的时间，自己操作实验，从实验中得到知识，从实验中得到乐趣。让学生在教师的指导下设计实验，进行科学探究，提高他们的动脑、动手能力。

（二）增加社会实践活动

要创设一些活动，让学生走出教室这个枯燥、狭小、无味的空间，使他们能得到生活的乐趣。如组织郊游、班际文体活动、参观科技馆、参观博物馆等，培养学生集体主义精神、相互交流、同学之间相处的能力，使学生的身心得到健康的发展。

第三节　海滨中学关于科学课程对教师的调查报告及其分析

深圳海滨中学在去年开始进行课程教改，把生物、地理、物理、化学这四门科目合为一科，称为科学，它吸纳了当代科技发展的许多新成果，不回避当代社会发展与自然科学相关的问题，呈现给学生的是一个综合的、千变万化的自然图像，由此出现了许多不确定性的问题。特别是在探究过程中，需要发现问题和提出问题、提出假设各设计方案、收集证据、作出判断、进行评价和表达交流。这使得从高师院校的理、化、生、地专业出来的初中科学教师不能很快地适应这种课程的转变，现把其存在的问题探讨一下：我们是通过问卷的方式来发现教师中可能存在的一些问题，这不可避免地存在主观性和局限性的弊端。

一、问卷调查及其分析

调查问卷共发放 10 份，收回 10 份，面向的是初一、二年级课程的老师，共 10 位。现将回收的情况分析如下：

1. 你支持课程改革吗？（　　）（单选）
   A. 支持　　　　　　　　B. 不支持　　　　　　C. 无所谓
   选择 A 的有 9 人，选择 B 的有 1 人。

2. 科学课程改革对你的影响大吗？（　　）（单选）
   A. 影响很大　　　　　　B. 一般　　　　　　　C. 没有影响
   选择 A 的有 7 人，选择 B 的有 2 人，选择 C 的有 1 人。

3. 新课程改革实施过程中，你遇到的最大阻力是（　　）。（多选）
   A. 自身的知识结构跟不上　　　　　　　　B. 学生不适应
   C. 评价体系滞后　　　　　　　　　　　　D. 缺乏资源支持

E. 教育行政部门支持不够　　　　　　　　　F. 家长不支持

选择最多的是评价体系滞后，其次是 E，然后是 A、D。

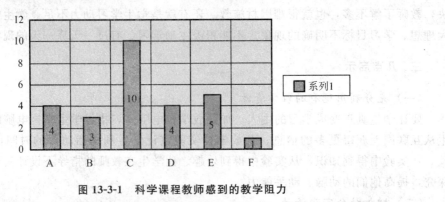

图 13-3-1　科学课程教师感到的教学阻力

4. 课程改革至今，你觉得学生的学习效果如何？（　　）（单选）

A. 效果好　　　　　　　　B. 一般　　　　　　　　C. 不好

选 B 的有 9 位，先 C 的有 1 位。

5. 实验至今，你觉得自己在教学中主要欠缺哪方面的资讯？（　　）（多选）

A. 专家的亲临指导

B. 外出学习的机会

C. 同事间互相探讨

D. 网络环境下的教育培训与研讨

E. 媒体杂志的资讯

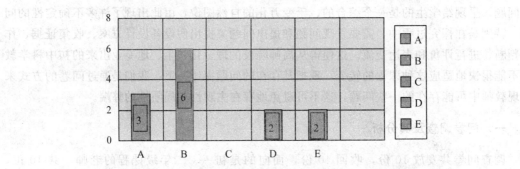

图 13-3-2　科学课程教师感到自己在教学中最欠缺的资讯

6. 为了有效解决新课程实施过程中遇到的困难，应该从哪些方面着手？（　　）（多选）

A. 师资队伍建设

B. 资金的投入

C. 争取社会理解和支持

D. 教育行政部门重视资源整合与共享

E. 配套设施建设

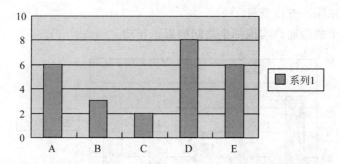

图 13-3-3　科学课程教师认为解决教学阻力的举措

7. 课改后，评价学生你更倾向于（　　）（单选）。
　 A. 平时课堂的表现　　　　　B. 考试成绩　　　　　C. 动手实验能力

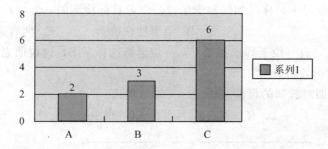

图 13-3-4　科学课程教师如何评价学生的学习效果

8. 在探究性学习中，你对学生探究性实验的看法（　　）（多选）。
　 A. 可以培养学生的动手能力
　 B. 可能培养学生的思维创新能力
　 C. 可能培养学生进行科学小制作的兴趣
　 D. 可以加深学生对课本理论的理解
　 E. 可以培养学生在实践中解决问题的能力

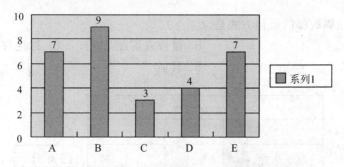

图 13-3-5　科学课程教师对学生探究性实验的看法

9. 课改至今，你觉得要上好科学课，应从哪几方面着手？（　　）（多选）
　 A. 老师之间的互相探讨、互相学习
　 B. 进一步学习，来充实自己

C. 上课前备好课，查找资料
D. 加强与学生的沟通，实现师生之间的真正互动

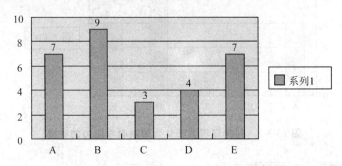

图 13-3-6　科学课程教师认为上好科学课的措施

10. 在探究性学习中，你是如何对学生进行学习目标检测的（　　）（单选）。
    A. 过程性评价　　　　　　B. 结果性评价　　　　C. 两者兼有

调查结果显示，有9位老师选择了C，一位老师选择了B，这说明老师在对待学生的成绩时趋于综合性的评价。

11. 你觉得培训对教师的帮助怎样？（　　）（单选）
    A. 很大　　　　　B. 有一些　　　　C. 很少　　　　D. 没有

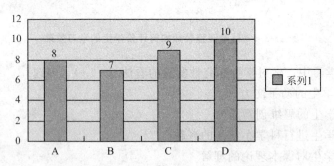

图 13-3-7　科学课程教师对专业培训的看法

12. 你认为培训教师的最佳方式是（　　）。
    A. 讲授　　　　　　　　　B. 报告或讲座　　　　C. 讨论与研讨
    D. 阅读文献　　　　　　　E. 其他

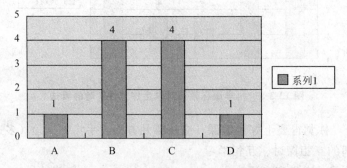

图 13-3-8　科学课程教师认为最佳的培训方式

13. 你觉得课改后，科学课与你以前所教的科目有什么不同？在科学教学中，遇到了哪些问题？

针对这道题，很多老师倾向认为科学与以前的科目在三个方面趋于不同，一是知识结构；二是教法；三是教学目标。

二、科学课程教学中存在的主要问题

（一）总体问题

1. 教师能力

科学课程的实施，对教师专业知识的深度和广度的要求更高，教师各方面的知识与能力可能会跟不上，面临的压力大。

2. 课程知识跨度

科学课程结构跨度大，知识不具有传统的学科系统性，教学的深度和难度很难把握。

3. 教学方法

教师面对不是自己专业的知识，备课颇费精力，在课堂上束手束脚，不敢放开来讲。

4. 学生的学习效果

科学课程的知识体系广度太大，不够系统，学生在学习知识时，不容易获得连贯的知识。

（二）问卷反映出来的问题

从问卷的统计分析结果可以得出如下结论：

1. 很多老师对科学课程的实施持赞同态度

大家都用开阔的心胸来迎接新事物的到来，并为它的发展铺平道路。新课程对老师确实影响很大，特别是刚来的老师，有些是刚从内地来到深圳的，还有初一年级的老师，今年刚刚接触新课程，很多老师都反映压力很大，备课时间多。

新课程的知识点、教材结构和教法都与以前有很大区别，老师对知识点这些也很难把握，在课堂上不怎么敢放开来讲，这样可能会导致的问题就是应试的教育课堂氛围出现，由于老师对课本的知识都很难把握，又怎样引导学生去探索问题呢？

2. 现行的教育管理体制不适应新课程的管理

在调查问卷里，老师们觉得教改的阻力是来自外部因素，特别是社会普遍看重学生的成绩，与衡量老师的能力直接挂钩，还有上级教育部门的支持与否。有些老师反映经过一年的教学实践，大家都认识到这次教改是中华人民共和国成立以来最彻底的一次教育教学改革。

在教学中，最难的是观念的转变，在知识经济时代，教育的目的的转变，由原来的知识掌握转变为创新能力的培养，终身学习能力的培养，而原来的观念却一直很难转变过来。包括教师本身、学校领导、上级的教研人员、学生家长，以及社会都没有转变到新课标的要求上来，其次是评价的标准，新课程的评价是以学生在教学中的参与程度，学生学习方法的掌握，学生的发展情况给予鼓励性的评价，但现在大家仍以单元、学期考试的分数来评价学习，这个问题极大地制约了学生的学习积极性，影响了教师的教学，如期末要统考，老师们为了应付统考就必须挤时间复习，就会删减掉部分与期考无关的活动课，探究课等影响了教学的完整性。学生也由于应付考试而练习或死记那些枯燥、无趣的数字、概念而变得毫无生气。

3. 新课程的评价要求更趋于合理

课改后，由于知识内容结构的变动，老师们在对学生的评价中注重其动手能力，也说明科学为学生提供了更多的动手实践能力的机会，从中可以看出教改在这些方面还是合理的。新课程实施后，老师在对学生的成绩时趋于综合性的评价。在评价学生时，不但是看学生的期末考试成绩，还看这位学生平时上课的表现。科学的内容也为老师对学生的评价提供了多种手段。

4. 在课改和科学课程的实施中，老师们觉得借鉴成功的经验是很重要的

他（她）们也需要这方面的经验，也需要专家的指导，而这方面是现在学校较欠缺的，从中可以得知，老师们之间在教改方面沟通得非常好。在课改后，老师们觉得上好科学课，要从多方面着手，全部老师赞同的观点就是要与学生实现交流、互动以及合作。

5. 研究型学习的模式行之有效

很多位老师都觉得科学中研究性内容的学习，可以使培养学生独特的思维，也使学生学到的东西更接近于现实。科学的改革使得学习更加贴近学生的生活实际。

三、教师在科学新课程教学中的几个"必须转变"

（一）教学观念必须改变

传统的教学观把知识当成是定论化的教条，现在是知识在不断的否定中发展，把学习从由外到内灌输知识转化为把知识变为学生的学识"主见"，由原来认为学生脑子是空白的变为学生有一定的认知能力和经验。

（二）教学目标的改变

传统的教学目标是掌握基础知识，培养基本能力，而在实际的教学中就变成了少数学生追求高分，教师在教学中只追求完成学校下的指标追求，而不管大多数学生学得怎么样。而新课标则面向全体学生，立足学生发展，培养学生终身学习思想。

（三）教师角色的必须转变

在新课标的教学中师生关系是平等的，在交互活动中是民主的，在相处氛围上是和谐的，教师可以是导师、朋友、楷模甚至助手。

1. 是导师

教师应以人为本，以学生发展为本。实行导向、导航、导演，引导指导、辅导学生走向知识，而不是领着知识走向学生，激发学生的创造潜能而不是单纯品尝前人的创造成果。

2. 是朋友

要关心热爱学生，用爱心去理解尊重温暖感化学生，不仅能教书而且有高尚的师德，乐于并善于和学生打交道。真正成为学生的"益友"。

3. 是助手

教师应放下架子，淡化权威的角色，在现如今这个网络时代，学生收集的信息多，知识面广，而教师长期在繁重的教学环境中，新知识、新技法、新闻时评等不如有些学生了解得多，所以要与学生共同探究，教学相长。配合演示实验。教师要为学生服务，成为他们的合作者、支持者。

4. 是楷模

学生的"向师性"依然存在，例如教师穿一件衣服，改变一个发型，班里不少同学也会随老师的改变而改变。教师还应言传身教，以人格魅力，潜移默化地去影响感化学生。所以教师角色的转变，是教育观念的一次重大转折，是职业道德的一次飞跃，对大多数教师而言甚至是教育思想的一次深刻的裂变。

（四）教法上的必须转变

原来的教法是脱离实际的高要求、超负荷的作业量。教师一言堂，满堂灌，画重点，押考题，学生考到高分老师就出彩，而新课标是让学生互相合作、探究知识、发现知识，把知识变为自己的东西，所以教法上是老师指导下学习、实践、分析解决问题，编书的专家说，一节课中，老师最多不能讲超过15分钟。

（五）评价体系必须改变

传统的应试教育的评价方法是一试定终身，考试的结果就是最后结果，连实验也要学生背，唯分数论。而新课标注重学生学习的过程、学习的发展、探究方法的掌握以及能力的发展。

四、建议

（一）学校要加强领导和管理

1. 营造教学改革追求科学探索创新的校园环境

为师生创设良好的课堂环境，及时了解教学动态，解决教学中存在的问题。

2. 增加硬件投入

如学生反映的教学设备的问题：实验设备、实验场地不足，电脑设备经常不能使用等。学校应及时了解，马上解决。

3. 配备科学课程师资队伍

注意教师特别是班主任的选派，要稳定科学课程师资队伍，不能搞"拉郎配"或"大拼盘"。

4. 得人心

加大课改宣传力度，做到科学课程教学工作深入人心，取得社会与家长的广泛支持。

（二）科学课程教师应自觉地积极主动投入到教改中去

教师是教改中最关键、最主要的力量，教改能否成功，关键在教师。

教师应认真学习新的课程标准，准确把握新课标的要求，认真钻研教材，准确把握教材的重点、难点。教师要加强交流，虚心向本科组同事学习，甚至打破学科界限向其他学科老师学习，向课改实验较早的学校老师学习。

教师要加强和学生的交流，不仅要在课堂上交流，课后也要和他们谈心，了解他们的学习动态，帮助他们解决学习、心理上的问题，参与到他们的活动中去，真正成为学生的合作者、支持者、助手。

五、附录

（一）海滨中学《科学》课问卷调查（学生）

（打√）

1. 你了解课程改革吗？
   A. 了解　　　　　　　　　　　　　B. 一般
   C. 听说过而已　　　　　　　　　　D. 不知道有这一回事

2. 你喜欢《科学》这门课吗？
   A. 喜欢　　　　B. 较喜欢　　　　C. 一般　　　　D. 不喜欢

3. 你喜欢科学的原因是：（可多选）
   A. 内容新颖有趣，演示实验多
   B. 能学到有用的知识
   C. 老师讲课好
   D. 能激发自己的思维，自己能够积极主动地思考
   E. 可以进行自主性的探究实验，搞一些科学小制作

4. 你不喜欢科学的原因是：
   A. 内容枯燥　　　　　　　　　　　B. 内容复杂、难学
   C. 老师讲得不好　　　　　　　　　D. 所学的内容没有用处

5. 你上科学课能积极参加讨论和发言吗？
   A. 经常　　　　B. 很少　　　　　C. 偶尔　　　　D. 没有

6. 你平时课后在科学科目上所花的时间是：
   A. 半个小时以内　　　　　　　　　B. 半小时到1个小时
   C. 1个小时到1个半小时　　　　　　D. 一个半小时以上

7. 你对科学实验课的兴趣程度是：
   A. 十分有兴趣　　　B. 一般　　　　C. 不感兴趣

8. 你认为老师上科学课有哪些方面的不足？（可多选）
   A. 老师的教学方法　　　　　　　　B. 老师缺少与学生沟通
   C. 考试的形式不好，题目太难　　　D. 自主实验课太少，演示实验多

9. 你对科学问题的探究、科技小制作抱的态度是
   A. 喜欢，并投入其中　　　B. 很少参与　　　C. 不感兴趣

10. 你是否有过自己搞科技小制作或写探究实验小论文的经历？
    A. 有，并经常参与其中　　　　　　B. 偶尔有过
    C. 没有

11. 你认为科学课中的实验课是否有助于你理解课本的知识？
    A. 非常有帮助　　　B. 一般　　　　C. 一点帮助也没有

12. 在科学的学习中，你对探究性实验的看法：（可多选）
    A. 可以培养自己的动手能力和思维创新能力
    B. 可以加深对课本理论的理解
    C. 可以培养在实践中解决问题的能力

D. 缺乏主动思考，机械地按老师的方案操作，没有达到预期效果

E. 无所谓，不能学到东西

13. 你对科学老师的希望和建议：_____

（二）海滨中学科学课（教师）问卷调查

（打✓）

1. 你支持课程改革吗？

　A. 支持　　　　　B. 不支持　　　　　C. 无所谓

2. 科学课程改革对你的影响大吗？

　A. 影响很大　　　B. 一般　　　　　　C. 没有影响

3. 新课程改革实施过程中，你遇到的最大阻力是：（可多选）

　A. 自身的知识结构跟不上　　　　B. 学生不适应

　C. 评价体系滞后　　　　　　　　D. 缺乏资源支持

　E. 教育行政部门支持不够　　　　F. 家长不支持

4. 课程改革至今，你觉得学生学习效果如何？

　A. 效果好　　　　B. 一般　　　　　C. 不好

5. 实验至今，你觉得自己在教学中最欠缺哪些方面的资讯？（可多选）

　A. 专家的亲临指导　　　　　　　B. 外出学习的机会

　C. 同事间的互相探讨　　　　　　D. 网络环境下的教育培训与研讨

　E. 媒体杂志的资讯

6. 有效解决新课程实施过程中遇到的困难，应该从哪方面下手？（可多选）

　A. 师资队伍建设

　B. 资金投入

　C. 争取社会理解和支持

　D. 教育行政部门重视资源整合与共享

　E. 配套设施建设

7. 课改后，评价学生你更倾向于：

　A. 平时的课堂表现　　　　B. 考试成绩　　　　C. 动手实验能力

8. 在探究性学习中，你对学生探究性实验的看法：（可多选）

　A. 可以培养学生的动手能力

　B. 可以培养学生的思维创新能力

　C. 可以培养学生进行科学小制作的兴趣

　D. 可以加深学生对课本理论知识的理解

　E. 可以培养学生在实践中解决问题的能力

9. 课改至今，你觉得要上好科学课，应从哪几个方面着手？（可多选）

　A. 老师之间的互相探讨互相学习

　B. 进一步学习，充实自己

　C. 上课前备好课，查找资料

　D. 加强与学生的沟通，真正实现师生互动

10. 在探究性学习中，你是如何对学生进行学习目标检测的？

A. 过程性的评价　　　　　　B. 终结性的评价　　　　　　C. 两者兼有

11. 你觉得培训对教师有帮助吗？（单选）

A. 很大　　　　B. 有一些　　　　C. 很少　　　　D. 没有

12. 教师认为的最佳的培训方式：

A. 讲授　　　　B. 报告或讲座　　　　C. 讨论与研讨

D. 阅读文献　　　E. 其他

13. 你觉得课改后，科学课与你以前所教的科目有什么不同？在科学课程教学中，遇到了哪些问题？

思考与练习

1. 科学课程实施过程中，在学生方面有哪些典型问题，其根源是什么？
2. 科学课程实施过程中，在教师方面有哪些典型问题，其根源是什么？
3. 设计调查问卷，研究3~6年级学生关于科学课程学习的情感和态度？
4. 设计调查问卷，研究7~9年级学生关于科学课程学习的情感和态度？
5. 如何提高3~6年级学生科学课程的学习效率？
6. 如何提高7~9年级学生科学课程的学习效率？
7. 学校应当采取哪些具体措施，保障和促进科学课程的顺利实施？

主要参考文献

[1] 教育部. 科学(7～9年级)课程标准[M]. 北京:北京师范大学出版社,2001.
[2] 教育部. 全日制义务教育科学(3～6年级)课程标准(实验稿)[M]. 北京:北京师范大学出版社,2001.
[3] 李春芳. 对科学课程标准中自主探究的思考[J]. 中小学实验与装备. 2003(4).
[4] 袁运开. 科学课程标准的特点和我们的认识. 全球教育展望[J]. 12 VOL. 31. NO. 2. 2002.
[5] 张军霞. 美国小学科学教育现状研究[J]. 课程,教材,教法. 2002(11).
[6] 李晶. 浅谈科学课程的设计[J]. 课程,教材,教法. 2001(7).
[7] 王娅娟,王庆东,姜永光. 浅谈科学课程中的科学探究[J]. 山东教育学院学报. 2002(5).
[8] 王红柳. 浅谈中国科学课程标准的特点及启示[J]. 中学生物教学. 2002(5).
[9] 王红柳,张迎春. 浅析中美《科学》课程标准的共同特点[J]. 中学生物教学. 2002(3).
[10] 胡献忠. 新版英国国家科学教育课程标准及其启示[J]. 全球教育展望. 2001(3).
[11] 美国国家科学院.《美国国家科学教育标准》简介[J]. 中国科协信息中心译.《小学自然教学》. 2000(12).
[12] 美国科学促进协会. 科学素养的基准(中文译本)[M]. 北京:科学普及出版社,1993.
[13] 琼·所罗门著,郭玉英,王琦译. 科学—技术—社会教育[M]. 海南:海南出版社,2000.
[14] 周新国主编. 中国近代化先驱——状元实业家张謇[M]. 北京:社会科学文献出版社,2004.
[15] 高凌飚著. A Study of Chinese Teachers′Conceptions of Teaching[M]. 武汉:湖北教育出版社,2004.
[16] 孙宏安. 科学课程标准教师读本[M]. 武汉:华中师范大学出版社. 2003.
[17] 朱慕菊主编. 走进新课程——与课程实施者对话[M]. 北京:北京师范大学出版社.
[18] 孙立仁主编. 中学物理微格教学教程[M]. 北京:科学出版社. 2005.
[19] 郭友主编. 新课程下的教师教学技能与培训. 北京:首都师范大学出版社. 2010.
[20] 柳菊兴主编. 物理课程标准(解读)解读. 武汉:湖北教育出版社.
[21] 廖伯琴. 中学科学教育的国际改革趋势[J]. 物理教学探讨. 2002(4).
[22] 刘海顺,王欣. 研究性学习中课题的产生、扩展与选择[J]. 教育学报. 2002(01).
[23] 刘兵,韩燕丽. 科学、技术与社会和基础科学教育[N]. 科技日报,2001-6-15.
[24] 徐宏. 初中科学校本培训指导手册[M]. 广州:广东高等教育出版社,2008.

[25] 徐宏,袁学文. 小学科学校本培训指导手册[M]. 广州:广东高等教育出版社,2008.

[26] 刘炳升主编. 科技活动创造教育原理与设计[M]. 南京:南京师范大学出版社,1999.

[27] 高祖庆,高鹏. 略论科学素养与科学教育[J]. 曲靖师范学院学报,2004(3).

[28] 郭元婕."科学素养"概念辨析[J]. 比较研究教育,2004(11).

[29] 王睎,黄惠娟,许明. PISA科学素养的界定与评测[J]. 上海教育研究所,2004(4).

[30] 袁振国. 反思科学教育[J]. 中小学管理,1999(12).

[31] 教育应有的雄心——比较美国的国家教育标准[J]. 瞭望新闻周刊,2001(33).

[32] 科学(3~6年级)课程标准研制组. 全日制义务教育科学(3~6年级)课程标准解读(实验稿)[M]. 武汉:湖北教育出版社,2002.

[33] 科学(7~9年级)课程标准研制组. 全日制义务教育科学(7~9年级)课程标准解读(实验稿)[M]. 武汉:湖北教育出版社,2002.

[34] 丁邦平. 国际科学教育导论[M]. 太原:山西教育出版社,2002.

[35] 郑金洲. 基于新课程的课堂教学改革[M]. 福州:福建教育出版社,2003.

[36] 袁运开,蔡铁权主编. 科学课程与教学论[M]. 杭州:浙江教育出版社,2003.

[37] 江琳才,高凌飚,王国键,杨志武等. 中学科学素质教育[M]. 北京:科学出版社,1996.

[38] 元殿强. 科学教育原理与策略[M]. 北京:科学教育出版社,2002.

[39] 李伟明. 研究性学习案例集[M]. 广州:暨南大学出版社,2002.

[40] 闻国政. 毕业论文写作导引[M]. 北京:经济管理出版社,1998.

[41] 陈澄. 地理教学论与地理教学改革[M]. 上海:华东师范大学出版社,2001.

[42] 陈澄. 地理典型课示例[M]. 上海:华东师范大学出版社,2001.

[43] 孙家镇. 中学地理微格教学教程[M]. 北京:科学出版社,2000.

[44] 金正扬. 中学地理教学探索[M]. 上海:上海教育出版社,1984.

[45] 丁尧清,黄宇等编译自然保护教育设计与案例[M]. 北京:化学工业出版社,2003.

[46] 褚亚平等. 地理学科教育学[M]. 北京:首都师范大学出版社,2000.

[47] 钟启泉等. 地理教育展望[M]. 上海:华东师范大学出版社,2002.

[48] 王宁. 保护人类共同的家园——地球[M]. 北京:化学工业出版社,2003.

[49] 郭玉英,曲亮生. 世界范围内综合科学课程的发展[J]. 课程·教材·教法,2001(1).

[50] 叶禹庆. 科学新课程与科学素质培养——中小学科学教育[M]. 北京:中国纺织出版社,2002.

[51] 刘玲玲. 初中综合科学课程开展的现状分析及对策探讨[R]. 北京:首都师范大学,2005.

[52] 〔美〕国家研究理事会. 美国国家科学教育标准[M]. 戢守志,金庆和等,译. 北京:科学技术文献出版社,1999.

[53] 刘键智. 综合和分科科学课程的标准和实施结果的比较研究[D]. 重庆:西南大学.

[54] 有宝华著. 综合课程论[M]. 上海:上海教育出版社,2002.

[55] 余自强著. 科学课程论[M]. 北京:教育科学出版社,2002.

[56] 王艳华．初等教育中开展综合理科课程理论初探[M]．沈阳：辽宁师范大学．
[57] 范雪媛．综合科学课程影响因素分析[D]．长春：东北师范大学，2006．
[58] 刘宇．我国初中综合课程实施现状与策略研究[R]．长春：东北师范大学，2002.9．
[59] 梁怀林．浅谈在我国初中开设综合课程[J]．中学教师培训．1989(3)．
[60] 黄伦松．初中新课程科学教学中教师不适根源及对策研究[R]．聚焦新课程．
[61] 章开沅著．张謇传[M]．北京：中华工商联合出版社，2001．
[62] 王冠龙，张延栖．张謇素质教育思想探析[J]．江苏高教．2006(6)．
[63] 李日舟．综合实践活动教学现状分析及改革建议[R]．浙江省瑞安市教育局教研室．
[64] 张天宝著．新课程与课堂教学改革[M]．北京：人民教育出版社，2003．
[65] 陈俊．我国科学课程实践中的主要问题及根源剖析[D]．武汉：华中师范大学，2007．
[66] 郭玉英．从相关性到统一性——综合科学课程的现代建构模式[D]．北京：北京师范大学物理学系，2002．
[67] 汪甜．中小学科学课程中活动设计的研究[D]．武汉：华中师范大学，2007．
[68] 马宏佳．以科学探究为核心的科学教育教学策略研究[D]．南京：南京师范大学，2005．
[69] 马宏佳．科学探究活动的设计与实证研究[D]．南京：南京师范大学，2003．
[70] 李杰编著．科学教育发展论[M]．苏州：苏州大学出版社，2005．
[71] 美国科学促进协会著．中国科学技术协会译．科学教育改革的蓝本[M]．北京：科学普及出版社，2001,6(1)．
[72] 张文华主编．科学教学中加强学生反思能力的培养[J]．科学教育．2007(6)．
[73] 周青主编．科学课程教学论[M]．北京：科学出版社，2007．
[74] 汪青松主编．科学教育和人文教育[M]．合肥：合肥工业大学出版社，2006．
[75] 郑毓信著．科学教育哲学[M]．成都：四川教育出版社，2006．
[76] 陈俊．我国科学课程实践中的主要问题及其根源剖析[D]．武汉：华中师范大学，2007．
[77] 刘德华著．科学教育的人文价值[M]．成都：四川教育出版社，2003．
[78] 亓殿强编著．科学教育原理与策略[M]．北京：科学出版社，2002．
[79] 樊琪著．科学学习心理学——科学课程的教与学[M]．北京：轻工业出版社，2002．
[80] 徐学福编著．科学课程的探究教学案例[M]．重庆：西南师范大学出版社，2003．
[81] 顾志跃主编．科学教育概论[M]．北京：科学出版社，1999．
[82] 仲小敏．论科学课程教师专业素养：挑战与发展[J]．课程·教材·教法，2005(8)．
[83] 王涛涛，柯俊．对科学教育师资培训的几点思考[J]．师资培训研究，2005(2)．
[84] 郭文安，王道俊．试论有关青少年学生素质的几个问题[J]．教育研究，1994(4)．
[85] 冯杰．物理新课程实践中的教师角色[M]．广州：广东科技出版社，2005．
[86] 王少非．新课程背景下的教师专业发展[M]．上海：华东师范大学出版社，2005.6．

[87] 廖湘阳. 科学教育与人文教育整合的实现[J]. 教育科学,1999(2).

[88] S. A. Lutterodt, The Adaptation of Science Curricula-an Exploratory Analysis Relevant Decisions, International Journal of Science Education.

[89] ZA'ROUR, G. I. and JIRMANUS, R. 1977, SCIS in a Lebanese school. School Science and Mathematics, Vol. 77, pp. 407—417.

[90] John Ainleya Participation in Science Courses in Senior Secondary School, Research in Science & Technological Education.

[91] 汤礼行. 光的折射. 科学教案网 http://tlx.lgyz.net/Article

[92] 曹香玉. 北京市崇文区一师 http://data.sedu.org.cn/doteacher/tealist/1022126421.shtml

[93] 张红霞,郁波. 国际小学科学课程改革的历史与现状 http://www2.dhxx.net.cn/zxzr

[94] 相关网站:http://www.k12.com..cn 中国中小学教育教学网

http://www.chinatde.net 中国中小学教师网

http://data.sedu.org.cn 科学教育网

http://www.pep.com.cn 民教育网

http://www.being.org.cn 惟存教育网

后 记

众所周知,科学课程标准的一个最大举措是首次将科学设计为一门独立的课程,它淡化了学科的界限,将中学物理、化学、生物、自然地理等学科的科学概念和原理贯穿其中。科学课程是一个全新的、具有现代意义的综合课程,其特色主要体现在:其一,将科学探究的科学方法作为课程内容之一;其二,将科学、技术和社会(STS)及其关系作为课程的主要内容;其三,科学课程标准明确提出三维学习目标要求,注重知识学习的过程,强调对技能、过程与方法、情感态度与价值观的培养。因此,科学课程是在全新教育基本理念的指导下,围绕科学素养的培养,在使学生掌握科学知识的基础上培养学生的科学探究精神,从而使学生具有理性的科学观和文化观的一门最基础的课程。

本书是根据以教育部《科学(3~6年级)课程标准》和《科学(7~9年级)课程标准》为依据的多种科学课程教材编写的教学实践案例。首先,落实科学课程标准将科学探究的科学方法作为课程学习内容的基本要求,本书每个案例都力图按照科学探究过程的七个要素进行设计,一般设置有"提出问题"、"假设与猜想"、"设计实验"、"进行实验,收集证据"、"分析与论证"、"交流与合作"和"评估"等栏目。栏目的设定,不仅仅是为了符合科学探究的一般过程,主要是为了提供引导的思路、方法和途径。

本书每个案例设计都努力贯彻"科学、技术和社会(STS)及其关系"这一鲜明主题,做到让生活中的科学与技术问题进入科学课程课堂,真正淡化课堂教学与实验教学的界限;大力开展实践活动,淡化课堂内与课堂外的界限,让课堂内的科学知识走进社会、走进生活。

科学课程的综合化、科学知识常识化特点更加适合研究性学习活动的展开,同时也对科学课程教师的科学素养提出了更高的要求。本书研究性学习的主要形式以课堂教学和课外实践活动两大教学活动为切入点,每个案例设计以研究性学习的开放、自主、规范等核心理念为指导,根据其知识点的特点,采用不同的设计思路,所有课堂教学案例和课外活动案例的教与学的双边活动都是开放型的,并没有固定的模式,也不应当有固定的模式,否则,就与课程改革的初衷背道而驰,笔者希望这些不甚成熟探索能够求得广大同行、专家的关注、批评和帮助。

本书每个案例都努力贯彻科学课程的三维学习目标,突出学生在教学过程中的主体地位,力求"指导不指令,到位不越位";培养学生的科学素养,使学生具有基本的实践能力、创新意识和一定的创造能力;培养学生科学的情感态度与自重、自信、科学的价值观以及适应社会、适应生活的完整人格素质。

本书研究的另外一个特色是直接提出了科学课程实践过程中的统一性和综合性的整合问题,对如何解决科学课程拼盘式的大综合教学的尴尬局面,通过具体的教学案例设计,提出了尝试性的具体解决途径。

本书可以作为"科学教育"硕士、"课程与教学论·物理"硕士和全日制物理教育硕士专业的学位必修课教材,可以作为物理教育本科专业和科学教育本科专业的教育教学实践选修课程教科书,尤其对中、小学广大物理教师和科学课程教师的教学设计具有重要的参考价值,也可以供从事科学教育研究的专业人员参考。由于笔者水平有限,经验不足,书中错误在所难免,请广大读者批评指正。

在本书即将付梓之际,首先,笔者要特别感谢高凌飚教授,高先生是笔者开展物理教育和科学教育研究的启蒙导师,本书的许多构思来自于高老师的指导,高老师也给笔者提供了许多写作资料并在百忙之中为本书撰写了序言;要特别感谢笔者的历届研究生同学们,他们不仅为本书的写作收集了许多有价值的材料,也提出了许多宝贵的修订意见;笔者要特别感谢上海师范大学及数理学院的领导,是他们的关怀和督促,才使得本书得以充实、完善和出版;最后,笔者要特别感谢北京大学出版社的大力支持和帮助。

2011 年 10 月修订于上海